Vingt-cinq ans à Paris

(1826-1850)

JOURNAL DU COMTE

RODOLPHE APPONYI

TOME III

Il a été tiré de cet ouvrage

25 exemplaires sur papier de Hollande, numérotés de 1 à 25.

JOURNAL DU COMTE

RODOLPHE APPONY

(1835-1843)

COMTESSE RODOLPHE APPONYI

NÉE COMTESSE ANNETTE BENKENDORFF

D'après un portrait de la Marquise de Caraman.

VINGT-CINQ ANS A PARIS

(1826-1850)

JOURNAL DU COMTE

RODOLPHE APPONYI

ATTACHÉ DE L'AMBASSADE D'AUTRICHE
A PARIS

Publié par Ernest DAUDET

★ ★ ★

(1835-1843)

AVEC UN PORTRAIT
ET DEUX GRAVURES

Deuxième édition

PARIS
LIBRAIRIE PLON
PLON-NOURRIT et Cie, IMPRIMEURS-ÉDITEURS
8, RUE GARANCIÈRE — 6e

1914

VINGT-CINQ ANS A PARIS

ANNÉE 1835

Paris, 1ᵉʳ janvier.

Notre conseiller d'ambassade, M. de Hugel, ne reviendra plus chez nous, à ce qu'il paraît, et, en prévision de sa nomination à un autre poste, l'Ambassadeur, en proposant au prince de Metternich plusieurs avancements, a

III.   I pensé à moi aussi, il me propose comme secrétaire à Paris ; il espère me faire agréer, ce qui me mettrait au comble du bonheur (1).

4 janvier.

J'ai été mis en rapports avec un savant nommé Paravey (2) ; c'est un homme prodigieusement instruit, enfoui dans les vieux bouquins, appliqué à d'incessantes recherches en vue d'un grand ouvrage dans lequel il prouvera, contre les philosophes modernes, que les données historiques de la Bible et la Chronologie chrétienne sont d'une exactitude rigoureuse.

D'après lui, l'erreur de ceux qui le contestent provient de ce qu'ils ne veulent pas admettre que dans l'antiquité il n'y a jamais eu qu'une grande nation, un seul peuple commandant aux autres et possédant à lui seul la science, l'art et l'initiative des inventions du vieux monde. Babylone, c'est-à-dire la première Babylone, avec sa première Sémiramis, qu'il ne faut pas confondre avec plusieurs autres qui la suivirent beaucoup plus tard, existait dix-neuf cents ans avant Jésus-Christ. Après Babylone, ce fut l'Égypte qui prit la tête de la civilisation ; après l'Égypte, la Judée sous Salomon, puis la moderne Babylone ; après elle la Perse et enfin les Chinois. Afin de se mettre en état de le démontrer, M. Paravey a délaissé, pour s'adonner entièrement au chinois, l'étude de la langue sanscrite qui fournit peu de données historiques,

(1) Ses vœux ne tarderont pas à se réaliser.
(2) Hippolyte de Paravey, auteur d'un grand nombre d'ouvrages sur la chronologie et les peuples d'Orient. Né en 1787, mort en 1871.

mais uniquement de la poésie, quelques chants et un ou deux poèmes épiques.

« Il y a, me disait-il dernièrement, des ouvrages dans cette langue qui remontent à la plus haute antiquité et nous fournissent des détails très intéressants, confirmant ce qui est indiqué dans la Bible. J'ai trouvé dernièrement, dans l'ouvrage d'un historien assyrien, traduit en chinois, une description du voyage de la reine de Saba et de la visite qu'elle a faite à Salomon. Cette reine était d'une grande beauté et fit l'admiration des courtisans de ce roi. Lui-même s'en éprit et s'efforça de lui plaire. Parmi les merveilles que renfermait son palais, il y avait, entre autres, une salle dont tous les murs étaient recouverts de glaces resplendissantes et transparentes comme l'eau la plus limpide. La reine, accompagnée de Salomon et de la cour du monarque, entra dans cette salle. Lorsqu'elle fut au milieu, se voyant entourée de murs qui lui paraissaient liquides, elle eut peur que l'eau — ce qu'elle prenait pour de l'eau — n'abîmât sa belle robe toute brodée d'or, couverte de pierreries et qui était si longue qu'elle lui cachait les pieds. Elle la releva en s'accrochant au bras de Salomon pour ne pas être noyée. Cette scène prêta d'autant plus à rire que les témoins prétendaient avoir vu que la reine avait des pattes d'oie, ce qui lui faisait porter ses robes aussi longues. »

10 janvier.

Les fêtes et les bals se succèdent ; il y en a eu à la cour et chez le duc d'Orléans d'aussi magnifiques, et peut-être plus magnifiques, que ceux de l'année dernière. Le roi, la reine et le Prince royal doivent encore en donner douze.

Au dernier, le duc d'Orléans me dit combien il regrettait de n'y pas voir plusieurs personnes que le décès de la pauvre Mme de Chalais lui avait enlevées. Il me nomma entre autres la duchesse de La Trémoïlle. Or, celle-ci n'est nullement parente avec Mme de Chalais et m'avait confié la veille qu'elle n'était pas priée au bal du Prince royal. Je l'appris à celui-ci, qui en fut on ne peut plus étonné.

« C'est impossible, me dit-il, je me suis fait donner le reçu de l'invitation, je l'ai eu entre les mains et, si je me rappelle bien, le concierge qui a signé ce reçu s'appelle Toussaint ; mais je m'en vais vous le faire donner afin de vous prouver, comte, que je n'oublie jamais mes amis. »

Le prince sort et, en revenant un instant après, il me dit qu'il ne retrouvait pas le reçu en question, mais qu'il me l'enverrait le lendemain. Dès le matin, en effet, j'eus une très aimable lettre de lui avec le reçu signé Toussaint, certifié par le chef de la poste de la maison du roi. Cette preuve en mains, je me suis rendu chez la duchesse de La Trémoïlle ; elle était souffrante et dans son lit ; il m'a donc fallu lui écrire et lui envoyer le reçu.

En attendant, les journaux royalistes avaient déjà parlé de l'oubli du duc d'Orléans, en se moquant du duc et de la duchesse de La Trémoïlle. Cette petite affaire devenait ainsi une grande affaire, une affaire d'honneur pour le duc. Ma lettre arriva donc bien à propos dans ce ménage désolé et ridiculisé. Elle permit au duc de découvrir que le billet d'invitation était allé chez son frère, le

prince de La Trémoïlle, carliste enragé ainsi que son portier Toussaint qui, pour jouer un mauvais tour au duc,
avait gardé l'invitation, en feignant de croire qu'elle
était destinée à son maître. Le duc d'Orléans m'avait
promis d'aller lui-même, en personne, faire ses excuses à la
duchesse de La Trémoïlle, ce que j'avais annoncé à celle-ci
dans ma lettre. Grande fut la joie du couple La Trémoïlle,
grande sa reconnaissance pour moi ; le duc m'honora
d'une longue et très obligeante missive, véritable profession de foi pour Louis-Philippe. Il alla ensuite chez le
prince royal et celui-ci alla voir la duchesse. Le lendemain, au cercle, le duc d'Orléans s'approcha, tout content,
tout heureux et me dit : « La paix est faite, et faite avec
avantage de part et d'autre ; je vous remercie bien d'avoir
été un aussi zélé et aimable intermédiaire, je vous
remercie surtout du constant intérêt que vous me
prouvez dans toutes les occasions. »

Le surlendemain toute cette affaire se trouvait ra-
contée, avec tous ses détails, dans *la Quotidienne;* heureusement, je ne fus pas autrement indiqué que sous la
dénomination de l' « ami commun ».

17 janvier.

Lady Granville nous a quittés, c'est une grande perte
pour la société anglaise et pour celle du Juste Milieu. Lord
Cowley (1), autrefois ambassadeur à Vienne, est nommé

(1) Il était le frère du duc de Wellington et le père de cet autre lord

à la place de lord Granville. Lady Cowley est une femme
de mérite, elle a de belles manières, sans être précisément
affable ; elle est loin d'être aussi prévenante que lady
Granville, et je crains que la comparaison qu'on fera sous
ce rapport entre ces deux dames ne soit au désavantage de
la nouvelle arrivée. Pour ce qui concerne l'esprit, l'une
en a autant que l'autre, mais lady Granville a bien plus
de grâce, de gaieté et peut-être plus de finesse ; son esprit
est donc plus agréable dans le monde, et on préférera ce
genre à celui de lady Cowley qui ne se déride que rarement. Mais, avec de l'esprit, on fait bien des choses, et
si lady Cowley croit nécessaire de rire, elle rira, elle rira
même beaucoup et toujours s'il le faut. Ce n'est donc pas
là pour elle la grande difficulté à vaincre. Mais il y en a
une infinité d'autres bien difficiles à surmonter. J'en parlais avant-hier avec la duchesse de Dino et voici ce qu'elle
me dit à ce sujet :

— Je viens d'écrire à lady Cowley pour l'engager à
faire tout au monde pour ne pas venir à Paris, car sa
position en ce moment y sera intenable. L'Angleterre
devrait envoyer ici un garçon qui, en cette qualité, ne
serait pas obligé de tenir maison ouverte. Je sais, de très
bonne part, que l'on a de fortes préventions à Paris contre
lady Cowley. Toutes les personnes à qui j'en ai parlé lui
sont hostiles ; je me suis disputée, je l'ai défendue autant
que j'ai pu, mais je me suis aperçue que mes efforts
étaient inutiles.

— Il me semble pourtant, dis-je à la duchesse, qu'avec
une grande politesse, une grande prévenance pour la
société, lady Cowley pourra vaincre cette malveillance.

Cowley qui, de 1852 à 1867, fut, lui aussi, ambassadeur en France et
siégea en 1856 au Congrès de Paris.

— Vous ne savez pas ce qu'est Paris, mon cher comte !
Tenez, je me donne comme exemple. Je suis en France
depuis plus de vingt ans, dans une position qui devrait
faire croire que je suis au-dessus des préventions, eh bien !
je ne les ai point vaincues, je suis toujours considérée
comme une étrangère et, si parfois j'ai cru avoir pris
racine, on m'a bien vite prouvé que je me trompais. Pour
tout le monde, et même pour les personnes de la famille
dans laquelle je suis entrée, je suis une étrangère. N'ai-je
pas raison, monsieur Duchâtel? (1) demanda la duchesse
à ce dernier, qui se trouvait là. Vous connaissez ce pays
comme moi ; n'est-il pas vrai qu'on y est ignorant et malveillant?

— Oui, madame la duchesse, vous dites la vérité.
Notre ignorance et notre vanité sont excessives.

— Mais, revenons à lady Cowley, reprit Mme de
Dino. En arrivant ici, elle ne devra voir que la société officielle, les ministres, les dames de la cour et
celles qui vont aux Tuileries ; elle s'ennuiera prodigieusement, car ces dames sont de bien triste compagnie :
pardon ! monsieur Duchâtel ; elle s'ennuiera donc, bien
heureuse encore si, à ce prix, elle n'a pas de désagréments.

— Ce que vous craignez, madame, me paraît impossible, dis-je alors ; voilà, par exemple, la duchesse de
Valençay votre belle-fille qui, allant à la Cour, sera une
de celles que l'ambassadrice recevra de préférence ; elle
ne tardera pas, comme vous pensez bien, à lui présenter
la princesse de Bauffremont sa sœur ; comment voulez-

(1) Le comte Tanneguy-Duchâtel, homme politique et publiciste.
Député en 1833, il fut plusieurs fois ministre sous Louis-Philippe et
notamment dans le dernier cabinet Guizot.

vous, madame la duchesse, que lady Cowley décline une semblable présentation?

— Elle ne la déclinera pas, mais elle n'invitera pas la princesse chez elle et n'ira pas la voir. Elle passera à sa porte dans son carrosse, lui laissera une carte sans demander à être reçue et en restera là.

— Mais un tel procédé, qu'aucun précédent ne peut justifier, excitera dans la société beaucoup d'étonnement d'abord, et puis une indignation générale.

— Je ne suis pas de votre avis, comte. Les carlistes excuseront l'ambassadrice en disant : « Pauvre lady Cowley! elle aimerait tant nous voir, être avec nous, mais elle ne le peut, Louis-Philippe le lui défend. » Et c'est la vérité, poursuivit la duchesse ; si elle les recevait, le Juste Milieu lui crèverait les yeux, n'est-ce pas, comte Duchâtel?

— Je suis bien de votre avis, madame la duchesse, et ne doute pas que le gouvernement lui témoignerait son déplaisir si elle recevait une société qui nous est hostile. Vous avez raison de conseiller à lady Cowley de remuer ciel et terre pour ne pas venir à Paris, car, d'une part, elle sera indignement traitée par la société qu'elle sera obligée de voir, et de l'autre elle sera obligée de maltraiter celle qui viendra au-devant d'elle avec confiance et bienveillance.

— C'est pourquoi je dis, comte, et je répète que la position d'une ambassadrice d'Angleterre à Paris, dans ce moment, est si difficile qu'elle serait impossible si elle ne se résignait pas à se contenter de donner des dîners et, pour le reste, à ne jamais ouvrir sa maison le soir. Mais ce qui vaudrait mieux encore, c'est que le duc de Wellington envoyât ici un ambassadeur non marié.

19 janvier.

Comme il n'est question, en ce moment, que des élections d'Angleterre, et que tout le monde se demande combien de voix ont les Tories, combien en ont les Whigs, je ne veux point laisser passer ce moment de crise sans qu'il y ait trace dans mes feuilles de ce mouvement social.

La force des choses en Angleterre a étouffé le whiggisme entre les deux extrêmes, et il faut poser pour base de tout jugement que les anciens groupements se réduisent à deux partis : les conservateurs et les destructeurs ! Les Whigs exaltés se fondent parmi ceux-ci, et les Whigs modérés deviennent par nécessité les auxiliaires de ceux-là. Le projet des radicaux est de détruire l'Église et l'aristocratie ; ils vont même jusqu'à l'expulsion du roi actuel. Les conservateurs veulent une réforme lente et éclairée dans les abus de l'Église et préserver l'aristocratie, palladium de la vieille charte britannique. Le ministère tory, en arrivant au pouvoir, trouve la principale réforme accomplie, celle du vote électoral ; il part de cette situation. Les radicaux prétendent faire passer une adresse au roi, qui déclarerait que son ministère n'a pas la confiance de la nation. Mais leur volonté à cet égard n'a trouvé que peu de sympathies parmi les plus sages de ce parti fou. Sir Francis Burdett (1), pressenti sur

(1) L'un des membres les plus considérables du parti whig, dans lequel il siégea durant presque toute sa carrière parlementaire qui n'a pas duré moins d'un demi-siècle, de 1796 à 1844, date de sa mort, et à la fin de laquelle, effrayé par les progrès des doctrines radicales qu'il avait si longtemps défendues, il passa dans le parti tory.

ce point par un message de deux députés des électeurs de
Westminster, a répondu que « le roi ayant usé de son droit,
ce serait un acte de factieux et qu'il n'y participerait
point ». Le colonel Evans (1), ambitieux admirateur du duc
de Wellington, s'est expliqué de même, et on ne le regarde
pas comme inaccessible à des propositions qui le ramène-
raient dans le parti ministériel ; il s'ensuit donc, comme
fait positif, que l'adresse ne sera pas hostile.

Il ne reste que deux grandes questions, celle de l'Église
et celle du budget. La prudence et la sagesse du ministère
présenteront un projet sur la première question, d'une
manière satisfaisante pour les hommes modérés et pré-
voyants. La violence des radicaux, dans cette discussion,
fortifiera l'effroi qu'ils inspirent, car la violence en affaires
sert toujours à la ruine de ceux qui s'y abandonnent. Les
fureurs populaires dans les élections de la Cité, le propos
répandu et que j'ai entendu de la bouche d'un radical
riche de trente millions : « Le roi a oublié Charles Ier,
nous le lui rappellerons », ont fait nommer bien des
Tories. Il est donc plus que vraisemblable que le ministère
aura une majorité, soit qu'elle dérive de son propre parti,
soit qu'elle provienne de la crainte d'une révolution,
crainte qui lui donnera pour appui les hommes riches et
paisibles. Il y aurait erreur de désespérer de la cause des
conservateurs ; elle sera victorieuse par une majorité tory,
ou bien elle le sera par des votes, dont la nécessité et la
raison forceront la direction. Quant au budget, il ne peut
être refusé ; il ne restera donc que des questions peu impor-

(1) Membre du parlement, où il était entré en 1830 au cours de sa brillante carrière militaire ; il siégeait dans le parti whig. Lorsqu'en 1835, le
gouvernement anglais décida de soutenir la régente d'Espagne contre
Don Carlos, Evans reçut le commandement du corps expéditionnaire
et contribua à la défaite du prétendant.

tantes ; il serait fâcheux qu'elles fussent résolues contre le ministère, mais il ne se croirait pas, comme jadis, obligé de se retirer.

En résumé, le ministère est composé des hommes les plus capables et les plus habiles de l'Angleterre ; ils sont si décidés à soutenir la lutte jusqu'à la mort, à tout employer pour gagner le va-tout de la civilisation contre la vandalisme, que le mot de guerre n'effraye pas leurs oreilles. Comme dernière ressource, ils ont encore la chance du talent et de la détermination. Il n'est donc pas douteux que les Tories se maintiendront au ministère.

Le prince de Talleyrand est parfaitement de cet avis et lady Clanricarde, qui, jusqu'à présent, m'a toujours offert de parier que le cabinet ne se maintiendrait pas, m'a dit, avant-hier, qu'elle commençait à croire à sa durée.

Au reste, il est simple que les partis en Angleterre, dans leur position actuelle, et les Whigs ayant eu, grâce au concours des radicaux, une majorité apparente, chantent victoire tandis que les Tories ayant grand'-chance de gagner le parti flottant composé par les Whigs modérés, chantent victoire à leur tour, ce qui fait qu'on se dispute pour et contre, qu'on parie d'un côté et de l'autre et que le public, qui ne voit pas le dessous des cartes, ne sait à quel dieu se vouer.

La duchesse de Dino m'a dit hier chez elle, en présence du ministre Duchâtel, qu'elle formait des vœux ardents pour le maintien du ministère Wellington.

— Sans lui, a-t-elle affirmé, point de salut ni pour l'Angleterre ni pour l'Europe. La chute de cette vieille Cathédrale sera terrible ; les brandons de cet effrayant incendie passeront bientôt la Manche, atteindront la France, puis l'Allemagne, et ainsi de suite.

— Mais il me semble pourtant, objecta M. Duchâtel, que les Whigs pourraient tout aussi bien que les Tories maintenir la tranquillité en Angleterre.

— Oui, sans doute, si lord Palmerston (1) avait pu se maintenir, mais, une fois le ministère whig renversé, il n'y avait plus que le choix entre le parti tory ou les radicaux. Ne doutez pas qu'avec la chute du ministère Wellington tout soit perdu en Angleterre, en France et peut-être dans toute l'Europe.

M. Duchâtel fit, à ce propos, une fort vilaine grimace, et il y a de quoi pour ce gouvernement-ci, où toute la politique est basée sur l'alliance étroite entre la France et l'Angleterre.

Lady Jersey, dans ses lettres, est triomphante, Mme de Flahaut crache feu et flammes autour d'elle ; j'irai pourtant la voir ce matin et lui parler des affaires d'Angleterre. Il faut qu'elle me débite toutes ses absurdités, je veux la faire nager dans son fiel ; elle a été hier soir comme une louve enragée, au bal des Delmare, entourée qu'elle était de tous les carlistes de Paris.

29 janvier.

La semaine dernière, nous sont arrivées de bien défavorables nouvelles pour la cause de la reine Christine (2).

(1) L'un des plus célèbres hommes d'État anglais. Né en 1784, il entra dans la vie publique en 1807, comme membre de la Chambre des communes. Il allait avoir quatre-vingts ans quand il mourut en 1865, après avoir occupé le pouvoir, en plusieurs fois, pendant près d'un demi-siècle.

(2) Marie-Christine, régente d'Espagne pendant la minorité de sa fille

Outre le régiment qui s'est révolté et avec lequel le gouvernement a dû capituler, en lui accordant les honneurs militaires, il paraît que toute l'armée quittera bientôt la reine, soit pour se déclarer en faveur de Don Carlos, soit pour soutenir les radicaux. Des lettres du quartier général de Don Carlos parlent d'un secours de deux millions de francs qui doit être parvenu au prétendant, et annoncent qu'il s'apprête à marcher sur Madrid.

Un autre événement qui occupe dans ce moment-ci beaucoup la Cour, le gouvernement et la ville, c'est la nomination du comte Pozzo à l'ambassade de Londres. Cet ambassadeur a pris tellement racine à Paris, qu'il a cru qu'il devait y rester toujours. Grand fut donc son étonnement lorsque, tout à coup, le comte Médem, chargé d'affaires de Russie à Londres, lui donna cette nouvelle, en l'informant qu'il avait été chargé par sa Cour de demander au roi d'Angleterre l'agrément de sa nomination comme ambassadeur, que la réponse de Sa Majesté Britannique avait été affirmative et qu'il avait l'honneur de lui envoyer les lettres de récréance pour S. M. le roi des Français et celles de créance pour le roi d'Angleterre.

Le général Pozzo, quand il reçut cette dépêche, se trouvait alité à la suite d'une attaque de goutte. Semblable nouvelle n'était pas faite pour l'en guérir. Aussi en a-t-il été plus malade encore, mais, voyant qu'il n'y avait pas d'autre alternative que de quitter le service de la Russie ou d'obéir aux ordres de l'Empereur, il prit promptement ce dernier parti et il disposa tout pour son départ. Il a dit, l'autre jour à mon cousin, qu'il ne pouvait plus se voir ici et qu'il voudrait être arrivé à Londres.

Isabelle II, avait alors à se défendre contre Don Carlos. On sait que la guerre civile ne prit fin qu'en 1837.

Le gouvernement de Louis-Philippe considère ce déplacement comme un grand malheur : c'est ainsi que M. de Rigny et les autres ministres s'expriment en parlant du départ de Pozzo. Des personnes bien instruites m'ont dit que, depuis la révolution de Juillet, cet ambassadeur avait reçu des sommes assez considérables de Louis-Philippe, afin de défendre avec plus de zèle encore les intérêts de la France auprès de son souverain ; on dit aussi qu'il avait disposé d'une partie de ces sommes en faveur de Mme de Nesselrode, afin que celle-ci plaidât sa cause auprès de son mari et ce ministre auprès de l'Empereur.

Le fait est que le comte Pozzo, il y a deux ans environ, a été obligé de faire un voyage à Saint-Pétersbourg, et cela sur une lettre de Mme de Nesselrode dans laquelle elle lui disait que, ne pouvant plus le défendre contre les clameurs dont il était l'objet à la Cour de l'Empereur, il ferait bien de venir plaider lui-même sa cause. C'est ce que fit le comte Pozzo et il revint victorieux de ce grand foyer d'intrigues. Il paraît que, cette fois, l'intrigue a été menée adroitement et surtout plus promptement : le tout ayant été décidé avant que l'amie Nesselrode ait pu prévenir son protégé.

Il est hors de doute que, sans le général Pozzo, Louis-Philippe n'aurait pu gagner autant de terrain dans la bonne grâce de l'Empereur et que, maintenant, lui partant, on n'aura pas mal de fil à retordre avec le souverain russe. De plus, Pozzo à Londres ne sera plus le Pozzo de Paris, il suivra une marche tout opposée à celle qu'il a suivie à Paris, ne fût-ce que pour contrarier son collègue de France, le général Sébastiani, dont il est l'ennemi personnel. Il se propose donc d'avance de le contrecarrer de tout son pouvoir et de ne négliger aucune occasion pour le desservir.

Le comte Médem est nommé chargé d'affaires à Paris ; c'est encore un choix qui n'est pas agréable ici, car la dernière fois que Médem est venu en cette qualité à Paris, pendant l'absence du général Pozzo, on l'a trouvé peu traitable et d'une présomption peu en rapport avec sa jeunesse et sa position de simple chargé d'affaires ; aussi le qualifie-t-on d'insolent. On espère qu'il sera bientôt remplacé par un nouvel ambassadeur ; on nomme, parmi ceux qui ont le plus de chances d'emporter cette belle place, Orloff et Tatischeff. Ce dernier est, dit-on, au moment de faire en Pologne un grand mariage très riche. Si, malgré l'espoir qu'on a ici, l'Empereur tarde à envoyer un ambassadeur en France, on ordonnera au maréchal Maison de demander un congé. En somme on trouve que, depuis quelque temps, les rapports avec la Russie ont sensiblement changé en mal pour le cabinet des Tuileries.

3 février.

L'année dernière, M. Delmar, qui ne voit chez lui que la société carliste, a passé chez le Prince royal pour l'inviter à un bal. Le duc d'Orléans ne doutant pas que M. Delmar, après l'avoir invité, lui l'héritier présomptif de la Couronne, inviterait aussi des personnes de la société de la Cour, accepta l'invitation du baron et n'y pensa plus. Cependant, Mme de Flahaut s'informa à droite et à gauche et découvrit que M. Delmar n'avait invité personne de la société du Juste Milieu, excepté le peu de

femmes avec qui il était déjà en relations, telles que la
duchesse de Valençay, Mme de Pange, la comtesse de
Mun, les Maussion, etc... Le baron n'avait invité qu'un
seul aide de camp, l'indispensable aide de camp de Son
Altesse Royale et rien de plus. Mme de Flahaut ne tarda
pas à en instruire le duc et lui conseilla de ne pas mettre
le pied dans une maison où il ne rencontrerait que des
personnes hostiles au gouvernement. Monseigneur fit
donc faire des excuses à M. Delmar, à la grande satisfaction de tous les carlistes.

Cette année-ci, M. et Mme Delmar furent invités au
bal du duc d'Orléans, mais Monseigneur les passa sans
les saluer. Quelques jours après, le baron devait donner
un bal et fit dire à Son Altesse royale, par une troisième
personne, qu'il serait trop heureux d'avoir l'honneur de
recevoir Monseigneur dans sa maison, mais que, d'après
ce qui s'était passé l'année dernière, il n'avait pas le
courage de présenter ses instances à Son Altesse Royale.
Le duc d'Orléans lui fit répondre qu'il serait charmé de
se rendre aux bals de M. Delmar si celui-ci s'y prenait de
manière à ce que lui, Prince royal, y fût agréablement.
Mme de Flahaut, qui déteste les Delmar, avait conseillé
au duc d'Orléans de donner cette réponse au baron, afin
que celui-ci se trouvât dans la pénible alternative d'être
obligé de renvoyer toute sa société, ce qui aurait déchaîné
contre lui tout le faubourg Saint-Germain, ou de se
brouiller ouvertement avec la Cour. Delmar, entre les
deux maux, préféra le dernier, et ne fit aucune démarche
ultérieure pour avoir le Prince royal chez lui.

Mme de Flahaut trouve cette manière d'agir indigne,
elle jette feu et flammes contre le baron. Elle y va cependant et brave les regards hostiles qu'on lui lance de tous

les côtés, car, à la lettre, dans cette maison, elle n'a pas à qui parler, les rares personnes de la société de la Cour qui vont chez Delmar étant précisément celles avec lesquelles elle s'est brouillée à mort, telles que Mmes de Valençay et de Dino. Malgré cela, elle y va toujours, elle se met dans un coin et observe pour voir ce qui se passe dans le faubourg Saint-Germain et pour en rendre compte en temps et lieu et à sa manière.

Il y a maintenant à Paris un M. Thorn, riche Américain dont la fille a épousé M. de Varaigne, et le fils Mlle Laikham, sœur de feu la princesse de Metternich. Ce M. Thorn a passé l'été dernier à Baden, il y donna des dîners et des bals. La princesse de Béthune et Mlle Léonie, si en train, si remuante, la duchesse de Rohan-Chabot profitèrent des dîners, des bals et même des chevaux de selle de M. Thorn. Ces dames retrouvèrent leur Américain à Paris, il les pria de lui ouvrir la bonne société.

« Rien de plus facile, monsieur, vous donnerez des fêtes et des dîners et nous vous désignerons les personnes que vous devrez inviter, à condition pourtant que vous n'en inviterez pas d'autres sans notre permission. »

Ceci convenu, Mme de Rohan-Chabot et Mlle de Béthune dressèrent une liste toute composée de carlistes ! Cependant, le duc d'Orléans vient d'inviter M. et Mme Thorn à son bal, il est donc tout simple que ce dernier ait fait des démarches auprès des Altesses Royales pour être autorisé à les inviter à celui qu'il doit donner prochainement et la réponse des princes a été favorable. Je suis curieux de savoir ce qui en résultera. Les carlistes céderont-ils la place au Juste Milieu ou bien s'y maintiendront-ils, en dépit du duc d'Orléans et des personnes de son intimité qu'on sera forcé d'inviter pour ne pas isoler les princes qui, sans cela, n'auraient personne à qui adresser la parole?

12 février

Hier, au petit bal de la reine, le roi m'approcha et me dit en riant :

« Savez-vous, comte Rodolphe, ce que vient de me dire le duc de Frias? Je lui avais demandé pour quelles raisons j'étais privé du plaisir de voir la marquise Belmonte, sa fille :

« —- Elle est très souffrante, m'a-t-il répondu, elle a « pris un vent.

« — Comment? dis-je.

« — Oui, Sire, elle a pris un vent qui l'incommode beau- « coup.

« — Mais il faut le faire sortir, repris-je ; avec des soins « on y parviendra. »

Le duc de Frias fait le bonheur du roi et des princesses par tout ce qu'il dit d'original. Cette fois-ci, il a voulu dire que sa fille avait pris un coup d'air, mais ayant traduit sa phrase littéralement de l'espagnol, elle a donné lieu à un quiproquo fort plaisant. En d'autres circonstances, ce n'est pas par ce qu'il trouve qu'il est amusant, mais par la liberté de ses propos. La princesse Clémentine me disait, l'autre jour, que, hors de l'Espagne, il ne trouve rien de beau.

« C'est ainsi, continua-t-elle, que mon père lui ayant demandé ce qu'il pensait de la décoration des appartements des Tuileries, il lui a répondu, ce dont nous étions sûrs d'avance, qu'il lui était impossible d'admirer tout cela qui n'est rien, selon lui, en comparaison du palais du roi d'Espagne à Madrid. »

16 février.

La littérature française va toujours son même et déplorable train. Après nous avoir dévoilé dans le roman et au théâtre les vices de tous les siècles, elle trouve que ce n'est pas assez et nous présente des personnages à chacun desquels elle se plaît à attribuer tous les vices, et qui sont de véritables monstres. Le héros, homme ou femme, ainsi créé, on lui donne une vertu, un sentiment, l'amour maternel par exemple, puis on le lance sur la scène dans quelque drame dont les comparses sont tous plus ou moins méchants et bizarres, et qui attire la foule pendant un mois entier.

Veut-on faire un roman? c'est la même chose. A travers des événements invraisemblables, placés à plaisir sous un règne quelconque et au mépris de la vérité, on fait se mouvoir les personnages, tantôt sous des ogives, tantôt dans des salons dorés, et le tout fournit un roman en deux volumes à sept francs chaque.

Le marquis de Custine (1) vient de nous en donner un en deux volumes aussi, mais dans un autre genre, non moins affreux d'ailleurs, sous le titre : *le Monde comme il est.* Si

---

(1) Fils du général de Custine, qui périt sur l'échafaud en 1793, et de Delphine de Sabran, marquise de Custine, la célèbre amie de Chateaubriand. Il a écrit des romans sans grande valeur justement oubliés aujourd'hui et d'intéressantes études sur la Russie. Il est mort à soixante-quatre ans, en 1857.

le monde était tel qu'il le voit, ce serait à fuir. Le sien est
méchant, égoïste, pervers, méchant pour le plaisir d'être
méchant, pervers par principe. Chacun s'y fait gloire
d'être vicieux, semble honteux de tout bon mouvement
et s'empresse de le réprimer. Dans ce livre, tout le monde
est atroce, l'abbé, l'évêque, le grand seigneur, le parvenu,
le riche et le pauvre, le maire du village et le paysan, le
fermier et le curé. Toutes les classes, toutes les conditions
le sont également. Il n'y a que de faux amis, que des
conseillers perfides. Vos pensées les plus secrètes sont
divulguées et dénaturées, vos lettres sont lues par vos
ennemis, copiées et portées de maison en maison. En un
mot, tout tourne contre vous. Vous vous voyez entouré
d'une puissance ennemie et cachée, vous en êtes sans
cesse mortellement blessé sans savoir d'où part le coup,
sans savoir quel est l'ennemi qui s'acharne contre vous,
qui s'attache à vos pas, qui vous poursuit dans la capitale comme en province, dans les salons dorés comme sous
l'ombre de votre verger. Cet ennemi c'est le monde, c'est
la société partout également égoïste et méchante.

Ces deux volumes sont écrits d'ailleurs avec grâce ; le
style en est élégant, infiniment supérieur à celui de la
plupart des auteurs ; la lecture n'en est pas moins
pénible : c'est le tableau d'une société pourrie jusqu'à
la moelle, d'une société sans foi, sans loi, sans croyance,
sans exaltation, sans remords et sans plaisir.

L'héroïne est laide à faire peur, mais elle a immensément d'esprit ; elle a trois cent mille livres de rentes, ce
qui la rend méchante envers quiconque lui fait la cour.
Cependant, Mlle de Senaer (c'est le nom de notre héroïne),
ayant rencontré un beau et aimable jeune homme,
Edmond d'Offlize, ne peut se défendre de l'aimer, tandis

qu'il est surtout attiré par son argent. Il commet l'imprudence d'en faire l'aveu, dans une lettre, à son ami le
perfide Adolphe de Mérande. Il y fait un portrait peu
flatteur de sa future...

« Une forme de visage, dit-il, est-ce bien un visage?
Je crois que cela ne peut s'appeler une forme humaine
que dans le pays des grenouille ... c'est payer cher la
fantaisie d'être riche, il faut en convenir. »

Cette lettre tombe entre les mains de Mlle de Senaer ;
dès lors, elle ne croit plus aux hommes et à la possibilité
de leur inspirer le moindre sentiment. C'est dans ces dispositions que M. Edmond la trouve, en arrivant au
château de Pont-d'Ouilly. Cependant, plus il la voit plus
il apprend à la connaître, plus il l'admire et enfin en
devient sincèrement amoureux. Il lui déclare son amour,
mais elle le renvoie avec dédain et le traite d'imposteur ;
ses amis et ses parents, venus tout exprès à Pont-d'Ouilly
pour arranger le mariage, avaient combiné d'avance un
plan pour exploiter à son profit la crédulité de Mlle de
Senaer. Mais ils se tournent tous contre lui, dès qu'il
déclare sa passion, à laquelle ils ne croient pas plus que la
jeune fille. S'ils sont d'accord avec lui pour tromper
Mlle de Senaer, ils ne lui pardonnent pas de vouloir les
tromper, de vouloir tromper le monde.

Dès ce moment donc, tous ses amis et amies deviennent,
sans qu'il s'en doute, ses ennemis et tous se réunissent
pour faire échouer son entreprise et déchaîner sur lui
toutes sortes de calamités.

Avec la manie qu'on a en France de courir après les
fortes émotions, je m'étonne que les auteurs du jour
n'aient pas cherché des sujets de roman en deçà du quinzième siècle, où les mœurs barbares n'avaient pas encore

subi l'influence des idées chevaleresques du moyen âge.
Pour répondre au goût d'aujourd'hui, ils devraient
remonter à l'épopée. En Allemagne, par exemple, il faudrait dépasser les *Niebelungen,* car ceux-ci ont déjà une
teinte de civilisation, et puiser dans *Edda,* ce recueil de
chants scandinaves. *Gudruna et le Chant d'Hamder,* voilà
de quoi fournir une bonne quantité de tragédies fertiles en
meurtres et en assassinats, et douze romans au moins
qui feraient fureur et qui enrichiraient douze auteurs.
Dans *Gudruna et le Chant d'Hamder,* Gudruna tue d'abord
Attila, puis elle épouse le roi Jouacre.

De ce roi, elle a trois fils, Sorlius, Hamder et Erpus ;
avec ces trois fils elle fait élever aussi Swanhilda, une fille
qu'elle a eue de Sigurd. Le roi Hermanrick envoie, à la
cour de Jouacre, son fils Randuer, chargé de demander
Swanhilda en mariage pour son père. Mais Randuer, la
trouvant à son goût, préfère l'épouser lui-même. Hermanrick, dès qu'il en a la nouvelle, ordonne d'arrêter son fils
et de l'attacher à un gibet. Quant à Swanhilda, Hermanrick ordonne qu'elle soit foulée aux pieds des chevaux
et c'est ainsi que périt la belle reine.

Gudruna pousse ses enfants à venger Swanhilda. Les
trois frères partent donc pour venger leur sœur. Alors
Gudruna monte sur le bûcher afin de consumer avec elle
le sort fatal de sa famille ; elle se regarde comme un démon
et un génie désastreux qui sème autour de lui l'épouvante
et le crime ; elle se jette dans les flammes, espérant
satisfaire enfin la vengeance des dieux. Mais la fatalité
qui poursuit la famille de Gudruna n'est pas encore
épuisée. Le troisième frère, Erpus, étant haï par les deux
autres qui partent sans vouloir l'attendre, leur fait des
reproches : ceux-ci tirent leur épée et Erpus est assassiné.

Cependant, le palais d'Hermanrick retentit de cris de joie.

« Ordonnez ce qu'il faut faire, dit la sentinelle au roi entouré de ses fidèles. Ce sont des guerriers qui viennent venger la jeune fille que vous avez fait périr. »

Hermanrick se met à rire.

« Doutes-tu, mon fils, dit Chrodusglode, de l'accomplissement de ton souhait? Hamder et Sorlius se livrent eux-mêmes en venant tenter une entreprise impossible. Que peuvent deux hommes contre mille? »

Le palais est dans la confusion, les coupes roulent à terre et se brisent, les hommes gisent dans le sang. Sorlius tombe enfin sous le vestibule et Hamder au fond du palais. Tels sont les sujets de la plus ancienne littérature allemande; l'histoire et la fable se trouvent partout mêlées, mais toujours sous l'influence de la plus cruelle fatalité.

18 février.

A parcourir ce journal, qui se douterait que nous sommes au milieu du carnaval et que je vais d'un bal à l'autre? Il est cependant vrai qu'on ne s'est jamais tant diverti, que jamais il n'y a eu plus de foule et surtout plus de chaleur que cette année. Nous n'avons pas eu d'hiver et, grâce à la manière dont on éclaire les appartements, nous étouffions.

Le prince Paul Esterhazy nous a amené de Londres, avec son fils Nicolas, un de ses neveux, Lichtenstein (1). Le

(1) Fils du diplomate autrichien de ce nom.

pauvre Nicolas a été presque tout le temps malade ; Rudy Lichtenstein, tout au contraire, jouissait d'une excellente santé et par conséquent de tous les plaisirs que lui offrirent les Parisiens et nous autres. Je lui ai fait faire connaissance avec plusieurs de nos belles et aimables dames, il les a trouvées fort à son goût, de même la vie qu'on mène ici. Il a quitté ce séjour avec un véritable regret et, si cela tenait à lui, je pense qu'il nous reviendrait assez vite.

20 février.

Jeudi dernier, avant d'aller au bal chez le marquis de Galliffet, j'ai visité les Catacombes de Paris. Entre neuf et dix heures du soir, je me suis mis en route pour me rendre à la barrière d'Enfer où je fis arrêter mon carrosse. Après quelques moments d'attente, le domestique ouvrit la portière et un individu, enveloppé dans son manteau, avec un chapeau à larges bords sous lequel sa tête était enfouie jusqu'aux yeux, me fit signe de descendre. J'ordonnai au cocher de m'attendre et au domestique de nous suivre. Il faisait très mauvais temps, du vent et une petite pluie qui rendait le sol excessivement glissant. Nous longeons un long mur par un petit sentier qui se trouvait entre ce mur et un chemin entièrement défoncé. Le sentier était si étroit qu'on n'y pouvait marcher deux de front. Malgré cela nous allions à pas précipités et sans dire mot. Pourquoi tout ce mystère, demandera-t-on? C'est que, depuis la révolution de Juillet, l'entrée des Catacombes est interdite. On avait parlé d'une conspiration dont les auteurs, des républicains, voulaient faire sauter tout le faubourg Saint-Germain, qui est presque entièrement miné par les Catacombes ; on disait qu'en attendant, elles servaient à leurs conciliabules.

Sous Charles X, on avait aussi découvert des menées, mais d'un autre genre. Le sacristain de Saint-Sulpice s'était entendu avec des contrebandiers qui, à une demi-lieue de Paris, avaient creusé dans un champ un large trou d'où ils étaient parvenus à trouver un chemin aboutissant aux caveaux de l'église. Là ils déposaient des marchandises soumises à l'octroi, que le sacristain, leur complice, les aidait à introduire dans Paris.

A cette occasion on découvrit, outre les menées des contrebandiers, un fait bien autrement grave pour les habitants de Paris. On constata que, sous plusieurs grands hôtels et maisons de la ville, même sous plusieurs églises, il n'y avait qu'une très faible couche de pierre crétacée qui pouvait crouler d'un moment à l'autre. Depuis, le gouvernement, conjointement avec la ville de Paris, a fait établir des constructions très coûteuses dans les Catacombes pour étayer Saint-Sulpice, Sainte-Geneviève et beaucoup de constructions des faubourgs Saint-Germain, Saint-Jacques, Saint-Marcel, Saint-Victor, Saint-Michel et des quartiers du Luxembourg. Ces constructions ont fait des Catacombes une ville souterraine ; non seulement les principaux monuments s'y trouvent indiqués, mais jusqu'aux numéros de toutes les maisons qui sont bâties au-dessus, de sorte que, dès qu'il y a un danger d'éboulement, on avertit les propriétaires, qui quittent leurs maisons aussi longtemps qu'il peut y avoir du danger pour eux.

Il y a quelques années, un marchand de vin qui, sans

avertir le commissaire de police de l'arrondissement, avait fait creuser une seconde cave sous celle qu'il avait, entend pendant la nuit un bruit épouvantable. Il descend dans la cave et trouve le vide à la place de ses tonneaux. Toute sa cave était changée en citerne. A la suite de ces incidents, l'entrée des Catacombes a été interdite, ce qui explique le mystère dont a été entourée mon excursion.

Après avoir marché pendant une demi-heure, nous arrivâmes enfin à une petite porte. Là, pour que rien ne manquât au mystérieux, on frappa trois fois, avec un assez long intervalle entre chaque coup. Au troisième, la porte s'ouvrit, on nous compta et nous entrâmes. Au delà d'une petite cour, un guide, qui avait l'air d'appartenir aux Pompes funèbres et portait une torche, en remit une à chacun de nous, que nous allumâmes à la sienne ; puis nous descendîmes un escalier tournant très étroit. Je comptai cent vingt-cinq marches et je ne saurais pas vous préciser l'impression que j'éprouvai au moment où le conducteur s'arrêta et, la torche levée, nous fit voir ces voûtes, ces rochers suspendus sur nos têtes, ces longues galeries si noires.

Nous suivions notre conducteur.

« Ce large trait noir tracé sur la voûte, nous dit-il, est fait pour m'indiquer mon chemin ; car, si je m'aventurais dans une autre de ces galeries, je ne reverrais plus le jour et vous non plus, si vous aviez eu le malheur de me suivre. »

Bientôt, nous vîmes d'énormes blocs couchés les uns sur les autres. Il y en avait un, suspendu sur nos têtes, qui semblait prêt à crouler.

« Il n'y a point de danger, reprit notre conducteur, voilà bien cinquante ans que cette pierre est là et sa position n'a pas changé d'une ligne. Nous sommes dans ce moment hors Paris ; Saint-Sulpice se trouve à notre gauche maintenant, mais, en suivant la direction que je vais vous faire prendre, nous l'aurons derrière nous.

En suivant le trait noir au-dessus de nos têtes, nous nous trouvâmes tout à coup entourés de squelettes et de têtes de morts entassées les unes sur les autres. Ces crânes, pour la plupart, étaient percés dans différents endroits. La forme de ces ouvertures indiquait si les malheureux à qui ils avaient appartenu avaient été tués par une balle ou par un coup de sabre. De temps en temps, des inscriptions indiquent la provenance de ces ossements et rappellent les plus tragiques épisodes de la première Révolution. On y lit, gravés dans le roc, ces mots qui font frémir : *Massacre aux Tuileries, Massacre aux Carmes, Victimes de Septembre.* Nous avons erré ainsi pendant plus d'une heure, toujours entre des murs bâtis en crânes et ossements.

Au milieu de ce labyrinthe, dont la décoration doit inspirer l'horreur aux moins sensibles, se trouve une chapelle ou plutôt un autel qui est assez bizarrement placé entre des obélisques. Il fut érigé, à la demande de Madame la dauphine, sous le règne de Louis XVIII. Cette princesse avait même demandé que le jour des morts on y célébrât un office. Les pauvres morts sont encore à l'attendre et, bien probablement, ils l'attendront jusqu'au jour du jugement dernier.

« Aussi, me dit notre conducteur, auquel je faisais quelques réflexions à ce sujet, aussi quelle prétention de la part de ces bonnes âmes ! Elles croient donc qu'on a le temps de s'occuper d'elles après qu'elles ont quitté cette terre de misère et alors qu'il faut penser à soi et à ses enfants. »

Il descendit encore quelques marches, sous une petite voûte formant un très élégant petit dôme. Cette voûte protège une très belle fontaine, qui verse son eau dans un réservoir en marbre blanc.

« J'ai mis dans cette eau des poissons, nous dit le conducteur, afin qu'il y ait quelques êtres vivants dans ce triste séjour. Mais ils ne vivent jamais plus de trois semaines ; il leur faudrait un peu de jour, il n'y en a point ici et je ne puis leur en apporter. »

Il leur jeta quelques morceaux de pain ; au lieu d'y toucher, ils se réfugièrent dans le fond.

« La clarté de nos torches leur fait du mal, nous dit-il, ils en ont perdu l'habitude. »

Ceux qui aiment les contrastes auraient pu se divertir en me suivant des Catacombes au bal du marquis de Galliffet. Que de bougies, que de dorures ; tout me parut doublement beau, doublement riant, mais aussi doublement futile ; n'importe ! laissons toutes ces réflexions dans les Catacombes, auprès des morts. Maintenant que me voilà de nouveau rendu à la vie, dans le tourbillon du monde, au milieu de toutes ces dames éblouissantes de beauté, de grâce, de coquetterie, que j'y sois tout à fait ! Je veux être plus gai, plus en train que jamais ; rien ne doit m'arrêter dans cette école de la coquetterie. Grâce, mesdames, mille grâces des frais que vous faites pour nous ; descendez dans les Catacombes et dites-moi, après, si cela en vaut la peine.

24 février.

J'ai dîné hier chez le président de la Chambre des pairs, le baron Pasquier ; je me suis trouvé à table entre Mme de Rumford et Mme de Bondy, une des dames de la reine. La vieille Rumford a de l'esprit et, à force de se frotter à des savants pendant tant d'années, à force d'avoir assisté à leurs expériences et d'avoir écouté ses deux maris, MM. de Lavoisier et de Rumford, elle a fini par retenir quelque chose de leurs propos. Si elle n'est pas précisément savante, elle connaît assez le genre des hommes de ce métier pour les faire valoir chez elle, ce qui fait que ses dîners de savants sont moins ennuyeux que ceux de tant d'autres où l'on se tait ou bien où l'on discute longuement des théories abstraites, ce qui ne laisse pas d'ennuyer tout le monde et surtout les savants eux-mêmes qui se croient obligés d'écouter leurs collègues, ne fût-ce que par esprit de corps.

Vis-à-vis de moi se trouvait placé M. Cousin (1). Mme de Rumford me demanda si je le connaissais. Je lui répondis affirmativement, en ajoutant que je le rencontrais fréquemment dans les salons Sainte-Aulaire, Broglie et Rocca.

« Vous me nommez là trois salons bien ennuyeux, me dit la comtesse ; l'un vaut l'autre sous ce rapport. »

(1) Victor Cousin, professeur, philosophe et historien des héroïnes de la Fronde. Sous Louis-Philippe, il siégea à la Chambre des pairs et fut ministre de l'Instruction publique dans le cabinet du 1ᵉʳ mars 1840 que présidait Thiers. Il était entré à l'Académie française en 1830.

Et pendant tout le dîner, elle se répandit en méchan-
cetés contre cette société.

— Avez-vous lu la brochure qui vient de paraître sous
le titre : *Un constitutionnel aux constitutionnels ?* me
demanda tout à coup ma voisine de droite, Mme de
Bondy, coupant court aux mauvais propos de Mme de
Rumford.

— Oui, madame, je l'ai lue.

— Qu'en pensez-vous?

— Je suis entièrement de l'avis de l'auteur. Je crois
que le roi est à la tête du gouvernement et non pas
ses ministres, et que, si ceux-ci ont le droit de le conseiller,
c'est à lui seul à ordonner. Lorsque ses ministres ne
croient pas pouvoir condescendre à ses ordres, ils ont la
faculté de se retirer, et voilà tout. Sans doute, ce que la
brochure dit de la Chambre en ne lui accordant qu'une
autorité purement consultative, n'est pas trop compa-
tible avec la Charte de juillet, mais il n'est pas moins
vrai que, pour la stabilité de ce gouvernement, la Chambre
devrait n'être que consultée.

— Ne croyez-vous pas que c'est le roi qui a rédigé
cet écrit?

— Non, madame, puisque Sa Majesté a déclaré sur
l'honneur que non seulement elle ne l'avait pas rédigé,
mais qu'elle n'en connaissait le contenu que par les relations de quelques personnes qui l'ont lu. Je sais d'ailleurs que le roi approuve entièrement le raisonnement de
l'auteur. Bien avant la publication de cette brochure, il
avait parlé dans le même sens à ses ministres et ceux-ci
lui avaient toujours donné raison.

— Si vous croyez tout ce que cette femme vous dit,
me souffla Mme de Rumford à l'oreille, et surtout si vous

croyez tout ce que vous dit notre cher roi Louis-Philippe, vous risquez fort de ne pas connaître la vérité. Je sais, par Thiers, que c'est le roi qui a rédigé en partie cet écrit si bêtement intempestif. Thiers en a la preuve dans son tiroir, lui qui avait fait surveiller le roi et sa Cour ; on lui a remis le manuscrit et il y a reconnu la main de M. Fain, secrétaire du cabinet du roi ; de plus, tous les rapports tombent d'accord pour confirmer ce que dit Thiers. Écoutez maintenant tout ce que va vous dire Mme de Bondy qui, certes, n'est pas aussi bien instruite que moi.

Mme de Bondy ne me parlant plus, Mme de Rumford a repris :

— Il paraît que Mme de Belgiojoso (1) s'est arrangée avec votre Cour, et qu'elle ira chez vous.

— Oui, madame, notre Empereur a été pour elle comme un bon père qui pardonne, dès qu'il voit du véritable repentir.

— Je n'en doute pas, mais, sans les bons offices du comte Apponyi, on ne lui aurait certainement pas rendu ses terres ; elle le sait bien et elle n'oubliera jamais ce qu'elle lui doit.

— C'est une âme qui nous revient, par la raison qu'elle vous a échappé.

— Grand merci, comte ; vous me croyez donc passablement radicale ?

— Je rends certainement justice, madame, à vos qualités d'esprit et autres, mais je ne puis douter de vos opinions.

(1) La princesse Barbiano Belgiojoso, née Christine Trivulzio, célèbre patriote italienne, mise en relief par ses attaques contre la domination autrichienne comme aussi par son esprit, sa beauté et ses aventures. Après avoir vécu longtemps à Paris, elle mourut en Italie en 1868. Elle avait soixante ans.

— Vous pouvez avoir raison, mon cher comte, mais n'empêche que je m'arrange fort bien avec des personnes de votre opinion, surtout si elles vous ressemblent.

Au même dîner il y avait encore le fils du maréchal Soult. Il nous dit qu'il ne croyait pas que son père accepterait la présidence du Conseil, si le ministère est renversé, comme tout le fait craindre. Plusieurs de ces messieurs espérant qu'ils forceraient le maréchal Mortier à donner sa démission, Guizot proposa au roi son ami Broglie comme président.

« Je vous ai déjà dit bien des fois, répliqua le roi, que je ne voulais absolument pas de M. de Broglie. »

Et il chargea son aide de camp Bertin d'aller quérir le maréchal Soult, en ce moment à Bordeaux. Il faudra quinze jours pour qu'il en revienne. Si Soult n'accepte pas, je ne conçois pas ce que fera le roi, car prendre Broglie pour président du Conseil serait pour le roi une espèce d'abdication, et prendre Dupin serait bien pis encore, ce serait l'abdication de la royauté.

1er mars.

J'ai eu ces jours-ci une bien drôle de conversation avec le comte de Chabot, aide de camp du roi ; il me parla de la crise ministérielle dans laquelle le roi se trouvait engagé en ce moment, et des dangers que courait le gouvernement. Il me dit que la position du roi devenait de jour en jour plus critique, que, dernièrement, il avait pris la liberté de le faire observer à Sa Majesté et que celle-ci lui avait répondu : « Vous avez raison, nous sommes de nouveau dans une position très dangereuse ; je ne sais trop comment j'en sortirai, mais soyez sûr que j'y parviendrai ; je me suis souvent trouvé en de mortels embarras et je m'en suis toujours tiré ».

— Avouez, mon cher comte, continua Chabot, que tout cela n'est pas trop consolant pour vous.

— Vous avez bien raison, repris-je, mais que voulez-vous que le roi fasse? Il est dans une position tellement difficile qu'on ne peut la comparer à aucune autre ; l'histoire même ne nous en offre point d'exemple ; il faut plus que de la finesse pour se maintenir là où il est.

— Voilà précisément ce que je n'aime pas, dit le comte de Chabot, il devrait tenir ce qu'il a promis.

— Certes, il faut tenir les promesses qu'on a faites, mais lorsqu'elles sont impossibles à tenir...

— Il n'aurait pas fallu les faire et n'accepter la Couronne qu'à de certaines conditions.

— Vous avez encore raison, comte Chabot, mais, en juillet, il fallait se décider d'une heure à l'autre, ou bien s'en aller avec Charles X. Avec qui aurait-il pu traiter? Avec la Chambre? Il n'y en avait pas. Avec le gouvernement provisoire? Vous savez comme moi qu'il n'y en avait point. C'eût donc été avec Laffitte ou La Fayette et quelques autres députés, aussi brouillons que ces deux-là, qu'il aurait fallu négocier.

— Eh bien, me répondit Chabot, j'aurais plutôt quitté la partie que de ne pas rester honnête homme.

— Il y aurait bien des choses à dire sur ce chapitre, mon cher comte. Vous parlez en homme loyal ; mais, peut-être, dans la position de Louis-Philippe, avec une responsabilité aussi énorme que celle qui pesait sur lui, — car il ne s'agissait de rien moins que de livrer la patrie à l'anarchie, et à la terreur, — avait-il, comme premier prince du sang, des devoirs politiques à remplir et, comme père de famille, des devoirs vis-à-vis de ses enfants. Il fallait donc opter entre faire quelques concessions aux règles d'une probité sévère ou bien se charger de toute la responsabilité en livrant la Patrie à une révolution certaine, à une guerre civile et étrangère et à la perte de l'existence de sa famille nombreuse ; tant de grandes questions dépendaient d'un seul mot, d'un oui ou d'un non ; il a dit oui, maintenant il faut en subir les conséquences !

— Terribles conséquences, dit le comte en soupirant. Avoir affaire à un Thiers ! concevez-vous cela? Ces misérables gens intriguent entre eux et contre le roi !

— C'est cependant à lui qu'ils doivent toute leur existence. Que de terribles expériences le roi Louis-Philippe n'a-t-il pas dû faire !

— Il en fait tous les jours ; on ne le paye que d'ingratitude, et pourtant il ne s'en corrige pas ; il comblera toujours ceux qui désertent, ceux qui le trompent. Pourquoi exclut-il le duc d'Orléans du Conseil?

— Il me semble que le duc d'Orléans ne s'est pas trop bien conduit à l'égard de son père.

— Oui, c'est entendu, il a commis des fautes, mais il est jeune encore ; il faut avoir de l'indulgence pour la fougue de la jeunesse et, à tout prendre, la santé du roi décline, depuis quelque temps, d'une manière si inquiétante qu'il serait prudent de familiariser l'héritier du trône avec les affaires qui lui tomberont en partage. Je vous assure que le duc d'Orléans a de nobles sentiments et qu'il ne mérite nullement la défiance de son père.

— Vous savez, mon cher comte, que je professe une

grande admiration pour le duc d'Orléans, mais je dois cependant dire qu'il a manqué au moins de prudence en se mettant à la tête de ce qu'on appelle la jeune France, et que, par là, il s'est placé dans une position fâcheuse vis-à-vis du Conseil, sans rien gagner en popularité, puisque les jeunes gens qui le flattent en face s'en moquent derrière lui et disent qu'ils ne sont et qu'ils ne seront jamais la dupe d'un prince qui changera d'avis dès qu'il sera sur le trône.

Mercredi des Cendres.

— Voici, madame, une fête digne d'un traité de paix, dis-je à la baronne de Meyendorf, en arrivant à son bal.

— N'est-ce pas, comte Rodolphe? me dit la baronne ; la paix est signée en effet.

— Et scellée par beaucoup de larmes, à ce qu'on m'a dit.

— Oui, nous avons beaucoup pleuré.

— Ceci est de toute nécessité chez vous, mesdames ; vous ne sauriez finir de semblables affaires sans pleurer.

Pour rendre compréhensible ce petit dialogue, je dois raconter ce qui s'est passé entre la princesse Galitzine et Mme de Meyendorf. La princesse Galitzine arrive un jour chez la baronne et lui dit que, comme amie, elle devait l'avertir que des bruits couraient sur elle, qui n'étaient pas à son avantage. Pressée de questions, elle instruisit Mme de Meyendorf que tout le monde lui donnait M. Caradoc comme amant.

Fureur de l'accusée.

— Et savez-vous ce qu'on dit de vous, ma chère?
s'écria-t-elle ; on dit que vous avez l'air fille.

La princesse manqua se trouver mal ; réflexion faite,
elle prit le parti de pleurer et d'aller se plaindre à son
mari et à toutes les personnes de sa connaissance. Cette
histoire fit grand bruit et provoqua des explications très
sérieuses entre les deux maris. Ils s'expliquèrent si bien,
ainsi que cela arrive dans ces occasions, qu'ils finirent
par se brouiller tout à fait. On rentra chacun chez soi
et l'on s'adressa des lettres très piquantes ; les femmes,
de leur côté, barbouillèrent du papier. Caradoc en fit
autant ; la princesse Bagration pleura, trembla, se désola.
Le nom de la duchesse d'Esclignac se trouva aussi mêlé à
tout cela et beaucoup d'autres aussi. Pour aggraver ces
complications, une feuille périodique publia un article
affreux dans lequel les deux ménages étaient également
déchirés. On s'en fâcha, on en pleura, et Mme de Meyendorf renonça à aller dans le monde, prétextant le départ
de son mari pour Bruxelles où il est allé chercher
Mme de Signavin, sœur de sa femme.

Cependant, ces cancans allèrent leur train et, à l'arrivée de Mme de Signavin avec M. de Meyendorf, l'affaire
avait plutôt empiré, tant par sa publicité que par l'indiscrétion et la malveillance de plusieurs personnes. Néanmoins, Mmes de Meyendorf et de Signavin parurent à un
bal de la Cour. A ce bal, la princesse Galitzine crut bien
faire de s'approcher de Mme de Signavin qu'elle avait
connue intimement à Saint-Pétersbourg. Mais, loin de
répondre à la politesse de la princesse, Mme de Signavin
la traita d'une manière vraiment indigne et la menaça
même de venger sa sœur à Saint-Pétersbourg. Mme Galitzine en fut bouleversée d'abord, mais elle alla de nou-

veau conter son histoire à tout le monde. Aussi tout le
monde en parla et, le lendemain, il était question d'une
provocation échangée entre les deux maris.

Cependant, on s'accorda pour reconnaître que ces
procédés, des deux côtés, ainsi que toute l'affaire en elle-
même, étaient d'un goût détestable. M. de Médem, le chargé
d'affaires de Russie, en jugea comme tout le monde ;
il conseilla aux intéressés d'en finir avec ces basses tra-
casseries fort déplacées qui déplairont excessivement
à l'Empereur Nicolas. Cette considération était sans réplique ; il fallait prendre sur-le-champ le grand parti.
On pleura donc et l'on se réconcilia, la veille, au bal de
M. de Meyendorf, où le prince et la princesse Galitzine,
Caradoc et Mme la duchesse d'Esclignac parurent. Tout
le monde sut donc que la paix était faite et l'on n'en
parla plus.

Vrintz, Esterhazy, Teleki et moi nous quittâmes le
bal à trois heures, pour nous rendre tous dans l'appartement de Teleki, où nous changeâmes nos habits contre
un costume de paillasse, avec d'énormes favoris et moustaches attachés à un nez d'une longueur prodigieuse.
Ainsi arrangés, nous allâmes au bal masqué qui se donne
au bazar de la rue Saint-Honoré. Local immense, orchestre
superbe, société bourgeoise lestement folle, mais pas
crapuleusement dévergondée comme aux Variétés, au
théâtre du Palais-Royal, à la Gaîté, à l'Ambigu, aux
Funambules, à la Porte-Saint-Martin et autres. Qu'on
se figure un immense parallélogramme, flanqué d'un côté
par une colonnade qui règne sur toute sa longueur et qui
le réunit à une vaste rotonde. Telle est la salle dans laquelle j'ai vu, tour à tour, les exercices à cheval de Fran-
coni, puis un bazar établi ; où j'ai assisté à une messe,

entendu un sermon, un catéchisme de l'Église française par l'abbé Châtel, et enfin m'y voilà au bal masqué, à la place d'où j'ai vu un pseudo-évêque, avec crosse et mitre, entretenir, du haut de sa chaire, ce peuple pieusement recueilli, écoutant sa doctrine tout comme il écoute aujourd'hui avec enthousiasme un magnifique orchestre remplaçant la chaire. Mais, comme si l'on avait voulu conserver un souvenir de l'Église française dans ces lieux voués aujourd'hui aux plaisirs du carnaval, l'orgue, qui accompagnait les cantiques et les psaumes, gronde à travers tous ces instruments, avec sa voix de basse-taille plus basse que toutes les contrebasses, crie, siffle d'une manière plus pénétrante que tous les flageolets, que tous les cornets à pistons, et ajoute ainsi à la valeur de chaque instrument : il les soutient, il les augmente.

Une trentaine de jeunes gens ou de ceux qui, malgré leur âge, veulent passer pour tels, une trentaine, dis-je, et de ma connaissance, s'étaient réservé une estrade. L'un d'eux, de qui je me fis reconnaître, nous prit sous sa protection et nous plaça au milieu d'eux. Du haut de cette estrade, on encourageait les danseurs du chahut par des applaudissements et des bravos. Il est vrai que nous avions sous les yeux les plus distingués, les plus habiles de toute la salle, qui s'y étaient donné rendez-vous. Ils exécutèrent cette danse avec toute la décence que leur imposait la présence du commissaire de police en écharpe tricolore, mais, en même temps, ils trouvèrent moyen d'indiquer tout et de s'arrêter juste à la limite de la vérité. Comparé à celui que l'on danse à l'Ile d'Amour, au Grand-Saint-Martin et ailleurs, celui-ci a été à l'eau de rose : un chahut de bonne compagnie.

Néanmoins, nous eûmes un paillasse qui, un genou en

terre, le buste renversé, une main sur le cœur, faisait l'aveu de ses transports à son vis-à-vis, une poissarde aussi souple, aussi leste que lui, affectant la naïve ignorance d'une villageoise et baissant pudiquement le regard, tout en répondant avec des gestes non douteux. Tout fut mis en scène, depuis la timidité d'un premier aveu jusqu'à la joie de la passion, jusqu'à la satiété, dernière figure qui consiste en un geste dédaigneux et un brusque retour en arrière ! Cette danse me rappelle le fandango, que j'ai vu danser en Espagne. Ici comme là-bas, tout est grâce dans les poses merveilleusement expressives.

La dernière figure de cette contredanse burlesquement voluptueuse fut dansée à la saint-simonienne, c'est-à-dire en galop avec changement de danseuse. Puis tous les couples de la salle se confondirent et partirent à la fois sans ordre, pêle-mêle, se poussant, se heurtant, criant, jurant, chantant et parcourant ainsi l'espace, semblables à un torrent qui entraîne tout, renverse tout. Qu'on ajoute à cela un effroyable vacarme, une poussière qui enveloppe tout, obscurcit tout, et enfin pour finale un coup de pistolet !

En quittant ce bal, nous nous sommes rendus à celui des Variétés. Si la foule était grande dans la salle que nous venions de quitter, c'était bien autre chose encore aux Variétés. Le théâtre, la scène, la salle, les loges, les corridors et le foyer étaient combles. Nous fûmes poussés et repoussés deux fois par la foule qui entrait et le reflux qui sortait. Nous dûmes prendre nos places d'assaut. Il faut voir là le peuple parisien régner dans toute sa gloire, avec une liberté entière, sans surveillance de police, car il n'en souffrirait pas dans l'intérieur de la salle ; c'est son domaine, tout doit se régler d'après lui, il est despote ; il veut non seulement ne pas se gêner, mais il veut que tout le monde soit comme lui, qu'on adopte ses vêtements, ses manières ; il ne rend hommage qu'au vulgaire, qu'au brutal et au genre le plus bassement ignoble et le plus vilement trivial. Pour lui plaire, il faut sinon devenir son égal, du moins tâcher de l'imiter, sans quoi on risque d'être traité de mouchard ou bien d'aristocrate ; dans les deux cas, on ne s'en trouverait pas bien.

Si, cependant, un jeune homme de qualité parvient à se ravaler au point d'être plus vulgaire, plus grossier, plus sale d'expressions et de gestes que les plus vulgaires, les plus grossiers, les plus sales parmi ce peuple, alors il se considère comme vaincu, il courbe son front devant son maître, fût-il même un grand seigneur. Faites crier à la fois trois mille hommes et femmes, non pas avec leur voix ordinaire mais avec les voix de carnaval grossies par l'ivresse, ajoutez à leurs clameurs le bruit d'un orchestre dont on n'entend que les grosses caisses et, de temps en temps, les trompettes, et vous aurez à peu près l'idée du train qu'on fait à ces bals.

Cependant, vers cinq heures du matin, la foule commença à se dissiper, une partie pour rentrer et l'autre pour aller à la descente de la Courtille. Esterhazy et moi quittâmes notre loge pour nous rendre au foyer. Là, on se battait à coups de poing. Un postillon avait battu un pauvre paillasse, lui avait enfoncé le nez d'où sortaient des flots de sang et arraché avec ses ongles une partie de la peau des joues. Le pauvre paillasse avait une mine piteuse, il se lamentait ; quelques-uns de ses amis l'entouraient, pour le consoler et arrêter le sang qui coulait toujours ; il ne se plaignait pas de ses souffrances mais de

l'insulte qui lui avait été faite et de ne pas avoir l'adresse
de celui qui l'avait si indignement traité. On parvint
enfin à trouver le coupable et à savoir sa demeure.

— Voici ma carte, dit le paillasse couvert de sang.

— Voici la mienne. Demain, au bois de Boulogne, je
t'attendrai à une heure.

— Entendez-vous, mes amis? S'il ne vient pas, c'est
un lâche !

Le mâtin accepta le défi ; chacun choisit ses témoins
et l'on se quitta le plus tranquillement du monde.

Esterhazy et moi, nous allâmes aussi chercher Teleki
et Vrintz, car il était grandement temps de partir pour
Belleville, afin d'assister à la fameuse descente de la Courtille. Nous nous mîmes donc dans nos carrosses et nous
voilà en route pour Belleville. Au boulevard du Temple,
nous rencontrâmes des chars à bancs à quatre et à six
chevaux remplis de masques. Un petit orchestre au milieu
d'eux accompagnait les chants, des porteurs de torches
éclairaient ces saturnales.

Nous étions encore loin de la barrière de Belleville, à
l'entrée de la rue du Faubourg-du-Temple, et déjà la foule
était si grande qu'il nous fallut prendre par de petites
rues pour gagner la barrière de la Chopinette et arriver
par là au Grand-Saint-Martin et à l'Ile d'Amour, à Belleville.

Hors la barrière de Belleville, se trouve un rond-point
d'où partent plusieurs avenues et rues, entre autres une
bien large, celle de Belleville. Elle se compose de deux
rangées de cabarets grands ou petits. Obligés, tant la
circulation était difficile, de laisser là nos voitures, nous
eûmes toutes les peines du monde à atteindre la merveilleuse Ile d'Amour et le Grand-Saint-Martin. Il faisait déjà

grand jour et nos énormes nez tous gros et marbrés de bleu, de rouge et de vert, nous faisaient horreur. Cependant, ils nous garantissaient fort agréablement contre l'air frais du matin, de même nos favoris et nos moustaches nous servaient de véritables mentonnières ; il n'y a que les pieds que nous ne pûmes, malgré nos grosses bottes, garantir contre l'humidité, car il faisait une boue affreuse et, pour avancer, nous étions obligés de marcher dans le ruisseau : dans le milieu de la rue, nous aurions risqué d'être écrasés.

Arrivés non sans peine à l'Ile d'Amour, nous fûmes témoins d'un combat assez sérieux engagé entre lord Seymour qui s'y était retranché avec sa bruyante compagnie et la populace offensée de je ne sais trop quoi. De la rue, on y lançait des pierres qui brisaient tous les carreaux ; de leur côté les assiégés lançaient sur les assiégeants des carafes, des assiettes et des meubles brisés. Le combat allait devenir fort dangereux pour tous ceux qui se trouvaient avec lord Seymour dans le cabaret, lorsque heureusement les gendarmes mirent fin à tout ce désordre.

Nous jugeâmes prudent de ne pas entrer dans l'Ile d'Amour, qui venait d'être envahie par la populace et dont le siège ne prit fin que grâce à la garde municipale. Nous passâmes donc outre et entrâmes au Grand-Saint-Martin. Toutes les croisées de cette vaste maison à trois étages étaient ouvertes ; des masques de tout genre, de toutes couleurs, étaient assis ou debout sur ces croisées ; il y en avait même à califourchon, en sorte qu'un pied se trouvait pendant dans l'intérieur et l'autre en dehors de la croisée, du côté de la rue. Tout ce monde se démenait, vociférait, apostrophait tantôt la foule au dehors, tantôt le monde réuni dans les salles, puis on jetait des pains, des saucissons, des morceaux de viande rôtie sur les personnes qui se trouvaient dans la rue. Nos nez ne manquèrent pas de faire leur effet et les deux Thun, qui nous avaient rejoints aux Variétés, avaient un air si admirablement goujat qu'on nous salua en frères. Nous fîmes si bien que plusieurs parmi ces gens-là ont cru nous reconnaître pour être des leurs.

Cependant, nous entrâmes dans le Grand-Saint-Martin, à la porte de ce qu'on appelle la salle basse, pièce bien noire, bien sale, emplie de puanteurs, odeurs de vieux poisson, de graillon, de vin, de pipe, de boucherie. Nous fûmes arrêtés, à l'entrée de l'escalier qui mène au premier étage, par trois garçons marchands de vin attachés à l'établissement et une servante dégoûtante qui opposaient un inébranlable rempart de leurs bras aux secousses que leur donnait la foule. Ils criaient à n'en pouvoir plus : « On n'entre pas ainsi, on n'entre pas comme ça ! »

Une grosse jeune femme, à la mine réjouie, qui faisait faction devant un immense comptoir couvert d'un grand nombre de plats garnis de fritures, de viandes, de boudin, surveillait aussi une vaste marmite dans laquelle pétillait la graisse fondue et nageaient des quartiers de pomme de terre et des poissons. Cette femme, tout en courant de sa matelote à sa gibelote et de ses gigots aux volailles rôties, voulut bien nous dire qu'on n'entrait pas sans prendre quelque chose.

« Mais, dis-je, que faut-il prendre? »

Je promenais mes regards sur toute cette horrible mangeaille servie dans des plats en fer-blanc horriblement malpropres.

« Vous pouvez aussi prendre une bouteille de vin,

me répondit la femme, il y en a là-bas à l'autre comptoir. »

Je la remerciai et me voilà à l'autre comptoir.

— Combien que vous êtes de votre société? me demanda l'homme placé derrière les formidables rangées de bouteilles.

— Six, monsieur.

— Ça fait six litres.

— Alors, nous allons vous payer six litres, mais vous nous dispenserez de les boire, car nous ne saurions comment faire pour porter ces bouteilles à travers cette foule. Combien six litres?

— Soixante sous.

— Les voici.

Là-dessus, il cria d'une voix éraillée : « Vous laisserez passer six bourgeois. »

Nous montâmes donc au premier, dans cette grande pièce, au milieu d'un encadrement de plusieurs rangées de tables encombrées de gens ivres, malades, endormis, couchés sur les bancs et sous les tables. Un carré long, entouré d'une balustrade qui sépare les danseurs des buveurs entourant les tables, attira nos regards. Une cinquantaine de masques y dansaient au son d'un orchestre, si l'on peut honorer de ce nom une musique sauvage composée d'un mauvais violon, d'un petit sifflet, d'un gros tambour et d'un ou deux instruments en cuivre qui faisaient un bruit à fendre la tête. C'est là que nous vîmes danser le chahut dans tout ce qu'il offre de hideux et d'obscène. Tout ce que j'avais vu ailleurs, dans ce genre, n'était rien à côté de cette danse immonde.

Autour du bal, où les musiciens tournaient le dos aux danseurs et regardaient dans la rue, régnait une double ou triple rangée de tables. Depuis les trois derniers jours du carnaval, le salon n'avait pas cessé d'être rempli jour et nuit et le temps avait manqué pour enlever toutes les immondices et changer les nappes couvertes de souillures : c'étaient des débris d'os rongés, de sauces renversées, de graisse figée, de bouteilles cassées, mille ordures enfin horribles, dégoûtantes. Des hommes et des femmes ivres-morts étaient vautrés dans cette fange et dormaient côte à côte, tandis que des enfants jouaient avec les débris d'assiettes et de verres cassés.

Que nous fûmes heureux de nous retrouver de nouveau dans la rue et de respirer de l'air pur. Je fus plus satisfait encore, lorsque je me trouvai assis dans notre carrosse, à côté de Maurice Esterhazy, pour nous faire conduire aux *Vendanges de Bourgogne*. Ici, du moins, l'entrée est élégante, l'escalier orné de glaces et de fleurs, les salles joliment décorées et la longue galerie dans laquelle donnent tous les cabinets est aussi luxueuse. Nous eûmes toutes les peines du monde à obtenir un de ces cabinets, le seul qui ne fût pas occupé. Mais dans quel état ! Une grande table de douze couverts, disproportionnée à l'exiguïté de la pièce, portait sur elle tous les vestiges d'un banquet somptueux et tapageur. La porcelaine, les bouteilles, tout était brisé ; la nappe se ressentait des gelées fondues et des bouteilles de vin de Bordeaux cassées ; nous marchions sur les décombres de tout ce qui avait garni la table et, jusqu'aux carreaux de la croisée, tout était débris dans la chambre.

Pendant qu'on s'occupait à dresser le couvert pour servir le déjeuner dont nous avions grand besoin, nous parcourions toute cette maison envahie par tous les mauvais sujets de Paris, mais de la classe, de la société la plus riche et la plus élevée. Ils y étaient établis avec leurs maîtresses ou avec des filles qu'ils avaient ramassées Dieu sait où ! ils ne s'en cachaient pas, car quoiqu'en costume plus ou moins élégant, ils n'avaient pas cru nécessaire de mettre un faux nez sur leur figure. J'y rencontrai grand nombre de jeunes gens de ma connaissance, mais ils ne me reconnaissaient pas et je feignis de ne pas les voir. Le catéchisme poissard et le Vadéana étaient la langue qu'ils parlaient, accompagnée de gestes des plus éloquents qu'on se faisait des combles, des balcons, des croisées au jardin ou dans la rue et vice versa. Hommes et femmes avaient déjà tant crié pendant toute la longue nuit, et la veille peut-être, qu'ils n'en pouvaient plus. Pourtant ils criaient toujours en se balançant sur les balustrades ; ils s'embrassaient sans se cacher, tirant orgueil d'être impudiques devant la foule.

La descente de la Courtille était, en ce moment, dans son brillant, avec ses innombrables masques, ses deux mille voitures à la file, ses cent et cent mille spectateurs qui regardaient ébahis et rieurs. Le cortège de lord Seymour, qui est ordinairement ce qu'il y a de plus magnifique, l'était encore cette fois. Il en tombait des dragées, des fleurs, des bonbons, des phrases ordurières toujours très applaudies.

Il était près de midi lorsque je me suis retrouvé dans ma chambre. Après ma toilette, je suis descendu chez l'Ambassadrice qui m'apprit la triste nouvelle de la maladie grave de l'Empereur, mais, en même temps, le bulletin du lendemain disant qu'après la saignée, notre chérissime Empereur a passé une bonne nuit et que tout danger paraît être passé. Quel bonheur !

15 mars.

L'histoire de la crise ministérielle a deux faces : l'une
toute d'intrigues, de mouvements personnels, d'agitations
sourdes, d'ambitions politiques ; l'autre plus sérieuse,
plus élevée, car elle embrasse le principe même du gouvernement. Quelques esprits superficiels peuvent bien
ne voir, dans ce qui se passe, qu'un fastidieux tableau de
roueries politiques, une lutte entre les différentes coteries des salons et du parlement, mais ceux qui envisagent
la situation de ce pays sous un aspect plus sérieux ne
peuvent méconnaître le conflit de deux principes, le
principe royal et le principe parlementaire, un choc bien
prévu entre la Couronne et la Chambre. Cette vieille
querelle doit se vider ; tant qu'elle sera en litige, la société
éprouvera un malaise, et toutes les solutions auxquelles
on aura recours ne seront que des ajournements.

Un fait digne de remarque, c'est que cette lutte a lieu
non seulement en France mais dans tous les États de
l'Europe où se pratique le système représentatif. Est-ce
à dire que ce système est mauvais et qu'il a fait son
temps? Cette transaction entre les pensées monarchiques
et républicaines serait-elle impossible à réaliser? L'union
tentée d'une royauté irresponsable et de la souveraineté
parlementaire doit-elle se terminer par un divorce? Est-ce
la marche à la monarchie absolue ou à la souveraineté
populaire dans sa plénitude? Voyez les secousses qui
agitent la France et l'Angleterre, les deux pays où l'on a
voulu réaliser le système représentatif dans la plus large

et la plus sincère expression. Il est constant que les deux peuples n'en peuvent plus d'une situation qui met en question tous les intérêts privés, toutes les transactions d'avenir ; le pouvoir perd sa force, l'administration son influence et sa dignité. Quelle considération peut maintenant inspirer, au milieu de ces bouleversements de l'autorité centrale, un magistrat ou un fonctionnaire inférieur?

En France, le roi veut régner, gouverner et administrer ; il a la conviction de sa capacité ; il veut la mettre en œuvre, c'est l'ambition de tout esprit profondément pénétré d'une mission politique ; mais c'est aussi l'obstacle le plus absolu au régime représentatif, car ce régime se fonde sur la responsabilité ministérielle. D'un autre côté, le pays et une grande fraction du parlement veulent arracher à la royauté le gouvernement et l'administration ; telle est aussi la mission qu'ils se sont donnée et, tant que cette question ne sera pas résolue, il y aura suspension de pouvoir à certains intervalles et nécessité de le renouveler.

Passons maintenant aux faits qui résultent de cette situation. Il y a aujourd'hui vingt et un jours que le maréchal Mortier (1) donna sa démission. On a généralement cru que sa démission avait été volontaire, c'est une erreur. Le maréchal avait sans doute l'intention de se retirer des affaires, il ne pouvait les supporter ; sa position d'homme d'honneur, de vieux militaire, lui imposait cette nécessité impérieuse ; mais le maréchal, ami du roi,

(1) Le maréchal Mortier, duc de Trévise, un des plus glorieux soldats du premier Empire. Pair de France en 1834 et, peu après, ministre de la Guerre et président du Conseil. Au mois de mars 1835, il résilia ses fonctions et fut remplacé au pouvoir par le duc de Broglie avec Thiers et Guizot. Il fut l'une des victimes de l'attentat Fieschi.

entrait complètement dans ses idées. Louis-Philippe voulait remanier son Conseil dans la plénitude de sa prérogative, il avait demandé au maréchal de ne se retirer qu'à la fin de la session. Le duc de Trévise avait consenti à donner au roi cette marque de dévouement. De leur côté, M. Thiers et M. Guizot surtout songeaient à empêcher la combinaison toute royale, combinaison dont ils n'étaient pas bien sûrs, et la démission immédiate du duc de Trévise leur était nécessaire. M. Thiers voulait être ministre des Affaires étrangères ; M. Guizot se contentait de l'Intérieur, mais il eût voulu donner les Relations extérieures avec la Présidence à M. de Broglie, et M. Thiers refusait de se courber sous ce joug. Il demandait que M. de Broglie fût président sans portefeuille, ne pensant pas qu'il en ferait ainsi une manière de roi et annihilerait le véritable.

Ce plan de campagne fut véritablement arrêté entre Thiers et Guizot, avec ou sans complicité des autres ministres, et le *Journal des Débats*, qui a toujours la mission de mettre le feu aux poudres, se chargea d'annoncer, comme un bruit assez répandu, que le général Mortier donnait enfin la démission qu'il tenait depuis si longtemps suspendue sur la tête de ses collègues. Quelques heures après la publication de cette nouvelle, on voit arriver au château le maréchal, qui apportait effectivement sa démission. Cette fois le maréchal était sorti de son calme ordinaire, il déclara qu'il ne resterait pas vingt-quatre heures assis sur les mêmes bancs que des hommes politiques qui agissaient avec une telle déloyauté. On savait, ajouta-t-il, qu'il n'avait accepté la Présidence que par dévouement, qu'il avait obtenu du roi la faveur d'en être déchargé après la session ; mais puisqu'on avait tant de hâte de le soulager de ce fardeau, il s'en débarrassait avec empressement. Il fut impossible de le faire changer de résolution et de langage.

M. de Rigny, qui avait été aussi désigné dans l'article, s'échauffa à la colère du maréchal ; son humeur s'augmenta de la perspective d'une grande ambassade qu'il convoitait ; il se redressa à son tour. Puisqu'on avait disposé de son portefeuille, il ne voyait pas pourquoi il resterait avec les faux amis qui l'entouraient. Le roi montra de son côté un vif mécontentement de cette intrigue ; l'humeur gagna de proche en proche et le ministère se trouva dissous. Tout cela eut lieu sans qu'une seule démission eût été donnée, à l'exception de celle du duc de Trévise, mais il y avait impossibilité de demeurer ensemble. La place étant ainsi bien nette, les grandes intrigues ministérielles purent se déchaîner à l'aise.

Il y a eu ici tant de coteries en jeu qu'il est essentiel de les dessiner toutes et de donner à chacun la part qu'il a eue dans le résultat. Le roi n'avait que deux idées fixes, que deux personnes sur lesquelles il comptait spécialement : le maréchal Soult et M. Sébastiani. Quant à Molé, le roi qui redoute ses principes arrêtés voulait se servir de lui comme intermédiaire et comme instrument, pour s'assurer la majorité de la Chambre, si elle le forçait à subir des conditions. Il y a dans l'esprit du roi une certaine contradiction que je dois signaler, parce qu'elle explique bien des faits. Le roi a de la répugnance pour le personnel des doctrinaires, mais il aime leurs principes de gouvernement. Ainsi il ne peut souffrir M. de Broglie qu'il appelle S. M. Broglie Ier, mais les théories répressives et sociales du parti doctrinaire plaisent à son esprit. Le roi a été opposé à l'amnistie aussi fortement que l'est M. Guizot : il veut refaire la société aristocratique et bourgeoise, telle que les doctrinaires la comprennent.

Par une autre contradiction qui est facile à expliquer, le roi a une grande affection pour le maréchal Gérard ; mais jamais il n'adoptera les théories gouvernementales et indulgentes de la fraction d'opinion que représente le maréchal. Il les regarde comme un danger pour le trône qu'il faut garantir de l'esprit factieux.

On voit dans quelle position délicate se trouvait la Couronne pendant ces derniers temps. Quand le roi a mandé près de lui le maréchal Soult, il pensait que le maréchal était le seul qui pût réaliser ses doctrines de force et de souplesse tout à la fois, il comptait sur lui comme sur un caractère dévoué, prêt à entrer dans toutes les combinaisons, excepté dans un ministère doctrinaire ; mais le maréchal, avec son vieil instinct des partis, a mieux compris sa position ; sachant toute l'impopularité dont on l'avait accablé, il a senti qu'il ne pouvait avoir une certaine force auprès du roi et dans le pays qu'en s'associant à quelques noms parlementaires et en se faisant le champion de l'amnistie et des idées libérales.

Qu'on s'imagine donc l'étonnement du roi lorsque, au lieu de trouver cette obéissance à laquelle il était accoutumé dans le maréchal, il le vit lui opposer une volonté arrêtée et vraiment nouvelle. Le maréchal posa, comme première condition de son ministère, l'amnistie et, comme seconde condition non moins impérieuse, l'entrée au ministère non seulement de certains hommes du tiers parti, mais même de M. Odilon Barrot, ce qui était un rapprochement complet avec la Gauche. Le roi joignit les mains d'effroi, il en croyait à peine ses oreilles. Le maréchal eut avec M. Molé une conférence dans laquelle ses opinions se trouvèrent un peu modifiées, mais le fond resta le même. Il arrivait du bout de ses terres, avec un levain d'aigreur qui avait fermenté depuis plusieurs mois dans la solitude. Il fulminait, sans ménagement, contre Guizot et tous ses anciens collègues qui l'avaient, disait-il, si indignement traité. Sa colère s'étendait jusqu'au noyau ministériel qui siège sur les bancs doctrinaires de la Chambre, et auquel il avait à reprocher les plus mauvais procédés.

M. Molé, fidèle à ses opinions, lui démontra qu'il y avait autant de dangers pour un ministère nouveau à se lancer dans les créations contre-révolutionnaires, qu'à se jeter au-devant de la Gauche et que ce système le mènerait infailliblement à une dissolution de la Chambre, peut-être même à une réforme électorale. Alors le maréchal, un peu plus calme, demanda qu'on voulût bien lui accorder quelque confiance, en sa qualité de vieux stratégiste, et promit de ne s'appuyer sur la Gauche de la Chambre que le plus légèrement possible et sans froisser les rangs du Centre. Mais il insistait toujours pour l'admission dans le ministère de deux hommes de la Gauche : il ne put tomber d'accord avec Molé. Pour ce qui est de l'amnistie, M. Molé, s'étant toujours montré l'homme politique le plus opposé aux procès, en faisait la première condition de son entrée au Cabinet. Il la voulait complète, sans retard et par ordonnance. Le maréchal la mettait en question, en exigeant qu'une loi fût présentée à cet effet à la Chambre. Ce fut un second motif de désaccord entre lui et Molé et ils se séparèrent. Au reste, le Château consentait à l'amnistie. Molé voyait chaque jour le roi, et son esprit droit et loyal lui avait fait comprendre l'opportunité et le besoin de cette généreuse mesure.

Je n'ai pas parlé de Sébastiani qui était arrivé d'Angleterre pour jouer aussi un rôle comparse dans cette burlesque comédie. Mais il n'était, dans cette affaire, que l'ami de la maison qu'on mandait pour augmenter le conseil de famille. On eût bien volontiers chargé Sébastiani d'un portefeuille et de la Présidence : la lettre qu'on lui adressa à Londres laissait percer cette intention, mais, comme me le disait un aide de camp du roi, Sébastiani avait répondu de Douvres, où le gros temps le retenait, qu'il n'accourait que par obéissance, ne se mêlerait en rien de la combinaison nouvelle, et ne souhaitait rien tant que de retourner à Londres. Il faut dire aussi qu'en voyant l'air dispos et la bonne mine de Sébastiani, heureux fruits de ses derniers voyages, le roi perdit toute envie de lui donner la Présidence. On avait compté sur un malade et un impotent.

Alors Molé (1), puisqu'il était question d'amnistie, proposa Gérard qui en avait eu la première idée. Le roi donc vit le maréchal et entendit sans déplaisir prononcer par ce dernier les noms de Passy, Barante, Pelet de la Lozère, mais le maréchal Gérard tenait à conserver Humann aux Finances et le refus de ce dernier l'arrêta dès le premier pas. Ce fut alors que le roi revint à Guizot et à Broglie. Guizot n'était pas aussi jaloux qu'on le pense de voir M. le duc de Broglie à la tête du Conseil.

M. Guizot connaît trop son cher Victor, ainsi qu'il le nomme, pour se dissimuler que cet esprit inflexible et cassant sera difficilement supporté par le roi et par ses

---

(1) On sait qu'il avait été ministre des Affaires étrangères dans le premier Cabinet de la monarchie de Juillet, après avoir servi l'Empire et la Restauration. Sous Louis-Philippe, tantôt au pouvoir, tantôt dans l'opposition, il joua un rôle assez important. Mais son nom reste surtout attaché au souvenir de la fameuse coalition de 1839 qui renversa le ministère qu'il présidait.

propres collègues. Guizot sait mieux que personne que
Broglie apporte dans le Conseil le poids d'une haute
probité, une certaine expérience touchant un certain
côté des affaires, un sentiment honorable de son devoir
et le prestige d'une loyauté établie. Mais Guizot se sou-
vient de tout ce qui s'est passé pendant le dernier ministère de M. de Broglie ; il frémit en songeant que le traité
des vingt-cinq millions, ce pas difficile où M. de Broglie
avait si lourdement trébuché, sera le premier degré qu'il
aura à monter pour s'asseoir au banc des ministres. Son
esprit prudent et méditatif a vu d'un coup d'œil tous les
dangers, mais Guizot est d'une congrégation où la hiérarchie commande : pour rester le second, il faut respecter
le premier et il a fait très humblement place à M. de Broglie ou plutôt à la même personne qui l'a mis au poste
qu'il occupe aujourd'hui.

Il se rendit chez le roi ; il le trouva triste, abattu,
exténué de toutes ces intrigues qui ne semblaient pas
tant lui déplaire il y a peu de temps. Une circonstance
encore plus singulière, c'est que la conversation fut
courte. Le roi resta froid, accepta en peu de mots la présidence de M. de Broglie et parla d'amnistie.

A ces paroles, Guizot se montra fort surpris et parut
étonné que Sa Majesté eût changé d'avis à cet égard. Le
roi répondit qu'il avait toujours regardé l'amnistie
comme une question d'opportunité et que le moment
lui semblait venu ; il ajouta que M. Guizot avait été lui-
même autrefois pour l'amnistie.

« Il faut d'ailleurs vous rendre cette justice, ajouta-t-il
en souriant, c'est que de tous les ministres, vous êtes
celui qui abandonnez le plus vite cette pensée. »

Le roi termina en disant qu'on ne l'accuserait plus du

moins de ne pas s'abandonner à l'avis de son Conseil, puisqu'il consentait à subir, en cette circonstance, les opinions de M. Guizot et de M. de Broglie. C'est en ces termes qu'on se quitta.

Le Cabinet doctrinaire se trouvait constitué, il est vrai, mais il s'agissait de trouver un ministre de la Guerre. La doctrine, qui a recruté des sujets dans l'Université, dans le barreau, dans la diplomatie et dans les finances n'a pas encore pénétré dans l'armée, et il n'est pas venu à ma connaissance qu'elle eût une seule épée à son service. Il est notoire qu'on ne put trouver dans les illustrations de l'armée un seul nom qui voulût se dévouer à elle.

C'est alors que M. Thiers ou M. Guizot, tous deux peut-être, s'avisèrent que Mme la maréchale Maison avait reçu, il y a peu de temps, une lettre de son mari qu'elle montrait avec empressement. Dans cette lettre, le maréchal Maison autorisait la maréchale à déclarer partout qu'il n'accepterait à aucun prix le ministère de la Guerre et qu'il voulait rester étranger à toutes les combinaisons ministérielles qui pourraient se faire à Paris, attendu qu'il se regarde comme fort utile à Saint-Pétersbourg et que, d'ailleurs, il se plaît dans ce poste. Tout d'une voix, les ministres restants s'écrièrent que le ministre de la Guerre était tout trouvé. On était sûr de gagner six semaines par la nomination et le refus du maréchal Maison : son nom fut immédiatement inscrit sur les nouvelles ordonnances. Voilà le ministère.

Dans cette affaire, M. Thiers avait joué tous les rôles, selon sa louable coutume. Il avait espéré qu'il ferait partie de la nouvelle combinaison Soult, de la combinaison Gérard ; au dernier acte, il a trouvé bon de se faire adresser de grotesques supplications par la coterie Fulchiron, pour rester au ministère. Il n'a pas fallu de grandes instances. Il reste, mais à la queue de M. Guizot, mais précédé de M. de Broglie dont, en lui-même, il récuse la supériorité. Le seul lien qui l'unisse réellement à Guizot c'est la question de l'amnistie, dont il est le plus violent adversaire. Le ministère de l'Intérieur n'avait que six mois de travail arriéré quand M. Thiers se disposait à le quitter, il y a vingt jours ; dans quelques mois son successeur trouvera de la besogne à faire pour plus d'un an. Toute l'habileté du roi, toutes ses résistances, toute l'éloquence répandue dans la brochure de Rœderer, tout ce système qui tend à user les hommes de réputation placés autour du souverain, tout cela n'aurait donc abouti qu'à le placer sous le joug d'une petite faction, composée de deux ou trois hommes inflexibles et d'une vingtaine de jeunes gens, beaux discoureurs et formés de bonne heure aux roueries politiques ! Mais on peut s'en fier à l'esprit actif qu'ils cherchent à enlacer ; il sera leur ennemi le plus ardent et peut-être le plus habile. Cette main qu'ils ont voulu garrotter les renversera au moment où ils se croiront sûrs de leur succès.

Il ne faut pas trop s'apitoyer sur la situation du roi, ni exagérer la victoire de Broglie et des doctrinaires. Il est bon que l'on sache que la porte du Conseil ne se serait jamais ouverte devant Broglie, s'il avait persisté à s'y présenter avec les résistances superbes et les idées d'indépendance qu'il avait autrefois ; c'est ce que Guizot a fait comprendre à son noble ami avant de l'amener à la conférence royale. La séance du salon de Mme de Broglie, longue et orageuse, profita au nouveau président du Conseil ; il sentit que, pour obtenir une partie du pouvoir, il fallait se résoudre à certains sacrifices et quand il

parut devant le roi, ce ne fut pas comme un maire du
palais, ainsi qu'on voudrait le faire croire, mais comme
un écolier repentant, soumis et décidé à mériter sa grâce.
M. de Broglie s'est montré, dans cette circonstance, aussi
souple que l'eussent été à sa place Rigny et Sébastiani
et, en réalité, rien n'est changé dans le ministère : il n'y a
qu'un complaisant de plus.

L'habileté dont se vantent les doctrinaires ne les a pas,
on le voit, menés bien loin. En Angleterre, M. Stanley,
qui se trouve compromis dans la question irlandaise, a
le bon esprit de retarder son entrée au ministère jusqu'à
la solution de cette question. Ici, M. de Broglie se présente
devant la Chambre pour affronter une discussion qui a
failli terminer sa carrière politique. La faiblesse de cette
position l'oblige à accepter des conditions qu'il trouvait
insupportables jusqu'à ce jour et à donner un démenti
à toutes les paroles, à toutes les professions de foi qu'il
a lancées du haut de la tribune et dans ses écrits. Le nom
de M. de Broglie, inscrit à la suite des présidents postiches
du Conseil, n'est pas fait pour rendre à la coterie doctrinaire l'influence qu'elle espérait regagner en plaçant son
chef au timon de l'État.

Maintenant, ce ministère restera-t-il? N'est-il pas encore
une transaction provisoire pour arriver à un autre ordre
de choses? Plusieurs obstacles s'opposent à sa durée.
D'abord le peu de goût du roi pour Broglie : le Château
subit les doctrinaires ; il a fallu en finir et voilà pourquoi
le pouvoir leur a été donné, mais le roi cherchera toujours
sous main à s'en débarrasser, il ne leur prêtera point
appui. Le jour où une autre combinaison se présentera,
il se hâtera de l'adopter.

Indépendamment du roi, le ministère doctrinaire a

encore contre lui quelques salons qui exercent leur puissance sur l'opinion aristocratique. M. Pasquier est complètement opposé à Guizot. Les doctrinaires l'accusent, ainsi que Decazes, d'avoir voulu l'amnistie, parce qu'ils n'ont pas la force suffisante pour suivre le procès de la conspiration. De leur côté, MM. Decazes et Pasquier accusent les doctrinaires de pousser le pouvoir dans des voies périlleuses et de le perdre. M. Pasquier a eu à ce sujet une explication très vive, en plein salon, avec M. Guizot.

« Comment est-il possible, monsieur Guizot, lui a-t-il dit devant trente ou quarante personnes, que vous ayez pu dire que la garde nationale était opposée à l'amnistie? Qu'en savez-vous? Qui vous l'a dit? Et quand cela serait vrai, comment un homme politique comme vous peut-il faire entrer dans la balance des pouvoirs un corps armé délibérant? »

De son côté, Molé qui a des griefs si profonds contre les doctrinaires ne ménagera pas cette administration. Et la Chambre? Évidemment la combinaison ministérielle lui déplaît, la majorité a pour les doctrinaires au moins autant de répugnance que le roi lui-même. Mais qu'est-ce que la Chambre? Est-elle assez résolue? A-t-elle une conviction assez profonde de sa situation? Ceux qui connaissent la Majorité savent qu'elle est incapable de quelques-unes de ces mesures qui en finissent avec un ministère ; elle a de petites haines, mais elle n'a point de courage. Elle aura peur de renverser le ministère, de renouveler l'état d'anarchie dans lequel on s'est trouvé pendant vingt jours ; elle éclatera en petites choses, elle éparpillera ses dépits, elle se dessinera dans des votes sans consistance, mais elle n'osera tenter aucune de ces mesures décisives que prépare en ce moment l'opposition anglaise ; de tels actes ne sont pas dans son tempérament. Oserait-elle jamais refuser les vingt-cinq millions de la créance américaine? Votera-t-elle une adresse contre le ministère? Tout au plus refusera-t-elle une fraction des fonds secrets demandés par le ministère de l'Intérieur, qui ne se laisse pas intimider par de semblables bagatelles.

La parade ministérielle étant finie, tous les acteurs vont retourner dans leur retraite. M. Sébastiani repart pour Londres et M. Soult pour ses terres, d'où il ne reviendra pas si facilement.

Quant aux Affaires étrangères, la mort de notre cher Empereur a perdu ici de sa gravité dès qu'on a su que le prince de Metternich restait en place, ce dont on avait fort douté. Chez nous, tout est placé sur des bases solides, le système ne change pas d'un jour à l'autre. Le prince de Metternich a usé de son pouvoir pendant vingt-cinq ans pour veiller à l'ordre et au maintien de notre système ; espérons que ses jours si précieux à l'Autriche, si précieux à la tranquillité de l'Europe, nous seront encore longtemps conservés. Il n'y a heureusement pour nous ni tribune qui dévore, ni presse qui dévoile tous les secrets de l'État ; il y a donc espoir pour nous que notre bonheur durera encore bien longtemps, puisque je n'ose dire toujours.

10 avril.

Après l'audience du prince Schönburg, chargé d'une mission toute confidentielle (1), sans lettre de créance

(1) L'empereur d'Autriche François II venait de mourir, et son fils

quelconque et par conséquent sans qualité précise, soit de
ministre plénipotentiaire, soit d'ambassadeur extraordinaire, mais ayant pour objet de remettre une lettre de la
part de S. M. l'empereur Ferdinand à S. M. le roi des
Français ; après l'audience Schönburg donc, nous avons
eu la nôtre dans laquelle l'Ambassadeur a remis ses nouvelles lettres de créance entre les mains de Louis-Philippe. Les deux audiences se passèrent sans la moindre
cérémonie, la première parce qu'elle a été toute confidentielle, la seconde parce qu'elle a été considérée non pas
comme accordée à un ambassadeur nouvellement arrivé,
mais plutôt comme une continuation, ce qui a été réellement le cas et d'autant plus que, même d'après les règles
de l'étiquette, l'Ambassadeur ne se trouvait privé de son
caractère représentatif que pendant l'intervalle qui s'est
passé entre l'audience du prince Schönburg et la sienne.

Quelques jours après, le roi invita le prince Schönburg à dîner, ainsi que l'Ambassadeur et toute son ambassade, de plus Rodolphe II, Jules et les comtes Thun et
Teleki, seuls Autrichiens en ce moment à Paris. J'ai fait
les excuses des Thun, qui ont quitté Paris pour se rendre
à Nice où les attendaient leurs parents. Je me suis trouvé
à table entre la maréchale de Lobau et la dame d'honneur de la princesse Clémentine à laquelle j'ai donné le
bras.

La princesse Clémentine a dix-huit ans ; elle a été élevée
par sa dame d'honneur d'aujourd'hui. Elle est distinguée
au plus haut degré, jolie sans être belle, gracieuse et
surtout très instruite. Sa sœur, la princesse Marie, a

Ferdinand Ier, qui lui succédait, avait écrit au roi des Français pour
lui faire part de son avènement ; le prince Schönburg était chargé de
remettre sa lettre au destinataire.

peut-être un esprit plus original, une conversation plus piquante et des talents plus brillants, mais la princesse Clémentine a plus de douceur et par conséquent plus de charme. Le prince Schönburg a été tout étonné de la justesse et du choix des expressions si élégantes dont se sert cette princesse pour exprimer sa pensée ; il a été frappé surtout de sa connaissance de ce qui se passe dans le monde politique. Elle lui a parlé de la proposition de lord John Russell et du plan d'attaque suivi par le parti whig contre les Tories et de la loi d'appropriation.

Tout étranger doit être, sans doute, frappé de la conversation des princesses, mais surtout de l'indépendance avec laquelle elles s'expriment sur toute espèce de sujet. Les dames d'honneur ne se gênent pas non plus pour donner la preuve de la leur. La dame d'honneur de la princesse m'exposa le plan d'éducation qu'elle a suivi avec son élève, elle ne me cacha point que Mme de Malet, gouvernante de la princesse Louise, n'avait pas suivi le même système et qu'elle croyait devoir le regretter. La princesse Louise n'a pas tout à fait la tenue qu'elle devrait avoir dans le monde.

— Je voudrais lui voir plus de dignité, et ce que je désapprouve entièrement, c'est le goût qu'elle a de se promener en public, sur les boulevards ou aux Tuileries, à des heures où tout Paris est dans les rues. C'est une chose que je n'ai jamais permise à la princesse Clémentine et, aujourd'hui que je dois me soumettre à ses ordres, je tremble chaque fois qu'elle m'invite à l'accompagner au dehors et cependant c'est toujours de sept à neuf heures du matin, où on est à peu près sûr de ne pas rencontrer des personnes qui vous reconnaissent.

— Mme la duchesse de Berry, interrompis-je. aimait

aussi à se promener. J'ai eu l'avantage de la rencontrer
bien des fois et, qui plus est, elle me faisait même l'honneur de m'adresser la parole, ce qui m'embarrassait assez,
puisque je ne pouvais lui parler à découvert pour ne pas
trahir son incognito.

— Vous le voyez, comte, c'est encore un inconvénient ;
c'est certainement le moindre de tous, mais c'en est un.
Si elle avait rencontré une personne qui aurait eu moins
de tact que vous, cela aurait suffi, peut-être, pour l'exposer aux insultes d'un malveillant. Dans un pays où
deux partis opposés sont constamment en présence, les
princes y sont toujours exposés lorsqu'ils se trouvent
dans la foule. Au surplus, vous avez vu comment la
duchesse de Berry a fini : si j'avais fait une semblable
éducation, j'en mourrais de chagrin. Le roi, qui est si
populaire et qui aimait tant à se promener à pied dans
les rues de Paris, ne le fait plus. Le bas peuple, tous les
polissons de la rue le suivaient. Est-il digne d'un roi
d'avoir un semblable cortège? Ce n'est pas comme chez
vous, à Vienne, où l'Empereur peut se promener au milieu
de ses bons et fidèles sujets ; il n'y a pas eu de révolution
chez vous, il n'y a pas de liberté de la presse, il n'y a
point de tribunes et, surtout, il n'y a pas à Vienne comme
à Paris de ces gens sans aveu, sans domicile, ce fléau de
Paris et de Londres.

Après dîner, le roi eut la bonté de s'approcher de moi,
pour me parler assez longuement des affaires du jour et
de l'amélioration sensible qui se faisait dans l'opinion
en général et, surtout, parmi les jeunes gens.

— Je regarde toujours les yeux, me dit Sa Majesté, et
je vois maintenant, lorsque je circule en voiture dans les
rues de Paris, ou que je passe des régiments en revue, que

l'expression est tout autre dans les yeux des jeunes gens
qu'il y a deux ans ; je ne vois plus de ces figures sinistres,
épouvantables que nous rencontrions en d'autres temps.
Vous rappelez-vous, comte Rodolphe, lorsque j'étais au
Palais-Royal?...

— Oui, Sire, je me souviens de ce fameux concert où
nous passâmes au travers d'une épouvantable émeute
pendant qu'on chargeait la populace.

— Je n'oublierai jamais ce jour-là, continua le roi,
mais ce que je n'oublierai pas non plus, c'est votre courage d'être venu malgré tout ce tapage. J'étais charmé
de vous y voir mais, en même temps, je puis le dire aujour-
d'hui, j'étais honteux de vous rendre témoin d'un semblable spectacle. Je descendis, espérant que ma présence
calmerait cette irritation sans cause. En quoi se justi-
fiait-elle? On alléguait les Polonais ! Mais, en quoi les
Polonais intéressaient-ils les Parisiens? La plupart de
ces gens-là ne se doutaient même pas de l'existence de
la Pologne. J'étais donc descendu dans les galeries ;
lorsqu'on me vit, on me cria : « Vive la Pologne ! A bas
Louis-Philippe ! », on me menaça avec des poignards à
travers la grille ; on fit plus, on en lança sur moi qui tom-
bèrent à mes pieds. Lorsque je pense à ces temps-là et que
je les compare à ceux d'aujourd'hui, j'ai bien lieu de me
féliciter. Il n'y a que la presse qui soit encore agressive ;
mais elle s'usera, je le souhaite, car, contre elle, nous
sommes à peu près désarmés. Cependant, nous sommes
parvenus à gagner le jury, et les journalistes sont journellement condamnés à des peines très rigoureuses, à de
très fortes amendes. Il me reste encore bien à faire, mais,
croyez-moi, j'y parviendrai, grâce à mon principe de ne
jamais attaquer qu'à la dernière extrémité, de me tenir

toujours sur la défensive et, si j'attaque, d'être assuré de la victoire. Je l'ai dit souvent à Charles X, dans ces appartements-ci : « Défendez-vous, mais n'attaquez pas, et si ordonnances il faut, ayez sous la main, avant de les promulguer, des troupes fidèles et bien disciplinées. » Si Charles X avait conservé la garde nationale de Paris et renvoyé Polignac, il serait encore dans cet appartement et moi, bien plus heureux, bien plus tranquille surtout, dans mon palais royal.

— Sans doute, dis-je au roi, mais que le roi me permette d'observer qu'il n'y avait pas plus de raison de renvoyer Polignac qu'il n'y en avait eu pour le prendre, et je conçois parfaitement, dès qu'on l'avait choisi, qu'on ait voulu le garder et qu'on y ait mis de l'obstination.

— Vous avez très fort raison, cher comte Rodolphe, je veux seulement dire que Charles X aurait pu éviter bien des complications à la France et à l'Europe, s'il avait suivi mes conseils, et que tout ce qui se passe maintenant ne peut être mis à ma charge. Je connais la France et les Français mieux que qui que ce soit, je sais les prendre. Dernièrement, j'étais à Versailles, dont les habitants m'ont toujours témoigné beaucoup d'affection. Hé bien ! à Versailles, je m'étais arrêté en voiture, et j'avais le chapeau bas. Voilà que deux jeunes gens assez maladroits s'approchent tout près de mon carrosse et, comme pour me narguer, enfoncent leur chapeau et me regardent d'un air assez malveillant. Alors, je mis mon chapeau et je leur fis comme cela (le roi fit ce mouvement de la main dont on se sert pour saluer un ami). Ils se regardèrent d'un air étonné, puis ils se mirent à rire et enfin à me tirer de grands coups de chapeau, des révérences et s'en allèrent en m'applaudissant. De la raideur de ma part les aurait irrités, tandis qu'en leur prouvant le ridicule de leur action et les confondant par ma bienveillance, ils sentirent leurs torts et s'en allèrent tout honteux. Le prince de Schönburg est tout étonné de me voir aussi solidement établi, il ne le croyait pas ; s'il vous demande de quelle manière j'y suis parvenu, vous le lui direz.

11 avril.

Je ne suis pas allé, ces jours-ci, dans ce qu'on appelle le monde. Je n'ai été que dans quelques salons où j'étais sûr de ne pas rencontrer beaucoup de personnes. Il fut encore question dernièrement, parmi les carlistes et Mme la duchesse de Gontaut à la tête, d'arranger un mariage entre le duc d'Orléans et Mademoiselle (1). A cet effet, une scène a été préparée de longue main par Mme de Gontaut et son alentour. Deux dames émissaires devaient se trouver comme par hasard chez une autre qui reçoit, de temps en temps, des visites de Monseigneur. Après l'avoir manqué plusieurs fois, elles parvinrent enfin à le trouver. La conversation fut conduite avec assez d'habileté pour arriver, insensiblement et comme par hasard, à Mademoiselle. Alors ces dames lancèrent sur Monseigneur des fusées d'éloquence toutes dirigées sur son cœur, toutes en faveur de Mademoiselle, dont elles vantèrent la grâce, la beauté, l'esprit et les talents.

« Que me restait-il à faire dans une circonstance

(1) La fille du duc et la duchesse de Berry, qui épousa plus tard le duc régnant de Parme.

semblable? demanda le duc d'Orléans à Mme de Bartillat, en lui rendant compte de cette scène ; je n'ai fait
autre chose qu'abonder dans le sens de ces dames, en leur
disant qu'à la vérité, je n'avais eu l'avantage de connaître
Mademoiselle que très jeune, mais qu'alors déjà elle
promettait beaucoup et que je ne m'étonnais pas de ce
qu'on me disait d'elle. »

Cette belle phrase de la part du duc d'Orléans donna
beaucoup d'espoir à Mme de Gontaut, qui fut passablement désappointée lorsqu'elle eut acquis la certitude
que les choses en resteraient là. Elle s'est alors tournée
d'un autre côté et travaille à un projet bien plus bizarre
encore : celui de mettre le duc d'Orléans à la tête de l'opposition carliste. Mme de Bartillat fut chargée de faire
cette proposition à Son Altesse Royale. Elle ne s'y
refusa pas, mais elle exigea des instructions très positives,
afin de savoir quel langage elle devait tenir au prince.
On les lui donna et elle eut mission de lui faire sentir
combien il lui serait avantageux de devenir le chef du
parti carliste. Il n'est pas bien avec son père de ce côté-là,
il n'a donc aucun sacrifice à faire. Il est, d'autre part,
impossible que ce gouvernement tienne et le duc sera
entraîné dans la chute avec les autres ; ce que lui offrait
le parti de Henri V était un moyen de salut.

« J'ai dit tout cela au duc d'Orléans, me confia
Mme de Bartillat, mais je l'ai prévenu que, ne lui parlant
pas dans le sens de mes opinions, il ne devait pas s'attendre à me trouver bien solide contre les objections
qu'il pourrait me faire et que, probablement, il me trouverait vaincue à la première qu'il me ferait. Il me chargea
donc de transmettre un simple refus à qui m'envoyait,
et voilà où nous en sommes. »

Fitz-James (1) a fait une attaque vigoureuse, à la Chambre des députés, contre le ministère à l'occasion de la dette des vingt-cinq millions aux Américains ; Thiers a répondu avec talent, mais sa fougue l'a poussé trop loin. Aussi, le roi a-t-il été aussi mécontent de lui qu'il a été irrité contre Fitz-James ; Guizot a fait la même bêtise, dans la séance d'hier, en pressant M. Ducos d'expliquer la phrase qu'il venait de lancer de la tribune en ces termes : « Je souhaite que la responsabilité de ce traité ne soit pas un fardeau bien pesant pour la conscience de ses auteurs, et que le remords ne trouble pas leur sommeil. »

15 avril.

Le ministère tory est tombé en Angleterre ; c'est certes un grand et déplorable événement qui ne peut manquer d'avoir une grande et funeste influence dans la marche des affaires en Angleterre, en France et dans toute l'Europe. Il est bien malheureux que M. Peel n'ait pu mettre d'accord les conservateurs sur la concession et l'initiative d'une mesure qui, au fond, n'était que raisonnable et qui est devenue la cause immédiate de la retraite du ministre. Les Whigs, pour renverser le ministère Grey-Wellington, devaient nécessairement appeler les radicaux à leur aide et leur faire des concessions qu'ils ne leur auraient pas faites si eux-mêmes avaient été au pouvoir ; de même les Tories, pour se maintenir, devaient en faire autant

(1) Le duc Jacques de Fitz-James, l'un des plus ardents partisans de la branche aînée.

et plus. Les radicaux ont retiré de grands avantages de ce conflit. Les Whigs ont lancé le gouvernement sur une pente tellement rapide que, dès aujourd'hui, une révolution en Angleterre semble inévitable ; elle marchera comme autrefois en France. Les Whigs ont agi avec autant de légèreté qu'autrefois le Parlement français et l'Assemblée des notables. Le ministère whig ne pourra plus mettre un frein à l'opposition compacte des conservateurs ; ceux-ci ont une majorité solide de deux cent quatre-vingts voix dans la Chambre ; de plus, la haute Chambre est pour les Tories ; les Whigs donc, pour se maintenir, devront mettre la main à la réforme de la haute Chambre. Ce contrepoids de la démocratie une fois écroulé, les Whigs ne pourront se maintenir dans l'association des radicaux et ces derniers les mettront hors de la scène.

Peut-être dira-t-on que l'Angleterre a passé déjà par de semblables épreuves et que, malgré la révolution sous Charles Ier et la mort de ce prince sur l'échafaud, la constitution de l'Angleterre n'a rien perdu de sa consistance et que ce pays n'a pas passé par l'anarchie qui a suivi en France la catastrophe de 93. C'est que le différend de 1642 en Angleterre était d'une bien autre nature que celui qui existe aujourd'hui. En 1642, le conflit était entre la royauté et le parlement, ces deux puissances se disputaient le pouvoir, le parlement remporta la victoire ; mais le pouvoir de la royauté, tout en faisant de grandes concessions, aurait pu rester debout, et l'aristocratie conserva ses droits et privilèges ; aujourd'hui c'est une guerre à mort de la démocratie contre l'aristocratie et l'issue malheureusement n'en paraît pas douteuse ; c'est une question de temps et il ne s'agit plus que de reculer la catastrophe et d'empêcher que la chute ne soit trop violente.

Voici donc les suites dont ce changement ministériel menace l'Angleterre ; on peut craindre aussi qu'il n'ait sa répercussion à l'étranger. En France, il consolidera nécessairement le parti doctrinaire, et, dès à présent, le projet du roi de se défaire d'eux après le procès ne sera plus aussi aisément réalisable ; le roi ne pourra que regretter d'avoir laissé échapper la direction des affaires surtout quant à l'extérieur ; et je ne conçois pas son contentement à la nouvelle de la chute du ministère Peel-Wellington. Quant à nous autres, puissances conservatrices, le ministère tory ne servait nos principes que de nom, sa position était tellement difficile à l'intérieur que tout mouvement libre à l'extérieur lui devint absolument impossible ; il faisait, par nécessité, ce que les Whigs auraient fait par principe, les faits restèrent donc les mêmes ; la preuve en est la mission de lord Elliot, lequel a été chargé par le duc de Wellington d'aller sommer Don Carlos de quitter l'Espagne.

Le duc de Wellington, cependant, avant de devenir ministre, avait encouragé Don Carlos dans ses projets contre la reine Christine ; devenu ministre, il a voulu l'y faire renoncer en alléguant qu'il était humain d'éviter l'effusion de sang. Don Carlos, en possession aujourd'hui de plus de ressources matérielles qu'il n'en avait lorsque le duc de Wellington lui conseillait l'entreprise, a refusé avec indignation de se rendre à la sommation de lord Elliot et l'affaire resta là pour le moment. Ainsi le ministère tory, loin de suivre les principes de la légitimité, s'était placé sur le terrain politique du ministère précédent.

Il faut ajouter que sir Robert Peel n'aurait pu empêcher une intervention de la France en Espagne. Cette intervention n'entre pas en ce moment dans l'esprit du roi qui, sous le point de vue de la loi salique, se trouverait en contradiction avec ses droits et fournirait par là un précédent funeste si la branche des Bourbons en Espagne venait à s'éteindre. Elle n'entre pas non plus dans l'idée des ministres et surtout Thiers y est entièrement contraire. Mais Broglie ne pourrait-il pas être conduit à envoyer une armée d'occupation dans la Péninsule, au delà des Pyrénées, ainsi que Périer l'a fait à Ancone et plus tard à Anvers avec tant de succès? Thiers, se voyant isolé dans le Conseil et ne pouvant trop compter sur l'appui de Louis-Philippe lui-même, serait bientôt forcé de céder et de se prêter au projet des doctrinaires. Ces derniers depuis longtemps cherchent une occasion de donner à la royauté de Juillet un certain prestige de gloire qu'ils croient nécessaire à son soutien. En résumé, par la rentrée des Whigs, la politique de la France et de l'Angleterre sera bien plus isolée encore que sous les Tories, elle sera toujours hostile aux puissances conservatrices. Mais celles-ci du moins ne seront pas tenues à des ménagements et pourront se mouvoir dans la sphère de leurs propres intérêts ; les concessions qu'elles croiront devoir faire ne se feront pas par condescendance à d'anciens alliés, mais par conviction ou par nécessité.

22 avril.

Une coterie de jeunes femmes est en train de se former ; elle comprend d'ores et déjà Mmes de Lauriston, Oudinot, la duchesse d'Istrie et Mme de Marcellus. Ces dames prétendent être des amies intimes, c'est-à-dire qu'elles se font des visites le matin et qu'elles arrangent leur soirée en sorte de se rencontrer dans les mêmes salons. La vicomtesse de Marcellus, belle personne, spirituelle, mais impérieuse et jalouse, tient en ce moment-ci la haute main sur l'organisation de cette petite république. Mme d'Istrie est la plus belle des quatre dames, la plus douce, la plus soumise, mais aussi la moins spirituelle. Mme Oudinot a été jolie, il y a trois ou quatre ans, aujourd'hui elle commence à se faner; ayant considérablement maigri depuis quelque temps, sa bouche paraît dans toute sa grandeur et nous laisse voir des dents un tant soit peu détériorées.

Mme de Lauriston pourrait être appelée laide, avec son nez en l'air, sa grosse tête, sa peau brune et sa corpulence, si ses beaux yeux noirs, ses cheveux noirs et brillants comme le jais, sa jolie bouche avec un sourire qui rappelle les plus belles perles de l'Orient et son beau buste ne lui donnaient des attraits que nous autres hommes apprécions ordinairement beaucoup. A ces avantages, qui ne sont pas précisément de nature à nous inspirer des sentiments bien élevés, ni une exaltation poétique, elle réunit une gaieté rare et un esprit si mobile et si enjoué, qu'elle crée autour d'elle une atmosphère de bien-être qui se communique à tout un salon. Elle n'est pas plus médisante, ni plus moqueuse qu'il ne faut pour faire rire sans faire trop de mal à son prochain. Un semblable caractère semble exister tout exprès pour faire une femme de coterie aimable, pour y attirer des hommes, pour en être aimée sans trop exciter la jalousie des femmes.

Mme de Marcellus a décidé, dans sa haute sagesse, que,

pour entrer dans la coterie, les dames devaient, avant tout, tâcher d'amener des hommes, chacune d'elles au moins deux. Ces hommes doivent être beaux, si faire se peut mais dans tous les cas spirituels, aimables et très sûrs., Toutes les quatre redoublent de coquetterie pour attirer des courtisans, ce dont nous leur sommes fort reconnaissants. Si d'autres coteries pareilles doivent se créer, je conseillerai à mes semblables de n'entrer dans aucune, afin de profiter de toutes les avances qu'on leur fera pour les attirer.

Dans le grand conseil, il a été dit aussi que les hommes et les femmes qui feraient partie de la coterie seraient obligés de se voir au moins une fois par jour ; les principaux lieux de rendez-vous sont les salons de Mmes de Jumilhac, de Lamarre et de Delmar, les deux premières surtout ; on se retrouverait donc trois fois par semaine chez la marquise de Jumilhac et les autres jours chez la baronne Delmar.

Le soir où l'on s'est réuni la première fois et où chacune des dames devait amener ses deux hommes avec elle, trois parmi elles n'ont amené que leur attentif sans pouvoir nommer un second. Mme de Lauriston seule arriva avec trois et de fort agréables, Mme d'Istrie et Mme Oudinot lui firent des compliments sincères, mais Mme de Marcellus cacha avec peine son dépit. La crainte de ne pas se voir entourée, courtisée, admirée et de ne pas exercer d'influence dans la société, cette crainte la mine et l'aigrit contre tout le monde. Sa belle figure trahit ce sentiment et l'on voit en l'approchant combien elle a de peine à sourire. Elle sourit cependant, mais ce sourire ne part pas du cœur, il n'est pas l'effet de la bienveillance, mais celui d'un calcul et le résultat d'un raisonnement qu'elle s'est fait et qui lui a prouvé que la beauté et l'esprit sans prévenance ne suffisent pas pour réussir dans la société de Paris ; on n'y souffre point la tyrannie, pas même de la part d'une jolie femme.

Mme de Marcellus se trouve donc isolée dans ce grand et vaste monde de la société parisienne. La seule amie qu'elle ait, Mme Oudinot, est une conquête qu'elle a faite en Italie, où M. de Marcellus a été ministre de France. Mme Oudinot y arriva et, comme Française, elle se trouvait nécessairement sous la protection de Mme de Marcellus ; c'est ce qui rapprocha ces deux dames qui, sans cette circonstance, ne se seraient certainement pas liées d'amitié. Mme Oudinot est une bien bonne femme, sans être distinguée ; elle se croit engagée par la reconnaissance envers Mme Marcellus et, sans l'aimer précisément, elle la soigne parce qu'elle voit son isolement. Mme de Marcellus, de son côté, fait des efforts d'amabilité pour elle, afin de conserver cette seule amie qui n'en est pas une dans le fait, mais qui en a l'air et que le monde a reconnue pour telle.

Pour en revenir à la coterie, je crois que si elle reste sous la protection de Mme de Marcellus, elle ne sera pas de longue durée et que cela finira par une brouille générale.

28 avril.

Le prince Schönburg se donne beaucoup de mouvement. Il va beaucoup dans le monde, fréquente les salons des ministres, entre avec eux dans toutes les discussions possibles, s'informe de tout, écoute tout le monde et tâche de faire un ensemble de tout ce qu'il entend, pour former de tant d'avis différents un jugement sain et raisonné sur l'état de la France en ce moment et sur l'opinion des individus en particulier.

J'ai eu plusieurs conversations avec lui et j'ai eu occasion de voir qu'il a de la peine à se retrouver, au milieu de tout ce dévergondage spirituel et au milieu de tant d'opinions différentes. Il écrit des volumes tous les jours en rentrant chez lui, il lit et relit toutes ses notes et trouve, non sans un vif déplaisir, que ses raisonnements du jour ne ressemblent pas à ceux de la veille. La raison en est fort simple : pour juger les discours des hommes en France, il ne suffit pas de savoir à quelle coterie ils appartiennent, mais il faut aussi connaître leur position avant la révolution de Juillet, les avoir connus alors et savoir s'ils ont fait de l'opposition et pourquoi ; de plus, il faut tâcher de découvrir la raison qui les a décidés à se rallier à Louis-Philippe, s'ils embrassent franchement ce parti, ou bien s'ils ne sont de son avis que sur telle ou telle autre question.

Il y a peu de croyance politique en France et, par conséquent, peu d'individus qui aient une opinion quelconque, l'intérêt de chacun lui prescrit la voie qu'il suivra en dépit et contre tout. Si donc il convient à ses intérêts de donner une autre direction à sa marche politique, ne doutez pas qu'il changera d'opinion d'un jour à l'autre ; le seul tribut qu'il croira devoir à ses amis et au monde en général, c'est d'observer les dehors, c'est-à-dire de composer une phrase adroitement tournée qu'il prépare à toute éventualité et pour tout le monde ; ce ne sera pas une bonne raison précisément, une raison valable, mais elle en sera une légère pour les indifférents qui s'en contenteront, et elle sera admirable dans la bouche des amis et de tous les timides qui n'attendraient qu'un précédent pour agir de même.

Le plus sage, le plus expérimenté peut-il se reconnaître dans un semblable dédale? M. de Schönburg, malgré son esprit, — car il en a, — partira d'ici avec une foule d'idées fausses et un jugement erroné sur ce pays et sur les individus. Il m'a confié, par exemple, que parmi toutes les personnes en place, il croyait que Thiers était celui dont les opinions étaient le plus d'accord avec les principes de notre gouvernement.

C'est que Schönburg juge Thiers sur la manière dont il s'exprime et sur la marche qu'il suit dans ce moment; cette marche est sans doute plus conforme à notre politique que celle qu'il a suivie autrefois, mais cela ne fait pas encore de Thiers un homme dans les principes conservateurs, il tâche de conserver sa place, voilà tout. Il a plus d'esprit que les autres ministres et il est, par conséquent, plus convaincu que ses collègues de la nécessité du maintien de la paix et de l'ordre des choses actuel.

Le prince Schönburg a beaucoup recherché l'amitié et la bienveillance de la duchesse de Broglie; pour lui plaire, il a eu avec elle de longues conversations religieuses; ils sont allés ensemble à l'église protestante et la duchesse m'a dit d'une manière très pénétrée qu'elle avait vu que le prince était très pieux et tout à fait dans la bonne voie.

Il a aussi frayé beaucoup avec des gens de lettres; il a eu quelque peine à découvrir M. de Balzac, qui se trouvait sous le coup d'une condamnation par contumace, pour ne pas s'être rendu à l'appel pour le service de la garde nationale et a été obligé de se cacher dans une maison obscure, au fond d'un faubourg. Le prince, à force de prendre des informations, et d'adresse en adresse, parvint jusqu'à lui et le trouva vêtu d'un froc monacal et ceint d'une corde.

« Vous êtes étonné, mon prince, lui dit M. de Balzac, de me voir vêtu en ermite ; c'est que, dans le fait, je mène une vie qui m'autorise à endosser le froc. Il y a plusieurs semaines que je n'ai quitté cette chambre ; j'achève un livre que je vais publier bientôt et qui m'a beaucoup donné à faire ; de plus on m'a condamné à quelques mois de prison, parce que je n'ai pas fait mon service de garde national, je dois donc me cacher ici où je suis à peu près sûr que les huissiers ne me découvriront pas. Plus tard, je me rendrai et j'irai à Tours pour purger ma contumace. »

Le prince Schönburg a été enchanté et désenchanté tour à tour par M. de Balzac. Il a trouvé en lui immensément d'esprit, une facilité de parole inconcevable, une imagination vive, une conversation intéressante, mais un décousu d'idées, de pensées, d'action, beaucoup de vanité et peu de sens commun. Quoi qu'il en soit, le prince, qui a aussi sa bonne dose de vanité, a cru devoir flatter beaucoup cet auteur, afin de l'avoir pour ami ; c'est la seule manière, au fait, de gagner ces gens-là ; mais si, malheureusement, ils s'aperçoivent de votre arrière-pensée, alors vous risquez qu'ils se moquent de vous et cela avec raison. Je crains que Schönburg ait un peu passé par là, car lorsqu'il veut être fin, il montre parfois la corde.

Quelque temps après la visite du prince, Balzac se rend à son tour chez lui et lui apporte un livre très bien

relié, orné des armes de la maison de Schönburg, doré
sur tranches et qui contient, à ce qu'il disait (M. de Balzac),
le manuscrit d'un de ses romans. J'ai vu ce manuscrit.
C'est la première épreuve de l'imprimeur, toute tachée
et biffée, chargée de corrections de la main de M. de
Balzac, mais cela ne peut pas cependant s'appeler un
manuscrit. M. de Balzac a-t-il voulu se moquer du prince,
où est-il pétri de vanité au point de croire qu'une mauvaise épreuve soit un trésor pour le prince, par la seule
raison que lui, auteur de ce livre, a corrigé de sa main
les fautes de l'imprimeur. Dans ce genre tout est possible, mais ce dont j'aurais douté, si je n'en avais été
témoin, c'est de voir M. de Schönburg ravi de Balzac
et de son cadeau !

2 mai.

Le fête de Louis-Philippe s'est merveilleusement bien
passée. Nous avons eu notre cercle ; l'Ambassadeur, comme
le plus ancien à Paris, a prononcé le discours au nom du
corps diplomatique ; le roi lui a répondu et tout a été dit.

M. de Schönburg a pris la résolution de rester jusqu'à
la Saint-Philippe ; il a une peur affreuse de la société
de Vienne et notamment de la princesse Mélanie de
Metternich ; il a feint là-bas de n'accepter qu'avec regret
la mission à Paris, il en mourait d'envie cependant.
Arrivé ici, il a été enchanté de la manière dont il était
traité par le roi et la famille royale. Comme de plus le
séjour de la capitale a aussi beaucoup de charmes, il avait
grande envie d'y prolonger sa présence et aurait voulu que

l'Ambassadeur l'y engageât. Mais celui-ci n'en fit rien ;
il dit au prince qu'il n'avait pas de conseil à lui donner et
qu'il était absolument maître de faire ce que bon lui
semblerait, puisque sa mission une fois terminée, il
n'était plus qu'un simple voyageur absolument libre de
ses mouvements.

Le prince, voyant qu'il n'y avait rien à faire de ce côté,
recourut à un autre procédé. Tandis qu'il demandait
officiellement son audience de congé, il alla chez la marquise de Dolomieu et lui laissa entendre qu'il souhaitait
que le roi ne mît pas trop d'empressement à lui accorder
cette audience. Ceci fait, il vint un soir chez nous et nous
dit qu'il était décidé à quitter Paris, qu'il avait demandé
son audience et qu'il ne concevait pas pourquoi la réponse
du roi tardait si longtemps à lui arriver. Il avait à peine
fini sa phrase que le duc de Broglie entra dans le salon.
Après avoir salué l'Ambassadrice, il s'approche de nous
et en voyant le prince Schönburg, il lui dit : « J'ai parlé
au roi de votre audience. Sa Majesté m'a répondu que
vous l'aviez priée de la reculer un peu, ce qu'Elle fait
avec grand plaisir, puisque cela lui prouve que vous êtes
content de votre séjour à Paris. »

On conçoit l'embarras du prince en se voyant compromis d'une manière aussi patente et en présence de
nous tous. Un grand silence suivit les paroles du duc de
Broglie et, si ce ministre n'était pas aussi distrait qu'il
l'est, il se serait aperçu de cet embarras. M. de Schönburg
veut avant tout éviter qu'on sache à Vienne qu'il est
volontairement à Paris afin d'assister à la fête de Louis-
Philippe.

Le roi lui a envoyé comme cadeau une boîte superbe
avec son portrait entouré de gros diamants. Il part

enchanté de tout, du gouvernement, du roi, de la marche
des affaires, de la cour, de la ville, de tout enfin. Malgré
cela, je parie qu'il ne s'en vantera pas à Vienne de peur
de déplaire à la société. En somme, je crois le prince Schönburg un bon et brave homme, loyal au fond, ne manquant
pas d'une certaine instruction, d'un certain esprit mais,
dans la société, il n'a pas produit l'effet auquel il a l'air
de prétendre.

Je commence de nouveau à rentrer dans le monde, je
vais dans les maisons où il n'y a pas de bal, chez la
duchesse de Poix, la marquise de Bellissen, la comtesse
de Biron, la comtesse de Flahaut, la baronne Delmar, la
marquise de Jumilhac, la duchesse de Montmorency, la
comtesse d'Osmont, Mme Graham, lady Helena Robinson, etc., etc. M. de Castellane m'avait invité dernièrement à une comédie qu'on a jouée chez lui; j'y
suis allé parce que la duchesse d'Abrantès y remplissait
le premier rôle, que je suis accoutumé à voir jouer par
Mlle Mars.

Mme d'Abrantès a beaucoup d'esprit, mais cela n'empêche pas qu'elle soit très grasse, très rouge de figure,
qu'elle ait le nez large et plat et une bouche passablement grande; avec cela elle a l'air très vulgaire, ne
dit pas trop bien la comédie et manque de mémoire;
M. de Custine, l'auteur du *Monde tel qu'il est*, ou plutôt
tel qu'il n'est pas, a fort mal joué aussi. Il a un défaut
de prononciation fort désagréable; tout cela a fait un
ensemble discordant et ennuyeux. De plus la salle était
extrêmement petite et le monde hors de toute proportion.

4 mai.

J'ai visité, hier matin, la salle provisoire construite en
vue du grand procès des accusés d'avril (1). Le duc et la
duchesse Decazes nous en firent les honneurs et nous
montrèrent tout ce qu'il y avait à voir. Cette salle, qu'on
a ajoutée à la façade du Luxembourg donnant dans le
jardin, est construite en charpente et en plâtre ; il faut en
être prévenu pour s'en apercevoir, tant cette construction
a l'air solide. Le style sévère du palais du Luxembourg a
été soigneusement conservé dans tous les détails de cette
façade d'architecture, un peu lourde avec ses colonnes à
fûts interrompus, ses pilastres écrasés, ses cintres sail-
lants, ses statues surchargées de draperies. L'intérieur
de la salle diffère entièrement de ce style. L'ornementa-
tion en est d'assez bon goût. La célérité avec laquelle
tout cet énorme local et ses dépendances a été construite tient du prodige.

Toutes les conversations du jour roulent sur ce procès
monstre, nom que lui donne l'opposition et qui est assez
généralement adopté. J'ai dîné hier chez la marquise de
Bartillat avec Valazé, Berryer, Mortemart et autres.
Ces messieurs, d'opinions différentes, après beaucoup de
discussions, se sont trouvés d'accord pour reconnaître
que ce procès soulève des difficultés inextricables.

---

(1) On désigne ainsi les auteurs des tentatives insurrectionnelles qui
avaient éclaté à Paris et à Lyon au mois d'avril 1834. Au nombre de cent
vingt et un, ils étaient traduits devant la Cour des pairs, pour y répondre
de leurs actes.

Le général Valazé siège sur les bancs de l'extrême gauche ; il vote contre le gouvernement dans le sens républicain ; c'est lui qui a proposé et fait adopter l'amendement relatif aux vingt-cinq millions que la France doit payer aux États-Unis, et qui demande des explications de la part du président Jackson. Valazé a des manières charmantes, tout à fait gentleman. Il parle avec élégance et facilité.

M. Berryer a toute la volubilité, toute la justesse d'expression et la clarté persuasive d'un avocat et d'un homme de tribune ; il a une mémoire prodigieuse, se rappelle tout, et au moment opportun, pour rapprocher les faits et cela si judicieusement qu'ils frappent ses auditeurs et leur arrachent des décisions souvent contraires à la justice. Malgré cela, il n'aura jamais une grande influence sur l'opinion publique et sur le gouvernement ; c'est un homme de grand talent, mais dans le fond sans opinion quelconque. Il s'est trouvé comme par hasard lancé dans le parti carliste, il défend cette cause comme un avocat défend celle de son client ; il est vrai que s'il n'est pas un homme d'État, belle est la cause qu'il défend, puisque c'est celle de la légitimité.

Le duc de Mortemart a bien moins de talent que Berryer et pourtant son influence sur l'esprit public est plus grande, par la raison qu'il défend sa propre cause et qu'il parle avec conviction.

J'ai écouté avec plaisir et intérêt cette discussion, vive, chaleureuse et remplie de détails curieux sur le gouvernement de Juillet et sur ceux de Louis XVIII et de Charles X. Berryer, tout en parlant dans le sens du plus pur carliste, défendait cependant les théories et les actes des accusés d'avril, tandis que Valazé, tout en défendant les doctrines républicaines, désapprouvait hautement tout ce qui peut ébranler la société, tout ce qui peut porter atteinte au respect qu'on doit à la loi. Berryer parlait donc en avocat, ayant pour seul but de renverser le gouvernement de Louis-Philippe, mission dont il a été chargé par les carlistes ; il cherche à démolir sans penser à la reconstruction. Valazé, au contraire, est aristocrate et prétend en attaquant le gouvernement ne s'inspirer que de l'intérêt social.

Le duc de Mortemart, grand propriétaire, est lié au sol français par ses intérêts autant que par ses souvenirs ; en outre, il a de l'ambition, et, si d'un côté il ne veut pas froisser trop les opinions de sa famille et de ses amis, d'un autre côté il se croit nécessaire à son pays et à ses enfants. Il défend donc de toutes ses forces les lois établies, seule garantie de l'état actuel en France et du repos désiré par tous ceux qui ont quelque chose à perdre. L'opinion du duc de Mortemart sur le procès est qu'on sera obligé de l'ajourner.

Trois des détenus avaient choisi Berryer pour défenseur, mais deux ont été mis en liberté, il ne reste donc qu'un accusé qui soit d'opinion royaliste ; tous les autres sont républicains. Berryer est enchanté d'avoir pu garder ce client et, pour tout au monde, il ne voudrait pas le perdre. Déjà il a préparé un beau discours qui, selon son habitude, sera moins la défense du client qu'une attaque violente et venimeuse contre le gouvernement de Juillet.

A ce propos, j'ai rappelé à M. Berryer sa plaidoirie pour Sosthène de La Rochefoucauld, cité devant la cour à cause d'une brochure qu'il avait publiée.

— Vous avez parlé de tous les événements du jour, lui ai-je dit, excepté du livre incriminé et il me semble que, si Sosthènes avait eu un autre défenseur que vous, il n'aurait pas été condamné ou qu'il ne l'eût été qu'au minimum de la peine.

— Cela se peut, me répondit Berryer, mais mon client voulait être condamné et, quant à nous autres, il nous fallait un martyr. Pour la brochure, il n'y avait rien à dire, personne ne l'avait lue.

Le nom de La Mennais ayant été prononcé, Berryer me dit : « Je le connais beaucoup, c'est un homme de génie, mais bien bizarre. Il a quelque fortune et même un château, malgré cela il vit comme un malheureux ; il s'est vanté dernièrement de ne dépenser que cinquante sous par semaine, aussi est-il sale, mal peigné, avec des habits qu'on ne donnerait pas à un pauvre. Il dépense toute sa fortune à soutenir la cause républicaine. Quand on le voit, quand on lui parle, on ne s'explique pas la violence de ses écrits et que, dans ce corps si frêle, si chétif, existe une âme si fougueuse, si terrible dans ses emportements. »

Je parlai ensuite avec M. Berryer des dangers de la presse et de l'impossibilité de gouverner avec elle. Il me donna raison.

— Mais, je ne m'en plains pas, poursuivit-il, j'en use tous les jours comme du plus sûr moyen de miner le gouvernement de Juillet.

— Il y a des personnes qui prétendent que l'influence des journaux est moins grande aujourd'hui, repris-je ; cela est peut-être vrai ; mais dans les provinces, elle fait croire tout ce qu'elle veut.

— Vous avez raison, comte, me concéda Berryer.

7 mai.

Je suis allé, hier matin, chez la duchesse de Valençay que j'ai trouvée irritée et toute nerveuse. Elle pleurait et me dit qu'une chose bien désagréable venait de lui arriver. Comme je la pressais de questions, elle me raconta que la duchesse de Rohan qui sortait de chez elle lui avait fait une scène épouvantable : « Oui, épouvantable, mon cher, et pourquoi? parce qu'elle a rencontré chez moi le duc d'Orléans ! Il sortait au moment où elle entrait ; le voir, jeter un grand cri et s'élancer jusqu'à l'autre bout du salon a été pour elle un seul mouvement. Le duc l'a crue folle et moi j'aurais cru la même chose si, après coup, elle ne s'était écriée : « C'est une horreur « de voir à quoi on est exposé en venant chez vous. » Et moi : « Est-ce le duc d'Orléans, lui dis-je, qui vous « met dans cet état? » Et je riais de tout mon cœur. Là-dessus elle m'a accablée de reproches et s'en est allée furieuse en me déclarant qu'elle ne mettrait jamais plus les pieds chez moi. »

J'ai fait de mon mieux pour calmer Mme de Valençay par mes raisonnements, autant que par un verre d'eau mêlé d'eau de fleurs d'oranger. Cependant, Mme de Rohan, non contente de la scène qu'elle venait de lui faire, en fait une semblable au mari qu'elle rencontre chez sa belle-sœur, Mme de Chabot. Valençay est le meilleur garçon du monde, le plus poli que je connaisse ; il répliqua donc peu aux fureurs de sa cousine de Rohan et observa toutes les convenances. Mais, en rentrant, il écrivit au duc de Rohan et lui demanda satisfaction pour l'insulte faite à sa femme. Fernand lui répondit de la manière la plus obligeante et lui dit que sa femme écrirait une lettre d'excuses à Mme de Valençay. Cette épître ne tarda pas à arriver. Elle était conçue dans les termes les plus humblement contrits et suppliants ; elle contenait donc toute la satisfaction que Mme de Valençay pouvait demander et bien plus encore ; elle s'empressa de la communiquer au duc d'Orléans et, quelques jours après, je vis ces puissances reprendre de nouveau leur attitude de paix et d'amitié : c'est-à-dire que Louis serra affectueusement la main à Mme de Rohan, sa cousine, et que le duc fit de même pour Mme de Valençay.

13 mai.

Il faut avoir été présent comme moi à ces séances de la Cour des pairs, il faut avoir vu cette insolence systématique des accusés, il faut avoir entendu leurs menaces et avoir vu les gestes qui les accompagnèrent, il faut avoir saisi enfin l'expression de leurs figures, la hardiesse de leurs regards et l'impression de terreur et d'indignation qu'ils ont produite sur les spectateurs, pour comprendre combien M. de Broglie s'est trompé dans ses précisions lorsqu'il nous disait que l'aspect seul de cette salle, de cette réunion des pairs du royaume, de tant de têtes vénérables, de tant de haut dignitaires, de tant de réputations de l'Empire, en imposerait à ces gens-là ! Comme si quelque chose pouvait en imposer à des gens qui ont tant de fois affronté la mort, qui presque tous n'ont rien à perdre et dont le seul but est d'insulter, d'avilir l'aristocratie, de traîner le pouvoir dans la boue, de fouler aux pieds tous les souvenirs, de conspuer, d'humilier la Pairie, de faire enfin tout le scandale possible, ne fût-ce que pour se venger de ne pas avoir pu réussir à détruire l'état actuel des choses en France.

Lagrange, parmi les Lyonnais, et Baune (1) parmi les Parisiens, sont ceux qui parlent au nom de tous et à la suite desquels tous les autres se mettent à brailler comme des forcenés. Cavaignac n'a pas la voix assez forte pour se faire entendre dans ce vacarme, c'est Baune qu'il a chargé d'exprimer ses belles pensées. Ce dernier, ayant une voix de stentor, est parvenu à crier plus fort que tous les accusés réunis, que les gardes municipaux qui avaient ordre de les faire taire, que M. Faischamel qui commandait avec toute la force de ses poumons, que le président Pasquier qui criait et gesticulait derrière son fauteuil, que le procureur du roi qui beuglait son réquisitoire, que les avocats qui ouvrirent leur bouche grande comme une porte cochère pour protester au nom de leurs clients. Seul, parmi tant de criards, il a dominé le tapage et fait entendre à la Pairie les choses les plus injurieuses, les plus impitoyablement diffamantes. Après avoir achevé sa lecture, car il lisait sur une feuille que Cavaignac lui avait donnée, il consentit à se taire, ayant dit tout ce qu'il avait à dire.

(1) Révolutionnaires ardents, ainsi que le prouve leur participation aux agitations et aux complots qui ont troublé le pays de 1830 à 1852, Lagrange et Baune se firent remarquer pendant le procès d'avril par la violence de leur attitude. Condamnés, le premier à vingt ans de détention, le second à la déportation, ils bénéficièrent de l'amnistie de 1839, siégèrent, après 1848, à la Constituante et à la Législative et furent proscrits après le coup d'État de Décembre.

La Cour rentra dans les bureaux pour délibérer et, après cinq heures, la séance a été levée sans autre résultat, si ce n'est que le procureur du roi a déclaré aux accusés que s'ils recommençaient de nouveau leurs indécentes clameurs, ils seraient punis correctionnellement de cinq mois à deux ans de prison et de cinq cents à six mille francs d'amende. Sur quoi, ils recommencèrent à crier, en réclamant pour tous le maximum de la peine.

Le 11 mai, a paru dans *la Tribune* une lettre d'une hardiesse et d'une insolence sans exemple, adressée aux accusés et dirigée contre la Pairie ; cette lettre est signée par quatre-vingt-onze défenseurs qu'a récusés la Cour. Parmi les signataires on distingue l'abbé de La Mennais, Carrel, Raspail, Voyer d'Argenson, ex-député, Audry de Puyraveau et Cormenin, députés, et enfin l'individu fameux par le coup de pistolet sur le pont Royal qui, après avoir été déclaré non coupable, s'est partout vanté d'avoir vraiment eu l'intention de tuer Louis-Philippe.

Cet incident est des plus graves, d'autant plus qu'il y a des députés parmi les signataires de la lettre et qu'ils ne peuvent être poursuivis qu'avec l'assentiment de leurs collègues. Thiers promet d'enlever cette question à la Chambre des députés en une demi-heure et si les signataires ne désavouent pas leur manifestation, ils seront, à ce que l'on espère, condamnés à cinq ans de prison et dix mille francs d'amende, le maximum de la peine.

Tous les partis sont d'accord sur un point dans cette grande affaire, c'est que de toutes les crises qu'a traversées le gouvernement sorti de la révolution de Juillet, de toutes les épreuves, voici la plus menaçante et la plus périlleuse. Jamais le désordre moral qui est la plaie de la société en France, jamais la perturbation des idées de droit et de justice n'ont éclaté en symptômes plus visibles.

On ne peut contester la légalité, la compétence de la Chambre des pairs, ni reprocher au gouvernement d'avoir outrepassé ses pouvoirs. Tout au contraire, il s'en est tenu à la stricte exécution des lois, au maintien des privilèges et de l'ordre institués par la Charte. Mais le parti républicain poursuit la destruction de la Chambre haute et prétend battre en brèche le gouvernement de Louis-Philippe et la royauté partout où elle existe. Il s'est déclaré l'organe des démagogues de tous les pays. La Pairie doit donc à tout prix sortir victorieusement de cette lutte et il me semble que tous les pairs, quelle que soit leur opinion, devraient en ce moment soutenir avec vigueur le gouvernement, car ce n'est plus la cause de Louis-Philippe mais celle de la société qu'il faut défendre. Je ne puis, par conséquent, approuver ceux des pairs qui se sont dérobés aux fatigues du procès, soit par opposition, soit par paresse.

17 mai.

Le procès engagé devant la Cour des pairs continue à passionner l'opinion. Thiers, pour le principe, voulait faire traduire les accusés devant les jurés. Il savait par les rapports de M. de Gasparin, alors préfet de Lyon, que les verdicts du jury seraient tels qu'il les pouvait souhaiter. Mais M. Persil (1) s'opposa à cette marche, jugeant nécessaire un grand procès politique.

(1) Député à la fin de la Restauration et rallié au gouvernement de Juillet, il fut procureur général à Paris, deux fois ministre de la Justice

Guizot, qui n'avait en vue qu'une condamnation et à qui importait peu la juridiction qui la prononcerait, entra facilement dans les idées de ses collègues et, ainsi, les pairs se sont trouvés saisis, grâce à l'accord des ministres qui espéraient que le gouvernement gagnerait en force, après que le procès serait heureusement terminé. Mais, les accusés ayant contesté la compétence de la Pairie, dans l'espoir d'empêcher le procès, Thiers soumit au Conseil un projet par lequel tous les tribunaux de France seraient, à l'avenir, investis de la faculté de juger des accusés, même dans le cas où ces derniers refuseraient de reconnaître leur compétence, de répondre aux questions ou de se défendre. MM. de Broglie et Guizot repoussèrent ce projet comme révolutionnaire ; Persil se rallia à eux et la proposition fut écartée, non sans avoir désuni le Conseil.

Thiers ne professe plus la même admiration pour les talents de M. de Broglie, lui qui le portait aux nues. M. Guizot se cache derrière Broglie et paraît se renfermer dans sa spécialité, tandis qu'en secret il cherche à deviner les idées de Thiers et la position de ce ministre vis-à-vis du roi, afin de se concerter en particulier avec Broglie. Persil est, plus que jamais, tombé dans l'esprit de Thiers, et ses rapports avec son collègue sont très aigres. Barthe est en ce moment pour Thiers.

Le maréchal Maison a une profonde admiration pour celui-ci ; il le prouve dans toutes les occasions et se met dans toutes questions du côté de M. le ministre de l'Intérieur. Thiers aime le maréchal Maison sans pourtant avoir

en 1834 et en 1836, pair de France en 1839. Le second Empire le fit conseiller d'État en 1852 et sénateur en 1864. Il mourut en 1870, à la veille de la guerre.

une haute idée de sa capacité et de ses talents, mais il le ménage beaucoup à cause de l'amitié que lui témoigne le roi et s'en sert pour surveiller les menées de ses collègues et ruiner par lui l'ascendant qu'ils pourraient prendre sur l'esprit de Sa Majesté. La position du ministère est donc maintenant bien différente de ce qu'elle était à l'ouverture de la session.

1er juin.

Interviendra-t-on, n'interviendra-t-on pas dans les affaires d'Espagne? Telle est la grande question qui s'agite en ce moment, la question qui tient tout le monde en suspens. C'est un champ ouvert à toutes les intrigues politiques. Dès que la demande d'intervention formulée par la reine Christine est arrivée au gouvernement français, en dépit des instructions que le roi Louis-Philippe a données à son ambassadeur à Madrid pour empêcher cette démarche, le Conseil s'est réuni et a décidé de prévenir le gouvernement anglais comme signataire du fameux traité de la quadruple alliance.

M. de Broglie a donc adressé une dépêche officielle au général Sébastiani, dans laquelle il se montre favorable à l'intervention. Thiers, de son côté, a écrit à ses amis whigs pour les inviter à faire approuver ce projet par le ministère anglais. Le roi, tout au contraire, a envoyé à son ami Sébastiani des instructions contraires. M. de Talleyrand a écrit aussi de nombreuses lettres à ses amis de Londres pour empêcher une décision favorable à l'intervention.

Thiers est furieux contre ces messieurs, il se propose de faire son possible de concert avec MM. de Broglie et Guizot pour que Sébastiani soit rappelé. Le roi, très décidé à ne pas céder à ses ministres dans cette question, leur a fait dire par M. de Montalivet qu'il changerait son cabinet plutôt que de se prêter à intervenir en Espagne. Le maréchal Maison s'est brouillé à cette occasion avec M. Thiers, lui ayant déclaré qu'il tenait avant tout à l'amitié du roi et que, bien qu'il ne fût pas pour l'intervention, il approuverait tout ce que déciderait Sa Majesté.

Mme Thiers et Mme Dosne sa mère se sont dernièrement déchaînées devant tout le monde, à une réception au ministère de l'Intérieur, contre le maréchal, en disant que c'était une véritable honte de voir un maréchal de France se déclarer contre la guerre. M. Thiers a reproché à M. Maison son ingratitude en lui disant que c'était à lui, Thiers, qu'il devait sa place de ministre. Maison a répliqué avec raison qu'il n'y avait pas songé, qu'il n'avait jamais demandé cette place et que, même après avoir eu la nouvelle de sa nomination à Saint-Pétersbourg, il n'avait voulu l'accepter qu'après avoir vu les choses de ses propres yeux, que ce n'a été qu'après les avoir vues et jugées qu'il a donné son consentement et qu'en conséquence il devait sa place aux circonstances et non à M. Thiers ou autres.

Toutes ces petites intrigues, aussi vulgaires que bassement égoïstes, peuvent avoir deux résultats. Il est hors de doute que l'Angleterre se déclarera pour l'intervention, car, d'après lord Granville lui-même, non seulement les Whigs, mais même les radicaux y sont favorables, circonstance fâcheuse pour le ministère anglais qui par là se trouverait engagé dans la voie des radicaux. Louis-

Philippe, malgré cette réponse, déclarera de nouveau à ses ministres que l'intervention n'entre pas dans ses plans et qu'il s'y refuse. De Broglie, Guizot et Thiers donneront leur démission, le roi l'acceptera et tâchera de former un nouveau ministère. Thiers prévoit tout cela et se promet d'intriguer si bien que le roi ne saura mettre sur pied un autre cabinet; l'ancien reviendra et alors l'intervention aura lieu malgré la volonté du roi.

Si ces intrigues pouvaient durer assez longtemps, pour que Don Carlos parvînt à soulever quelques nouvelles provinces ou à remporter une victoire qui lui ouvrirait la route de Madrid, alors le courage, qui n'est pas trop grand non plus du côté du ministère actuel, pourrait facilement et même très probablement lui manquer et tout à coup, de guerroyant qu'il est maintenant, il redeviendrait pacifique.

10 juin.

Ces jours derniers, nous est arrivée enfin la réponse de l'Angleterre. Le roi Louis-Philippe, dans ses instructions au comte Sébastiani, avait demandé au ministère anglais s'il voudrait être solidaire de l'intervention éventuelle de la France en Espagne et en accepter toutes les conséquences. L'Angleterre, ne voulant probablement pas se charger d'une aussi grande responsabilité, allègue dans sa réponse que dans la position actuelle de l'Espagne, le « casus fœderis » n'est pas applicable et qu'elle ne croit pas devoir intervenir. Cette réponse ne condamne pas l'intervention, elle dit seulement que l'Angleterre n'en voit pas l'urgence et qu'elle se réserve.

22 juin.

J'ai passé ces journées dernières avec la comtesse Batthyany (1) : son mari, qui suivait avec passion le procès des accusés d'avril, passait son temps aux audiences. Pendant ces longues heures, la comtesse eût été seule si je ne m'étais offert pour lui faire les honneurs de Paris et des environs. La belle comtesse Tony a une santé superbe et une force rare qui ont fait mon admiration, au cours de nos promenades en voiture et à pied. Les jours où elle ne dînait pas chez nous, nous dînions ensemble au restaurant, elle, son mari et moi, puis nous allions ensemble au spectacle ou bien au concert. Elle voulait tout voir et surtout tout acheter. Herbault, Mlle Beaudran, Palmire, Delille, Nattier, etc., etc., sont faits pour tenter une jeune et jolie femme qui doit aimer les belles coiffures, les belles robes, les riches étoffes et les fleurs artificielles. La manière de parler de la comtesse Batthyany, le son de sa voix m'ont rappelé sa sœur Odescalchi. Son mari est très original, il prend parfois un air sombre, il n'est pas joli, s'énonce en français à ne pas se faire comprendre, et sa diction en allemand n'est pas non plus ni belle, ni claire ; je suis sûr qu'il parle parfaitement le hongrois et le latin.

(1) Il s'agit ici de la comtesse Louis Batthyany, née Antoinette Zichy. Son mari, dont parle le comte Rodolphe, fut nommé, en 1848, président du premier ministère responsable hongrois. Au mois de septembre, il donna sa démission, et après la suspension de la Constitution, il prit part au soulèvement contre l'Autriche. Fait prisonnier et condamné à mort par un conseil de guerre, il fut fusillé à Budapest, en 1849, par l'ordre du général autrichien Haynau. Son arrêt de mort fut signé dans le palais de son beau-frère le comte George Karolyi, où le général Haynau s'était installé.

Cette dernière langue doit lui être surtout très familière. Au reste, il me paraît bon enfant et aime beaucoup sa femme. Elle est si jolie !

26 juin.

On est très peu satisfait, à la Cour, du voyage du comte de Syracuse (1) en France ; on trouve qu'il aurait mieux fait de ne pas y venir s'il n'était pas décidé d'avance à épouser une des princesses. Une dame de ma connaissance, confidente du duc d'Orléans, m'a répété mot pour mot tout ce que ce prince lui a confié à ce sujet.

« Voyant, lui a-t-il dit, que le prince, mon cousin de Naples, ne me parlait jamais de mes sœurs et n'en paraissait pas le moins du monde occupé, j'ai conseillé, dans le doute sur sa décision, de le faire voir à ma sœur Marie le moins possible, afin qu'elle ne se prenne pas de belle passion pour lui ; jugez quel malheur ce serait ! »

Quiconque connaît ce gros garçon, ses joues toutes bouffies, ses yeux sans expression, sa tournure de grosse femme qui étouffe dans son corset, ses manières vulgaires et embarrassées, sa démarche dandinante et sa bouche niaisement souriante, trouverait la phrase du duc d'Orléans parfaitement ridicule.

29 juin.

On abandonne beaucoup Paris dans ce moment, mais il nous reste pourtant quelque petit fond de société et,

(1) Léopold de Bourbon, frère de Ferdinand II, roi de Naples.

dernièrement, à un bal chez lady Granville, j'ai été tout étonné de voir la grande galerie remplie de monde. Le surlendemain, il y avait un autre bal chez lady Adélaïde Forbes. Lady Granville et la baronne de Delmar s'étaient mises en quatre pour le rendre élégant et y ont parfaitement réussi. Aussi, lady Caroline et lady Adélaïde étaient-elles toutes rayonnantes.

J'ai fait mes compliments à lady Adélaïde sur son prochain mariage avec M. Herris, Américain. Il a été, pendant quelque temps, chargé d'affaires des États-Unis à Saint-Pétersbourg et ensuite accrédité, dans cette même qualité, à la cour de Charles X. Lady Adélaïde, malgré ses quarante et quelques années, malgré les nombreuses passions qui, dans le cours de sa vie, ont agité son cœur, a été cependant intimidée par mon compliment, au point qu'elle en a rougi, s'est levée et s'est sauvée dans une autre chambre en cachant sa figure des deux mains, sans proférer une parole.

Cependant, je la suis, je tâche de calmer sa frayeur et son embarras et je finis par savoir que lady Adélaïde désirait ardemment cette union, mais que M. Herris ne s'était point encore déclaré, que lord Grabad ne savait encore rien de tout ce projet et que, par conséquent, elle était très fâchée de voir que son secret était divulgué dans le monde, avant qu'elle n'ait eu le temps d'en prévenir son père.

Mme la duchesse de Montmorency reçoit, tous les jeudis, dans sa charmante maison de campagne, à Auteuil. A la campagne, c'est Mme de Valençay qui fait le thé, sa table est le centre de réunion de tous les jeunes gens et la conversation dont elle est l'âme ne se fait guère sur la pluie et le beau temps. C'est un feu roulant de propos à demi-

entente ou d'allusions aux malheureux que la duchesse
fait.

1er juillet.

La semaine dernière, on n'a parlé dans le monde que
de cet effroyable procès de M. de La Roncière (1) dont les
journaux publient tous les détails. L'état de santé de
Mlle de Morell est déplorable ; le général son père n'a
jamais eu la tête bien forte ; cet affreux événement a
achevé de la lui faire perdre ; il est anéanti de douleur,
il ne sait plus rassembler ses idées pour entrer dans les
détails de son malheur, il confond les faits et les personnes
et ne sait que dire, si ce n'est qu'il est le plus malheureux
des hommes. Mme de Morell prend la chose d'une autre
manière, elle reçoit et va chez tout le monde, comme avant
l'aventure de sa fille.

Celle-ci est fraîche, mais pas jolie ; on la dit spirituelle
et instruite, je ne la connais que de vue. La famille Morell
a passé par de cruelles angoisses pendant le procès. Il a
été gagné grâce aux efforts inouïs de Berryer et d'Odilon
Barrot, mais avec des circonstances atténuantes en
faveur de La Roncière, lequel a été condamné à dix ans de
réclusion dans une maison de force. Mais, comme il s'est
pourvu en cassation, l'on prétend que le procès va
recommencer devant les assises de Bordeaux.

(1) Cette dramatique et mystérieuse affaire a eu un trop grand
retentissement pour qu'il y ait lieu de la résumer ici. Elle figure tout
au long dans les recueils consacrés depuis à l'histoire des grands procès.
Rappelons seulement que l'accusé ne cessa de protester de son inno-
cence.

Pendant les débats, la salle d'audience a été le rendez-vous de tout le beau monde de Paris, il y avait une foule, une chaleur à étouffer, si bien et si fort que je me suis trouvé mal. Tous ces messieurs, qui avaient des flacons de sel et de vinaigre prêts pour les offrir à quelque jolie femme, sont venus faute de mieux à mon secours, de la manière la plus obligeante.

Nos journées de réception à Bellevue sont plus élégantes que jamais. Matin et soir, les salons, le jardin ne désemplissent pas. Les autres jours, l'Ambassadrice évite, autant qu'elle peut, les visites, de peur de se fatiguer ; du reste jamais, depuis que je suis avec elle, je ne l'ai vue mieux portante que maintenant. L'homéopathie, long-temps sans effet sur elle, commence, depuis quelques mois, à agir de la manière la plus salutaire.

Les plaisirs de Royaumont sont encore plus vifs cette année que l'année dernière. Un opéra et une comédie y ont eu un succès pyramidal. Le marquis de Bellissen a eu la bonté de m'inviter pour cette belle fête, je n'en ai pourtant pas profité par la raison que j'aurais été obligé de revenir le même jour, ce que j'ai trouvé trop fati-gant.

Une de mes correspondantes de Baden-Baden me tient au courant de tout ce qui s'y passe. En fait de femmes marquantes, il y a la princesse de Lieven ; elle y est allée pour se distraire des horribles malheurs qu'elle a éprouvés : la perte de deux de ses fils qu'elle aimait tendrement. Elle a d'ailleurs une manière étrange de porter son cha-grin. Elle veut avant tout qu'on ne lui en parle pas, mais qu'on lui parle d'autre chose, et de tout et surtout beau-coup ; elle veut voir du monde, elle craint la solitude plus que le feu, elle désire qu'on l'amuse, qu'on vienne la voir et qu'on lui raconte tout ce que l'on sait et même tout ce que l'on ne sait pas.

A son arrivée à Bade, elle a eu soin de se loger dans la même maison que Mme de Nesselrode, afin de ne pas être seule et de profiter de la présence des Russes qui suivent partout la femme du ministre des Affaires étrangères. Mme de Nesselrode croit faire un effort considérable, en passant tous les jours une demi-heure avec Mme de Lieven, mais voyant que la princesse avait l'intention de s'établir dans son salon pendant toute la journée, elle a, sans rien dire, quitté son logement et loué toute une maison à l'autre bout de la ville, afin, dit-elle, de n'avoir pas de locataires dans son voisinage. La princesse de Lieven a été la dernière à apprendre ce déménagement. Aussitôt qu'elle en a été informée, elle a couru chez sa compatriote et, d'un ton larmoyant, elle lui a demandé si la nouvelle était vraie.

— Parfaitement vraie, madame.

— Je resterai donc seule ici, vous m'abandonnez ! N'y a-t-il pas, dans votre maison, un troisième que je puisse prendre, pour être auprès de vous?

Cette proposition fut mal reçue. Mme de Nesselrode n'aime pas Mme de Lieven, puis elle trouve le rôle de consolatrice affreusement ennuyeux et enfin elle veut être seule et ne voir personne. Heureusement pour Mme de Lieven, il y a à Bade lady William Russell, la plus originale, la plus spirituelle et la plus instruite des femmes. Malgré ses nombreux enfants auxquels elle donne des leçons de latin, de grec, d'italien, d'allemand et même d'hébreu, je crois, elle a pris en pitié la pauvre Mme de Lieven avec laquelle elle avait été liée d'amitié lorsque celle-ci était omnipotente à Londres. Elle passe donc ses

journées avec elle. Mais, malgré son esprit et son instruction, elle a cependant beaucoup de peine à suffire à
Mme de Lieven, qui n'aime que la politique, tandis que,
sur ce sujet, lady William est ignorante.

Mme de Dino est attendue à Baden. La belle duchesse
voulant donner à sa cure une couleur sentimentale, a dit
à Paris qu'elle allait à Baden, non pour prendre les eaux,
mais plutôt pour rejoindre son amie Mme de Lieven.
Elles ne s'aiment guère pourtant. N'empêche que ce sera
un revoir excessivement touchant, elles se sauteront au
cou et verseront des torrents de larmes. Mme de Dino
témoignera de sa sollicitude pour Mme de Lieven et
celle-ci, sans être le moins du monde dupe de cette
comédie, en profitera pourtant pour se distraire et pour
se moquer du monde qui sera édifié par cette amitié des
deux rivales.

Mme de Sainte-Aldegonde, l'ancienne Mme Augereau,
duchesse de Castiglione, est aussi à Bade. Elle y a donné
rendez-vous à son mari, qui est entré comme général au
service de la Russie.

En raison de cette circonstance, et ayant connu Mme de
Nesselrode pendant son séjour à Saint-Pétersbourg, elle
a cru devoir passer en personne à sa porte et, n'ayant pas
été reçue, elle a laissé sa carte. Mme de Nesselrode ne
s'est pas même donné la peine de lui renvoyer la sienne.
Mme de Sainte-Aldegonde se doute bien que cette dame
ne l'aime pas, mais elle a cru que l'impolitesse de Mme de
Nesselrode envers Mme de Sainte-Aldegonde, femme du
général russe, elle ne l'oserait envers Mme de Sainte-
Aldegonde, dame d'honneur de la reine des Français.
Cette qualité ne lui a pas évité cependant une autre humiliation. Elle avait demandé une audience à la princesse

d'Orange, qu'elle avait connue autrefois. Cette princesse lui fit dire qu'elle était beaucoup trop souffrante pour la recevoir. Mme de Sainte-Aldegonde en a été très froissée.

4 juillet.

Les informations venues de Londres présentent lord Palmerston comme désireux de finir la guerre civile en Espagne, par un mariage entre la jeune reine et l'aîné des fils de Don Carlos. Il doit sentir cependant qu'il n'est pas précisément l'homme propre à résoudre les difficultés du jour. Lord Wellington est peut-être le seul, en Europe, qui aurait cette influence et, sans doute, on sera obligé de le ramener au pouvoir lorsqu'on s'occupera sérieusement de pacifier la péninsule. Un mariage ne parviendrait pas à amalgamer et à fondre les deux partis, mais il n'y aurait pas de triomphe absolu soit pour l'un, soit pour l'autre.

La mort de Zumalacarreguy est considérée comme un grand événement; néanmoins, on recrute à force, en Angleterre, et le bateau à vapeur le *Monarque* est parti le 30 juin de Londres pour les côtes d'Espagne, avec un bataillon de cinq cents hommes, en grande partie vieux soldats. Ce bataillon est commandé par le colonel Chechester, vieux militaire, et par vingt autres officiers. Le second doit partir cette semaine-ci et ainsi de suite, jusqu'à concurrence de dix mille hommes. Pour le moment le gouvernement espagnol ne manque pas d'argent et, d'ailleurs, le gouvernement anglais ferait des avances et fournirait les munitions. On prétend que le général

Alava se rendra en personne en Biscaye, afin de tâcher de déterminer cette province à la soumission, en lui offrant de confirmer ses privilèges. Palmerston et ses collègues désirent beaucoup cette démarche ; on croit que lord Wellington est du même avis.

Un fait bien autrement grave pour l'Angleterre que tout ce qui se passe en Espagne, c'est la nomination de lord Durham à l'ambassade de Saint-Pétersbourg (1). On la considère à Londres comme un gage donné au libéralisme de toute l'Europe. Reste à savoir comment la Russie interprétera cette nomination. Il est remarquable que le *Times,* qui est presque un journal tory aujourd'hui, l'a approuvée. S'agirait-il des affaires d'Orient et serait-il vrai, comme on le pense, que cette question de politique extérieure est peut-être la seule sur laquelle les Whigs et les Tories soient d'accord? La mission de lord Durham est peut-être l'avant-coureur de grands événements. Tout dépend aujourd'hui de nous. C'est l'Autriche qui a réellement entre ses mains la paix de l'Europe. Si la Russie a des vues ambitieuses sur Constantinople, elle n'osera pas s'en emparer avant de s'être préalablement entendue avec nous ; mais dans la supposition que nous y consentions, je crois qu'il serait possible que l'Empereur de Russie, un peu par ambition, un peu par désir de se venger des Whigs et des libéraux, se hasardât à prendre possession des Dardanelles. Nous aurions alors la guerre générale.

(1) Membre du parlement, où il siégeait parmi les Whigs les plus avancés. Il mourut en 1840 à quarante-huit ans.

6 juillet

J'ai dîné hier chez S. M. Louis-Philippe, à Neuilly.
Presque tous les membres du corps diplomatique étaient
là : il y avait le baron et la baronne de Werther et leur
fille ; M. et Mme de Juel, du Danemark ; le comte de
Keelmansegge, chargé d'affaires de Hanovre, et la comtesse ; le comte Médem, chargé d'affaires de Russie ; le
chevalier de Berlinghien, ministre de Toscane ; Monsignore
Garibaldi, chargé d'affaires du Saint-Siège, etc., etc.
MM. de Nemours et de Joinville, avec leurs sœurs les princesses Marie et Clémentine, aidaient à faire les honneurs.
Le roi, depuis qu'il est aux Tuileries, donne toujours le
bras à Madame Adélaïde ; notre cousin le donna à la
reine, le duc de Nemours à l'Ambassadrice, le duc de
Joinville à Mme de Juel, M. de Juel à la princesse Marie
et M. de Werther à la princesse Clémentine. Nous autres,
nous avions les dames d'honneur à conduire. Il y avait
la marquise de Dolomieu et Mme Mollien, de la reine ; la
comtesse de Montjoye, de Madame Adélaïde ; Mme Mallet,
de la princesse Marie, et la gouvernante de la princesse
Clémentine.

Le roi semblait avoir pris le parti de paraître gai,
malgré la conspiration découverte contre sa vie, conspiration à laquelle je ne crois pas, mais qui, néanmoins, ne
laisse pas de l'inquiéter. La reine et Madame Adélaïde par-
tagent aussi cette peur, et la fuite des détenus de Paris,
qu'on a eu l'inconcevable gaucherie de laisser s'évader
de Sainte-Pélagie, augmente singulièrement leur préoccu-

pation. La garde grise est doublée, c'est encore une de ces mesures qui ne trompent personne. Ces agents de la police secrète qu'on met à cheval, pour précéder et suivre les voitures du roi, ne peuvent être confondus avec de simples promeneurs et provoquent la risée du public.

La reine nous a parlé des dangers que le duc d'Orléans a courus en Suisse, pour s'être entêté, malgré les conseils de ses guides, à faire une excursion alpestre par un temps menaçant. Il a manqué mourir de froid et être enseveli sous la neige. Il dut passer la nuit dans une mauvaise cabane et, le lendemain, il crut devenir aveugle, tant il était ébloui par l'éclat du soleil sur la neige. Néanmoins, il a supporté tout cela avec autant de courage que de bonne humeur; il arriva chez lui bien portant, n'ayant pas même un petit rhume de cerveau qu'il aurait bien mérité pour son entêtement.

Son voyage a donné lieu à toutes sortes de cancans. On disait qu'il allait en Suisse pour rencontrer les princesses de Wurtemberg; puis, lorsqu'on a vu dans les journaux qu'elles avaient quitté ce pays avant son arrivée, on a dit qu'il s'était fait faire un costume de berger pour les suivre sous ce déguisement, les surprendre et leur offrir une rose, seul moyen de les voir, depuis que le roi lui a fait donner sa parole d'honneur de ne pas se présenter à elles. Ce ne serait pas le duc d'Orléans qu'elles verraient, mais un simple berger touché de leur beauté et leur grâce! On a raconté aussi qu'on l'avait fait voyager parce qu'il menait ici une vie trop dissipée.

Après le dîner, le roi et ceux des invités qui avaient envie de se promener parcoururent le parc à pied et par eau. Rien n'est plus élégant que la petite flotte de Neuilly; il y a plusieurs frégates parfaitement bien conditionnées

et une infinité de barques à l'anglaise. A la tête de cette
flottille est placé un marin, officier distingué. Il donne
des leçons au prince de Joinville. C'est lui qui nous
engagea à monter dans sa barque ; assis à la poupe, il
commanda les six rameurs qui nous firent aller comme
le vent par tous les canaux d'un bras de la Seine à l'autre,
sous des ponts superbes, tantôt à travers des lacs, tantôt
sous des voûtes de verdure.

Nous passâmes plusieurs fois devant le château. La
reine, assise à sa table, dans son salon, vit, avec toute
sa société, passer et repasser toutes ces barques dorées
chargées de belles dames. Elle eut la bonté de venir à
notre rencontre pour assister au débarquement. Il est
impossible d'être plus gracieux qu'on ne l'est à cette
Cour ; on entoure les dames du corps diplomatique, surtout lorsqu'on est en famille, de soins et d'attentions
qui chez nous autres paraîtraient exagérés. Mme de
Kielmansegge, fille reconnue depuis l'année dernière seulement du banquier Gagumler, est folle de bonheur
lorsqu'elle compare la position qu'elle aurait à Vienne
à celle qu'elle a ici ; on l'appelle en effet l'ambassadrice de
Hanovre, tandis que son mari n'est que chargé d'affaires
intérimaire.

« Je crois rêver, me disait-elle dernièrement. »

9 juillet.

J'ai eu, dernièrement, une longue conversation avec
le duc de Frias, ambassadeur d'Espagne. Il ne me
cacha pas que la mort de Zumalacarreguy lui avait fait

grand plaisir, à cause de l'immense avantage qui en résultera pour sa reine.

— Néanmoins, me dit-il, je le regrette comme Espagnol. Zumalacarreguy appartient à l'histoire, et moi, comme Espagnol, je suis fier de ce héros, fier de ses talents et de son dévouement, bien que contraire à la cause que je défends. La perte que Don Carlos a faite dans ce général est immense, incalculable. Néanmoins, le croiriez-vous? il est enchanté de sa mort. C'est que Zumalacarreguy n'était pas homme à céder aux petites intrigues de cour dans lesquelles le prince se complaît ; il avait une volonté ferme et une influence non contestée sur l'armée, ce qui le rendait inattaquable et d'autant que Don Carlos est incapable de diriger quoi que ce soit. Ferdinand VII était des trois frères celui qui valait le mieux et, s'il s'était trouvé sur le trône d'Espagne à une autre époque, c'eût été un grand roi. Pour revenir à Don Carlos, il est non seulement ignorant mais cruel. On disait toujours que c'était Zumalacarreguy qui faisait fusiller les prisonniers, n'en croyez rien ; je sais de source certaine que c'était Don Carlos qui voulait qu'on les exécutât. S'il était proclamé roi d'Espagne, vous verriez toutes les exécutions qui suivraient immédiatement son avènement.

— Ceci m'étonnerait beaucoup, interrompis-je. Je crois plutôt qu'une amnistie générale serait la première mesure que prendrait ce prince.

— Erreur, mon cher comte. N'attendez de lui aucun acte de clémence. Moi qui vous parle, je serais le premier pendu ; on me l'a écrit. Ce prince a voulu que je sache que si je tombais entre ses mains, il me ferait pendre dans les vingt-quatre heures.

15 juillet.

Ces jours derniers, j'ai passé une partie de ma soirée
chez la comtesse de Flahaut; il n'y avait qu'elle, son
mari et leur fille. Le comte de Flahaut ne s'est pas
gêné devant moi pour exprimer l'irritation qu'il ressent
contre le comte de Syracuse qui, de retour de Londres,
compte faire de nouveau un petit séjour à Paris. Pas-
sionnément attaché à la famille royale, M. de Flahaut
est indigné de la conduite du prince.

« Il a fait une chose, m'a-t-il dit, qu'un particulier
n'eût pas osé se permettre, à moins de vouloir manquer
à toutes les règles de la bienséance. Vous savez qu'il a
été question d'un mariage entre lui et la princesse Marie;
tout était arrangé, lorsque tout à coup il a exigé que Louis-
Philippe lui comptât le jour du mariage la dot de la
princesse; elle s'élève à huit millions, dont un seul devait
être payé maintenant et les autres seulement après la
mort du roi. »

Louis-Philippe trouva cette exigence excessive, mais
encore y aurait-il souscrit si le prince, de son côté, avait
voulu faire quelques sacrifices pour la famille d'Orléans;
mais rien : il entendait qu'on se contentât du beau
cadeau qu'il leur aurait fait de sa charmante personne.
Naturellement tout a été rompu. Mais, ce que je trouve
inconcevable, c'est qu'après s'être conduit comme un
épicier, le prince soit revenu et qu'au lieu de faire amende
honorable, il promène à la cour sa grosse et ennuyeuse
figure, se brouille avec son propre ambassadeur, qui ne

va même plus le voir, et aille chanter, dans les salons du Palais-Royal, devant les valets de chambre et les domestiques, *la Carmagnole* et *la Marseillaise* ou autres chansons révolutionnaires ; c'est vraiment la conduite d'un polisson. Aussi sera-t-on heureux, je crois, lorsqu'il aura pris le parti de s'en aller.

Mme de Flahaut aurait dû partir, ces jours derniers, pour les eaux d'Aix. Tout à coup, la veille de son départ, elle change d'idée et loue une petite maison au bord du lac d'Enghien, à une heure et demie de Paris. Tous les jeudis elle rentrera en ville pour recevoir ses amis le matin, et tous les dimanches elle les attendra à Enghien.

Les Werther nous quittent aussi pour aller à Aix, puis en Suisse, en Italie, en Tyrol et enfin à Munich pour voir leur fils Charles. En tout ils resteront trois mois absents.

Grâce à Dieu, Mme de Saint-Priest, celle du *Carlo Alberto*, est aussi partie pour les eaux. Je lui souhaite toute sorte de bonheur, mais j'aimerais autant qu'elle fût partout ailleurs qu'à Paris. Placée à la tête d'une section du parti carliste, elle a imaginé une drôle de politique, elle veut à toute force faire croire à son parti que l'Autriche est sur un pied de véritable inimitié avec le gouvernement de Louis-Philippe. Comme cependant tous les jours cette assertion se trouve démentie, elle a recouru à une autre invention : elle dit que la politique suivie entre la France et l'Autriche est le fruit de la trahison de l'Ambassadeur qui, étant vendu au gouvernement de Louis-Philippe, loin de suivre les ordres de son gouvernement, ne fait les affaires qu'à sa guise et dans l'intérêt du Juste Milieu ; aussi ajoute-t-elle que, de concert avec son mari, elle va dénoncer l'Ambassadeur à l'empereur Ferdinand, afin que ce souverain envoie ici quelqu'un qui le représente ainsi que l'entendent les carlistes.

Quelque respectables que soient certains individus du parti carliste en France, autant par le rang qu'ils occupent que par la constance de leur dévouement à la cause désespérée d'une restauration telle qu'ils l'entendent, ils manquent, comme corps politique, de toute valeur intrinsèque et des avantages accidentels qui constituent l'importance et l'influence dans un pays. Les vues de leurs chefs sont étroites et bigotes. Fanatiques en religion et en politique, ils ne règlent jamais leur conduite sur les circonstances actuelles, ils repoussent toute modification de leurs doctrines. Il est vraiment bien malheureux qu'une aussi belle cause que celle de la légitimité soit entre de pareilles mains. A trois reprises, ce parti a fait perdre aux Bourbons la couronne de France et, si le malheureux Henri V est appelé un jour à régner, ce sera encore ce parti qui le perdra. Déjà il fait mieux, il commence par empêcher qu'il n'arrive sur le trône, c'est le seul moyen de ne pas le renverser.

30 juillet.

Les journaux sont remplis de détails sur l'événement épouvantable (1) où ont failli périr le roi, ses trois fils et l'on peut dire tout le gouvernement, car les ministres de la Guerre, de l'Intérieur, des Affaires étrangères se sont trouvés dans le groupe où quarante et une per-

(1) L'attentat Fieschi, 23 juillet 1835.

sonnes sont tombées mortes ou blessées. Le cheval du roi a été blessé à la tête, celui du prince de Joinville à la jambe. Le roi lui-même a eu une contusion assez forte à la tête dont il ne s'est aperçu que depuis hier ; il s'en est plaint à nous hier soir. Le côté droit du front est très enflé et il en ressentait d'assez vives douleurs.

Il y a eu, hier soir et avant-hier soir, beaucoup de monde aux Tuileries. La reine et les princesses étaient établies sur la terrasse du château. Comme il n'y avait pas de lampes et que la lune était cachée, on avait peine à se reconnaître. J'ai vu cependant Mmes de Coigny, de Wagram, de Talleyrand, de Juel, de Barante, quelques femmes de ministres, des pairs de France, des députés, des membres du corps diplomatique en uniforme ou en habit. On ne parla que du triste et horrible événement. La reine a été de nouveau admirable dans les détails qu'elle nous a donnés sur cette affreuse catastrophe ; elle a été d'une douceur, d'une bonté touchantes, nous rappelant des dangers que les siens ont courus, sans aigreur pour ceux qui ont commis une aussi épouvantable tentative ; puis parlant des tués et des blessés, avec cette touchante compassion qu'elle a pour tous les malheureux et qui, dans ce moment-ci, a été bien plus vive encore puisque ceux dont le sang a coulé l'avaient versé pour le roi.

Madame Adélaïde aussi nous a parlé de cet événement dans les termes les plus convenables et qui font honneur à son cœur et à son esprit. La princesse Marie a été éloquente, elle témoigne d'une vivacité touchante en flétrissant la lâcheté de ces assassins, le crime dont le nommé Gérard s'est rendu coupable et en remerciant la divine Providence qui a miraculeusement conservé le roi et ses fils et ses frères. La princesse Clémentine ne parlait que des victimes et de la douleur déchirante de leur famille. Le duc d'Orléans nous a raconté les faits avec une clarté, une justesse d'expression et une grâce qui lui sont toutes particulières. Il a montré dans cette occasion un sang-froid admirable, une présence d'esprit incomparable et un dévouement filial et chevaleresque en même temps.

Malgré les assurances du préfet de police et de M. Thiers que rien n'arriverait de fâcheux pendant la revue, le Prince royal, tourmenté par un pressentiment vague, s'était concerté à toute éventualité avec ses frères ; ils avaient décidé qu'en cas d'accident, ils avanceraient autour du roi afin de le couvrir de leur corps. Le duc d'Orléans fut le premier à apercevoir la fumée qui partait de la machine infernale et, dans le même moment, l'effroyable détonation se fit entendre ; mais aussitôt lui et ses frères, selon la résolution qu'ils avaient prise, se trouvèrent autour du roi et l'embrassèrent et le touchèrent par tout le corps comme pour s'assurer qu'il n'était pas blessé et en même temps pour le garantir contre la seconde décharge que tout le monde attendait.

La scène est impossible à décrire : tant de personnes tuées et blessées sur un aussi petit espace, au milieu d'une grande ville, au milieu d'une fête, en plein jour ; un maréchal expirant aux pieds du roi, des généraux, des colonels, des militaires de tous rangs, des gardes nationaux, des femmes, des enfants, des paisibles citoyens tués ou blessés, et tout ce monde baigné dans son sang, gisant par terre, pêle-mêle avec des chevaux.

M. Strada père, premier écuyer, m'a dit qu'ayant mis pied à terre pour s'approcher du roi dont il voyait le cheval blessé, il marchait dans le sang jusqu'aux chevilles. Le duc d'Orléans m'a raconté que le colonel Raffet, commandant la légion de gendarmerie de la Seine, se sentant mortellement blessé, avait mis la main sur sa plaie pour empêcher le sang de couler ; puis il alla donner des ordres à sa légion, après quoi il est tombé de cheval : il est mort peu d'heures après. La seule chose dont il paraissait préoccupé, c'était la vie du roi ; lorsque le colonel Faisthamel lui eut donné sa parole d'honneur que le roi n'était point blessé, il s'écria : « Je meurs, tant pis pour moi, pourvu que le roi soit sauvé ! Ma personne, c'est bien peu de chose ! »

Le général Heymès, un des aides de camp du roi, après avoir eu le nez traversé par une balle, au lieu de songer à sa blessure, s'est empressé de transmettre à un de ses camarades les ordres qu'il avait reçus du roi ; il lui remit aussi quelques pétitions que le roi lui avait données à garder et, de plus, il fit le compte de la somme d'argent qu'il avait eue pour les distributions qui se font dans ces occasions : tout cela avant de se faire panser.

La maréchale Maison, chez laquelle j'ai été ce matin pour lui faire mes condoléances sur la perte de son parent, le comte de Villate, aide de camp du maréchal, tué dans cette épouvantable affaire, m'a dit qu'on ne pouvait se figurer la scène émouvante qui a eu lieu chez le garde des sceaux, à la place Vendôme, où la reine, les princesses, les femmes des ministres et maréchaux se réunissent ordinairement pour assister au défilé des troupes, lorsque la nouvelle de l'attentat leur est parvenue.

« Jamais, me disait la maréchale, nous n'avions vu la reine, Madame Adélaïde et les princesses dans un état aussi affreux. Sa Majesté jetait des cris désespérés :

« Nous sommes entourées d'assassins, disait-elle, quel
« horrible peuple, quel affreux pays ! Ils m'ont tué mon
« mari, mes enfants, les infâmes, les monstres ! » M. Persil
avait beau répéter à la reine que le roi et ses fils étaient
sains et saufs, rien ne pouvait la persuader, rien ne pouvait la consoler, elle pleurait, elle se désolait : « Le roi est
« mort ou grièvement blessé, vous voulez me le cacher,
« mais le crime est accompli, j'en vois l'aveu sur toutes
« ces figures qui m'entourent, qui me regardent avec
« pitié ; de la pitié pour une reine ! en avez-vous, après
« avoir assassiné mon mari ? »

« La figure de la reine, continua la maréchale, avait
une expression de dureté telle que Mme Thiers qui se
trouvait à côté de moi, me dit : « Est-ce là la reine ?
« cette femme si douce, si résignée autrefois ? » Effectivement, la figure de la reine était rouge comme la tenture
de ce salon, l'indignation s'y exprimait avec le désespoir,
c'était une autre personne ; l'état dans lequel elle se trouvait me fit peur. M. Persil demanda à Sa Majesté si elle
ne désirait pas qu'on fît à l'instant même jouer le télégraphe pour annoncer à la reine des Belges que le roi
était heureusement échappé au danger ainsi que ses fils :
« Non, lui répondit la reine, votre parole ne me suffit pas,
« ne donnez aucune nouvelle à ma fille avant que j'aie
« vu le roi de mes yeux. »

« Mon fils, m'a dit encore la maréchale Maison, nous
arriva tout haletant, tout rouge pour me dire que le
maréchal n'était point blessé. Toutes ces dames réunies
dans les salons se précipitèrent sur lui, chacune attendait
avec anxiété qu'il parlât. La duchesse de Trévise, par un
hasard heureux, ne s'y trouvait point, mais il y avait
ses deux filles, Mme de Rumigny et Mlle Mortier. Mon

fils avoua que le maréchal Mortier était tombé de cheval, mais il n'ajouta pas autre chose, car on l'avait averti de la présence de ces dames. Mme de Rumigny à ce mot poussa un cri à déchirer le cœur. Elle criait, pleurait et riait tout à la fois, c'était à faire horreur. Elle est encore toujours dans le même état et la maréchale, sa mère, est tellement accablée qu'on craint pour ses jours. La reine m'a dit hier que lorsqu'elle est allée la voir, le jour même de son malheur, elle l'avait trouvée couchée en proie à une terrible crise nerveuse. Il y avait dans la même chambre, sur le lit du maréchal, l'uniforme et les gants que le maréchal devait mettre en revenant de la revue pour aller dîner aux Tuileries. »

En attendant le résultat des perquisitions auxquelles on procède, et de l'interrogatoire qu'on fait subir à Gérard et à son complice, le public et les journaux se perdent en conjectures, les partis se rejettent l'un sur l'autre la responsabilité du crime, comme s'il ne pouvait pas tout aussi bien être, en dehors de tous les partis, l'effet de l'exaltation d'un ou de plusieurs individus. Je crois, et même je ne doute pas, que le gouvernement profitera de ce malheureux et déplorable événement pour proposer aux Chambres des lois répressives contre la presse.

Le *Journal des Débats* contient aujourd'hui un long article par lequel il veut faire comprendre combien il est nécessaire de s'occuper d'une semblable mesure, mais, tout en voulant et en prouvant cette impérieuse nécessité, il fait un tableau déplorable de l'état dans lequel se trouvent la France et son gouvernement : sans base, sans soutien, déchirée par une guerre civile, une guerre contre les lois et les institutions, une guerre entre les partis, une guerre morale et à main armée contre le pouvoir existant. Est-il possible qu'un gouvernement attaqué de tous les côtés, assiégé sans relâche et par tous les partis, puisse se maintenir? Tel est en peu de mots le sens de cet article. Ce qu'il y a de plus effrayant dans tout cela, c'est qu'à moins de s'écarter de la Charte de 1830, chose fort dangereuse pour un gouvernement qui sort des barricades, je ne crois pas qu'il y ait moyen d'y remédier. En attendant, on a fait main basse sur toutes les caricatures.

3 août.

On fait des préparatifs magnifiques pour l'enterrement des victimes du 28 juillet. Une chapelle ardente a été établie à l'église de Saint-Paul, dans la rue Saint-Antoine, cette même église où Mme de Sévigné allait si souvent prier pour sa fille ; les victimes y sont exposées sur un même catafalque, élevé en forme pyramidale ; le sommet est occupé par le cercueil du maréchal, et les autres suivent des deux côtés l'échelle hiérarchique, selon le rang de celui qu'ils contiennent. Les noms se trouvent écrits en ettres d'argent, entourés d'une couronne de lauriers au-dessus de chaque cercueil. On a cru, en mettant les cadavres dans de doubles cercueils en plomb, et par-dessus encore un en bois de chêne, avoir suffisamment prévenu les inconvénients de la putréfaction ; néanmoins, dans la journée d'avant-hier déjà, les miasmes que répandaient tant de corps réunis dans une église, étaient tels que l'on conçut de véritables craintes pour la salubrité publique. Il fallut donc prendre la résolution d'ouvrir les cercueils et de procéder à l'embaumement des corps. Cette opération, qui n'a pu se faire que grâce au dévouement des médecins, chirurgiens et pharmaciens, n'a pas pris moins de trente heures.

L'enterrement aura lieu mercredi prochain, après-demain, aux Invalides. Le cortège sera immense, toute la garde nationale, toute la troupe de ligne seront sur pied, le roi, les princes suivront les cercueils. Le lendemain, c'est-à-dire jeudi, il y aura à Notre-Dame un *Te Deum* auquel présidera l'archevêque de Paris. L'office des morts aux Invalides sera aussi célébré par lui. C'est la première cérémonie religieuse que le gouvernement du 7 août ait ordonnée et c'est hier, pour la première fois aussi, que l'archevêque de Paris a eu une entrevue avec S. M. Louis-Philippe. On espère que ce premier pas servira à rapprocher tout à fait le clergé de France et la royauté de Juillet. C'est dans cette occasion que l'influence de la reine est visible, ce sera une grande consolation pour elle, consolation qu'elle mérite bien pour tout ce qu'elle a souffert ces jours derniers et depuis qu'elle a le malheur d'être sur le trône.

Il paraît certain que le corps diplomatique sera invité à assister au *Te Deum.* Rien de plus simple, mais pour ce qui concerne la cérémonie du mercredi, il me semble que le gouvernement ferait mieux de ne pas nous y appeler. C'est une solennité toute nationale, ce qu'on appelle ici une cérémonie de famille. C'est à eux, il me semble, à laver leur linge sans notre assistance.

D'après les bruits qui circulent dans Paris, il est à craindre que Gérard, le coupable, n'ait été qu'un instrument dans cette tentative contre la vie de la famille royale. Il paraît avoir reçu cent mille francs, ce qui fait supposer qu'il y a beaucoup de complices, une conjuration nombreuse et combinée. Si ce bruit se confirme, ce dont j'aime à douter encore, ce serait le comble de l'infamie.

10 août.

L'auteur de l'attentat du 28 juillet s'appelle non pas Gérard mais Fieschi, il est Corse de naissance, a servi sous Murat en Sicile, a été envoyé plus tard aux galères pour vol et c'est là, à ce qu'il paraît, qu'il a achevé son éducation de fourbe et d'escroc, qu'il a pratiqué le vice sous toutes les formes et qu'il se l'est approprié pour en faire son métier. M. de Montalivet et le ministre d'Argoult, qui tous les deux ont assisté aux interrogatoires, m'ont assuré que Fieschi représentait dans sa personne tous les vices, tout l'égoïsme, toutes les imperfections, tous les défauts, toute la perversité de notre siècle. D'après M. de Montalivet, on n'a jamais vu plus de finesse, plus de calme, plus de résignation raisonnée, plus d'amour pour la vie, plus de présence d'esprit que dans les réponses qu'il fait, ni une plus profonde scélératesse ; c'est un homme qui parle de ses vices avec une espèce de satisfaction, il est fier d'être parvenu à ce degré de perversité.

Dans les commencements, on a cru prudent et utile, pour parvenir à découvrir ses complices, de lui cacher tout le mal que sa machine infernale a fait ; on lui disait, contrairement à la vérité, qu'il n'y avait pas eu de victimes ; il en éprouvait une grande satisfaction, espérant ainsi recouvrer sa liberté, mais un des chirurgiens, en levant l'appareil de sa blessure, lui apprit le résultat de son forfait. Il n'a pas été trop affecté de cette révélation et s'est borné à dire que s'il y a eu des morts et des blessés, c'est que ces malheureux avaient eu le tort de ne pas rester chez eux. Toutefois, dès ce moment, il a entièrement changé son système de défense ; si dans les commencements il ne voulait pas nommer ses complices, c'était bien plus par vanité, voulant s'attribuer à lui seul le mérite de l'invention de sa monstrueuse machine infernale. Aujourd'hui qu'il s'agit de sa tête, il ne veut pas davantage les nommer, mais il ne nie pas en avoir.

Le procureur général, ne pouvant croire qu'un homme fût capable d'un crime aussi épouvantable sans une exaltation quelconque, avait dirigé son interrogatoire dans ce sens ; il demandait par exemple à Fieschi quel journal il lisait de préférence. Fieschi, sans hésiter, lui nomma le *Journal des Débats*, le *Constitutionnel* et quelquefois le *Courrier français*. Le procureur du roi, se trouvant en défaut de ce côté, lui demanda quels étaient les livres et ouvrages qui lui faisaient le plus de plaisir.

« Je sais le latin, répliqua Fieschi, et j'étudiais Cicéron avec passion, j'y revenais sans cesse ; en italien je ne lisais que Métastase. Pour ce qui concerne la littérature française, elle me déplaît. Parmi tous les ouvrages que j'ai lus dans cette langue, je ne pourrais pas en citer un seul qui m'ait fait plaisir. »

Ces jours derniers, il a fait venir chez lui le duc Decazes et le baron Pasquier ; ce dernier présidait la Chambre des pairs au moment où lui arriva l'appel de Fieschi ; il n'hésita pas à lever la séance pour raisons de communications très importantes relatives au procès de l'attentat du 28. Le président et le grand référendaire de la Chambre des pairs arrivèrent au chevet de Fieschi tout préoccupés d'avance des révélations graves qu'ils entendraient de la bouche du criminel. Mais quelle ne fut pas leur surprise, lorsqu'il leur parla de choses sans rapports avec son affaire ; ils l'écoutèrent pourtant, espérant toujours le ramener au sujet qui les intéressait, mais ils n'y sont pas parvenus:

Dans un de ses interrogatoires, Fieschi a dit :

— Si le méchant brandon que j'utilisais m'avait mieux servi, le roi et les princes auraient certainement été atteints ; mais comme, au moment où j'allais mettre le feu à la machine, il y avait de la cendre sur le brandon, j'ai été obligé de donner deux à trois coups contre un meuble pour la secouer. Cette seconde de retard a sauvé le roi et les princes. Maintenant que leur mort ne me serait plus d'aucune utilité, je suis charmé que rien ne leur soit arrivé. Avant de mourir, je leur dirai des choses qui les étonneront et dont ils pourront faire leur profit.

— Mais, lui a observé le procureur général, votre procès peut durer longtemps et, pendant ce temps, vous exposez, par votre silence, la vie du roi et des princes ainsi que la sécurité de l'État.

— Ne craignez rien, messieurs, répondit-il avec un sourire de satisfaction, il faudrait aux conspirateurs, pour agir, un homme comme moi ; ils n'en trouveront pas un second, je vous en réponds.

Les cérémonies funèbres ont été d'une longueur terrible pour nous qui, de dix heures à cinq, sommes restés enfermés dans l'église des Invalides, en uniforme, sur les banquettes sans dossier de la tribune diplomatique, vis-à-

vis de cet immense catafalque contenant quinze cercueils.
La chaleur du dehors, celle du dedans, les exhalaisons de
cette immense quantité de monde, la fumée des cierges
et celle plus nauséabonde des lampes sépulcrales, tout
cela rendait insupportable l'atmosphère. Sous la chaleur,
les énormes cierges se ployaient en deux et les bougies
tombaient des lustres. Un des membres du barreau,
placé dans une tribune vis-à-vis de nous, a été assez fortement blessé à la tête : il a perdu connaissance et on a dû
l'emporter. J'ai cru que moi aussi j'allais tomber en
défaillance.

L'assistance était considérable : les deux Chambres
au grand complet, les femmes, filles, belles-filles et cou-
sines des pairs et des députés, le corps diplomatique, les
parents des victimes, la troupe de ligne, les gardes nationaux et enfin le clergé. L'église était décorée avec un
luxe prodigieux et un goût parfait. L'oraison funèbre a
été prononcée par notre curé, l'abbé Landrieu (1), mal
débitée et mal faite. Les ministres en ont été excessivement choqués ; ils reprochent à M. Landrieu d'avoir voulu
faire la leçon au roi. Ils n'ont pas tout à fait tort, car
notre cher curé a dit au roi des choses passablement
dures. Mais, qui n'en dit pas aujourd'hui à Louis-Philippe !
La partie de ce discours dont le roi a été mécontent, c'est
celle où l'abbé a rappelé, au risque de blesser le corps
diplomatique qui avait été convié à la cérémonie, les
victoires remportées par le maréchal Mortier sur les
Prussiens, les Autrichiens et les Suédois.

« J'ai regretté, m'a dit le roi, qu'on ait évoqué ces
souvenirs désagréables pour vous, dans un moment où

(1) Curé de Saint-Thomas-d'Aquin.

le corps diplomatique s'est montré si aimable pour moi, et où il a bien voulu assister à notre deuil national. »

Le *Te Deum* à Notre-Dame a été superbe et pas trop long. Le discours que l'archevêque a tenu au roi est conçu dans le même esprit que celui de notre curé. Les ministres en sont furieux. La reine, au contraire, est ravie : elle souhaitait avant tout se réconcilier avec l'archevêque.

Lorsque j'ai vu passer devant moi le vénérable prélat et son clergé allant au-devant du roi, au-devant de Louis-Philippe, sous lequel on a pillé Saint-Germain-l'Auxerrois et détruit l'archevêché, au-devant de ce roi qui a fait descendre les croix des églises pour les remplacer par des drapeaux tricolores ; quand j'ai vu ce même roi, accompagné de tous les ministres et des maréchaux, se prosterner au pied de l'autel et rendre grâce à Dieu de sa conservation ; quand j'ai vu enfin MM. Guizot, Barthe, Thiers, Maison, Broglie à genoux sous la bénédiction solennelle du Saint-Sacrement, donnée par l'archevêque avec toute la pompe du rite catholique gallican, au milieu de l'encens et des chants d'église, j'ai cru avoir la berlue. Quel spectacle en effet et n'y avait-il pas de quoi crier au miracle !

26 août.

J'ai été, ces jours derniers, à Royaumont avec Calvière, Flammareins et Rodolphe. A l'un des relais de poste, après Saint-Denis, pendant qu'on mettait nos chevaux, une très jolie petite personne s'approcha de notre voiture pour nous offrir des fruits. Calvière plaisanta familièrement avec elle ; je lui en fis des reproches en riant :

— Il n'y a pas huit jours que vous êtes marié et voilà déjà que vous commencez à faire des fredaines.

— Ma foi, me répondit-il, vous avez raison, vous faites bien de me rappeler que je suis marié, car je vous assure, sur mon honneur, que je l'avais oublié !

Nous nous mîmes tous à rire, car il parlait avec un tel accent de vérité que nous ne pûmes douter de sa bonne foi.

« Que voulez-vous, mes amis, continua-t-il, il faut s'habituer au mariage comme à autre chose : il y a si peu de temps que je suis époux que je ne suis pas encore familiarisé avec cette idée. Je sens que je ferai mille petites bévues en paroles, et peut-être en action, avant d'avoir pris l'air respectable d'un mari et d'un père de famille en herbe. »

Mme de Bellissen nous reçut avec beaucoup d'amabilité, mais elle nous fit entendre qu'elle ne voulait pas nous garder pour la nuit.

— Je ne parle ni pour vous ni pour votre cousin, me dit-elle à part, vous savez tous deux qu'à Royaumont vous êtes chez vous ; mais pour ce qui concerne Calvière, c'est un nouveau marié et je ne veux pas séparer un jeune ménage ; de même pour M. de Flammareins qui doit souffrir d'être séparé de ce qu'il aime. Vous devinez à qui je fais allusion, comte Rodolphe (la marquise de La C***). Flammareins brûle toujours pour elle des mêmes feux et il serait bien malheureux si je le retenais ici ce soir. Il lui est si dévoué ; on n'a jamais vu un attentif plus épris, plus aimable que lui. Je connais quelqu'un, continua la marquise, en me regardant avec un petit air de malice, qui tout en étant fort amoureux de la même belle dame, n'a pas été à ce point à ses ordres.

— Probablement, répondis-je, parce que ce quelqu'un, qui d'ailleurs m'est inconnu, n'a pas eu le temps de se vouer du matin au soir à celle dont vous parlez, madame, car sans cela il n'aurait certainement pas manqué de se consacrer davantage à elle et de lui prouver ainsi la reconnaissance qu'il lui doit.

— Vous avez bien tort, mon cher comte, de faire le discret avec moi, je suis bien plus instruite que vous ne croyez et même, si vous voulez accepter un conseil, je vous engage à bien prendre garde, lorsque vous croyez devoir vous cacher, de ne plus vous placer de manière à être vu dans une glace. Au surplus, ce que je ne comprends pas, c'est comment ce changement à vue s'est opéré sans vous brouiller avec la marquise et avec M. de Flammareins. Comment faites-vous pour remplacer vos sentiments passionnés et orageux par le calme plat de l'amitié?

— C'est que probablement, là comme partout, après l'orage vient le beau temps.

— Tenez ! vous êtes de véritables monstres, s'écria Mme de Bellissen, et, nous autres femmes, nous avons bien tort de vous écouter. Il ne devrait y avoir dans le monde que des coquettes pour vous tourmenter ; que reste-t-il à une pauvre femme après qu'elle s'est dévouée? rien ! rien ! car pour cette amitié dont vous me parlez, elle ne vaut pas de quoi nourrir une mouche.

Je repris en souriant :

— Je vois, madame, que vous restez toujours fidèle aux principes qui vous ont guidée à travers les séductions de la Cour impériale, grâce auxquels, nul n'ayant pu toucher votre cœur, et vous avez fait tant de malheureux, l'Empereur lui-même ; car je sais que, déguisé sous un domino, il vous a fait la cour un soir, dans un bal masqué aux Tuileries. La chronique ne dit pas si vous l'avez reconnu ou non, mais ce que l'on sait très positivement c'est que M. de Bellissen, vous voyant intriguée si longtemps par le même domino et entraînée dans un boudoir, se précipitait pour vous arrêter, lorsque M. de Beauvau le retint en disant : « C'est l'Empereur. » J'ignore si vous êtes entrée dans le boudoir et ce qui s'y est passé.

— Rien, rien, je vous prie de le croire, protesta la marquise.

— J'en suis persuadé, madame, puisque vous me l'assurez : cependant, tout en vous défendant, vous venez de reconnaître que vous avez suivi l'Empereur dans le boudoir et, peut-être, en était-ce assez pour inspirer des inquiétudes à M. de Bellissen.

— Des inquiétudes ! lui ! Avait-il seulement le temps d'en concevoir? y eût-il été disposé. Un chambellan, à la cour de l'Empereur, passait sa vie au château, surtout quand il appartenait à l'ancienne noblesse dont Napoléon aimait tant à s'entourer. Vous voyez donc que, sous ce rapport, il y a eu bien peu de femmes plus libres que moi — et pourtant je n'en ai pas profité !

La marquise me fit cette déclaration, avec un air de triomphe auquel se mêla un soupir que, malgré ses efforts, elle ne put me cacher.

Notre conversation fut interrompue par le marquis de Bellissen qui nous dit que nous dînerions de bonne heure, pour laisser aux acteurs le temps de faire leur toilette. Nous nous retirâmes donc dans nos appartements, il était cinq heures : on devait dîner à cinq heures et demie et déjà le couvert était sonné.

Rien n'est plus élégant et joli que la salle de spectacle

que le marquis a fait arranger dans le cloître de l'ancienne abbaye de Royaumont ; il a conservé le style gothique, c'est-à-dire un charmant portique à ogives orné de colonnes délicates et de statues qui ne sont guère à leur place dans une salle de théâtre, puisque ce sont des statues de saints et de saintes ; mais il y a tant de disparates en France que cette anomalie passe inaperçue.

On a donné l'*Irato* et les *Rendez-vous bourgeois*. Il est impossible d'entendre de la meilleure musique et de la voir mieux exécutée. Les trois frères La Bouillerie ont chanté et joué dans la perfection, de même Montaigu : sa voix superbe a fait un admirable effet sous ces vieilles voûtes. Mme Georgine Vandermersh a bien chanté, mais son jeu a été d'un froid glacial. Mlles Kokburn ont dit leur rôle sans trop d'accent anglais.

Après la représentation, on a passé dans une immense galerie qui m'a paru très glaciale, comparativement à la chaleur qu'il faisait dans la salle de spectacle, bondée de monde et éclairée par une quantité de quinquets. Les contredanses et les valses nous réchauffèrent bientôt et il faisait grand jour que nous dansions encore. Ce n'est qu'à cinq heures du matin que nous sommes partis pour Paris, sous une pluie épouvantable. Malgré cela, nous n'avons pas cessé de rire et de bavarder.

Rodolphe et moi avons donc déjeuné avec l'Ambassadeur et Jules, comme de coutume, puis nous nous sommes retirés dans nos chambres pour dormir un peu. Vers une heure après midi, je suis allé chez lord Douglas (1), que je savais partir le soir pour l'Angleterre. J'ai passé le

---

(1) Diplomate anglais. Il avait été chargé d'affaires à Berlin, en l'absence du ministre de la Grande-Bretagne, le chevalier Rose, dont il était le gendre.

reste de la journée et la soirée avec lui et je l'ai mis dans sa voiture.

25 septembre.

Les mesures contre la licence de la presse ont fait beaucoup crier non seulement le parti républicain, mais même celui du Juste Milieu, qui voudrait que le roi Louis-Philippe suivît une marche plus conforme au programme de l'Hôtel de Ville. Heureusement pour la France, heureusement pour l'Europe, il n'y en a plus de vestige dans ce que l'on fait aujourd'hui. Le roi parle de ces temps-là avec horreur et il n'est pas étonnant qu'il éprouve une grande satisfaction, en comparant sa position d'alors avec celle dont il jouit maintenant. L'autre jour, en parlant de ce damné de La Fayette, il dit que ce n'était que depuis la mort de cet homme qu'il respirait librement et que, sans cela, il aurait eu encore bien plus de difficultés à vaincre.

« Un jour, il vint chez moi, poursuivit le roi, et en parlant de tout ce que j'avais fait pour arrêter la révolution, il m'adressa des reproches amers et finit par me menacer de son départ pour son château de Lagrange ; je lui dis que si telle était son intention, certainement je n'aurais pas le droit de l'en empêcher.

« — Et que ferez-vous une fois que je serai chez moi ?

« — Je vous y laisserai, lui répondis-je.

« — Vous croyez donc pouvoir régner sans moi ?

« — Oui, monsieur, je le crois. »

Depuis quelque temps, on remarque l'absurdité dans

laquelle tombent toutes les feuilles carlistes et républicaines, dans leurs attaques contre le gouvernement. Cela
seul démontre la marche sage qu'il suit et qui ne pourra
avoir que des suites heureuses pour la France et l'Europe
entière. Il me semble que le moment est venu où il faudrait franchement se réunir à ce gouvernement ; ce serait
la seule manière de dompter l'esprit subversif qui s'était
emparé de beaucoup de peuples. Si les puissances du
Nord pouvaient marcher d'accord avec la France, l'Espagne serait bientôt pacifiée et l'Angleterre pourrait
peut-être échapper à la révolution qui la menace ; dans
tous les cas, pourrait-on alors, d'un commun accord, surveiller cet incendie, de manière à ce qu'il ne puisse
s'étendre.

La création de quelques nouveaux pairs, la première
depuis l'avènement de Louis-Philippe, est aussi un grand
pas en avant. Elle est fortement attaquée par les deux
oppositions.

« L'orgie politique, disent-elles, que le pays semble
regarder avec un étonnement précurseur de l'indignation,
vient à peine de commencer. Mais voyez déjà quels pas
elle a faits ! Cherchez un pouvoir qui ait été respecté
par ceux qui se nomment le pouvoir, un corps d'État
dont ils aient ménagé la dignité depuis qu'ils se croient
les maîtres de disposer à leur gré de toutes les forces de
la France ; c'est à la Chambre des pairs maintenant de
subir le joug qu'on veut faire peser indistinctement
partout. A peine vient-on de lui imposer la nécessité de
voter les lois sans les amender, que pour la récompenser
de la presque unanimité de son vote, on procède à une
nouvelle nomination de pairs. Jusqu'à ce jour, en saine
politique, on ne recourait à une telle mesure que par

nécessité ; une création de nouveaux pairs s'expliquait, soit par le besoin de renforcer une majorité douteuse, soit par l'obligation où se trouvait un ministre de récompenser des dévouements. Aujourd'hui, on crée des pairs, c'est une réponse à ceux qui accusent le ministère de rentrer dans les voies de la restauration. »

Ce qui indique le plus l'opposition, c'est qu'on ne s'est pas même donné la peine de spécifier les services rendus par les pairs qui viennent d'être nommés ; on s'est contenté, en publiant les noms, de cette vague formule : *Considérant les services rendus à l'État par M..., le nommons pair de France.*

Pour ce qui concerne le choix des individus, l'opposition fait remarquer que la nomination de MM. les marquis de Cordoue et de La Moussaye est une manifestation contre la presse à laquelle ils étaient violemment hostiles sous M. de Villèle. La nomination de M. de Ricard, qui concourut à l'expulsion de Manuel et voulut mander le *Journal du Commerce* à la barre de la Chambre, est considérée comme une expression du même sentiment. En appelant au Luxembourg M. le duc de Cadore, M. de Cambacérès, le marquis de Rochambeau et le vicomte Siméon, le ministère a voulu exprimer sa sympathie pour le principe de l'hérédité de la pairie. Quant à la Chambre des députés, elle n'a fourni qu'un candidat, le comte de La Riboissière. Encore M. de La Riboissière doit-il plus sa pairie à son grade élevé dans l'état-major de la garde nationale qu'à sa qualité de député. Parmi les carlistes non exaltés, il en est beaucoup qui voient avec raison dans cette nomination, non pas une récompense de services politiques, mais une déclaration de principes et le désir de se rapprocher du parti légitimiste.

Aussi, en ai-je vu plusieurs depuis qui sont très ébranlés dans leur résolution de ne jamais se rallier à Louis-Philippe.

Il n'y a pas dans l'univers de plus grand bavard que Thiers ; il disait l'autre jour avec orgueil qu'il est en train de refaire la société, la société éparpillée et démoralisée par la chute du dernier pouvoir.

« Nous imitons Napoléon, affirmait-il. Comme lui, à son avènement au Consulat, nous rétablissons la hiérarchie sociale, nous restaurons, comme lui, la religion dont le pouvoir s'était séparé, mais nous sommes dans une meilleure position que lui, parce que nous avons à notre tête des Bourbons et des princes véritables. Les souverains étrangers ne peuvent refuser notre alliance sous pretexte que nous sommes des parvenus, et pour nous entendre avec eux, il nous suffira d'écraser le parti révolutionnaire. C'est ce que nous faisons. »

Les ministres d'aujourd'hui, Thiers surtout, me font l'effet de cette dame de l'Empire qui, lorsqu'elle sut le retour des Bourbons, disait : « Ah ! tant mieux, nous allons être de véritables comtesses. »

Tandis qu'en France on s'occupe activement à former une aristocratie, en Angleterre on se fait, sans trop d'effroi, à l'idée d'abattre cette noble et antique Chambre haute, ou du moins on songe à l'empêcher de se perpétuer par la voie de succession.

Qui eût dit, il y a quelques années, que l'Angleterre serait prochainement gouvernée par deux Chambres électives ?

Du continent et de France surtout, il est bien difficile de se faire une idée claire de la situation présente de cette nation. S'il est très vrai, en thèse générale, qu'une aristocratie illustre, puissante, possédant depuis des siècles le rang et la fortune qu'il faut pour vivre dans l'ordre d'idées politiques le plus élevé, pour envisager les affaires publiques sous le plus large aspect, dégagée de toutes les entraves mesquines, de toutes les préoccupations journalières, de tous les petits calculs d'économie qui font de bons citoyens, des esprits droits et sévères, mais de pâles et de timides hommes d'État ; s'il est vrai qu'une telle aristocratie soit bien propre à soutenir la splendeur d'un grand État, il faut convenir aussi que les lords dont se compose la majorité tory dans la Chambre haute ne forment pas une semblable aristocratie.

Quels sont les hommes qui dominent aujourd'hui dans l'opposition de la Chambre haute? Quels sont les lords qui s'opposent ordinairement aux projets de réforme? Des hommes ruinés : les uns sans nom, pairs de fraîche date, et les autres sans fortune, ne vivant que de places et de traitements.

Il y a bien aussi des hommes éclairés, instruits, de véritables pères de famille, de grands hommes, de braves généraux dévoués à leur pays, qui se rangent parmi ceux qui font opposition à la marche révolutionnaire du gouvernement d'aujourd'hui, mais il est hors de doute que les réformistes les plus zélés, les plus whigs sont presque toujours ceux des pairs qui ont le plus à perdre, tels que les Devonshire, les Sutherland, etc., etc. ; ceux enfin qui sont les plus riches, les plus fiers de leur noblesse, de leurs titres, de tous les avantages que donnent une grande naissance et une fortune immense.

Conçoit-on que cette belle et puissante aristocratie ait pris pour champion un enragé révolutionnaire, qu'elle le traite avec amitié, lui et son ami le docteur Bowring,

que j'ai vu à Paris intimement lié avec lord et lady Granville et donner la main au duc de Devonshire qui la lui
serrait affectueusement? Il faut dire que O'Connel (1) est
un gentil petit ami, il les traite quelquefois en « constitu-
tionnal blood-houds », petite phrase qu'il leur jette à la
figure, mais cela n'arrive qu'en public, à un dîner patrio-
tique ou lorsqu'il est à la tribune. Le reste du temps,
lorsqu'il est avec eux à la table de whist ou en petit
comité « select », alors il est charmant, doux, spirituel,
agréable au possible, autant que le docteur Bowring!

29 septembre.

J'ai passé la journée d'hier à Bellevue; c'est la dernière
que j'y passerai cette année. J'ai donc pris congé de cette
belle et agréable contrée qui ne me laisse que de doux
et aimables souvenirs. C'est quelque chose, il me semble,
que d'avoir passé deux étés de suite dans un même lieu,
fût-il moins beau que Bellevue et d'y avoir été toujours
heureux et content. On serait tenté de lui conserver non
seulement un souvenir agréable, mais même de la reconnaissance, bien que notre bonheur soit entièrement indépendant du lieu où nous nous trouvons, et que ce lieu
n'y puisse contribuer qu'autant qu'il contribue à notre
santé et au plaisir que nous éprouvons à vivre dans un
lieu qui nous plaît. C'est donc avec regret que j'ai quitté

---

(1) Député pour l'Irlande à la Chambre des communes où il lutta,
durant de longues années, avec une inlassable énergie et souvent avec
succès, pour l'émancipation de son pays. Mort à soixante-douze ans,
en 1847.

Bellevue, et ce regret est d'autant plus vif que ce qui nous en a fait partir est l'approche de l'hiver.

Ce qui a encore ajouté à la tristesse de cette journée, ce fut la nouvelle de la mort du jeune comte Nogarola, second fils de la sœur de l'Ambassadrice. Ma chère cousine ne connaissait ce jeune homme que par les lettres qu'il lui adressait de temps en temps et par son excellente réputation, ce qui lui suffisait pour l'aimer et pour lui faire du bien ; de plus, ce jeune homme a été le grand favori de sa mère, cette bonne et douce Marianne que l'Ambassadrice aime avec toute la tendresse d'une véritable sœur. Elle pensait donc à l'horrible chagrin qu'éprouvera sa sœur dont ce fils était l'unique consolation.

4 octobre.

La princesse de Lieven se résigne difficilement à ne plus être ambassadrice ; elle ne veut pas aller dans le monde, mais elle exige qu'on aille chez elle. Sa conversation favorite est toujours encore la politique ; elle cherche à attirer surtout les ambassadeurs, les ministres et, parmi ces derniers, MM. Guizot et Thiers ; M. de Broglie n'a pas le bonheur de lui plaire, elle le trouve trop boutonné.

« Il ne me dit jamais rien », gémit-elle.

M. de Talleyrand va presque tous les soirs chez Mme de Lieven, souvent pour se taire, mais quelquefois pour être causant et aimable. M. de Montrond y va aussi très souvent ; âme damnée de Talleyrand, c'est un homme

intrigant mais spirituel, au reste sans morale ni politique, ni autre (1).

L'année dernière où Louis-Philippe avait quelques
soupçons contre M. de Talleyrand, Montrond fut chargé
de surveiller le prince, de rendre un compte exact
de tout ce qui se disait dans son salon et de ce qu'il
disait lui-même dans l'intimité. M. de Montrond, dont
M. de Talleyrand s'est bien souvent servi de la même
manière contre ses amis ou ennemis, s'acquitta à merveille de sa mission et le roi fut très exactement informé.

Mme de Dino eut vent de la trahison de M. de Montrond, mais ne voulant pas lui donner l'occasion de se
justifier ou d'expliquer sa conduite, elle n'attendit qu'une
occasion favorable pour le chasser du château. Cette
occasion ne tarda pas à se présenter. Montrond a un ton
et des manières très insolentes ; on les lui passait dans
l'hôtel Talleyrand parce qu'on avait besoin de lui ; on
riait même de ses grossièretés qu'on appelait des brus-
queries originales. M. de Montrond s'en étant permis
une vis-à-vis de Mme de Dino, devant lady Clanricarde
qui se trouvait à Valençay avec plusieurs de ses compatriotes, la duchesse le regarde, l'apostrophe avec son
éloquence foudroyante.

Montrond, un tant soit peu déconcerté, tâche cependant
de tourner les phrases en plaisanterie. Mais la duchesse
se lève et, en le grondant comme un écolier, elle lui
ordonne de quitter le château à l'instant même ; puis
elle tire un cordon et ordonne au domestique qui entre

(1) Quelque sévère que soit le jugement du comte Rodolphe sur le
fameux factotum de Talleyrand, il ne paraît pas qu'il soit susceptible
d'être frappé d'appel. Il mourut en 1843, à quatre-vingt-six ans. On
sait qu'il avait épousé la femme divorcée du duc de Fleury, née Aimée
de Coigny, morte en 1820.

de faire venir des chevaux de poste pour M. de Montrond qui désirait retourner à Paris.

Malgré ses prières et ses instances, il dut quitter Valençay. Il parvint cependant à se raccommoder avec Mme de Dino. De nouveau, on le voit dans ce salon suivant M. de Talleyrand partout comme son ombre.

6 octobre.

J'ai été hier soir chez cette pauvre Mme Delmar, toute triste, toute malheureuse, toute bouleversée encore de l'affreux événement dont elle a été témoin, il y a quelques jours. Son mari se plaint déjà depuis longtemps des douleurs qu'il éprouve aux yeux. L'année dernière, au cœur de l'hiver, il eut de nouveau de terribles attaques de ce genre et finit par perdre un œil. Comme le second était menacé, il partit pour Munich pour y consulter le fameux oculiste Walter. Il revint moins souffrant et on se flattait de pouvoir conserver à ce pauvre baron le peu de vue qui lui restait. Un soir, tout à coup, au milieu de la conversation, M. Delmar demande pourquoi on a éteint les bougies. On se regarde d'abord avec étonnement, puis on s'explique et bientôt le malheureux comprend qu'il est aveugle. Après cette terrible catastrophe, il eut encore, de temps en temps, une ombre de vue, mais bientôt plus rien, obscurité, nuit affreuse et pour toujours.

Cependant des courriers partent pour Londres, Munich et Milan, afin d'aller quérir les plus illustres spécialistes. Cent mille francs sont promis à Walter s'il veut venir à

Paris, deux mille cinq cents francs par jour à ses confrères pour se rencontrer avec lui. Les oculistes arrivent,
la consultation a lieu, tout est essayé, mais rien ne sou-
lage le patient. Les médecins sont au bout de leur art,
chacun retourne chez soi.

Il est convenu cependant de garder Walter pendant
quelques mois, non pas pour qu'il guérisse là où il n'y a
plus rien à guérir, mais pour donner de l'espoir au malade,
pour lui faire croire qu'il n'a autre chose qu'une cata-
racte pure et simple, dont il faut attendre la maturité
pour faire l'opération. On tente ainsi de le tromper, car
ses nerfs sont dans un tel état qu'il ne pourrait supporter la vérité.

On devine la douleur de sa femme qui le voit si
malheureux et sans la moindre résignation, parlant sans
relâche de son malheur et ne voulant absolument pas
s'en consoler ni s'en distraire.

20 octobre.

J'ai revu à la campagne, chez Mme de Chellincourt, sa
belle-fille, la comtesse Schouvaloff, que je n'avais pas
vue depuis dix ans. Elle était alors la jeune et belle
veuve du prince Zouboff. Elle avait avec elle une sœur,
aussi fort jolie et qui s'est mariée depuis à un Russe dont
j'ai oublié le nom. Mme Schouvaloff n'a certainement
pas gagné en beauté, mais je la trouve très changée à
son avantage pour ce qui concerne ses manières et sa
conversation. Elle s'exprime avec grâce, elle est instruite
et réunit à cela une expression si douce, un regard si

agréable que deux heures après j'avais entièrement
oublié les ravages du temps et ceux, plus destructeurs
encore, des maladies qui ont laissé de fortes empreintes
sur cette charmante figure. Je retrouvais de nouveau en
elle cette ravissante princesse Zouboff et mieux que cela
encore, car elle est bien autrement aimable et spirituelle qu'alors où sa jolie figure, ses beaux yeux faisaient
seuls tous les frais.

21 octobre.

Les journaux ont encore parlé de division dans le
ministère. Cependant, même si division il y a, il faudra
bien se raccommoder, car la pénurie d'hommes en ce
moment est telle qu'on ne saurait comment remplacer
les démissionnaires.

A la vérité, on reproche à M. Thiers son attitude dans
les affaires d'Espagne, mais avant son départ pour la
Belgique, il a prouvé à MM. de Broglie et Guizot qu'ils
avaient mal envisagé cette question et que le ministère
Mendizabal allait causer à la France des embarras
infinis.

Il est vrai aussi qu'une autre discussion a eu lieu entre
Guizot et Thiers, au sujet de la saisie des livres obscènes
ou impies qu'on a opérée dernièrement, mais toutefois
les deux ministres se sont quittés en parfaite intelligence,
car tous deux ont grande envie de rester au pouvoir et ils
savent bien qu'en cas de brouille, ils s'en iraient tous les
deux.

Thiers est donc parti pour la Belgique en toute sécu-

rité ; il aime à voyager, et ses collègues aiment à le voir
en voyage. Il a joui de toutes les façons du bonheur que
donne l'autorité ; il a parlé longuement à la Chambre,
il a parlé longuement au Conseil, il s'est fait écouter de
tout le monde, des généraux auxquels il a enseigné l'art
de la guerre ; il a donné des leçons de plastique et il a
révélé les secrets de l'art aux sculpteurs et aux peintres,
il a dominé dans les ateliers, dans les académies ; il a
même inscrit son nom au faîte de la Madeleine et sur la
colonne Vendôme qui, au moment de crouler, eut sous sa
direction une base nouvelle en porphyre, plus solide que
celle que Napoléon lui a donnée qui n'était qu'en marbre
blanc.

M. Thiers a construit des ponts, des arcs de triomphe,
il a même joui en maître des lions, des tigres du Jardin
des Plantes, des autruches et des gazelles qu'il a mandées
dans son hôtel pour amuser Mmes Thiers et Dosne. Il
s'est montré en public, à la cour et dans nos salons sous
des habits chamarrés d'or et de croix ; il a figuré sur un
cheval blanc dans les revues, il a fait peser sa main sur
les théâtres. Dernièrement, pour varier ses plaisirs, il
est allé s'agenouiller solennellement aux pieds de l'archevêque de Paris, dans Notre-Dame ; enfin ne trouvant pas devant l'autel les sensations qu'il cherche, il
est allé les demander, dans le château de M. Vigier, à la
joyeuse licence de la table. Les échos de Grandvaux,
qui m'ont été indiscrètement répétés par un des convives
de ce banquet, retentissent encore des cris et des chants
dont Thiers et ses amis politiques ont rempli ces lieux.

Toujours est-il que M. Thiers est las de tout, qu'il
a tout vu, tout usé et que, pour tirer encore un peu de
vanité de sa position, il est réduit à se promener en

province et à l'étranger sur les chemins de fer et sur les grandes routes, car assurément ce n'est pas pour s'instruire qu'il voyage. Il ne regarde pas et ne voit pas, il ne questionne jamais, il enseigne et sa vive intelligence supplée à tout ce qu'il ignore et à tout ce qu'il n'apprend pas.

Les journaux nous ont appris qu'il a acheté, sur sa route, des bahuts et des meubles anciens afin de donner des modèles aux écoles de sculpture. N'est-ce pas là l'emploi d'un inspecteur des Beaux-Arts, d'un homme spécial? M. Thiers s'y entendra-t-il jamais autant que M. du Sommerard qui, dans son hôtel de Cluny, forme depuis quarante ans une collection de meubles du quinzième siècle?

Ceux des collègues de M. Thiers qui ne voyagent pas et qui s'occupent sérieusement des affaires de leur département, M. de Broglie et M. Guizot par exemple, ont été bien péniblement affectés de cette déplorable nuit de Grandvaux, dont tous les journaux ont retenti, nuit que Thiers a passée, en de si singulières joies, chez M. Vigier, en compagnie de ses collègues Duchâtel et Persil, de M. Gisquet, de M. de Rambuteau, de Jaqueminot, Vatout, député, et autres fonctionnaires responsables du gouvernement (1).

Le scandale a été d'autant plus grand qu'il s'est passé devant les domestiques. On ne saurait enfermer absolument dans le cercle de la vie privée une fête aussi solennelle, pour laquelle tant d'hommes nécessaires, dit-on, à l'ordre public et à la sûreté de la capitale, quittent tout à

---

(1) Thiers était très violemment attaqué à propos d'une fête donnée au château de Grandvaux, à laquelle il avait pris part et où les invités, disait-on, s'étaient livrés à des manifestations indécentes.

coup pendant plusieurs jours leurs fonctions, où l'on a
prononcé des discours politiques du haut d'un billard,
sans vêtement aucun, où l'on a traité toutes les affaires
de l'État dans une complète ivresse et où s'est fait
entendre un véritable charivari, dont les acteurs étaient
des députés ministériels et des ministres.

Le roi qui a toujours mené, pendant sa jeunesse même,
une vie très régulière, ne conçoit pas comment des gens
dont le cadet est âgé de quarante et un ans et les vété-
rans de cinquante à soixante, ont pu s'oublier d'une
manière aussi grossière. S'il l'avait pu, s'il n'y avait
pas aussi grande disette d'hommes dans son parti, il
les aurait renvoyés tous ; mais, ne le pouvant, il s'est
contenté de leur exprimer son mécontentement.

Guizot et Broglie souffrent beaucoup de cette incar-
tade de Thiers. Guizot trouve cette conduite tellement
inconcevable qu'il veut de toute manière y trouver une
cause sérieuse ; il attribue, par conséquent, à Thiers la
pensée d'avoir voulu paralyser, par cette folie, les projets
de ses collègues qui tentent de se rapprocher du parti
légitimiste. Le moyen en effet d'opérer une réaction religieuse et un rapprochement avec le faubourg Saint-Germain après cette éclatante démonstration ! Un parti
grave et sérieux ne saurait traiter avec les convives de
Grandvaux, et M. Thiers, qui craint l'envahissement de
ce parti où l'arrestation de la duchesse de Berry ne lui
sera jamais pardonnée, aurait fait un acte de politique,
et non commis une étourderie, comme on le suppose.
Au reste, je ne crois pas que Thiers ait eu un tel projet.

Il se passe d'étranges choses dans le parti légitimiste.
Ceux qui ont tout sacrifié à leur conscience et à leur opinion essaient en vain de cacher le découragement qu'ils

éprouvent. On voudrait se dissimuler les défections qui
ont lieu chaque jour, ne pas voir celles qui se préparent.
Il est certain que les unes sont nombreuses et que les
autres, quoi que M. Sosthènes de La Rochefoucauld
puisse me dire, ne le seront pas moins.

25 octobre.

Le roi Louis-Philippe, de concert avec ses ministres,
a envoyé dernièrement à Ham les médecins les plus
renommés de Paris et quelques membres de la Faculté
de médecine, pour y dresser un procès-verbal sur l'état
de santé des malheureux ministres de Charles X. On avait
espéré, par cet acte, parvenir sinon à faire voter à la
Chambre leur élargissement, du moins à adoucir leur sort,
en les faisant sortir de la forteresse et en leur assignant
un château quelconque qu'ils auraient pu choisir eux-
mêmes pour retraite, sur leur simple parole d'honneur.
Malheureusement, et au grand regret du roi, les prisonniers
de Ham n'ont pas voulu recevoir les médecins envoyés
par le gouvernement.

Nous avons été hier avec le baron de Humboldt visiter
la bibliothèque royale ; ce cher baron nous a pendant
tout le temps inondé de sa parole scientifique et intaris-
sable, il nous a conté l'origine de· chaque médaille, de
chaque grande ou petite pierre gravée ; c'était à n'en pas
finir. Il nous fit aussi les honneurs des salles où l'on
conserve les gravures, il nous conduisit enfin dans la
salle du Zodiaque où l'on vient de placer l'empreinte d'un
bas-relief sculpté qui existe sur les rochers du Liban,

auprès de l'ancienne Beryte. Ce bas-relief, que l'on voit sur la route ouverte à une époque très reculée, entre les rochers et la mer, pour donner passage de la Syrie dans la Palestine, représente probablement un des anciens rois d'Assyrie qui firent la guerre aux Juifs et aux Phéniciens. La figure de ce roi est presque entièrement recouverte d'une inscription tracée d'après le système d'écriture cunéiforme des Chaldéens.

Tout cela fait une telle confusion de figures et de lettres qu'on ne s'y retrouve pas. Dans le centre du vaste cercle que forme ce bas-relief, on voit une grosse jambe d'homme détachée et hors de proportion avec le reste des figures. Est-ce la jambe d'un ancien roi d'Assyrie qu'il voulait faire passer à la postérité, ou bien celle d'un roi des Juifs ou Phéniciens vaincus qu'on s'est plu à y placer à l'instar d'un trophée? Voilà ce que j'ignore et que même Humboldt, qui sait tout, n'a pas pu m'expliquer. Lord Prudhoc avait fait mouler sur les lieux le bas-relief de Beryte. L'épreuve qui est ici a été prise sur celle qu'il avait fait transporter en Angleterre. Charles X a acheté cette empreinte pour la somme de cent mille francs.

26 octobre.

Nos matinées musicales, qui ont lieu tous les ans à cette époque, ont commencé de nouveau. Tous les dimanches, des amateurs de musique se réunissent chez nous à trois heures, chacun apporte avec lui sa musique ; on déchiffre des morceaux anciens et modernes. Kalkbrenner tient cette année-ci le piano au grand désespoir de tous les amateurs, car il ne les aide pas, il accompagne comme l'on jouerait une sonate, allant toujours en avant, sans s'inquiéter de savoir si on le suit ou non.

Parmi les dames qui chantent le mieux, je compte la marquise de Gabriac, la duchesse de Vallombrosa, la marquise de Caraman, la comtesse Potocka, sa sœur Mlle de Komar ; Mlle Sabine de Noailles ne s'est pas encore lancée chez nous, c'est au reste un talent naissant. Mme Delmar chante bien un peu dans les chœurs, mais on ne l'entend pas, et Mme d'Oudenarde perd aussi sa voix d'une manière désolante. Ma chère cousine ne chante plus que dans les duos ou trios, lorsqu'elle est indispensable, ou bien elle accompagne, lorsqu'une des petites mazettes ne veut pas être accompagnée par Kalkbrenner.

Nos perles sont Mme de Sparze née Naldi et Mme de Julvécourt qui toutes deux sont des talents de premier ordre. En fait d'hommes, nous avons pour ténors M. Gréville, Brassier de Saint-Simon et le comte de Flahaut, comme basses-tailles le prince Volkonsky, M. Tolstoï, Alexandre de Périgord. Outre cela, il y a encore quelques petits brailleurs qui nous arrivent de temps en temps et qui se trémoussent au milieu de tout ce monde musical.

La princesse Schönburg qui n'entend rien à la musique et la princesse de Lieven qui ne l'aime pas viennent cependant, l'une pour écouter un peu et jaser beaucoup, l'autre parce qu'elle trouve triste de rester seule chez elle aux heures où le soleil n'éclaire plus son appartement, ce qui la livre à des idées noires, et ravive les souvenirs sombres de sa vie passée et future.

27 octobre.

Le prince Butera (1) a dîné chez nous, peu de jours après avoir remis ses lettres de récréance au roi et peu avant son départ pour Saint-Pétersbourg, où il va rejoindre sa vieille fiancée, deux fois veuve déjà et qui a l'intention de le devenir une troisième fois.

Le prince Butera arrive de Naples, où il était allé autant pour arranger son mariage que pour déranger celui du comte de Syracuse avec la princesse Marie d'Orléans. Rigny, qui briguait le poste d'ambassadeur à Londres, avait été envoyé secrètement à Naples pour négocier avec le roi des Deux-Siciles en vue de cette alliance. Butera, malgré le mystère dont on entoura la mission de l'amiral, en fut averti et courut la poste aussi vite qu'il put pour devancer M. de Rigny et, s'il était possible, le comte de Syracuse qui, en même temps, rentrait à Naples de ses voyages.

Butera arriva à Rome, laissant M. de Rigny derrière lui, et y trouva le comte de Syracuse. Tout enchanté, il va chez son collègue napolitain pour faire viser son passeport et quitter Rome dans la journée ; mais le ministre de Naples lui déclare qu'il lui est impossible de se conformer à sa prière, puisqu'il a l'ordre de ne pas viser les passeports pour Naples avant l'expiration des vingt jours

---

(1) Anglais d'origine, ce diplomate étant au service de Naples avait épousé la princesse Butera dont un décret royal l'avait autorisé à porter le nom. Devenu veuf, il était au moment de se remarier. Il est mort en 1841.

de quarantaine prescrits à cause du choléra et que tout voyageur, le comte de Syracuse même, doit subir à Rome avant de pouvoir être admis dans le royaume de Naples. De là, vive contrariété pour l'ambassadeur : le comte de Syracuse lui échappa de cette manière et arriva à Naples avant lui. Il n'en fut pas de même de l'amiral de Rigny, qui n'arriva à Rome que le surlendemain et qui, par conséquent, eut le déplaisir de le voir partir deux jours avant lui.

Le prince Butera, à peine descendu de voiture, se rendit chez Sa Majesté Napolitaine. Là, il eut la satisfaction de constater que le roi et, qui plus est, son frère de Syracuse étaient entièrement d'accord pour refuser les propositions de mariage. Tout à cet égard était donc convenu et préparé lorsque l'amiral de Rigny arriva à Naples. Il demanda audience à Sa Majesté. Le roi lui fit dire qu'il serait charmé de le recevoir s'il voulait venir chez lui comme simple voyageur, et ne pas lui parler de l'affaire du mariage que lui, le roi, considérait comme une chose entièrement rompue.

M. de Rigny à ce message tomba comme des nues rudement sur la terre : tous ses projets de discours, de raisonnements si bien préparés, si bien mûris pendant la quarantaine à Rome, devenaient inutiles. J'ai remarqué que rien, dans le monde, ne met un orateur dans un état plus violent qu'un discours rentré. M. de Rigny en perdit la tête au point de quitter Naples sur-le-champ, sans avoir parlé à qui que ce soit, sans avoir fait la moindre tentative de renouer la négociation dont il était chargé. Il revint en toute hâte à Paris, pour rendre compte de sa mission entièrement manquée. Le roi fut très mécontent de sa gaucherie et les ministres, conjointement aux diplomates, se moquèrent impitoyablement du pauvre amiral qui, pour la première fois, paraissait en diplomate sur la scène politique et cela d'une manière si malencontreuse.

Flahaut a été charmé de cet échec de Rigny, car lui aussi, était un des prétendants au poste d'ambassadeur à Londres et considérait Rigny comme son plus dangereux rival. Sébastiani doit, dit-on, remplacer le maréchal Mortier au palais de la Légion d'honneur.

Le prince Butera, revenu à Paris, n'a pas tardé à demander audience au roi pour lui remettre ses lettres de récréance. Sa Majesté l'a reçu de la manière la plus froide, se bornant à lui faire la lecture de quelques phrases écrites sur une petite feuille que Sa Majesté tenait à la main et qui apprirent au prince Butera que, après ce qui s'était passé entre le roi de Naples et l'amiral de Rigny, les rapports amicaux qui avaient régné jusqu'ici entre les deux cours ne pouvaient plus rester les mêmes. Ceci lu, le roi congédia l'ambassadeur.

Le prince Butera dit à M. de Broglie, en sortant du cabinet du roi, qu'il désirait beaucoup avoir la copie ou l'original, des deux phrases dont Sa Majesté venait de lui donner lecture, afin de pouvoir rendre un compte exact au roi son maître. Le duc de Broglie tira de sa poche une petite feuille, tout à fait semblable à celle que le prince avait vue entre les mains du roi, et la lui remit. C'est ainsi que s'est terminée l'ambassade à Paris du prince Butera qui, dès le premier jour de son arrivée, a été fort désagréable.

Le choix de la personne du prince avait déplu à la reine ; elle aurait mieux aimé avoir à sa Cour un ambassadeur napolitain que le prince, Hanovrien de naissance, et dont elle craignait l'intimité avec les ambassadeurs d'Autriche et de Russie. La reine, tout attachée qu'elle soit à la maison d'Autriche, a cependant trop épousé la cause du roi des Français pour ne pas craindre, comme lui, l'influence prédominante de l'Autriche en Italie.

4 novembre.

J'ai dîné, samedi dernier, à la Cour, avec l'Ambassadeur et l'Ambassadrice, la duchesse de Sutherland et son mari, lord William Benting, lady Charlotte Gréville et Mme de Boigne. Quoique nous fussions peu de monde, la table avait été dressée dans la galerie de Diane ; elle était immense, car il y avait les deux Cours réunies, celle du roi des Belges et celle de Louis-Philippe, avec tous les princes et les princesses, leurs aides de camp et dames d'honneur.

Le roi Léopold est plus raide, plus solennel et plus ennuyeux que jamais : c'est toujours cette même manière de parler, si lente, si cadencée qui donne un air d'importance à des lieux communs, ce qui ne laisse pas d'être quelquefois passablement ridicule. La reine des Belges a beaucoup changé : elle a vieilli et maigri, mais elle est plus aimable, plus gracieuse que jamais. En entrant avec le roi son mari, elle le devança pour aller embrasser sa mère et donner la main à ses deux sœurs, puis elle salua, avec une promptitude étonnante, toutes les personnes qui se trouvaient dans le salon, avec ce sourire charmant, cette expression de douceur angélique qui siéent si bien aux princesses et qui lui gagnent tous les

cœurs. Ce n'est qu'après avoir salué ainsi tout le monde
en masse qu'elle s'approcha de chacun de nous, mais
non pas avec cet air calculé et glacial qui mesure à
chacun une ration de politesse. Elle parlait à plusieurs
personnes à la fois, ce qui nous força de rompre le
cercle.

La duchesse de Sutherland, nièce de lady Granville,
est la femme la plus magnifique que je connaisse, avec
cela belle, bonne, simple et spirituelle ; ses enfants sont
beaux comme le jour et très bien élevés. Elle est la fille
de lady Carlisle, sœur de lady Granville. Le père du duc
était le frère de lord Granville, de sorte que leur parenté
est des deux côtés. La fortune du duc de Sutherland est
fabuleuse : il a sept millions de revenus.

J'ai fait connaissance, avant-hier, avec la comtesse
Barkotzy, femme du neveu du pauvre vieux comte ; elle
est une demoiselle de Fesztetits, fille des Fesztetits de Dég,
et par conséquent cousine d'Alexandre Erdädy, qui, à ce
qu'elle m'a dit, viendra incessamment à Paris avec son
cousin, frère de Mme de Barkotzy. Cette dame me paraît
bonne et assez agréable ; elle n'est pas belle de figure,
mais elle a une taille charmante, elle se met très bien,
avec bon goût et beaucoup d'élégance ; son mari n'a pas
ce qu'on appelle de manières agréables, mais il est bon
enfant et me paraît très instruit ; avec tout cela il a le
talent de bien administrer sa fortune et de l'avoir qua-
druplée.

Hier, à notre petit concert du dimanche matin, Thalberg a joué ses *Nocturnes* et quelques-unes de ses études ;
c'est un talent de premier ordre, aucun pianiste ne m'a
jamais fait autant plaisir que lui.

10 novembre.

Nous avons été, hier soir, chez la reine pour présenter le prince et la princesse Schönburg. Notre princesse avait fort bon air, malgré sa petite taille. Elle avait peu mais de jolis diamants, sa mise était très élégante et lui allait fort bien. Le roi, la reine et les princesses ont été pour eux d'une politesse extrême.

Après la Cour, nous sommes allés chez lady Granville à une toute petite soirée, où elle n'avait invité que très peu de monde; il y avait les Sutherland, lord et lady Egertson, lady Charlotte Gréville, les Carlisle, la princesse Lieven avec Mlle Menzingen, l'ambassadeur de Russie nouvellement arrivé, le comte Pahlen, son frère Nicolas, la princesse Schönburg et nous autres.

Mme de Lieven est encore toujours pleurnichante le matin et avec un nez rouge le soir. Hier soir, je l'ai trouvée plus aimable que de coutume, plus en train ou, pour mieux dire, moins triste, car une Majesté venait de lui rendre visite : le roi des Belges.

— Il est resté chez moi, me dit-elle, pendant deux heures de suite, nous avons beaucoup parlé politique, mais il ne m'a pas dit un mot sur ses affaires. Malgré cela, il m'a paru un peu inquiet de la tournure qu'elles pourraient prendre. Elles sont si compliquées, si affreusement entortillées, si richement pourvues déjà de protocoles.

— Oh! les protocoles, dis-je, cela vous connaît, princesse; vous en avez usé largement.

— Et pas trop heureusement, fit-elle.

La princesse, lorsqu'elle parle de tous ces temps passés, si heureux pour elle, où elle tripotait dans la politique, devient rayonnante ; elle s'y croit encore pendant quelques moments, mais elle ne tarde pas à comparer sa position toute-puissante d'alors à celle d'aujourd'hui, qui l'oblige à mendier quelque peu de nouvelles et à implorer la pitié des personnes charitables et bonnes qui veulent bien avoir l'obligeance de s'ennuyer chez elle. C'est une chose qui la tourmente, qui la chagrine, qui la ronge à un point inexprimable, de savoir peu et de ne pouvoir rien faire.

Avec cela, l'empereur Nicolas lui est constamment sur le dos, l'entoure d'espions russes qui seraient enchantés de faire des rapports défavorables contre elle. Enviée et détestée par tous les courtisans de Pétersbourg, elle craint horriblement de se compromettre ; elle parle donc le moins possible et ne fait qu'écouter ce que les autres veulent bien lui dire. Tout cela fait que son salon est peu divertissant et qu'on commence à le déserter.

15 novembre.

Ce pauvre baron Delmar est complètement aveugle. Au milieu du luxe et de la magnificence qui l'entourent, il fait pitié. Jamais je n'ai été plus douloureusement impressionné que pendant le dîner qu'il nous a donné, avant-hier, dans ses vastes appartements tout resplendissants de lumière, sous les dorures et les riches étoffes qui les embellissent, et ces plafonds peints par les premiers artistes. Rien de plus lamentable que de le voir assis au milieu de toutes ces belles et élégantes dames, de ces hommes à la mode, autour d'une grande table magnifiquement dressée et qui avait peine à supporter ce riche fardeau de bronze, de vermeil et de vaisselle ciselée. De nombreux domestiques nous offraient les plats à voix basse. On n'entendait ni le bruit de leurs pas, ni celui qui accompagne presque tous les grands dîners et qui provient des assiettes d'argent que les domestiques ont la mauvaise habitude de jeter les unes sur les autres. Le baron est dans un état d'irritation nerveuse tel qu'il ne peut supporter ces bruits ; les domestiques sont donc obligés, sous peine d'être chassés, de se conformer à ses ordres, d'éviter le moindre choc. Pour amortir celui que leurs pas précipités pourraient faire, on a tendu sur le parquet un tapis en velours cramoisi. Cette absence de bruit, la grande beauté des appartements et peut-être les manières de la maîtresse de maison si belle, si douce, mais peu animée, contribuent à donner à tout cet ensemble quelque chose de solennel et de profondément triste.

Sans être vieux, le baron a l'aspect d'un vieillard ; sa tête est toujours baissée, ses yeux sont presque toujours fermés et un domestique guide sa main pendant tout le repas. La pénible impression que j'en ai éprouvée a été partagée par les autres convives. On se parlait bas et, malgré les efforts de la maîtresse de maison, la conversation n'a pas un instant été animée.

Après le dîner, on s'est réuni dans le salon où elle reçoit tous les jours et il y a eu un très joli petit concert. Rossini au piano, pour accompagner le délicieux chant de la Grisi, de Rubini, de Lablache et de Tamburini.

J'ai vu dernièrement chez lady Granville le général Allard (1) ; je l'avais déjà vu et rencontré plusieurs fois sans avoir pu lui parler. Il aurait une assez belle figure s'il n'était obligé de se conformer à un usage du pays de Lahore qui exige, pour un homme de son rang, une barbe très bizarrement arrangée, à moitié noire, à moitié blanche. Il a beaucoup d'esprit naturel et une grande facilité pour toutes choses. Forcé de quitter la France, après les malheurs du maréchal Brune (2) dont il avait été aide de camp, il fit de grands voyages et finit par arriver à Lahore où il gagna la confiance du roi de ce pays, dont il organisa l'armée et qui l'en fit généralissime.

Comme, ces jours derniers, il y avait dans les journaux de longs détails sur une guerre déclarée au roi de Lahore et qui menaçait ses États et son trône, j'ai demandé à M. Allard si ces nouvelles étaient vraies. Il me répondit que toute cette histoire était entièrement controuvée, que pas plus tard qu'hier il avait eu des nouvelles de ce pays et une lettre très aimable et gracieuse du roi lui-même qui l'invitait à revenir bientôt. Il ajouta que, grâce au système de fortifications qu'il a introduit dans le royaume, il est de toute impossibilité qu'une tentative contre la capitale puisse réussir de la part de ces petits

(1) Né en 1785, mort en 1839. Après une brillante carrière militaire en France, passe au service du rajah de Lahore, auprès duquel il fut accrédité plus tard en qualité de chargé d'affaires de France.

(2) On sait que le maréchal Brune fut assassiné à Avignon en 1815, victime de la Terreur blanche.

princes voisins. Il nous parla avec une grande admiration du roi Runjeet Singh.

— C'est véritablement un grand homme, nous dit-il.

— Jacquemont (1) est bien de votre avis, lui dis-je. Je me rappelle avoir lu dans sa correspondance d'Orient que votre roi était un Bonaparte en petit.

J'ai dîné hier chez la duchesse de Sutherland en nombreuse société. Après dîner sont venus lady Granville, lord et lady Carlisle, les deux Pahlen et Henry Gréville. Nous sommes restés à causer jusqu'après onze heures et demie, alors une partie de la société s'est retirée et les autres sont allés, et moi avec eux, chez lady Robinson qui reçoit tous les mardis et où je n'avais pas mis les pieds depuis une éternité. Comme elle est un peu susceptible et que dans le monde on fait toujours plus de frais pour ceux qui le sont que pour ceux qui ne le sont pas, nous nous sommes rendus en masse chez elle, dans le faubourg Saint-Honoré.

Avant-hier, il y a eu chez nous un excellent concert : Rossini au piano et tous les chanteurs italiens. Entre le premier et le second entr'acte, Thalberg a joué sur le piano un morceau de sa composition. Les connaisseurs sont dans l'admiration de ce talent. Meyerbeer m'a dit que Thalberg avait trouvé ce que lui, Meyerbeer, avait cherché en vain à produire sur cet instrument.

Meyerbeer est très occupé, en ce moment-ci, de la mise en scène de son opéra qui a pour titre *la Saint-Barthélemy*. Il m'a dit que dans cet opéra, il y avait du sérieux et du « buffo » mêlés, qu'il y aurait, entre autres choses, un

(1) Célèbre naturaliste et voyageur né à Paris en 1801, mort prématurément à trente et un ans ; il nous est surtout connu par sa correspondance publiée après sa mort.

chœur accompagné d'une décharge de fusils en mesure, ce qui paraît très difficile aux choristes, et qu'enfin il avait composé pour la danse une espèce de musique hongroise comme il en a entendu exécuter par nos Égyptiens.

« Mais, poursuivit-il, je me suis borné à la musique lente que je trouve plus originale et plus facile à comprendre pour les exécutants et pour un public qui n'en avait aucune idée jusqu'à présent. Je suis très curieux de savoir si vous en serez content ; j'avais eu dans les commencements l'idée de vous demander conseil à ce sujet, je suis allé un jour chez vous pour vous consulter, mais vous étiez à la campagne. Revenu chez moi, je me suis mis à écrire ce que vous entendrez, monsieur le comte, et j'espère que vous me direz franchement votre avis. »

21 novembre.

On est singulièrement préoccupé dans ce moment de la tournure que prendra l'affaire d'Amérique (1). L'Amérique rompra-t-elle avec la France ? Voilà ce que tout le monde se demande et à quoi personne ne sait répondre. Le président Jackson est évidemment contraire au gouvernement français et ne demanderait pas mieux que de rompre entièrement avec ce gouvernement demi-aris-

---

(1) Sous l'Empire, par suite du blocus continental, des navires américains avaient été saisis par les escadres françaises. En 1834, le président Jackson réclama de ce chef au gouvernement français une somme de vingt-cinq millions, en déclarant que si satisfaction ne lui était pas donnée, les biens que nos nationaux possédaient aux États-Unis seraient confisqués. Les vingt-cinq millions lui furent versés.

tocratique et demi-libéral. Pour la France, où dans ce moment l'intérêt commercial passe avant toutes les autres considérations, où la royauté de Louis-Philippe n'est soutenue qu'autant qu'elle contribue à la prospérité du pays, qu'elle la soutient et l'augmente, cette question est capitale. Le roi en est péniblement occupé, il voit que la chose s'envenime de jour en jour, alors que l'ouverture des Chambres approche. Comment devra-t-il en parler dans le discours du trône? et quelle sera la réponse des Chambres? Il aurait été si facile aux ministres de faire rejeter l'amendement du général Valazé. S'ils n'y sont pas parvenus, c'est qu'ils y ont mis une impardonnable négligence, une légèreté bien coupable.

22 novembre.

Je fus interrompu, hier, en écrivant mon journal, par le marquis de Bartillat ; il est revenu d'une excursion en Espagne, entreprise pour entrer au service de Don Carlos.

Le marquis ne manque ni d'esprit ni de capacité, mais il est remuant et passionné, violent et exagéré dans ses opinions. Il n'est pas philippiste parce que ce gouvernement, dit-il, est composé de fourbes, de traîtres et d'imbéciles. Il n'est pas carliste parce que les carlistes admettent une charte constitutionnelle et que toute charte est d'après lui impossible en France où on ne doit gouverner que le sabre à la main. Le marquis, s'il était à la tête des affaires, mettrait à la porte, avant tout, les banquiers et autres gens de cette espèce, il les tient pour des voleurs qui prennent l'argent dans la poche de leur voisin, qui corrompent l'esprit public. Avec de semblables principes qu'il énonce avec beaucoup d'aigreur, il ne saurait plaire ni au gouvernement, ni aux partis royaliste et républicain ; il est seul de son opinion parce qu'elle est contraire aux intérêts de tout le monde ; aussi lui jette-t-on des bâtons entre les jambes dans toutes les occasions.

Cela lui est arrivé encore durant son voyage en Espagne. Carlistes et républicains se sont réunis pour contrarier le pauvre marquis, pour détruire ses plans, pour le jouer et surtout pour rendre impossible son admission au quartier général de Don Carlos. Toutes les lettres qu'il écrivait à Don Carlos ou bien à ses généraux ont été interceptées, pas une n'est arrivée à son adresse et personne, par conséquent, ne lui répondit. Grande fut sa fureur d'être traité de la sorte, de n'être ni écouté, ni compris. Mais elle augmenta bien plus encore, lorsqu'il sut qu'il avait été joué et cela par les carlistes français surtout. Il est donc revenu à Paris et est arrivé chez moi pour exhaler toute sa rage. J'ai fait de mon mieux pour le calmer sans trop y parvenir.

Il m'accusa aussi : il prétendait que j'avais communiqué au gouvernement français plusieurs des mémoires dont il m'avait. envoyé copie. J'ai commencé par me fâcher tout rouge en lui disant que son assertion attaquait mon honneur et que, s'il ne la rétractait pas sur-le-champ, je me trouverais dans le cas de lui en demander raison, ainsi qu'il convient entre gentilshommes. Là-dessus il me demanda pardon et me dit que, s'il avait pu douter un moment de ma loyauté envers lui, je trouverais son excuse dans une lettre qu'il me remit à l'instant et qui me mettait en cause, un peu vaguement à la vérité, mais cependant de manière à me faire soupçonner. Lorsque j'ai voulu voir la signature de cette lettre, il m'en a empêché en me disant qu'il ne me la montrerait que si je lui donnais ma parole d'honneur de n'entrer dans aucune explication vis-à-vis du signataire. Je l'ai promis. Quelle n'a pas été ma surprise en voyant au bas de la lettre le nom du duc de Mortemart !

Après cette confidence, le marquis allégua que M. de Mortemart pouvait avoir été trompé par des apparences et que lui, le marquis, serait le premier à l'éclairer à ce sujet. J'ai cru alors devoir m'expliquer en détail sur toute cette pénible affaire et je lui ai prouvé d'une manière si évidente la fausseté de l'assertion de M. de Mortemart, qu'il a été intimement convaincu. Il m'a quitté en me renouvelant ses excuses et en me priant de lui conserver mon amitié.

La marquise de Bartillat n'est pas en ce moment à Paris ; elle est à la campagne, chez la duchesse de Mortemart, à Neauphle, à quelques lieues de Paris. Ce matin, à mon réveil, on m'a remis une lettre d'elle, où elle m'exprime la satisfaction qu'elle éprouvait de me voir raccommodé avec son mari qui lui avait rendu par écrit un compte exact de notre conversation.

2 décembre.

Il n'y a sorte de mensonges et d'inexactitudes que Mme d'Abrantès n'ait réunis dans son nouvel ouvrage sur la Restauration, qui vient de paraître (1). Tout ce qu'elle dit de la Cour de Charles X et de Louis XVIII est d'une insigne inexactitude. Cet ouvrage, même sous le rapport du style, n'a aucune espèce de valeur. Elle cite des lettres du prince Maurice de Liechtenstein et autres, que ces messieurs n'ont jamais écrites et qu'elle s'est plu à inventer. Le prince de Metternich y est très bien traité, comme dans tous les ouvrages de la duchesse. Il était aimable et beau dans sa jeunesse, il a eu beaucoup de succès parmi les dames de la Cour de Napoléon, et Mme d'Abrantès se vante encore aujourd'hui de son intimité avec lui.

Il paraît cependant que cette dame, malgré ses charmes, ne parvint pas à fixer le beau Clément, car il fit en même temps et avec tout autant de succès sa cour à la reine Hortense. Celle-ci parvint à découvrir la double intrigue du prince et résolut de se venger de sa rivale. Elle ne tarda pas à exécuter ce projet.

Il y avait bal masqué à la cour. La reine Hortense, cachée sous un domino noir, se mit à intriguer Junot. Celui-ci ne fut pas trop sensible aux avances du masque et ne se donna pas même la peine de chercher qui c'était. La reine, pour en finir, changea tout à coup de ton et de manières et empruntant pour le moment le langage de Junot, elle lui dénonça les relations de sa femme avec Metternich. Junot devint comme fou de colère, il cria, il pesta, heureusement le masque s'était déjà perdu dans la foule, sans quoi il eût couru quelque danger.

La scène que le duc d'Abrantès fit à sa femme fut bien

---

(1) On ne peut que ratifier ce jugement, qu'il y a lieu, du reste, d'appliquer aux divers écrits de l'inventive veuve du général Junot, aussi remplis d'erreurs et de mensonges qu'ils sont parfois intéressants.

autrement tragique. Un pistolet dans la main il éveille la duchesse, il la somme de choisir entre la mort et un aveu sincère. Mme d'Abrantès, à bout de courage et d'esprit, nia tout d'abord, mais lorsqu'elle vit son secrétaire ouvert et toutes les lettres du prince de Metternich entre les mains de son mari, elle prit le parti de s'évanouir. Le pistolet de Junot qu'elle sentait appuyé sur sa gorge et les épouvantables menaces que proférait son mari la firent bientôt revenir à elle. Il la força à se lever et lui dicta une lettre à Mme de Metternich, dans laquelle elle la priait instamment de venir sur-le-champ.

Junot, ayant trouvé dans la correspondance de sa femme plusieurs lettres de Mme de Metternich, s'était figuré que la princesse avait elle-même facilité les entrevues de sa femme avec le prince. La pauvre princesse ne tarda pas à arriver et fut saisie de frayeur en voyant Junot furibond et Madame en larmes, sur son lit tout dérangé, avec une chemise en lambeaux. Junot la battait au moment où la princesse entra dans la chambre. Elle se jeta entre le mari et la femme et conjura le premier de se calmer. Le duc d'Abrantès la regarda avec un air de mépris.

« C'est vous, madame, lui dit-il, qui êtes la cause de tout cela. »

Il lui jeta à la figure toutes les lettres qu'il avait trouvées dans le secrétaire de sa femme. En reconnaissant l'écriture de son mari, Mme de Metternich devina toute l'affaire et, sans faire le moindre reproche à Mme Junot, elle ne pensa qu'à la défendre contre les mauvais traitements d'un mari outragé. Oubliant l'outrage de Junot et la perfidie de sa femme envers elle-même, elle se sacrifia à celle pour qui son mari l'avait abandonnée.

Elle se laissa donc imputer tous les torts, en suppliant Junot de pardonner à sa femme.

« Si je n'étais pas sûr de faire plaisir à votre mari en le débarrassant de vous, je vous tuerais, madame, s'écria Junot. Mais ce n'est pas à moi à lui rendre un aussi grand service, je vous désire donc une bien robuste santé et je vous ordonne de vous retirer à l'instant même et de ne plus remettre les pieds dans ma maison. »

11 décembre.

M. le prince de Talleyrand est veuf, sa pauvre femme vient de mourir à la suite d'une courte maladie (1). Elle était séparée de lui depuis vingt-cinq ans et, chose extraordinaire, elle, réputée pour sa grande bêtise, après en avoir dit et fait aussi longtemps qu'elle a vécu avec le prince, elle a toujours été, après leur séparation, parfaitement convenable, observant une mesure parfaite dans tout ce qu'elle disait et faisait, au point qu'on ne pouvait plus citer d'elle aucune de ces bonnes bêtises qui autrefois faisaient le bonheur des Parisiens et de toute l'Europe.

Depuis que la princesse n'habitait plus l'hôtel Talleyrand, aucun membre de la famille ne mettait le pied chez elle, à l'exception d'une de ses nièces, la duchesse d'Escli-

(1) Épouse divorcée d'un employé anglais nommé Georges Grant, elle était venue en Europe à l'âge de vingt ans. Plus tard, elle connut Talleyrand et devint sa maîtresse. Mais, en 1802, Talleyrand étant ministre des Affaires étrangères, Bonaparte le mit en demeure d'épouser Mme Grant ou de l'éloigner. Le mariage eut lieu et aboutit, vers 1810, à une séparation. La princesse de Talleyrand était belle, mais entièrement dépourvue d'esprit.

gnac. N'ayant aucune fortune et ayant beaucoup d'enfants, la duchesse avait cru pouvoir braver le courroux du prince de Talleyrand, son oncle, dans l'espoir de recueillir un bel héritage. Elle soignait admirablement sa vieille tante, y allait journellement. Lorsque celle-ci était malade, Mme d'Esclignac ne quittait pas le chevet de son lit. Mme de Talleyrand sut grand gré à sa nièce de tant de soins et lui promit de penser à elle au moment de mourir. Durant sa dernière maladie, se sentant au plus mal, elle renouvela ses promesses à Mme d'Esclignac. Celle-ci, sans perdre un instant, alla chez l'archevêque de Paris, afin que cet illustre prélat vînt assister aux derniers moments de la vieille princesse qui avait grand besoin des exhortations d'un prélat aussi éclairé que lui. Après qu'elle eut fait une confession générale, l'archevêque fit ouvrir les portes et tous les domestiques et gens de l'hôtel entrèrent pour être témoins de l'amende honorable que la mourante fit devant tous.

Cependant, Mme d'Esclignac, voyant sa pauvre tante s'affaiblir de plus en plus, crut devoir lui rappeler ses promesses.

« Je ne vous ai point oubliée, ma nièce, lui dit la princesse. »

Et lui donnant une petite clef, elle lui ordonna d'ouvrir un tiroir de son secrétaire et de prendre une cassette qui portait l'adresse de la duchesse d'Esclignac.

« Veuillez, monsieur l'archevêque, prendre cette cassette chez vous, fit la princesse en s'adressant au prélat, et avoir la bonté de la remettre à ma nièce que voici, dans le cas où le bon Dieu me rappellerait à lui. Si cependant je reviens de ma maladie, vous voudrez bien me la restituer en temps et lieu. »

La princesse ne survécut que peu d'heures à cet acte de générosité et elle rendit le dernier soupir assistée par la duchesse.

Le prince de Talleyrand fut bientôt instruit de la mort de sa femme et, en même temps, de l'histoire de la cassette qui, disait-on, renfermait plus de huit cent mille francs de valeurs en papiers et bijoux. Sans perdre une minute, il envoya un homme d'affaires à l'hôtel de feu sa femme, rue de l'Université, pour se mettre en possession de tout ce qui s'y trouvait, et un autre chez M. l'archevêque de Paris pour réclamer la cassette destinée à la duchesse d'Esclignac. L'archevêque protesta d'abord contre cette réclamation. Mais lorsque l'homme d'affaires du prince lui eut prouvé qu'il n'avait pas le droit de retenir la cassette, vu qu'il avait assisté la princesse dans ses derniers moments et que, d'après les lois existantes, le prêtre qu'on appelle auprès d'un mourant ne peut être ni dépositaire d'aucun legs ni être chargé de la dernière volonté du mourant ; lorsqu'il lui eut appris que le contrat de mariage des époux stipulait que leur fortune appartiendrait au dernier survivant, l'archevêque lui remit la cassette.

Grand fut le désespoir de Mme d'Esclignac lorsqu'elle apprit cette triste nouvelle. Elle voulait d'abord intenter un procès au prince mais, fort heureusement pour elle, on l'en dissuada, car elle aurait perdu et, par-dessus le marché, aurait été condamnée aux frais de l'instance. Dans ces tristes conjonctures, elle prit le grand parti d'implorer la générosité du prince, son oncle. Le résultat de cette démarche fut assez satisfaisant. Le prince de Talleyrand paya les dettes de sa nièce, lui donna mille louis de la main à la main et plaça deux cent mille francs en faveur des enfants de Mme d'Esclignac.

14 décembre.

Hier soir, j'ai accompagné l'Ambassadeur et l'Ambassadrice à la Cour pour assister et les aider à la présentation de plusieurs de nos compatriotes, tels que Erdödy, Fesztetits et les deux barons Bianchi. Après que l'Ambassadeur les eut présentés au roi, à la reine et aux princesses, je les ai nommés à toutes les dames, à MM. d'Athalin, Rumigny, au duc de Choiseul et autres aides de camp et officiers d'ordonnance du roi. Ces messieurs ont été très contents de la manière dont on a bien voulu les recevoir. Le duc de Nemours a surtout beaucoup causé avec MM. Bianchi, tous les deux capitaines et jeunes gens très bien tournés.

15 décembre.

Hier soir, il y a eu chez nous le premier grand raout ; il y avait sept à huit cents personnes qui se renouvelèrent pendant le courant de la soirée. Le duc d'Orléans est à guerroyer en Afrique, il n'a donc pas assisté à ce raout, mais bien le duc de Nemours. Néanmoins, beaucoup de carlistes ne sont pas venus pour ne point respirer le même air que le prince. J'ai trouvé cela d'autant plus exagéré que le duc de Nemours, étant encore enfant lors de la Révolution, ne connaît pas plus ces dames qu'elles ne le connaissent elles-mêmes. C'est au point que grand nombre parmi les carlistes qui, malgré le duc de Nemours, sont venus chez nous, ne l'ont pas reconnu et m'ont demandé quel était ce jeune homme si blond, si soigneusement coiffé : c'était le duc de Nemours.

Au reste, le duc ne les embarrassera jamais ni par sa politesse, ni par ses questions, car il est fort rare qu'il salue les personnes qu'il connaît et il est bien plus rare encore qu'il leur adresse la parole. Ceux qui ne le connaissent pas ne courent donc aucun risque et ils peuvent le rencontrer où ils voudront, sans que sa présence les mette dans le moindre embarras. Il se place parfois, pendant un quart d'heure, au milieu du salon sans dire rien à personne. Les uns prétendent que c'est de l'embarras, les autres que c'est de la fierté.

Quoi qu'il en soit, ce qui est positif, c'est qu'il n'est ni aimable, ni gai, ni en train. Il a quelquefois des distractions impardonnables pour un garçon de vingt et tant d'années ; il oublie de rendre les salutations aux dames, il les regarde, reste raide et voilà tout. Ce genre ne plaît pas et, loin de donner de la considération, indispose au contraire ou décourage qui aurait le désir d'être aimable pour le prince.

20 décembre.

Nous avons déjà beaucoup de petits bals. Lady Ogel, entre autres, en donne un toutes les semaines. Je l'ai connue à Rome ; elle s'appelait alors Mme Dalton. Elle a été autrefois belle, mais déjà à Rome, à l'époque dont je parle, rien moins que jeune, c'était une femme bien conservée. Voilà douze ans passés et je la retrouve comme à Rome, coiffée en cheveux, très parée, très pimpante toujours et valsant et dansant à ne pas manquer une contredanse, se trémoussant au milieu de tous les plus jeunes cavaliers et tout cela à cinquante et tant d'années. Les Anglaises sont inimitables pour cela ; à cinquante ans elles mettront une rose sur l'oreille comme une jeune personne de quinze ans.

Mme Ellis, avec sa jolie petite fille, nous donne aussi des bals toutes les semaines, dans un très bel appartement rue de Courcelles, celui que Dom Pedro habitait dans le temps. Mais tous ces bals sont peu fréquentés par les belles et élégantes dames des faubourgs Saint-Germain et Saint-Honoré qui ne veulent pas se faner avant que les belles fêtes ne commencent.

La Cour ne donnera point de bals, dit-on, avant l'exécution des accusés de Juillet. Ceci pourrait être fâcheux pour le commerce de Paris ; aussi ne puis-je croire à un semblable projet. La Cour ne donnant rien, les ambassadeurs ne pourraient pas non plus continuer leurs fêtes, ce qui rendrait Paris horriblement triste et peu agréable pour cette foule immense d'étrangers de tous les pays dont la capitale regorge cette année.

Je ne suis pas trop en peine pour mes plaisirs, car je n'aime rien plus que les carnavals où l'on dit qu'il n'y a rien ; alors il y a juste ce qu'il faut pour s'amuser, tandis qu'à l'ordinaire, il y a toujours trop, trois, quatre et cinq bals par soirée, ce qui ne laisse pas d'être très fatigant et ennuyeux, parce qu'on passe une grande partie de son temps dans la voiture et dans les antichambres.

25 décembre.

Il nous est arrivé ici une dame italienne, Mme Crescini, ordinairement établie à Venise. Elle a un talent admirable pour le chant. Sa voix est un contralto très étendu et avec une méthode digne de la Pizaroni. Elle chante avec une expression, une âme, une verve admirables ; elle est belle, simple, spirituelle, sans la moindre prétention, trop peu peut-être pour Paris, car la malheureuse se met en dépit du sens commun. Dernièrement, à une matinée chantante, elle arrive chez nous en bonnet, faute impardonnable pour une réunion du matin. Quel bonnet ! on n'en a jamais vu de semblable. Et puis, elle avait une robe de toutes les couleurs et d'une coupe si bizarre qu'il était impossible de définir si c'était une robe du matin ou une robe du soir, une douillette, une pelisse ou un manteau. On juge de l'effet que produisit cette toilette, au milieu de toutes nos élégantes avec leurs beaux chapeaux d'Herbault ou de Mlle Beaudrand, avec leurs douillettes en velours ou leurs mantelets à cinq cents francs.

— Ah ! mon Dieu, me dit la duchesse de Vallombroso, qu'est-ce que c'est que cette personne qui vous arrive ? D'où sort-elle ? D'où vient-elle ?

— Miséricorde, s'écria la duchesse de La Trémoïlle, toute bonne femme qu'elle soit.

— Voulez-vous me dire le nom de cette dame si extraordinaire, me demanda la duchesse de Sutherland à l'oreille de peur d'être entendue par Mme Crescini, tandis que la marquise de Gabriac partait d'un grand éclat de rire. La duchesse de Dino ouvrait de grands yeux. La princesse Schönburg fut médiocrement satisfaite, lorsque je lui eus dit que Mme Crescini appartenait à notre empire.

« Vous chargez-vous de la mettre à la mode? » me demanda-t-elle.

Cependant, Mme Crescini s'aperçut de l'effet qu'elle produisait. Après avoir jeté un coup d'œil sur le monde qui l'entourait, elle me dit :

— N'est-ce pas, monsieur le comte, que j'ai mal fait de mettre un bonnet?

— Je ne vous dirai pas le contraire, madame, mais, puisque vous l'avez, que cela ne vous trouble pas.

— Oui, oui, vous avez raison, j'ai mal fait, c'est mon mari qui en est la cause : j'avais mis un chapeau, et ne voilà-t-il pas qu'il me dit qu'il me fallait mettre un bonnet. Comme je n'en avais pas, il envoya chez la marchande de modes, pas loin de nous, dans la rue Richelieu, notre domestique de place qui m'apporta le bonnet que voilà.

A ce détail si naïf, si original, je me mis à rire de bon cœur et lui dis qu'à Paris, il fallait mettre un peu plus de coquetterie et de soins dans le choix des objets de toilette. Cependant, lorsqu'elle se mit à chanter, on oublia bientôt et son drôle de bonnet et sa mise singulière. Tout le monde fut dans l'enthousiasme de son talent et de la manière de dire le récitatif; on l'entoura, on lui dit toutes sortes de choses aimables et obligeantes et l'on finit même par reconnaître la beauté et l'agrément de sa figure, laquelle, à la vérité, était difficile à trouver au milieu de tout cet échafaudage de nœuds de satin, de blondes, de tulle et de roses.

27 décembre.

Cette nuit est mort le curé de notre paroisse, il s'est trouvé mal vers minuit et à une heure il avait cessé de vivre. C'est une grande perte pour cette paroisse et pour le clergé de France. L'abbé Landrieu a été un des plus zélés et des plus instruits parmi les ecclésiastiques de ce temps. L'archevêque de Paris l'aimait beaucoup et tous ses paroissiens perdent en lui un véritable père. Aussi est-ce une désolation générale dans tout le quartier; il était l'ami et le conseil des grands, le protecteur et le bienfaiteur des malheureux qui ne manquent pas, surtout au Gros-Caillou où la misère est grande.

Les conférences de l'abbé Landrieu avaient une grande vogue et cela à juste titre, car jamais on n'en a entendu de plus instructives, de plus spirituelles, de mieux dites et de plus éloquentes dans leur simplicité. A tant d'avantages inappréciables, il réunissait encore une douceur, une indulgence incomparables. Il donnait aux pauvres tout ce qu'il avait et cela à la lettre, car bien souvent il n'avait pas de quoi manger lui-même, de quoi se chauffer pendant la saison rigoureuse. On n'a pas trouvé chez lui de quoi subvenir aux frais de son enterrement. Il laisse après lui une pauvre vieille sœur, n'ayant pas le sou et hors d'elle de désespoir. MM. de Montmorency et d'Arenberg sont venus chez nous ce matin dans un état à faire croire qu'ils avaient perdu un de leurs plus chers parents. L'Ambassadrice en est aussi douloureusement affectée; l'abbé Landrieu avait instruit Marie et

l'avait préparée pour la première communion ; il était
son confesseur et le plus doux, le plus raisonnable.

29 décembre.

Hier a eu lieu l'ouverture de la Chambre. Les précautions les plus minutieuses avaient été prises contre
les attentats possibles à la vie du roi. Le jardin des Tuileries, devant lequel Sa Majesté devait passer, était
fermé au public. Les quais, le pont et le petit bout de la
rue de Bourgogne qu'il devait traverser étaient dé-
blayés, et partout une double et triple haie de troupes
et de garde nationale. Les trois hôtels qui occupent ce
petit bout de rue ont subi une visite domiciliaire très rigoureuse, et cependant l'un des hôtels est celui du maréchal
Lobau, commandant de la garde nationale et si fameux
par son remède dissolvant contre les émeutes dans les
rues de Paris (1). Je ne blâme pas ces mesures, car malheureusement elles sont indispensables. D'un autre côté, je
suis charmé de voir, moi qui suis anticonstitutionnel et
surtout contre toute espèce de royauté par la grâce du
peuple, de voir, dis-je, que le souverain élu par le peuple
a besoin de tant de précautions pour se rendre de son
palais à la Chambre législative, tandis que nos prétendus
tyrans se promènent tous les jours à pied au milieu de
leurs sujets, sans rien risquer, si ce n'est des témoignages de respect et d'amour.

(1) On sait que, pour dissiper une troupe d'émeutiers, le comte de
Lobau, au lieu d'appeler la force armée, fit avancer des pompes à incendie.

LES RUINES DU CHATEAU FORT D'APPONY

Dessinées par la comtesse Louis Apponyi, née comtesse de Seherr Thoss

A son origine, ce château était un rendez-vous de chasse des rois de Hongrie. Il passa en 1392 dans la famille Apponyi, qui a fait construire depuis le château actuel.

ANNÉE 1836

1er janvier.

J'ai déjeuné, comme à l'ordinaire, en famille et nous
avons échangé nos félicitations les plus sincères et les
tendresses que nous éprouvons les uns pour les autres ;
tout cela se passe avec une grande simplicité et en même
temps avec une grande gaieté. Puis on apporte les étrennes
que nous nous donnons entre nous et celles qui sont
arrivées pour l'Ambassadrice ; on les admire ou bien

on en rit, on les critique un peu, sans trop de méchanceté
pourtant.

L'Ambassadeur, sans toutefois vouloir en convenir,
m'avait paru agité à l'idée d'être obligé de prononcer à
la Cour le discours d'usage. Ce discours, je l'avais lu et
relu plusieurs fois, je l'avais trouvé parfaitement rédigé
et absolument tel qu'il devait être, c'est-à-dire une suite
de paroles et de phrases polies, mais insignifiantes. Les
journalistes de toutes les nuances y trouveront chacun
quelque chose à y prendre qu'ils interpréteront à leur
manière et dans leur intérêt ; c'est pourquoi je déteste
cette manie qu'on a ici de faire parler tout le monde. A
quoi bon ces éternels discours du corps diplomatique au
roi? Il en résulte rarement du bien et souvent beaucoup
d'embarras pour l'un et surtout pour l'autre. Cette fois,
il n'en résultera rien de fâcheux, j'en suis sûr : l'Ambassadeur l'a très bien dit et le roi lui en a fait des compliments réitérés.

5 janvier.

Le duc d'Orléans est très fatigué de sa campagne. La
dysenterie qui s'était manifestée dans l'armée l'a atteint
aussi. Malgré les plus grands soins, il ne peut s'en défaire
encore, les médecins n'en conçoivent pas les moindres
inquiétudes, mais le pauvre prince lui-même en est horriblement ennuyé. Il a considérablement maigri ; mais,
cependant, comme ces attaques se renouvellent moins
souvent et qu'il a maintenant un appétit incroyable, à
en avoir honte lui-même, à ce qu'il m'assure, je ne doute
pas qu'il ne reprenne bientôt sa bonne mine.

Il s'est dispensé d'assister aux grandes réceptions de la reine. Néanmoins, il est venu à notre bal d'hier. Cette fête a bien réussi, il n'y avait pas trop de foule, il n'y a pas eu de ces terribles moments de presse et de chaleur qui font mon désespoir.

L'Ambassadeur reçoit, de tous les côtés, beaucoup de compliments sur son discours. Le roi et tous les ministres en sont enchantés. Ce discours, disent-ils, répare tout le mal qu'aurait pu nous faire l'affaire américaine.

11 janvier.

Le roi ne cesse de témoigner sa satisfaction et sa gratitude à l'Ambassadeur, pour son excellent discours du premier de l'an. C'est après en avoir pris connaissance avant qu'il ne fût prononcé, ainsi que cela se fait, qu'il a été décidé que celui de l'ouverture des Chambres constaterait l'état satisfaisant des relations du gouvernement français avec les puissances. La Chambre des pairs a décidé d'insérer dans sa réponse au roi la phrase suivante : « Nous nous félicitons, comme Votre Majesté, de l'état de plus en plus satisfaisant de nos relations avec les puissances. » Décidément, l'Ambassadeur a eu la main heureuse cette fois encore.

La duchesse de Dino semble prendre plaisir à tourmenter lady Granville. Cette dernière, qui a au moins autant d'esprit qu'elle, ne manque pas de moyens de défense et parfois en use assez rudement contre son adversaire. Cette fois, cependant, elle a été prise au dépourvu, a été victime et, par ricochet, notre chère Ambassadrice.

Depuis que la reine est reine et donne des bals, lady
Granville et notre cousine ne sont jamais restées au
souper qui est servi à une heure. Cependant, avant de
quitter le bal, elles en demandent la permission à la
reine, qui la leur a toujours donnée de la manière la plus
gracieuse. Hier, chez la reine, Mme de Chantérac me dit :

« Il paraît que la comtesse Apponyi restera aujour-
d'hui au souper de Sa Majesté. »

Moi, je lui soutiens bravement que non ; elle au contraire m'assure que si.

— Je viens d'être chargée moi-même par Sa Majesté,
me déclare-t-elle, d'engager Mme l'Ambassadrice à souper
à sa table.

— A la table de la reine ! me suis-je dit, je le crois
bien ; il ne peut y avoir de doute. La reine sait trop ce
qu'elle doit au représentant de l'Empereur d'Autriche,
pour supposer que l'ambassadrice d'Autriche aux Tuileries pourrait souper à une autre table qu'à la sienne
et à sa droite. Pourquoi donc, dans son invitation, a-t-elle
paru en douter ? Il y a quelque chose là-dessous !

Je me suis mis en quête pour le découvrir. Je me
doutais bien d'où le vent soufflait et, comme Mme de
Dino chaperonnait ce jour-là Mlle de Menzingen, nièce
de Mme de Lieven, je m'approche de cette dernière, feignant de croire qu'elle ne resterait point au souper et
lui exprimant mes regrets de la voir partir sitôt. Je
l'avais dit avec intention et très haut, afin que Mme de
Dino pût l'entendre.

« Mais, comment, me demanda-t-elle d'un air fort
étonné, comment pouvez-vous supposer qu'on peut s'en
aller avant le souper de la reine ? »

Jouant la naïveté, j'ai repris :

— Vous qui savez tout si bien, madame, voudriez-vous me dire si l'étiquette de la cour de Charles X est abolie, ou non?

— Mais elle est abolie, monsieur. Vous n'en voyez plus rien aujourd'hui.

— C'est ce qui me paraît, en effet, et sans doute, madame, vous pensez comme moi, qu'il n'y a plus de vestige de cour ; les places sont confondues, les tabourets n'existent que de fait et sans privilège aucun ; ils ne sont autre chose que de mauvais sièges sans dossier. La salle du Trône n'est pas plus privilégiée que l'antichambre ; c'est l'anarchie. Dès lors, je trouve tout simple qu'on jouisse du seul bénéfice qui en résulte, c'est-à-dire de la liberté et de l'égalité dans laquelle tout le monde est placé et qu'en conséquence, on s'en aille quand bon vous semble, avant ou après le souper et qu'on vienne quand il vous plaît, comme vous l'avez fait ce soir, madame, vous et d'autres dames qui, à votre exemple, sont arrivées longtemps après l'heure marquée sur l'invitation.

— Je m'en accuse, monsieur le comte, et c'est une raison de plus pour ne point ajouter une seconde faute à celle que je viens de commettre, bien qu'involontairement, je vous prie de le croire.

— Vous croyez donc que c'est un devoir de rester à souper?

— Sans doute, surtout pour les ambassadrices, et je suis convaincue que, priées par la reine, la comtesse Apponyi et lady Granville resteront, continua la duchesse en me lançant un regard triomphant.

Ce matin, je suis allé chez la princesse de Lieven qui a confirmé mes soupçons, en me disant qu'effectivement

Mme de Dino était venue chez elle ces jours derniers et s'était déchaînée contre lady Granville qu'elle accuse de prendre à la cour des libertés inconcevables, comme celle de venir et de s'en aller à son gré et de ne jamais assister au souper de la reine.

— Sur ce point, a ajouté la princesse de Lieven, je vous avoue que j'ai donné raison à Mme de Dino, à quoi elle m'a observé qu'elle y mettrait bon ordre.

— Oui, madame, ai-je répliqué, elle y a mis bon ordre. Elle est parvenue à faire rester lady Granville et mon Ambassadrice au souper et a fait si bien que ces dames, au lieu d'être assises à côté de la reine, se sont trouvées placées après la maréchale d'Eckmühl, chose indécente et qui a choqué tout le monde.

La princesse de Lieven a été stupéfaite.

— Mais, s'est-elle écriée, je suppose que les deux ambassadrices sont parties.

— Non, madame, elles sont restées et la reine ne leur a pas même fait d'excuses.

— Ceci est par trop fort, dit Mme de Lieven, moi, à leur place, on ne me verrait plus à aucun souper.

— Dites ceci, je vous prie, à Mme de Dino, à cette toute-puissante dame qui s'imagine que tout ce qu'elle dit, que tout ce qu'elle fait est bien dit et bien fait.

26 janvier.

Le duc d'Orléans nous a donné hier le bal le plus magnifique, le plus élégant qu'on puisse voir. Tous les moindres détails ont été soignés d'une manière admirable. Après

le bal qui a duré jusqu'à cinq heures et demie, il m'a
invité à une espèce de second souper ou déjeuner, en me
demandant en même temps lesquels de mes compatriotes je désirais qu'il invitât avec moi. Je lui ai nommé
Clary, les deux Zichy, Erdödy et Fesztetitz. Monseigneur
a bien voulu agréer ma demande et, en me prenant par
le bras, il a engagé tout le monde à nous suivre dans la
salle à manger. Il m'a placé à sa droite, ainsi qu'il veut
bien le faire à ces soupers qui ne sont composés d'ordinaire que de jeunes gens. Le duc de Nemours se place
toujours vis-à-vis de son frère, à l'autre bout de la table,
et en fait les honneurs d'une manière assez silencieuse. Le
duc d'Orléans, tout au contraire, est extrêmement gai,
faisant chez lui les honneurs d'une manière charmante.

Son Altesse Royale nous donna les détails les plus intéressants sur la campagne qu'il vient de faire à Alger,
contre Abd-el-Kader. Il nous dit que parfois il a été bien
heureux de trouver pour la nuit un abri contre le mauvais
temps dans un ancien tombeau, espèce de souterrain
humide et peu confortable. Il nous raconta qu'un jour,
Ibrahim-Bey, l'allié fidèle de la France, l'avait invité à
dîner. Ordinairement Ibrahim-Bey dîne seul avec deux
de ses généraux. A l'heure du repas, son armée se ras-
semble devant sa tente, dont les rideaux sont ouverts,
afin qu'on puisse le voir dîner. Une musique composée
de trompettes et de tambours joue des fanfares au moment où Ibrahim saisit le poulet au riz qui se trouve
devant lui. Il arrache à la fois et en mesure les deux
pattes de la bête, les présente aux deux généraux qui sont
assis à côté de lui. Cet acte de sa munificence ne manque
jamais de lui attirer les applaudissements de la foule.

Le duc d'Orléans m'a assuré qu'à l'un des dîners

qu'Ibrahim lui a offerts, il lui a été impossible de manger les mets qu'on servait. C'était par exemple de la pommade à la rose comme on en vend chez Lubin, dans laquelle il y avait des morceaux de viande coupés en carré, puis du gigot de mouton au miel et aux raisins de Corinthe.

« Voyant, poursuivit le duc d'Orléans, une espèce de boudin qu'on n'avait pas servi encore, je comptais y trouver de quoi me rassasier. Mais quel fut mon désappointement lorsqu'en le coupant en deux, il en sortit une espèce de liquide jaune et rouge si peu ragoûtant et d'une odeur si nauséabonde, qu'il me fut impossible de le porter à ma bouche. »

2 février.

La duchesse de Dino attend sa sœur Mme de Sagan. M. de Talleyrand lui a offert de la loger chez lui, ce que la duchesse de Sagan a accepté et ce dont Mme de Lieven est au désespoir, parce qu'elle ne pourra plus parler politique avec son cher prince de Talleyrand, pendant le dîner au moins. M. de Talleyrand, bien qu'homme du monde, n'aime pas à faire de nouvelles connaissances et, par conséquent, il n'a plus le même aimable abandon dès qu'il se voit en présence d'une personne qu'il ne connaît pas intimement.

4 février.

Marie est allée hier à un grand bal que la marquise de Ferrari a donné dans son hôtel, rue de l'Université.

C'est grâce à Louise de Brignole, sœur de Mme de Ferrari et l'amie de Marie, à peu près de son âge, que sa mère lui a permis de rester à ce bal jusqu'à minuit. Elle a eu beaucoup de succès par ses manières distinguées et sa jolie petite figure si douce, si gentille.

Avant d'aller au bal, j'ai été encore à une soirée chez la marquise de Chastellux. En sortant de là, j'ai rencontré Alexandre de Périgord, second fils de la duchesse de Dino, qui s'en allait aussi pour se rendre au bal chez la marquise de Ferrari et qui me proposa de m'y mener, si sa voiture avançait avant la mienne. J'acceptai à titre de revanche, sa voiture avança la première et j'y montai avec lui. C'était une grande berline très magnifique et couverte d'armoiries.

« C'est la voiture, me dit M. de Périgord, que le prince de Talleyrand a fait faire pour le sacre de Charles X. »

A ce propos, je me mis à rire.

« Oui, continua Alexandre de Périgord qui, au reste, est très légitimiste, c'est assez drôle de voir ma mère et M. de Talleyrand se servir de cette même voiture pour se rendre à la cour de Louis-Philippe. Au reste, M. de Talleyrand en a fait bien d'autres, ce n'est certes pas moi qui m'érigerai son défenseur : ce serait de la trop forte besogne pour moi. »

7 février.

La retraite des ministres, à cause du rejet de l'ajournement de la loi sur la conversion des rentes, est un événement bien inattendu. Les ministres avaient espéré intimider la Chambre en la menaçant de leur retraite. Croyant écarter ainsi pour le moment la conversion, ils ont posé la question de confiance. La Chambre, soumise et docile sur toutes les questions politiques qui se rattachent à l'ordre et à la tranquillité, est exigeante et pointilleuse lorsqu'il s'agit d'intérêts financiers. Les députés des provinces n'ont pas résisté au désir de réaliser une économie de trente millions par an, et leur vote a eu pour conséquence la chute du Cabinet. S'il avait reconnu le principe de la conversion, en se réservant, toutefois, le droit de décider sur l'opportunité et sur le mode d'exécution de la mesure, je crois que la victoire lui serait restée, tandis qu'en insistant pour l'ajournement pur et simple, il a laissé croire aux députés qu'il était hostile à la conversion. C'est ce qui l'a perdu.

13 février.

J'ai assisté plusieurs fois aux débats du procès des accusés du 28 juillet ; c'est un affreux spectacle que présente le banc des accusés. Cet affreux Fieschi, ce lâche Pépin, cet infâme vieillard Morey si impassible, si commun, si vulgaire, et ce Fieschi, visant toujours à l'effet, acharné, vindicatif contre ses complices, sans le moindre remords pour ce qu'il a fait ! S'il en parle, c'est encore pour exciter l'intérêt de son auditoire, il se met constamment en scène, il n'oublie jamais qu'il parle non seulement devant la France, mais devant l'Europe.

« Je suis un grand coupable, dit-il, il n'y en a pas eu de plus grand ; dans deux mille ans on parlera encore de

Fieschi, l'assassin, le régicide. Le monde m'écoute en ce moment, je sais que ma tête doit tomber. Ni vous, messieurs les pairs, ni le roi, personne enfin ne saurait sauver Fieschi : je ne le désire pas. Il faut une victime à la loi, la voici, c'est moi seul et je viens mendier la grâce de mes complices. »

Tout en disant cela, il n'oublie rien pour les inculper et rendre leur grâce impossible.

14 février.

Cette pauvre Mme de Rumford (1) vient de mourir à l'âge de quatre-vingt-trois ans, pendant qu'elle était à sa toilette. Sa nièce, la comtesse de Gramont, entrait dans la chambre pour prendre de ses nouvelles au moment même où elle venait d'expirer dans les bras de sa femme de chambre.

Mme de Gramont est la fille d'un frère de Mme de Rumford ; elle a été élevée par sa tante et mariée à M. de Gramont-Caderousse, grâce à la grande fortune qu'elle lui assurait. Mme de Gramont m'en a souvent parlé, toujours dans les termes d'une très vive reconnaissance. Elle n'oublie pas qu'elle doit à sa tante toute son existence et le bonheur d'être la femme d'un jeune homme qu'elle aime de tout son cœur et qui possède, avec un beau nom, une assez jolie fortune.

Mais tout en reconnaissant les bontés de sa tante pour elle, en ne négligeant rien pour lui prouver sa tendresse

(1) Veuve de l'illustre Lavoisier, elle s'était remariée avec le comte de Rumford.

filiale par une déférence sans borne, elle a fini cependant
par être traitée assez froidement. C'est que Mme de Rumford était très difficile à vivre, fort exigeante et capri-
cieuse, sans douceur ni bonté. Un caractère aussi bizarre
que le sien devait amener et amenait souvent de la brouille
avec son gendre qui prenait fait et cause pour sa femme ;
il fallait toute l'influence si pleine de charme de celle-ci
pour le raccommoder avec Mme de Rumford. Une semblable brouille existait au moment où la mort est venue
surprendre Mme de Rumford, c'est ce qui fit que Mme de
Gramont arriva chez elle sans être accompagnée de
son mari. A l'aspect de la défunte, elle perdit l'usage de
ses sens. On appela M. de Gramont, il arriva accompagné
de son père, le duc de Caderousse, et de son notaire qui
devait être présent à la mise des scellés.

Mme de Rumford laisse une fortune de près de trois
cent mille livres de rentes. Le bel hôtel entouré de vastes
jardins qu'elle habitait dans la rue d'Anjou-Saint-
Honoré est légué à la ville de Paris, à condition que le
terrain qui l'entoure sera converti en une place qui portera le nom de Lavoisier, son premier mari. De plus, elle
a laissé une assez forte somme destinée à l'érection d'un
monument en bronze ou marbre qui sera placé au milieu
de cette place, toujours en mémoire de M. de Lavoisier.

Le chevalier de Puisieux, ami de Mme de Rumford,
qu'elle chargeait souvent de l'arrangement de ses concerts,
arriva, une heure après sa mort, à la porte de l'hôtel.
Comme on faisait des difficultés pour le laisser entrer,
il dit au portier :

— Il est indispensable que je voie Mme de Rumford ;
j'ai à lui rendre compte des arrangements que j'ai faits
pour son concert de vendredi.

— Je crois pouvoir dire avec certitude à M. le chevalier que le concert n'aura pas lieu, reprit le portier.

— Et pourquoi?

— C'est que Madame vient de mourir !

— En ce cas, rue de la Pépinière, n° 117, ordonna le
chevalier à son cocher, sans se déconcerter.

La comtesse de Sparre, que j'ai rencontrée chez la
duchesse Decazes, m'a dit que Mme de Rumford, il y a
huit jours à peu près, avait eu le pressentiment de sa
mort et qu'elle (Mme de Sparre) lui ayant demandé des
nouvelles de sa santé, elle lui avait répondu : « Très mal,
ma chère, très mal, ne parlons pas de cela. Racontez-
moi quelque chose de gai, je veux me divertir durant
le peu de jours que j'ai à vivre. »

Elle avait rencontré le même jour son notaire, chez
une dame de ses amies, et lui avait dit : « Venez
chez moi demain, je veux finir mon testament, demain sans faute, à onze heures ; vous déjeunerez avec
moi. »

Puis, sans répondre aux questions qu'on lui faisait à
ce sujet, elle parla le plus gaiement du monde des nouvelles du jour et des petits cancans qu'elle aimait à la
folie.

Mme de Sparre a admirablement chanté chez la
duchesse Decazes ; c'est un talent si merveilleusement
beau, si étonnamment pathétique, que tout sembla pâle
et tiède après elle.

Les affaires en Espagne vont d'une manière déplorable
pour la reine Christine. Notre pauvre Frias est remplacé
par Alava (1). Frias n'est pas sans esprit, mais, malgré cela,

(1) Don Ricardo de Alava, lieutenant général en Espagne, fréquem-

il n'est pas un bien grand diplomate. Alava, qui lui suc-
cède, l'est bien moins encore. Alliou, le premier secrétaire
à l'ambassade d'Espagne, m'a dit que s'il lui a été difficile
de travailler avec le duc de Frias, ce sera bien autrement
difficile encore avec Alava. Ce dernier joint à son incapacité un bavardage, un caquetage intolérable qui em-
brouille toutes les affaires et expose au danger de les voir
livrées à l'indiscrétion des journalistes.

Il est impossible que la chute de Mendizabal (1) n'entraîne
pas celle de tout le gouvernement, de même une banqueroute me paraît inévitable en Espagne. La légion anglaise
est dans une position affreuse, aussi y a-t-il grande déser-
tion en faveur de Don Carlos. Si ce prince avait de quoi
payer Cardova, je suis sûr que ce général passerait de son
côté avec toute son armée.

15 février.

Voici le ministère doctrinaire à bas. Mme de Dino et
Mme de Lieven tripotent autant qu'elles peuvent.
Mme de Dino déteste lady Granville et celle-ci le lui rend
bien. C'est donc une idée qui sourit à Mme de Dino que
de voir remplacer M. de Broglie, l'ami de la maison de
lord Granville, par M. Thiers, que lord et lady Granville
n'aiment pas. Le prince de Talleyrand protège beaucoup
M. Thiers et Mme de Dino l'admire comme elle admire

ment chargé de missions diplomatiques par Ferdinand VII et par la
régente Marie-Christine. Né en 1780, mort en 1843.
    (1) Ce ministre, chargé du département des Finances, s'était retiré
à la suite d'un vote des Cortès.

tous ceux qui sont au pouvoir. La princesse de Lieven partage complètement les sentiments du prince de Talleyrand et ceux de Mme de Dino, car elle aussi, en femme politique, est toujours du côté du pouvoir ; c'est à un tel point que souvent elle en perd la tête et jusqu'au tact nécessaire pour ménager au moins les dehors.

« Figurez-vous, me disait dernièrement lady Granville, ce que nous a fait Mme de Lieven, jeudi. Vous savez combien je sors rarement le soir et combien peu je vais chez elle. Mais les Sutherland m'avaient tant dit qu'il fallait y aller et qu'ils aimeraient tant que je les y accompagne ce jeudi passé, que je me suis enfin décidée, non sans effort. Nous voilà donc tous, les Carlisle, les Sutherland, mon frère, le duc de Devonshire et l'ambassadeur de Russie. Il me semble que ce sont des personnes assez bien posées pour prétendre qu'une maîtresse de maison qui les reçoit fasse quelques frais pour elles. Croiriez-vous que Mme de Lieven nous a tous laissés là, pour causer avec qui? avec M. Thiers ! Du reste, elle a toujours été ainsi ; c'est une femme purement politique, il lui faut des gens au pouvoir. Si aujourd'hui on faisait le bourreau président du Conseil, elle serait enchantée de le recevoir chez elle. Elle prétend être mon amie, et vous savez combien Sutherland a été autrefois intime avec elle ; elle ne nous en a pas moins plantés tous là pour M. Thiers. Au surplus, elle ne nous persuadera jamais que l'Empereur Nicolas protège Thiers. Nous savons le contraire. Si donc, ce qui est hors de doute, l'Empereur est instruit des menées de la princesse pour pousser Thiers à la Présidence, elle sera passablement maltraitée par l'autocrate, qui ne plaisante pas. »

18 février.

Avant-hier, mardi gras, j'ai arrangé une petite mascarade burlesque qui était toute composée de jeunes gens. Nous étions tous sur des chevaux en carton. Jules nous a précédés, déguisé en trompette, avec une couronne faite en cigares sur une perruque rousse ; il avait un habit jaune et un pantalon bleu ciel ; il entra au milieu de la salle en faisant semblant de sonner la fanfare. Don Quichotte le suivait sur sa Rossinante, armé de pied en cap. M. de Kinkelin, long et maigre, se chargea de ce rôle ; son fidèle Sancho, à dos d'âne, parfaitement bien costumé, ne quitta pas un instant le chevalier de la triste figure : c'était le comte de Rivière. Ces deux personnages, dont l'entrée excita une hilarité générale, avancèrent du côté de l'orchestre où se trouvait assis nonchalamment M. de Girardin en costume de marquise.

— Ma belle dame, lui dit Don Quichotte, je suis le chevalier de la triste figure, le brave des braves. L'armet de Mandrus que voici et que j'ai vaillamment conquis doit vous donner la mesure de ma force et de mes prouesses.

— Il ne me faut pas tout cela pour savoir que vous êtes le plus grand, le plus généreux, le plus fameux de tous les chevaliers errants. Votre nom me suffit ; vous êtes Don Quichotte, voué à l'incomparable Dulcinée de Toboso. Aussi, suis-je prête à vous recevoir dans mes domaines ainsi qu'il sied à une dame de mon rang.

A ces mots, la marquise lève la main, la trompette

sonne et douze écuyers arrivent deux à deux. C'étaient Narbonne et moi ; Narbonne en chevalier de la table ronde et moi en ancienne garde française ; puis Stapford et Granville, l'un en poissarde et l'autre en matelot anglais ; puis le duc de Rivière et le baron de Varaigne, l'un en postillon et l'autre en paillasse ; puis Hanage et Bruce, tous les deux en Marius ; puis M. de Stokhausen, de la légation de Hanovre, et le baron Sibert, l'un en femme de la halle et l'autre en chevalier ; enfin Oswald et le comte de Calvière, l'un en jockey et l'autre en housard.

A la vue de ce mélange si bizarre, de nos énormes nez et moustaches, les rires éclatèrent de toutes parts. Nous fîmes le tour de la salle, puis nous nous séparâmes pour faire deux colonnes : à mon commandement, on tira les petits sabres d'enfant dont chacun était muni, puis Don Quichotte, toujours suivi de Sancho Pança, nous passa en revue. Nous fîmes ensuite toutes sortes d'évolutions, ainsi que cela se fait au carrousel. A ces évolutions succéda un combat où l'on frappa en mesure sabre contre sabre, figure qui eut un succès prodigieux ; le tout finit par une mêlée générale où la plupart de nous perdirent les jambes, le nez, le chapeau, enfin tout ce qui pouvait se perdre raisonnablement. Jamais je n'ai entendu rire aux éclats comme ce soir-là. Le grand orchestre avec tous ses instruments ne pouvait se faire entendre à travers la folie universelle. On riait, on trépignait des pieds, on battait des mains, en un mot, nous avons eu un succès prodigieux.

En rentrant dans la chambre où nous nous étions costumés, j'étais si fatigué et accablé par la chaleur, que je me suis trouvé mal. Nous étions tous éreintés d'avoir

tant sauté, affublés comme nous l'étions. Si je n'avais
pas renvoyé ma voiture, je serais certainement rentré
chez moi, mais, ne pouvant prendre ce parti, je me suis
étendu sur un canapé. M. de Varaigne et M. Jonsay, beau-
fils et fils de la maison, me soignèrent en me donnant de
l'eau de Cologne et une heure après j'étais de nouveau
sur mes jambes, dansant et dirigeant le cotillon jusqu'à
six heures du matin. A la fin du cotillon, on fit entrer
au milieu du cercle quantité de petites tables toutes
dressées déjà ; chacun prit sa chaise et en un instant tout
le monde était assis à une des tables à côté de sa danseuse.

M. Thorn, qui nous a donné ce beau bal et bien d'autres
encore et des concerts et des dîners sans fin, est un Américain établi depuis quelques années à Paris. Quoique Américain, il est passionné pour tout ce qui est aristocrate.
La princesse de Béthune et la comtesse de Rohan-Chabot,
qui l'ont connu à Baden-Baden, lui ont promis de lui
faire la liste de la société qu'il devait voir à Paris et qu'il
doit inviter à ses fêtes, mais à condition qu'il n'y ait
pas un Américain et pas une de ses anciennes relations.
M. Thorn le promit et il tint parole, de sorte que sa maison
est le rendez-vous de toutes les plus élégantes femmes
de Paris.

M. Thorn a loué cette année le superbe hôtel de Madame
Adélaïde, dans la rue de Varennes, l'ancien hôtel Monaco.
Tous ces magnifiques appartements, vastes et somptueux,
ont été redorés, remeublés à neuf avec un goût parfait
et une grande richesse. La fille de M. Thorn a épousé
M. de Varaigne, et son fils Mlle Lackham, sœur cadette
de feu la princesse de Metternich.

21 février.

Le roi Louis-Philippe se trouve de nouveau, depuis plus de quinze jours, dans tous les embarras de la formation d'un ministère. Si Humann (1) a été le premier auteur de la déconfiture ministérielle, par son attitude dans le débat sur la conversion de la rente, M. de Broglie, de son côté, n'a pas peu contribué à rendre tout arrangement impossible avec la Chambre et elle s'est si nettement prononcée contre ce ministre que le roi n'a peut-être pas été fâché de se débarrasser de lui. En tout cas, il a accepté sans déplaisir la démission que tous les ministres lui donnèrent à la fois.

A sa demande, le comte Molé se chargea de la composition d'un nouveau ministère, mais, lorsqu'il se mit à l'œuvre, il vit qu'à moins de reprendre Thiers et Guizot, il serait obligé de donner dans le tiers parti, avec lequel il n'aurait pu former une majorité. Après quelques jours d'efforts infructueux, il s'est retiré. Pendant ce temps, Broglie s'efforçait de constituer un ministère de transaction qui aurait duré pendant le reste de la session et qui, après avoir fait voter la loi sur la rente, aurait cédé la place à l'ancien ministère doctrinaire qui s'y serait trouvé tout prêt. Il fit son possible pour mettre d'accord sur ce point ses anciens collègues.

Mais le roi, sur ces entrefaites, avait proposé à Dupin,

(1) Élu député en 1820, il avait contribué à la chute des Bourbons. Sous Louis-Philippe, il fut deux fois ministre des Finances, de 1832 à 1836 et de 1840 à 1842, date de sa mort.

président de la Chambre, et aux deux vice-présidents de former le cabinet. Pendant que ces trois personnages se mettaient en campagne, sans plus de succès que les autres, Thiers alla voir Guizot et lui dit :

« Vous qui êtes père de famille, ayant des enfants et pas de fortune, vous devriez tâcher de prendre la présidence de la Chambre qui va être vacante. »

Cette idée sourit à Guizot, et Thiers lui promit son appui. Guizot réunit donc les députés ses amis, leur communiqua son désir et sollicita leur concours. Mais Thiers, revenu chez lui, s'était dit qu'au fond cette place lui convenait tout aussi bien qu'à Guizot, et il mit tout en œuvre pour se faire élire président. Guizot ne tarda pas à être averti des menées de Thiers. Il y vit avec raison une perfidie et les voilà à jamais brouillés. On ne pouvait attendre du duc de Broglie qu'il tentât de les raccommoder. Il profita de leur brouille pour rappeler à Guizot leurs anciens rapports politiques, leur amitié, leurs promesses réciproques que celui-ci avait un peu oubliées. Broglie était donc très content, sa tentative réussit à merveille et si bien que, peu de jours après cette entrevue, lorsque le roi, poussé par Talleyrand, se jeta entre les bras de Thiers et que celui-ci proposa à Guizot d'entrer dans le nouveau ministère, il essuya de lui un refus motivé par l'impossibilité de se séparer de Broglie.

Dupin, ayant éprouvé des refus de la part de plusieurs membres de la Chambre des pairs, avait renoncé à former un cabinet et dit au roi que le président de la Chambre des députés n'était pas fait pour porter des cartes de visite au concierge du Luxembourg. C'était mal cacher sa défaite. Le roi a accepté Thiers comme ministre des Affaires étrangères et président du Conseil. Il aurait bien voulu donner la présidence au maréchal Maison, mais c'eût été par trop dire : « C'est le roi qui est président du Conseil, c'est le roi qui fait tout. »

Le roi n'ignore pas les défauts de son nouveau président, il sait qu'il est indiscret et léger. Mais comment faire, alors qu'il n'y avait pas d'autre président possible ?

24 février.

Je n'en ai pas cru mes yeux, en voyant lady E***. Je l'ai rencontrée dernièrement sur la place Louis XV donnant le bras à un très beau jeune homme. M'étant informé si véritablement elle habitait de nouveau Paris, j'ai appris qu'après avoir suivi S*** pendant que se déroulait à Londres son procès en séparation, si scandaleux, elle a vécu ici d'une manière très retirée et ne voyant absolument personne que S*** et un cousin de celui-ci. Ce cousin découvrit un jour que Milady recevait chez elle un ancien garde du corps ; il lui en parla et la prévint que, si elle ne rompait pas sur-le-champ cette relation, il serait obligé d'en avertir S***. Lady E*** promit et ne tint pas ; S*** en fut aussitôt avisé, ce qui le décida à rompre et à quitter Paris dans deux fois vingt-quatre heures.

Lady E*** pleura peu ou beaucoup, mais garda son garde du corps. Cependant un semblable bonheur ne peut durer longtemps ; le garde du corps fut donc remplacé par un autre, je ne sais pas trop qui, et enfin, de successeur en successeur, la belle dame arriva de La Haye à Munich avec le fils d'un aubergiste. Elle se montra publiquement avec lui. En Bavière, où ceci se passait, on en parla, les femmes de bien avec horreur et les hommes en admirateurs de la beauté. Les jeunes gens en eurent la tête tournée et bientôt pas un homme de la société de Munich n'eût voulu se trouver en défaut de politesse vis-à-vis de cette femme.

Le roi de Bavière lui-même se la fit présenter : ce fut la fin de la liaison avec le fils de l'aubergiste, qui en éprouva le plus vif chagrin ; néanmoins il lui fallut céder la place. Comment lutter contre une foule de grands seigneurs et contre un roi ? Il paya, de la perte de sa belle, la vanité de s'être montré en public et comme amant en titre à côté d'une si noble dame.

De tous les amoureux, le plus amoureux fut M. de T***. Il parla de mariage à lady E***. Mais les obstacles pour y arriver parurent insurmontables à tout le monde, excepté aux deux amants. Ils se dirent que rien n'était impossible à l'amour et se confièrent au roi. Il en fut si enchanté qu'il jura sur la Couronne qu'il obtiendrait du pape toutes les dispenses nécessaires. Le pape se montra indulgent et lady E*** devint Mme de T***. Ce fut le meilleur ménage, le plus heureux, le plus tendre.

Néanmoins le monde, par pure méchanceté sans doute, prétendit savoir qu'un beau Grec, ami de monsieur, l'était plus encore de madame. Le mari eut beau protester, déclarer que ces propos étaient calomnieux, il arriva ce qui devait arriver : les deux amis se brouillèrent, se provoquèrent en duel. Comme les duels sont sévèrement prohibés en Bavière, ils allèrent s'entre-tuer à l'étranger, suivis par la femme, cause de leur querelle.

Le duel eut lieu, le beau Grec fut blessé et les médecins déclarèrent que la blessure était mortelle. D'après eux, il n'avait plus que quelques heures à vivre. Alors, il affirma au mari qu'il était innocent et victime de la plus infâme calomnie, qu'entre lui et Mme de T*** il n'y avait jamais eu d'autres rapports que ceux d'une grande et sincère amitié. Puis il serra la main de son ancien ami et, poussant un grand soupir, il ferma les yeux.

Heureusement pour lui, il ne les ferma pas pour toujours, mais pour quelques heures seulement. Une crise salutaire survint et si prompte que, peu de jours après, le moribond se portait aussi bien que les mieux portants de la terre. Cet événement aussi extraordinaire qu'heureux fit le bonheur du ménage, et les voilà tous trois qui, au lieu de retourner à Munich, prennent la route de Paris, sous de faux noms à la vérité, mais non pas avec de faux cheveux et de fausses moustaches, ce qui fait qu'on n'a pas grand'peine à les reconnaître lorsqu'on les rencontre dans les rues ou sur les places, ainsi que cela m'est arrivé.

Comme le monde ne veut plus croire aux résurrections, on rit beaucoup du pauvre M. de T***, qui dit à qui veut l'entendre que si son ami était mort, il se serait tué aussi, ne pouvant survivre à l'homme généreux dont le trépas eût été son œuvre.

28 février.

J'ai dîné vendredi dernier chez lady Granville. Il y avait là une singulière réunion de femmes spirituelles, de femmes aimables, de femmes politiques. Parmi les femmes aimables, je citerai d'abord lady Granville qui ne le cède à personne pour la finesse de ses observations, la gaieté de sa conversation et le charme extrême qu'elle répand sur tout ce qu'elle dit. La duchesse de Sutherland a aussi beaucoup de grâce et d'esprit. Mme la vicomtesse de Noailles, qu'on appelle Mme Alfred, mère de la duchesse de Mouchy, est aussi bien spirituelle. On n'a pas plus de grâce et de mouvement, c'est une mobilité incomparable, une éloquence inimitable pour la simplicité et la justesse des expressions. Elle et la marquise de Jumilhac causant ensemble, c'est un feu roulant de bons mots et de plaisanteries si drôles, toujours neuves et si surprenantes qu'il est impossible de ne pas être subjugué sous tant de charme et de gaieté.

Lady Granville ne se contente pas de cette abondance d'esprit, il lui en faut encore, et, malgré son peu de goût pour la duchesse de Dino, elle l'avait invitée avec la princesse de Lieven et la délicieuse Mme Orloff.

J'étais curieux de savoir qui l'emporterait dans cet assaut d'esprit et à qui M. de Talleyrand et M. Molé donneraient la préférence. M. de Talleyrand, dans de semblables circonstances, se retranche ordinairement dans son impassibilité désolante, il mange beaucoup et n'ouvre la bouche que pour y faire entrer les morceaux les plus délicats qu'il sait apprécier et dont il fait par conséquent grand cas. Mais M. Molé a un fort mauvais estomac, il ne mange presque rien et parle d'autant plus. Néanmoins, ses frais de paroles ne sont pas pour tout le monde, il en connaît trop la valeur pour lancer son érudition au milieu de la foule et pour livrer son esprit fin et délié en le jetant à la tête de tout le monde. Il parle donc bas et à son voisin, et cela seulement si son voisin lui plaît. Sinon, il se tait et prend un air tellement sérieux et sinistre, qu'il faudrait un courage plus qu'ordinaire pour oser interrompre ses méditations profondes et sévères.

La princesse de Lieven devenait plus raide à mesure qu'on annonçait des personnages importants ou célèbres. Elle semblait attendre une attaque et s'être mise sur la défensive contre tout cet esprit féminin qu'elle abhorre. Mmes de Noailles et de Jumilhac, découragées par une attitude aussi farouche, se mirent dans un autre coin du salon et s'emparèrent de tous les hommes, notamment de M. Molé. Fasciné par l'esprit de ses deux compatriotes, il oublia le reste de l'Europe. Mme de Lieven en fut profondément blessée et, ne pouvant supporter plus longtemps une telle humiliation, quitta le salon de lady Granville aussitôt après le dîner.

La duchesse de Dino, avec ses grands yeux noirs, assise à cette table où l'esprit était en force, avait l'air de la Sibylle. Elle promenait ses regards de l'un à l'autre de ces personnages, plongeant les yeux tour à tour jusqu'au fond des cœurs comme pour découvrir même les pensées les plus secrètes, les plus cachées ; puis elle les détournait avec une expression de tristesse ou de déplaisir, car elle n'y découvrait rien de bienveillant. Étant sûre que, si aucun des convives ne lui dispute l'esprit, plusieurs lui contestent les qualités qui rendent une femme estimable, elle prit l'attitude toute filiale d'une tendre nièce qui n'a d'autre souci que celui de soigner son vieil oncle si paternel, si respectable. Il est assez vieux, en effet, pour être son grand-père, et ses cheveux blancs seraient respectables si les années qui les ont fait blanchir n'avaient pas été marquées par toutes les perfidies qu'il a commises envers Dieu et les hommes.

Mme Orloff parla beaucoup avec lady Granville et

nous fit des mines très gracieuses. Elle est blanche, a de beaux yeux. Ses saphirs sont superbes ; elle était mal mise au reste, sans goût et avec beaucoup de prétention.

En résumé, il n'y eut pendant et après le dîner aucune conversation générale, il n'y avait de gaîté et d'entrain que chez Mmes de Jumilhac et de Noailles. Celles-là, rien ne saurait troubler leur ineffable bonne humeur. Sans elles le dîner eût été d'un mortel ennui. C'est que la prétention engendre la réserve et la réserve est la sœur jumelle de l'ennui.

29 février.

Hier, au bal, chez la marquise de Bartillat, Mme la comtesse de Menou me demanda la permission de me présenter un jeune homme qui, me dit-elle, revendiquait l'honneur de m'appartenir par des liens du sang et se flattait d'être mon cousin.

— C'est le marquis de Porro (1) que j'ai connu à Milan, continua la comtesse. Il y est venu pour voir son père.

— Je suis très honoré, dis-je, que le marquis veuille bien me considérer comme son parent. Je l'accepte volontiers, surtout si c'est pour lui être utile.

— Eh bien ! comme tel justement, il réclame votre protection auprès de l'Ambassadeur car, sans vos bons offices, il ne pourrait se présenter à l'ambassade, vu qu'il est parti de Milan sans passeport.

(1) Fils du patriote italien de ce nom qui avait pris part aux complots contre la domination autrichienne en Italie.

— Vous savez, dis-je à la comtesse de Menou, que son père a été pendu chez nous en effigie.

— Je le sais, et voilà ce qui complique son affaire.

— Malgré cela, faites-moi faire connaissance avec lui, je tâcherai d'arranger tout cela le mieux que je pourrai.

La comtesse me le présenta. C'est un jeune homme d'une assez jolie figure, blond aux yeux bleus ; sa tournure n'est pas sans élégance. Il m'a raconté l'histoire de son escapade. Néanmoins, je lui ai promis de le présenter à l'Ambassadeur et à l'Ambassadrice, non pas comme marquis Porro, réfugié italien, mais à titre de cousin de ma mère. Cette présentation a eu lieu ce soir ; l'Ambassadeur et l'Ambassadrice l'ont reçu de la manière la plus cordiale.

Cette présentation une fois faite, je lui proposai de le conduire dans trois salons entre lesquels je m'étais promis de partager ma soirée. Je l'ai partout présenté comme un de mes cousins, ce qui lui a valu une très bonne réception et des invitations pour des bals et des concerts qui auront lieu dans ces maisons. Il a cette vivacité italienne qui peut tenir lieu parfois d'esprit ou, pour dire plus juste, paraît en tenir lieu. Une de ses grandes qualités, c'est qu'il est bon fils, il adore son père. Pour le reste du monde, il est assez bon enfant, avec beaucoup de naturel et d'abandon, sans être mauvais genre pour cela, ni dans sa conversation, ni dans son maintien.

1er mars.

James de Rothschild nous a donné hier un superbe bal, dans sa maison tout nouvellement et magnifique-

ment meublée dans le goût de la Renaissance. Je trouve
ce style peu convenable pour un hôtel à Paris, je l'aimerais mieux dans un château. Mais, cette réserve faite,
je dois reconnaître qu'il est impossible de le voir mieux
imité. Les peintures sont sur fond d'or exécutées par
d'excellents artistes, les cheminées admirablement cise-
lées. Les chaises sont en bronze or moulu, à dossier très
élevé surmonté de figures qui soutiennent l'écusson de la
maison Rothschild, en émail. Les tapis, les candélabres,
les lustres, les étoffes des draperies à lourds glands d'or
et d'argent, tout enfin est dans le même style ; il y a des
pendules niellées et émaillées sur fond azuré, des vases
en or massif incrustés de pierres et de perles fines ; en un
mot, c'est un luxe qui dépasse toute imagination.

Le bal, malgré tout cela, n'a pas été grès gai. Rothschild est obligé d'inviter trop de monde et de bords trop
différents pour qu'on s'y amuse franchement.

3 mars.

Hier, il y a eu grand concert à la cour. Nos deux
princesses Mmes de Schönburg et de Brezenheim se
sont trouvées placées près de Mme James de Rothschild,
à côté de qui était assise Mme la duchesse de Dino.
Mme de Rothschild, fatiguée probablement de son bal
où elle a veillé jusqu'à six heures du matin, était de mauvaise humeur et dit à la duchesse de Dino qu'elle quitterait le concert aussitôt qu'elle aurait fait sa révérence
à la reine. Mme de Dino a tâché de lui faire comprendre
qu'elle trouvait inconvenante cette manière de traiter

la Cour. Mais voyant que la baronne ne démordait pas de son projet, la duchesse lui proposa de changer de place avec elle, afin d'être à côté de la princesse Schönburg, voisinage auquel elle mettait un grand prix.

« Et moi aussi, lui répliqua assez sèchement Mme de Rothschild, et c'est pourquoi je suis résolue à garder ma chaise aussi longtemps que je resterai ici. »

La princesse Schönburg a été singulièrement frappée de ce petit incident et c'est d'elle que j'en tiens le récit.

Après le concert, je suis allé chez la baronne Delmar où il y en avait un autre, moitié artistes, moitié amateurs. La comtesse Marescalchi, née de Pange, le prince Belgiojoso, Alexandre de Périgord, la comtesse Delphin Potocka et sa sœur Mlle Nathalie de Komar et autres y ont chanté.

4 mars.

J'ai dîné hier chez le duc d'Orléans. C'était un dîner d'hommes et presque entièrement composé de nous autres Autrichiens. De notre ambassade, il y avait Esterhazy et moi seulement ; mais, en revanche, le duc d'Orléans a invité les princes de Schönburg et de Brezenheim, le comte Erdödy et son cousin M. de Fesztetitz et les comtes Paul et Eugène Zichy. En fait d'autres étrangers, il y avait encore lord Pembroke et lord Clanricarde et en seigneurs français le duc de Valençay, le comte de Chabot et le comte Anatole de Montesquiou (1).

(1) Le général de Montesquiou, ancien aide de camp de Napoléon

Ce dernier me parla beaucoup de son récent voyage à Vienne dont il a gardé un bien agréable et reconnaissant souvenir. Il m'a dit entre autres choses qu'un jour, à un dîner chez le prince Rasomowsky, il s'était trouvé assis à côté d'une personne très aimable, à laquelle on l'avait présenté et qu'on lui disait être Mme O'Donnell (1).

« Comme il y avait près de vingt-cinq ans, continua le comte, que je n'avais pas été à Vienne, je lui demandais des renseignements sur les personnes avec lesquelles j'avais été lié alors et que j'avais perdues de vue depuis. A mon grand chagrin, j'ai appris que pour la plupart ces personnes sont mortes. Il y en avait une qui m'avait laissé une grande impression ; je me rappelais cette personne si jeune, si fraîche, si gaie, si svelte, si gracieuse, si légère, dansant à merveille, aimable, spirituelle.

« — Cette demoiselle, dis-je à Mme O'Donnell, était
« chez le prince de Ligne et s'appelait Titine. Qu'est-elle
« devenue?

« — Vous désirez la revoir? me dit la comtesse
« O'Donnell.

« — Sans doute, repris-je, elle m'aura oublié proba-
« blement?

« — Et il n'y a rien, reprit Mme O'Donnell, qui vous la
« rappelle? Pas une personne de tout ce monde ; pas une
« de toutes ces femmes?

« — Non, madame.

« — Je ne peux vous en rien dire, n'en ayant jamais

---

député sous Louis-Philippe et pair de France ; auteur de nombreux écrits littéraires, mort en 1867.

(1) Fille du prince de Ligne, mariée au comte Maurice O'Donnell, feld-maréchal autrichien.

« entendu parler et je ne crois pas que vous la retrou-
« verez, votre ravissante Titine. »

« Quelques jours avant mon départ, continua le
comte, je parlais à M. de Sainte-Aulaire de ma triste
conversation avec Mme O'Donnell et de mon désir de
retrouver Mlle Titine.

« Mais, la comtesse O'Donnell aurait pu vous en
« donner des nouvelles, s'écria M. de Sainte-Aulaire, car
« c'est elle cette demoiselle Titine, que vous avez connue
« légère comme une sylphide et que vous retrouvez
« grosse comme un petit tonneau. »

« Jugez de mon désappointement, cher comte, jugez
de mon chagrin de ne pas avoir reconnu Titine et de lui
avoir fait de la peine ! Comment réparer une semblable
erreur ? Aussi ai-je quitté Vienne sans l'avoir revue. »

Le duc d'Orléans a parlé à Brezenheim et à moi en
allemand pendant presque tout le dîner. Brezenheim en a
été enchanté, car il a quelque difficulté à s'exprimer en
français. Après le dîner, le duc d'Orléans nous invita
tous dans sa loge au Théâtre-Italien, chose qui me con-
traria un peu pour ma part, car j'avais quelques visites
à faire que j'ai été obligé de négliger, n'ayant pas quitté
la loge des princes avant leur départ qui ne s'est effectué
que vers la fin de l'opéra.

J'ai fini ma soirée chez le duc de Fezensac.

6 mars.

Le duc d'Orléans est très assidu chez la marquise de
Bartillat, malgré la violence de son mari et malgré les

opinions carlistes de ses parents. Cependant, la marquise, lors de son dernier bal et quoique très reconnaissante envers le prince, n'invita, ni lui ni le duc de Nemours, tenant surtout à ne pas se brouiller avec sa famille et ses amis. En revanche elle invita les Mortemart, les Sainte-Aldegonde, les Béthune, les d'Escars, les Rivière, les de Lorge, les Hunolstein, les Noailles, etc., etc.

Tout le monde arriva, excepté la jeune duchesse d'Escars, cependant : en entrant dans la cour, elle avait aperçu je ne sais quel domestique en livrée rouge et l'avait pris pour un valet du duc d'Orléans. Ne voilà-t-il pas qu'elle pousse un cri d'horreur et qu'elle ordonne à son cocher de faire volte-face et de rentrer à l'hôtel. Chemin faisant, elle se rappelle que sa sœur la duchesse de Lorge et son frère le duc de Tourzel avec sa femme, qu'elle avait laissés chez les Hautefort, devaient aussi venir au bal de la marquise de Bartillat. Aussitôt, elle tire le cordon et ordonne au cocher de la conduire à l'hôtel Hautefort. Elle y surgit comme un véritable événement, on l'entoure, on la questionne, elle ne répond pas, mais elle appelle avec une expression de désespoir son frère et sa sœur qui arrivent de l'autre salon, elle se précipite dans leurs bras en criant : « Nous sommes sauvés, nous sommes sauvés ! »

Personne n'y comprend rien, on ne devine pas quel danger toute la famille a couru ; enfin la duchesse s'explique et les plus montés ne peuvent s'empêcher de sourire. Mais on a ri bien plus encore lorsqu'on a su que toute cette scène ne reposait que sur une méprise de la part de la duchesse d'Escars.

J'ai passé une partie de ma soirée chez la duchesse de Valençay ; je ne l'avais pas vue depuis la perte douloureuse qu'elle vient de faire. Elle a bien pleuré en me

revoyant et m'a beaucoup parlé de sa pauvre petite
Yolande. Elle m'a dit que, depuis son malheur, il lui
était impossible de voir du monde, aussi passe-t-elle ses
soirées en tête à tête avec elle, car elle a fait défendre
sa porte.

Je suis parvenu à la calmer un peu et, bientôt, nous
avons parlé de tout ce qui se passe dans le monde et de
mes regrets de ne pas l'y rencontrer. Elle m'a parlé avec
une grande franchise de sa belle-mère, la duchesse de
Dino, à laquelle elle rend une justice entière.

« Elle a été parfaite pour moi pendant toute ma maladie et pendant celle de ma pauvre enfant ; elle nous a été
d'une grande ressource. A ce moment, tout le monde ici
avait perdu la tête, moi, mon pauvre père, ma mère, ma
sœur, mes beaux-frères, tous enfin au milieu de cette
désolation affreuse ; il nous fallait une personne qui sentît
moins vivement que nous, une personne qui pût consoler
mon pauvre Louis, auquel nul ici n'avait le temps de
penser, tant chacun se trouvait frappé par notre malheur.
C'est donc ma belle-mère qui ordonna tout, qui secourut
ceux qu'il y avait à secourir, qui parla raison et qui a été
la seule qui se soit fait écouter. »

7 mars.

Thiers et Berryer s'arrangent à merveille.

« Vous êtes arrivé à ce résultat, disait dernièrement
Berryer à Thiers, qu'il y a beaucoup de points sur lesquels
nous nous entendrons ; vous n'avez qu'à vouloir. Je
crois qu'il serait bon, pour le bien de la France, que nous
nous entendissions, afin de pousser d'un commun accord

la grande machine du gouvernement sur la route où nous nous sommes rencontrés par la force des choses et que nous devons faire ensemble, quoique dans un but différent. »

La princesse Lieven, qui ne se doutait pas de cette amitié entre Thiers et Berryer, fut un jour extrêmement embarrassée en voyant entrer Berryer chez elle alors qu'il n'y avait dans son salon personne autre que Thiers.

« Comment, se disait-elle, vais-je faire pour arranger ces deux éléments si opposés? »

Grande fut sa surprise lorsque Berryer tendit la main à Thiers et que celui-ci en la lui serrant demanda : « Comment vas-tu, cher ami? »

Le lendemain, Mme de Lieven s'annonça à dîner chez nous et nous raconta cette scène singulière. Je lui dis alors que Berryer et Thiers avaient été amis de collège et plus tard avocats ensemble, que c'était de là que datait leur amitié et qu'après s'être vus séparés par les circonstances autant que par leurs opinions, ils croient pouvoir dans ce moment se rapprocher à la faveur de leurs anciennes relations.

Berryer est un de ceux qui vont beaucoup chez Mme de Lieven. Une personne de ma connaissance lui a demandé devant moi ce qu'il pensait de l'esprit de cette dame.

« Jusqu'à présent, a-t-il répondu, je n'ai découvert en elle, en fait d'esprit, qu'une grande curiosité. »

9 mars.

Hier soir, j'ai été chez la marquise de Bellissen et, auparavant, chez la comtesse de Biron et chez la comtesse

Paul de Ségur. Le salon de Mme de Biron était tout ce qu'il y a de plus archicarliste par le monde qui s'y trouvait réuni. De là, je suis allé chez Mme de Ségur ; c'est une jeune et gentille femme, Mlle Greffulhe de son nom, fille du premier mari de Mme Philippe de Ségur. Elle a épousé le fils du second mari de sa mère. Toute la famille de Ségur va à la cour de Louis-Philippe et lui est très dévouée.

Le fils de Philippe de Ségur, qui s'appelle Paul, est très lié avec le duc d'Orléans. C'est un charmant garçon, doux, spirituel, beau, aimable.

Malgré ses relations avec la cour, toute cette famille a conservé ses amitiés. Ainsi Mme de Ségur est toujours liée avec la vicomtesse de Noailles, avec la duchesse de Mouchy et avec Mmes de Jumilhac, de Poix, de Chellincourt et beaucoup d'autres. Cette circonstance a donné l'idée à Mme Paul de Ségur de faire de son salon un salon de fusion pour rapprocher toutes les opinions. On voit donc dans ce salon les princes bec à bec avec toutes ces dames et, qui pis est, tous les jeunes gens les plus montés contre le gouvernement. Mme de Ségur est enchantée de l'idée qu'elle a eue, et lorsque les personnes les plus hostiles contre Louis-Philippe se rencontrent nez à nez avec le duc d'Orléans et Mgr de Nemours, elle est ravie.

Elle m'a dit : « Voyez, la fusion est complète. »

Comme elle finissait sa phrase, la duchesse de Liancourt me glisse à l'oreille :

— Me voilà prise comme dans une cage, cette pièce n'a d'autre porte que celle qui est vis-à-vis de nous et elle m'est fermée.

— Et par quoi?

— Mais, vous voyez bien, cher comte !

C'était le duc d'Orléans qui, comme toutes les personnes naturellement timides, a la manie de se mettre entre les portes.

— Je suis seule de mon espèce ici, a repris la duchesse, et si le duc de Chartres me tient ainsi prisonnière plus longtemps encore, je m'ennuierai passablement. Vous pourriez bien lui dire de s'en aller de là.

— Je m'en garderai bien, repris-je, tout ce que je puis faire pour vous, madame, c'est d'entamer une conversation avec Monseigneur et de le déplacer ainsi sans qu'il s'en doute.

Tout cela rend ces soirées horriblement froides. Un jour, j'ai vu, chez Mme de Ségur, la duchesse de Mouchy se cacher derrière le rideau de la croisée, parce que le duc de Nemours l'avait tellement bloquée en causant avec une autre femme, qu'elle ne pouvait plus ni avancer, ni reculer.

La baronne de Meyendorff plaît assez, mais elle a la manie de vouloir passer pour carliste dans les salons carlistes et partisane chaude du Juste Milieu partout où les princes se trouvent. Ce salon de fusion lui est donc odieux ; elle est coquette au possible avec Mgr d'Orléans et, sans être en rapports aussi intimes avec lui que quelques âmes charitables le prétendent, elle est cependant avec le prince sur un pied très « kind ».

Monseigneur avait fait cadeau à la belle baronne d'une espèce de cordon à pipe qu'il a rapporté d'Alger ; c'est une torsade en soie rouge et bleue avec des nœuds coulants et des glands en galons d'or. Mme de Meyendorff appelle ce cordon une bayadère et, l'ayant baptisée ainsi, elle se le met autour du cou. Elle ne manque jamais de le porter lorsqu'elle va dans les salons du Juste Milieu où il y a chance de rencontrer le duc d'Orléans. C'était bien le cas d'hier, mais le mélange des deux sociétés fait le désespoir de Mme de Meyendorff. Elle me demanda en entrant s'il y avait beaucoup de carlistes ; je lui dis que oui et j'ajoutai :

« Vous savez, madame, que lorsqu'on mêle de l'huile et de l'eau ensemble, les deux liquides ne se réunissent un moment que pour se séparer de nouveau. Si vous désirez être avec le Juste Milieu, restez dans ce salon-ci, mais si, au contraire, vous voulez être avec les dames carlistes, allez au buffet. Je crois, continuai-je, en prenant le bout du fameux cordon, je crois que vous aimeriez mieux aller du côté du Juste Milieu. »

La baronne rougit et me demanda du ton le plus naïf qu'elle put prendre :

— Et pourquoi?

— Parce que vous verrez les carlistes chez Mme de Bellissen, où je vais à présent et où je compte vous annoncer.

— Faites-le, me répondit-elle.

Elle ne tarda pas à me suivre chez la marquise, mais elle avait laissé son cordon de pipe dans la voiture.

12 mars.

Ce matin, étant en visite chez la princesse de Lieven, elle m'a prié de l'accompagner au bois de Boulogne ; je n'ai pu le lui refuser. Depuis l'hôtel Windsor jusqu'à la barrière de l'Étoile et de là jusqu'au bois de Boulogne, et pendant toute la promenade que nous y faisions à pied la princesse, sa nièce et moi, elle n'a pas cessé un instant de me questionner sur la société parisienne, sur les personnes et les choses. Comme elle ne lit jamais rien, ni brochures, ni livres, ni même les journaux, on est souvent étonné qu'elle ignore des choses que tout le monde sait, d'autant plus que souvent elle sait des choses que bien du monde ignore. De retour du bois de Boulogne, nous avons fait quelques visites ensemble, telles que chez la comtesse de Saint-Priest, la princesse Dolgorouki et l'ambassadeur de Sardaigne.

Comme il était près de cinq heures, j'ai fait mes adieux à la princesse en lui disant que j'étais obligé de rentrer, vu que j'avais donné rendez-vous à quelqu'un pour affaires.

« Ah! mon Dieu! me dit-elle, voilà encore une demi-heure qui me reste. Que vais-je devenir jusqu'à cinq heures et demie? Croyez-vous que l'Ambassadrice me recevra, qu'elle me permettra de passer cette demi-heure avec elle? »

J'ai répondu que c'était l'heure que l'Ambassadrice passait ordinairement avec sa fille, pour répéter avec elle sa leçon de piano, mais que je ne doutais pas qu'elle serait charmée de recevoir la princesse. Je remontai donc dans sa voiture et nous nous rendîmes à l'ambassade, où elle tua sa demi-heure.

Le soir, j'ai été entendre *les Huguenots* de Meyerbeer. Le sujet de cet opéra, c'est la Saint-Barthélemy avec toutes ses horreurs, c'est le catholicisme traîné dans la boue, c'est le clergé représenté sous l'aspect le plus odieux. La musique peut avoir quelque mérite ou beaucoup de mérite, mais, à coup sûr, elle est bien longue, bien fatigante, bien inintelligible et surtout peu agréable. La mise en scène et les décors sont superbes et notamment une vue de Paris prise du Pont-Neuf, éclairée par un ciel pur et parsemé d'étoiles ; il est impossible de pousser l'illusion plus loin.

14 mars.

Hier, la comtesse de Sainte-Aldegonde, dame de la reine, nous a donné un tout petit bal ; ç'a été encore un drôle de mélange de personnes de la Cour et de carlistes. Elle tient à ceux-ci par les Mortemart. La duchesse de Mortemart est la sœur de son mari. Elle y tient aussi par l'autre branche des Sainte-Aldegonde et tous les Béthune et Charost qui sont tous affreusement montés contre ce qui est à l'ordre du jour. Avec cela, son appartement est très élégant mais très petit, et les portes si étroites que deux personnes un peu fortes auraient de la difficulté à s'y rencontrer. Ceci est un mince inconvénient dans une réunion intime, mais, lorsqu'on réunit de hauts personnages d'une opinion différente, c'est une chose qui peut devenir grave. Tout s'est cependant passé froidement, à la vérité, mais avec les formes qu'on se doit. A la fin du bal, le champ est resté aux carlistes et c'est alors qu'on s'est amusé franchement.

15 mars.

M. Thorn, le célèbre Américain, nous a donné un dîner de cinquante couverts, ennuyeux d'abord et détestable

par-dessus le marché. Après ce malheureux dîner, il devait
y avoir un concert d'amateurs ; mais ces amateurs ont
trouvé bon de ne pas y venir parce qu'ils n'ont pas voulu
chanter devant tant de monde. Mme de Gabriac a prétendu qu'elle était horriblement enrhumée et, pour nous
le prouver, elle tâchait de toussailler un peu, surtout en
entrant dans le salon et puis lorsqu'on lui demandait de
chanter. La duchesse de La Trémoïlle, ne voulant pas se
brouiller avec la famille Thorn, a pris le parti de se mettre
dans son lit. Heureusement, elle était fatiguée d'un bal
de la veille, sans cela elle aurait trouvé ce moyen bien dur.
Mme de Nieuwerkerke a allégué qu'elle était obligée de
soigner une pauvre vieille tante très malade et d'y passer
toute la nuit. La marquise de Caraman ne fit rien dire,
mais ne vint pas. Toute la famille Thorn était en fureur
et la pauvre grosse Mme Jonsay surtout, car elle en a
été la plus victime, ayant dû chanter avec quelques
méchants brailleurs, MM. de La Bouillerie et un grand
flandrin blond et blafard que je ne connaissais pas et qui
m'avait l'air d'un maître de chant en retraite. A minuit
et avant même, tout le monde gagna la porte comme si
le feu était à l'hôtel. C'est que James de Rothschild, qui
donnait un raout, nous avait promis une surprise pour
minuit.

Tout le monde était donc curieux de voir ce que serait
la surprise. Avant minuit il y avait dans la cour du
baron force voitures, dont la longue file commençait
boulevard des Italiens et qui, l'une après l'autre, déposaient leur élégante cargaison.

La première personne sur laquelle je tombai en entrant
fut le duc d'Orléans.

— Vous y voilà, comte Rodolphe, dit-il, en tirant

sa montre et regardant l'heure, c'est ce que j'appelle arriver à la minute, ni plus tôt ni plus tard, pour la surprise.

— Est-elle commencée, Monseigneur?

— Pas encore, mais il n'est pas minuit, il s'en faut de deux minutes. Vous êtes certainement dans le secret, continua le duc, je compte sur vous pour m'indiquer où je dois aller pour voir ce qu'il y a à voir.

— Je crois, Monseigneur, connaissant bien notre aimable baron, qu'on ne verra rien et qu'il n'a répandu ce bruit que pour être sûr de remplir ses beaux salons.

— Vous croyez donc que la surprise est qu'il n'y en aurait pas.

— Monseigneur a deviné juste.

— Mais c'est un tour affreux qu'il nous joue.

— Je ne dis pas le contraire.

Effectivement, il n'y a pas eu plus de surprise qu'il n'y en a dans le pain quotidien.

17 mars.

Le concert chez Delmar a été charmant; j'y suis resté jusqu'à minuit et j'y serais resté plus tard encore, car j'étais bien placé, à côté d'une femme agréable avec qui j'ai causé bien gaiement, la duchesse de Sutherland. Mais j'avais promis aux princesses Schönburg et Brezenheim de me trouver chez Mme Émile de Girardin. J'ai donc dû quitter la duchesse et je l'ai quittée à regret.

Chez Mme de Girardin, il y avait beaucoup de gens de lettres, d'abord sa mère Mme Sophie Gay, puis Alfred

de Musset et Lamartine, Balzac, Victor Hugo, Jules
Janin, Émile Deschamps, Alexandre Dumas, Resseguier
et autres. Mme Delphine de Girardin nous a récité de
jolis vers de sa composition avec une grâce et, qui plus
est, une simplicité parfaites. Lamartine nous en a dit
de charmants et qui n'ont pas encore paru. Ces décla-
mations alternaient avec des romances, dont les paroles
étaient composées par un des auteurs présents et mises
en musique par Labarre qui les accompagnait ou les
chantait. Plusieurs de ces romances ont été composées
par Mlle Lambert, charmante jeune personne remplie
de talent et qui chante d'une manière inimitable. Chaque
fois qu'on se mettait au piano, Mme Sophie Gay nommait
l'auteur du poème qui nous exposait le sujet ; on nommait
ensuite l'auteur de la musique qui chantait ou accompagnait le chant de sa composition. Nos deux princesses,
pour lesquelles une soirée passée de cette manière était
chose toute nouvelle, en ont été dans le ravissement.

Parmi tout ce monde, il y avait aussi Mme Victor Hugo,
personne très commune quant à son extérieur, belle
pourtant. Elle parlait beaucoup, mais avec esprit, avec
un peu trop de recherche peut-être. Néanmoins, tous
ces messieurs paraissaient beaucoup l'apprécier ; Mme Gay
m'a dit qu'elle aimait mieux le mari que la femme, ce qui
ne m'étonne guère, car Mme Gay ne me fait pas l'effet
d'être indulgente pour les femmes.

                                        22 mars.

Hier, il y a eu grand raout chez nous, un monde fou,
mille ou douze cents personnes. La file des équipages

allait jusqu'à la place Louis XV ; de malheureuses femmes sont restées dans leur voiture sans pouvoir en descendre. Cette réception a duré jusqu'après deux heures ; j'en ai été horriblement fatigué, d'autant plus que la veille j'avais été à deux bals : à l'Hôtel de Ville et chez Mme Vatry.

Cette dernière est la femme d'un agent de change, logeant et appartenant à la chaussée d'Antin. Sa maison, située sur la place Saint-Georges, est très petite mais extrêmement élégante. M. Vatry a été du temps de l'Empire attaché à la Cour de la princesse Pauline Borghèse ; maintenant il est député.

Le duc d'Orléans ne va que rarement aux bals de Mme Vatry. Le duc de Nemours, au contraire, ne manque pas un samedi. Monseigneur est amoureux à sa manière de Mme de Plaisance, fille de la princesse de Wagram. C'est pour rencontrer cette dame, qui est de la société de Mme Vatry, que le duc de Nemours y reste toujours du commencement du bal jusqu'à la fin et cela bien plus pour la voir que pour lui parler, car Monseigneur est très timide et de peu de paroles.

Hier, cependant, j'ai vu le duc plus causant qu'à l'ordinaire, non pas avec Mme de Plaisance, mais bien avec une demoiselle anglaise, fort jolie à la vérité et passablement coquette, Mlle Beresford. Je connais en ce moment, outre le duc de Nemours, trois jeunes gens qui lui font une cour très assidue : ce sont le petit lord Paget, Paul Zichy et mon cousin Rodolphe II. La petite Anglaise mène ces quatre intrigues de front d'une manière fort habile. Comme je suis le confident de deux de ses adorateurs et que chacun d'eux est persuadé qu'il est le préféré, je ne crois pas me tromper en supposant que tous les quatre sont également dupes de sa coquetterie. Paget et Paul Zichy veulent l'épouser. Mgr de Nemours et Rodolphe II se contentent de se montrer très épris. Le duc de Nemours va bien souvent la voir le matin, et comme elle demeure rue de Rivoli et que ses croisées donnent sur le jardin des Tuileries, Monseigneur a l'avantage de l'apercevoir de ses croisées. Tout ce manège ne fait pas grand plaisir à Mme de Plaisance, elle en a beaucoup d'humeur.

26 mars.

Hier matin, la duchesse de Dino a réuni du monde chez elle pour nous faire entendre quelques chœurs et morceaux d'un opéra composé par le comte de Ruolz (1), camarade de collège d'Alexandre de Périgord. Ce jeune homme a un talent remarquable pour la composition. Cet opéra a été joué à Naples et a eu beaucoup de succès en Italie. Mme de Dino a fait exécuter cette musique par les chanteurs et choristes italiens ; le tout a été parfaitement bien rendu et m'a donné une grande idée de cet opéra.

Le comte de Ruolz a une très jolie fortune et il est un homme de naissance. Il poursuivait je ne sais plus quelle carrière, lorsque la révolution de Juillet a éclaté. Lui et toute sa famille sont trop attachés à la branche déchue pour qu'il lui fût possible de servir sous le nouveau gouvernement : il y renonça donc et se consacra exclusive-

---

(1) Il a dû sa renommée non à ses talents de compositeur, mais aux procédés qu'il a inventés pour dorer et argenter les métaux.

ment à la musique. Il paraît cependant qu'il y a une certaine fatalité qui s'attache à ses pas pour le mettre sous la protection du Juste Milieu, chose qu'il voulait pourtant avant tout éviter. Parmi tant de maisons où il pourrait aller, comment se fait-il qu'il ait précisément choisi l'hôtel Talleyrand pour faire son début à Paris dans la carrière musicale?

Mme de Dino a réuni pour ce petit concert du matin toutes les femmes les plus élégantes de Paris, les plus aristocratiques de toutes celles qui la connaissent et qui viennent chez elle, mais elle n'a pas invité la société qu'elle appelle officielle, pas même Mme Thiers qui est bien la personne la plus officielle dans ce moment, puisqu'elle est la femme du président du Conseil et du ministre des Affaires étrangères.

M. de Talleyrand, qui déteste la musique, n'a pas paru. La princesse de Lieven n'est arrivée qu'à la chute du jour, c'est son habitude; elle fait la même chose à nos concerts du matin. Le crépuscule lui est chose odieuse, elle en pleure de mélancolie si elle est seule.

3 avril.

Un ouvrage qui, sous le titre *Portofoglio*, paraît à Londres en ce moment, met avec raison toute la diplomatie européenne en émoi. Le personnage le plus compromis et qui en a entraîné beaucoup d'autres dans sa compromission, c'est Pozzo di Borgo. Dans les numéros 8 et 9 du tome premier de cet ouvrage qui paraît en cahiers, il y a la copie d'une dépêche très secrète que le général

Pozzo a adressée au comte de Nesselrode en date de Paris, le 28 novembre 1828. C'est un monument d'intrigues coupables, de mensonges infâmes et de fausses inculpations dirigés contre l'Autriche principalement, tendant au renversement de l'ordre légal en Europe, et décelant un système de guerre et de conquêtes proposé par cet ambassadeur à la Russie et auquel la France, soit par entraînement, soit par faiblesse, a prêté la main.

Cette vaste conspiration contre le repos de l'Europe a été ourdie et menée par le comte Pozzo di Borgo et, s'il n'a pas réussi dans ses projets, ce n'est certes pas sa faute ni celle de M. de La Ferronnays, ni celle de Charles X, qui tous deux dans cette intrigue jouent un rôle assez singulier, contraire aux véritables intérêts de la France.

Il paraît que les éléments de cette publication ont été puisés dans les archives de Varsovie, livrées au pillage lors de la dernière révolution de Pologne. Le scandale a éclaté dans le monde politique par la faute de lord Palmerston qui aurait pu empêcher l'apparition de cet ouvrage, mais qui ne l'a pas fait, espérant détacher, par ce moyen, l'Autriche de la Russie et troubler par cette divulgation les rapports d'intimité qui existent entre la Russie, l'Autriche et la Prusse, le tout pour parvenir à former une alliance contre la Russie.

Lord Palmerston s'est entièrement trompé dans ses prévisions et ses calculs. Il a oublié que la marche de son cabinet et les principes dont il s'inspire rendent impossible tout accord entre l'Autriche et l'Angleterre ; c'est tellement vrai, que le gouvernement français lui-même, malgré son origine révolutionnaire, ne peut s'entendre sur les affaires de la politique extérieure avec l'Angleterre, et que nous voyons le gouvernement britannique intervenir directement dans les affaires d'Espagne, tandis que la France a refusé de coopérer à cette intervention. Quoi qu'il en soit, l'Angleterre, en ce moment, est tellement préoccupée de ses affaires intérieures qu'elle n'ose bouger et qu'elle est sous la dépendance de Louis-Philippe. C'est ce qui, au reste, peut arriver de plus heureux pour le maintien de la paix en Europe, car ce souverain ne partage nullement les velléités guerrières de l'Angleterre contre la Russie.

Mais revenons à la publication du *Portofoglio*. Une personne des plus compromises, en France, dans cette affaire, c'est le duc de Mortemart qui, dans ce temps, était ambassadeur de France près la cour de Russie. Ayant suivi l'Empereur à la guerre contre la Turquie, il passa par Vienne pour revenir à Paris. Il eut à cette occasion une conversation avec le prince de Metternich, en présence du duc de Laval, ambassadeur de France en Autriche. Cette conversation se trouve relatée dans une dépêche de Pozzo que publie le *Portofoglio*. Le comte Pozzo prétend avoir reçu ce renseignement de la propre bouche du duc de Mortemart et se hâte de le transcrire à sa cour, « afin, dit-il, de me garantir d'oublis ou d'erreurs ».

« Le prince de Metternich, poursuit-il, a demandé à M. de Mortemart quelle impression il emportait de l'armée russe et de ses généraux. M. de Mortemart répondit qu'il avait de l'armée la plus grande opinion, et que les talents de ses chefs variaient comme il arrive dans tout pays et dans toute armée.

« Le prince demanda encore : « Que pensez-vous des « pertes que cette armée a essuyées? »

« Le duc répliqua que celles de l'infanterie n'étaient nullement extraordinaires, que la cavalerie avait perdu beaucoup de chevaux, mais que le tout, ne portant que sur une fraction minuscule de l'armée en général, pouvait être bientôt réparé et n'affectait nullement les forces de l'empire.

« Le prince de Metternich, avec un sourire de pitié, continua en disant : « Vous autres, Français, vous vous « laissez éblouir ; rapportez-vous-en à nous. Nous obser- « vons et connaissons les Russes depuis cent ans, leur « force n'est que d'apparat et elle l'est encore plus que « jamais dans ce moment. Quant aux pertes, elles sont « immenses ; elles ne seront ni facilement ni prompte- « ment réparées et je ne puis m'expliquer comment vous « ne le jugez pas de même. »

« Le duc dit à son tour qu'il était permis à chacun d'apprécier les forces de l'empire russe selon qu'il l'entendait, mais que, quant aux pertes causées à l'armée par la campagne, il s'en référait au rapport du prince de Hesse, qui le lui avait fait voir, et qu'ils étaient conformes à ceux de M. de Mortemart lui-même sur ce sujet, ajoutant que ce prince était trop homme d'honneur pour en avoir envoyé de différents.

« Le prince de Metternich parut embarrassé de cette observation, puis il reprit : « Eh bien ! chacun en jugera à « sa manière. En attendant, l'Autriche se croit forcée de « prendre ses précautions ; son armée est prête et nom- « breuse et, si une seconde campagne commence, elle se « portera sur la frontière et observera la Serbie. »

« Le duc répondit à cette dernière menace : « Dans ce « cas, chacun aura raison de se porter sur sa frontière « et d'observer celle qui l'avoisine. Il en arrivera ce que « pourra. »

« Ainsi finit la partie essentielle de cette conversation.

Le prince de Metternich ne parut pas satisfait des dispositions du duc de Mortemart et tous les deux se séparèrent avec les formes et les politesses d'usage.

« J'ai cru, monsieur le comte, devoir vous informer de ces particularités, parce qu'elles m'ont semblé prouver davantage, encore, l'infatigable soin que le prince de Metternich prend de nous susciter des ennuis ou de diminuer l'intérêt que nos amis nous portent. Le plan du chancelier de Cour et d'État est vaste. Il veut se montrer menaçant par ses armements : il travaille la France afin de la rendre faible, il anime l'Angleterre pour nous en faire une ennemie, il voudrait séduire la Prusse et l'éloigner de nous, il propose au roi de Sardaigne de se mettre en mesure et même de donner à la couronne un autre héritier que le prince de Carignan. Enfin il assume le caractère de protecteur de l'ordre public et, tandis qu'il emploie toutes ses facultés en faveur des Turcs, il enrôle sous ses drapeaux les ultramonarchistes et les ultrapapistes de tous les pays. »

Le duc de Laval, auquel j'ai parlé de cette dépêche, m'a assuré que cette conversation ne ressemblait en rien à ce que le prince de Metternich a dit dans le temps à M. de Mortemart et que, tout au contraire, leur entretien avait été si peu intéressant que le duc de Laval en avait été tout à fait désappointé, car il s'en était promis un sujet de rapport à sa cour.

Ce fait bien établi, il est curieux de constater que M. de Mortemart, lors d'un second voyage en Russie, a tenu à la cour de Saint-Pétersbourg le langage que Pozzo lui fait tenir à Vienne, dans sa dépêche du 28 novembre 1828. On ne saurait s'expliquer cette circonstance qu'en admettant que Mortemart s'est laissé endoctriner par le général

Pozzo, et que ce dernier l'a fasciné au point de lui faire tenir ce langage contraire à la vérité.

Si cette manière d'agir m'a étonné de la part du duc de Mortemart, je me l'explique par l'extrême faiblesse de son caractère, faiblesse qu'il a montrée également dans les journées de Juillet et dans maintes autres circonstances, plus ou moins difficiles, d'où il n'a pas su se tirer, tout en ayant les meilleures intentions possibles.

Si j'ai été étonné de sa maladresse dans cette grave circonstance, je l'ai été bien plus encore de l'attitude de M. de La Ferronnays. Peu de temps avant d'être nommé ministre des Affaires étrangères, en revenant de Saint-Pétersbourg, il avait passé par Vienne et exprimé au prince de Metternich son extrême désir d'être nommé ambassadeur en Autriche. Le prince de Metternich avait eu, pendant le séjour de M. de La Ferronnays, plusieurs conversations avec lui, dans lesquelles il y a eu beaucoup de franchise de sa part et beaucoup de protestations de bonne foi et d'admiration de la part de M. de La Ferronnays qui paraissait d'accord avec le prince, sur la manière d'envisager les hommes et les choses. Il finit même par lui jurer une amitié sans bornes et une marche politique entièrement conforme à ses vues, qu'il disait être les siennes. Aussi, après que M. de La Ferronnays eut été nommé ministre des Affaires étrangères, le prince de Metternich, par l'organe de notre cousin, lui a-t-il continué son amitié et toutes sortes de témoignages de confiance. M. de La Ferronnays les recevait avec beaucoup de froideur, sans les payer de retour. On s'en aperçut facilement, mais on était loin de croire qu'il pousserait sa déloyauté envers l'Autriche au point où il l'a fait et qu'il se ferait l'instrument de Pozzo. Voici ce que celui-ci cite dans sa dépêche, comme preuve de dévouement du ministre français à la Russie.

« Le comte de Lebzeltern, dit-il, ayant passé quelques jours à Paris, à son retour de Londres pour se rendre à Vienne, a demandé à M. de La Ferronnays, au moment où il prenait congé de ce ministre, ce qu'il devait dire de nouveau et en son nom au prince de Metternich. M. de La Ferronnays lui a répondu (je cite ses propres paroles) : « Dites au prince que le roi ne se prêtera jamais à aucune « démarche collective, envers l'empereur de Russie, pour « l'exhorter à faire la paix ou pour intervenir d'une « manière formelle dans ses affaires. »

« M. de Lebzeltern observa que les représentations officieuses ne devaient pas déplaire à notre cour.

« Le ministre répliqua : « Ni officieuses, ni d'aucune « autre nature si elles doivent revêtir le caractère d'un « concert entre les quatre puissances. »

« M. de La Ferronnays ajouta que M. de Lebzeltern pouvait également assurer au prince que le gouvernement français ne faisait aucun cas de l'importance qu'on paraissait vouloir donner, depuis quelque temps, au fils de Napoléon, ni du soin que quelques personnes prenaient ici de le rappeler à la mémoire de la France.

« Les Français, dit le ministre, ne reçoivent pas de « souverain de la main de l'étranger, et encore moins « celui-là, ne fût-ce que parce qu'il est considéré comme « un archiduc d'Autriche. »

« Prévenu, depuis longtemps, que le prince de Metternich cherche à alarmer le roi de Sardaigne contre la France et à le disposer à faire quelque acte secret, tendant à exclure le prince de Carignan de la succession, M. de La Ferronnays dit également, à ce sujet, à M. de

Lebzeltern qu'il n'ajoutait aucune foi à ces bruits, d'autant moins que s'ils venaient à se confirmer, le prince de Metternich amènerait en Italie ce qu'il a raison de vouloir éviter, c'est-à-dire le bouleversement de ce pays à la vue de l'armée française qui devait, dans ce cas, paraître sur le sommet des Alpes. »

Tous ces détails sont basés sur des suppositions entièrement fausses qui ont, évidemment, été suggérées par Pozzo à M. de La Ferronnays et que celui-ci, aussi bien instruit que Pozzo sur la marche franche et droite de notre cabinet, devait repousser s'il avait voulu agir de bonne foi et d'après sa conviction intime.

J'ai observé à M. de Koss, chargé d'affaires de Danemark, à qui je dois communication de la dépêche de Pozzo, en lui parlant de cette haine inconcevable de La Ferronnays contre le prince de Metternich, qu'il devait y avoir, sous tout ceci, quelque vengeance personnelle dont j'ignorais la cause.

« Vous avez raison, mon cher comte, me répondit M. de Koss, je vais vous dire ce que j'ai su à ce sujet par M. de Gentz et par le prince lui-même. J'étais à Vienne lorsque M. de La Ferronnays arriva de Saint-Pétersbourg pour se rendre à Paris. Un jour le prince m'invita à dîner avec ce diplomate ; il est impossible d'être plus aimable, plus gracieux qu'il ne le fut pour lui. M. de Gentz, au contraire, le fut si peu, que le prince de Metternich, après que M. de La Ferronnays nous eut quittés, en fit des reproches à Gentz en lui observant qu'il avait tort de traiter aussi froidement M. de La Ferronnays qui était un homme à bons sentiments et qui était dévoué à l'Autriche.

« Ne vous y trompez pas, mon prince, lui répondit

« Gentz, La Ferronnays est notre ennemi, notre adver-
« saire et il le sera toujours. Les frais que vous faites
« pour le gagner sont en pure perte et ceux que je ferais
« pour cet ambassadeur auraient encore moins de succès
« que les vôtres. »

« L'assurance, continua M. de Koss, avec laquelle
M. de Gentz soutint son opinion me frappa singulièrement et je lui ai demandé ce que M. de La Ferronnays
pouvait avoir contre lui.

« — Ce qu'il a contre moi ! répliqua Gentz, je l'ignore ;
« mais ses griefs, quels qu'ils soient, sont sans fondement.

« — C'est un rien, absolument un rien, une chose que
« M. de La Ferronnays a oubliée depuis longtemps, inter-
« rompit le prince de Metternich. Dans son ardeur che-
« valeresque et belliqueuse, il avait publié un article en
« faveur des Grecs, triste et pitoyable ouvrage politique
« et littéraire si jamais il en fut. J'ai chargé Gentz d'y
« répondre, ce qu'il a fait avec autant d'esprit que de
« tact. Ce mémoire, quoiqu'il n'ait pas été publié, fit
» quelque bruit et parvint jusqu'aux oreilles de M. de
« La Ferronnays.

« — Jugez de la fureur de ce dernier, interrompit
« Gentz, et jugez s'il me pardonna d'avoir lancé tant
« de sarcasmes contre lui. Il ne le pardonnera pas non
« plus au prince qui s'en est joliment moqué et qui, quoi
« qu'il en dise, a fait la lecture de mon mémoire si sou-
« vent et en a donné des copies à tant de monde, que
« je n'ai pas été étonné qu'il soit venu à la connaissance
« de M. de La Ferronnays.

« — Je n'y conçois rien, reprit le prince de Metter-
« nich, je ne l'ai cependant lu qu'à mes amis les plus
« intimes.

« — Je veux le croire, reprit Gentz, mais dans ce cas,
« vous pouvez vous vanter d'avoir de fiers amis. »

« Voilà, fit M. de Koss, la véritable raison de l'achar-
nement de M. de La Ferronnays contre le prince de Metternich et c'est ainsi que bien souvent de petites choses
engendrent de grands événements. »

Il faut ajouter que M. de La Ferronnays était ministre
du roi Charles X, de ce souverain si faible, si peu fait
pour exercer le pouvoir sur un peuple aussi difficile à
gouverner que les Français. Le roi Charles X partageait
donc entièrement cette haine de Pozzo et de La Ferronnays contre l'Autriche.

Voici comment s'exprime Pozzo à ce sujet :

« Sa Majesté me dit qu'elle avait vu et entendu le duc
de Mortemart avec le plus vif intérêt, et qu'elle avait
appris avec satisfaction, d'un témoin aussi « respectable »
et aussi« compétent », le véritable état des choses et la réfu-
tation complète de toutes les suppositions erronées qu'on
s'était plu à répandre et à accréditer jusqu'à un certain
point. Le roi, d'après la manière dont il s'est expliqué,
apprécie les avantages remportés par l'Empereur, durant
la campagne qui vient de finir, et s'attend à ceux qui
arriveront pendant celle qui suivra. En parlant de la politique de la France, Sa Majesté m'a répété qu'elle persis-
tera dans celle qu'elle a adoptée et par conséquent dans
la résolution de rester unie à la Russie.

« Le roi s'est expliqué sur le prince de Metternich avec
mesure, mais sans dissimuler sa désapprobation. Il a dit
que si l'Autriche s'était associée aux trois puissances, le
sultan serait devenu plus traitable et la guerre n'aurait
pas eu lieu ; que la cour de Vienne, tout en désirant la
paix, a constamment agi contre, par les encouragements

qu'elle a donnés à la Porte ; qu'en me parlant ainsi ce n'était pas par amour pour les Grecs, mais parce que c'était une affaire, sous quelque point de vue qu'on la considérât, qu'il fallait terminer avant les complications qui sont arrivées et qui peuvent se multiplier à l'avenir ; que dans cet esprit, la France a fait des sacrifices considérables, qu'elle continuera tous ceux qui seront possibles pour obvier à une plus grande confusion.

« Sa Majesté s'est répandue en éloges sur le duc de Wellington ; Elle a dit que si Canning vivait et qu'il eût été à la tête des affaires, il se serait laissé entraîner par les préjugés du public et les clameurs des gazettes, au point de rendre inévitable une rupture entre l'Angleterre et la Russie ; que le duc de Wellington a résisté à ce torrent, et qu'il a, par sa fermeté, rendu le plus grand service à son pays et à l'Europe entière.

« J'ai abondé dans ce sens, parce qu'il y a du vrai dans cette manière de voir, et j'ai ajouté en même temps que, sans diminuer le mérite du duc, je voyais la garantie de la paix principalement dans la politique et l'attitude du roi, puisque Sa Majesté avait daigné dire Elle-même que la Russie et la France agiraient de concert dans un cas extrême. J'ajoutai que j'avais rendu compte de ces paroles à l'Empereur, et que j'avais été chargé de témoigner au roi la vive satisfaction avec laquelle Sa Majesté Impériale avait reçu ses expressions, à la fois amicales et utiles aux deux pays, et l'importance majeure qu'Elle y attache.

« Le roi parut flatté de ce que je voyais la question sous ce point de vue ; il me remercia du soin que j'avais eu de rendre justice à ses sentiments auprès de notre auguste maître, il me répéta qu'ils étaient encore et seraient toujours les siens.

« En parlant des éventualités qui pouvaient arriver dans le courant de l'hiver, le roi me dit : « Vous savez que « nous envoyons quelqu'un à Constantinople, afin de « disposer, s'il est possible, le Sultan à la paix et pour « lui remettre le protocole qui contient la garantie « provisoire de la Morée et des Iles, mais il a répété à « cette occasion ce qu'il a dit déjà : que Dieu a arrangé « bien d'autres affaires et voudra aussi pourvoir à celle-ci. »

« J'observai que cette conclusion était la plus probable, et que des insinuations auprès d'un souverain tel que le Sultan, au lieu de le porter à la réflexion, augmenteraient son orgueil et le confirmeraient dans l'espoir que la résistance lui amènera, à la longue, le secours de quelque puissance chrétienne ; qu'au lieu d'envoyer à Constantinople, c'est à Vienne que les cours neutres devraient se faire valoir et menacer, parce que c'est du cabinet autrichien que dérivent, en grande partie, les espérances fatales de la Porte, et toutes les préventions et les contradictions qui agitent le public de l'Europe.

« Le roi, sans combattre cette observation et me donnant plutôt à entendre qu'il la trouvait juste, me dit qu'en effet le prince de Metternich se trompait, parce que dans le cas d'une conflagration générale ou d'une lutte corps à corps avec la Russie, l'Autriche serait exposée aux plus grands dangers. »

8 avril.

La princesse de Lieven se donne beaucoup de mouvement, elle réunit dans son salon les sommités gouverne-

mentales et celles de l'opposition carliste. Son principal
oracle est cependant le prince de Talleyrand et, bien
qu'elle veuille nous faire croire qu'elle ne parle avec lui
d'autre chose que du temps passé, et qu'elle ne fait
qu'écouter ses historiettes, je suis assez bien instruit
pour savoir qu'ils sont bien occupés du présent et que
Mme de Lieven peut compter sur le dévouement de
Talleyrand pour la Cour de Russie, aussi longtemps que
cette Cour voudra bien le garder à sa solde.

M. de Talleyrand, quant à ses principes et à la manière
dont il envisage les affaires, est bien plus porté pour l'Autriche que pour la Russie ; il est persuadé qu'une alliance
entre cette première et la France serait bien plus avantageuse que celle avec la Russie ; mais, comme l'Autriche
ne le paye pas et que la Russie le fait, il est bien clair
qu'il parle plus ouvertement avec Mme de Lieven qu'il
ne le fait avec l'ambassadeur d'Autriche.

La chose qui, dans ce moment-ci, préoccupe le roi
Louis-Philippe et ses ministres, c'est l'accession du duc
d'Orléans au trône de son père. Il est hors de doute que
le prince royal y montera, soit que le roi périsse assassiné
par les républicains, soit qu'il meure tranquillement
dans son lit ; mais il ne suffit pas de se placer sur le
trône, il faut encore s'y maintenir. Sous ce rapport, le
duc d'Orléans aura bien quelques difficultés à surmonter,
non qu'il ne soit aussi capable, aussi fin que son père,
mais les choses matérielles lui manqueront et notamment les hommes, dont la plupart sont et seront déjà
usés par le roi, avant que le fils ne soit sur le trône. La
même chose arrivera avec les moyens pour s'y maintenir ; le roi les a épuisés d'avance et le duc d'Orléans
lui-même pourra-t-il jamais faire plus de populaceries

qu'il n'en a fait pendant et après les journées de Juillet?
Qui croira aujourd'hui à ses poignées de main, à ses
paroles et phrases populaires?

Quant aux doctrinaires, ils peuvent bien maintenir
leurs principes aussi longtemps qu'il y a un peu de calme
dans les esprits, mais ils n'ont pas assez d'influence sur
les foules pour les faire prévaloir, si celles-ci se mettaient de nouveau en mouvement. Dans les temps orageux, pendant que les masses populaires sont en efferves-
cence, qu'elles sont agitées par des doctrines subversives,
que les esprits sont fortement surmenés, les principes froids
et pédants des doctrinaires ne se feront pas jour à travers les clameurs populaires et n'exerceront aucune
influence dans les affaires.

Le roi et les ministres comprennent parfaitement
cette difficulté; ils sentent qu'il n'y a qu'un moyen
pour éviter ce danger, celui d'offrir à la France le plus
de garanties possible de paix extérieure, d'ordre et
de prospérité intérieure. Cette garantie ne peut être
donnée à la France que par une alliance avec les gouvernements les plus stables et les plus intéressés au maintien
du « statu quo »; ce n'est donc ni l'Angleterre, ni l'Espagne, ni le Portugal, mais bien l'Autriche, la Russie, la
Prusse, etc., etc. Si la France pouvait parvenir à faire
un traité offensif et défensif avec ces trois puissances,
dont la base serait le maintien du « statu quo » en Europe,
la royauté du duc d'Orléans se trouverait assurée pour
toujours. Ceci est l'idée intime du roi, et Thiers et consorts, tout révolutionnaires qu'ils soient, seraient enchantés de voir réussir ce projet, car leur existence et
leur position, en recevant la sanction de l'Europe entière,
se trouveraient par là même affermies.

Pour parvenir à cet heureux résultat, pour prouver à la nation française que le système du gouvernement de Juillet est non seulement toléré en Europe comme un fait qu'on est obligé de subir, comme une malheureuse nécessité, mais qu'il est approuvé par les gouvernements étrangers et qu'il convient aux souverains qui y trouvent une garantie de paix générale et du maintien du « statu quo » en Europe, pour prouver cela, il faut un témoignage plus éclatant que de simples paroles et des assurances que tous les partis peuvent interpréter à leur manière.

Ce témoignage consisterait dans un mariage contracté entre une des princesses de grandes cours et Mgr le duc d'Orléans. Le mariage est en ce moment l'idée centrale autour de laquelle tourne toute la politique de Louis-Philippe. Le roi n'ose pas encore prononcer ce grand mot vis-à-vis des ambassadeurs, mais il ne manque pas une occasion pour le leur faire insinuer indirectement. Plusieurs femmes, amies du duc d'Orléans et avec lesquelles je me trouve aussi lié, m'en entretiennent et me demandent si je crois que le moment est arrivé d'en parler ouvertement. Moi qui en ai horreur, je dis toujours non, leur conseillant d'attendre un moment plus propice. J'espère qu'en attendant, notre archiduchesse Thérèse sera mariée et que le duc d'Orléans ne voudra pas de la fille de l'archiduc palatin, qu'on sait être fort laide et que, pour cette raison, on désire moins que la fille de l'archiduc Charles.

Les conversations de Mme de Lieven et du prince de Talleyrand roulent donc principalement sur ce sujet. Mme de Lieven conçoit toutes les difficultés qui s'opposent à un semblable projet ; néanmoins elle fait entrevoir au prince qu'une alliance de ce genre avec la Russie ne serait pas chose impossible et qu'elle se fait forte d'arranger cette affaire, au cas où l'Autriche soulèverait des difficultés.

Mme de Lieven est antiautrichienne autant que possible, et ce à quoi elle travaille de toutes ses forces, c'est la chute de Nesselrode et de son parti, qu'elle appelle le parti autrichien à Saint-Pétersbourg.

« Voyez-vous, disait-elle à M. de Talleyrand, aussi longtemps que Nesselrode sera ministre des Affaires étrangères et Tatischeff ambassadeur à Vienne, nous ne parviendrons à rien. L'Autriche exerce trop d'influence sur l'esprit de l'Empereur et tout ce que nous éprouvons de difficultés pour rapprocher la Russie de la France provient de là. »

Mme de Lieven voudrait que son frère, le comte de Benckendorff (1), remplaçât Nesselrode. Aussi est-elle en correspondance très suivie avec son frère et ce dernier communique à l'Empereur les lettres qu'il reçoit d'elle. L'Empereur paraît, depuis quelque temps, prendre goût à cette correspondance. Par contre, la princesse de Lieven communique une partie de celle de son frère à M. Thiers qui en fait faire des extraits et les soumet au roi Louis-Philippe. Sa Majesté n'en fait pas grand cas, n'appréciant pas plus qu'il ne faut les manœuvres de Mme de Lieven. Toutes ses vues sont tournées en ce moment du côté de

---

(1) Alexandre de Benckendorff, aide de camp des empereurs Alexandre Ier et Nicolas Ier. Lors de la révolte militaire qui éclata à l'avènement de celui-ci, en 1825, le général de Benckendorff se signala par son courage et son dévouement à son souverain, dont il gagna ainsi la faveur. Comme on le verra plus loin, lorsque sa fille épousa Rodolphe II, fils aîné de l'ambassadeur Antoine Apponyi, l'Empereur voulut conduire lui-même à l'autel la jeune fiancée.

l'Autriche et il n'aura recours à la Russie que dans un cas extrême. Il ménage donc Mme de Lieven pour un temps à venir, sans ajouter une grande importance à ses menées, pour le moment du moins.

Mme de Lieven a de fréquentes entrevues avec le prince Paul de Wurtemberg (1) ; le prince déteste Louis-Philippe et méprise son gouvernement. La princesse croit utile de le gagner à leur cause afin qu'à toute éventualité, le prince de Wurtemberg n'intrigue pas par sa fille à la cour de Russie contre les projets que Mme de Lieven met en avant à la Cour des Tuileries.

A l'occasion de l'indiscrétion commise par la publication du *Portofoglio*, la princesse, tout en se montrant compromise elle-même dans cette affaire, espère qu'il en résultera la chute de Nesselrode et le rappel de Tatistcheff. Elle a trahi, dernièrement, un tant soit peu sa pensée et sa joie, en me disant que des lettres reçues de Saint-Pétersbourg parlaient d'un congé que M. de Tatistcheff a pris pour quitter Vienne et qu'il finirait par être rappelé tout à fait.

10 avril.

Ces jours derniers, il y a eu beaucoup de grands bals, et mercredi un immense chez Mme Lehon, femme du ministre belge. Ce fut une cohue, une chaleur étouffante, toute la chaussée d'Antin était là. L'hôtel que Mme Lehon occupe en ce moment est l'ancien hôtel de Mme Récamier.

(1) Frère du roi de Wurtemberg Guillaume Iᵉʳ.

La distribution des chambres, les peintures et jusqu'à l'ameublement sont encore les mêmes, par conséquent fanés et, ce qui pis est, du plus mauvais goût. Aujourd'hui, on ne saurait admirer ces petites pièces basses, ornées de petites colonnes surmontées de petits bustes en plâtre ou en albâtre, ces petites draperies qui ont l'air de vieilles écharpes et ces meubles sculptés si incommodes où, si l'on veut s'appuyer, on a la tête contre un bec de cygne, oiseau favori du temps de l'Empire et que l'on croyait alors indispensable comme ornement d'architecture. On retrouve des cygnes partout dans l'ancien appartement de Mme Récamier, les chaises et fauteuils sont pour ainsi dire composés et formés des débris de cet animal. Ailes et becs sculptés et dorés vous piquent et vous mettent au supplice chaque fois que vous avez envie de vous appuyer. Les plafonds, les frises, les arabesques affectent ce même ornement. La maîtresse de maison elle-même me rappelait un cygne qui nage tranquillement, en se mirant dans la surface calme d'un bassin. Le duc d'Orléans avait accepté l'invitation de la femme du ministre belge, mais il n'y a fait qu'une apparition et de même le duc de Nemours.

Grand bal aussi chez lady Granville. Le duc d'Orléans n'y est pas venu, il a fait faire des excuses à l'Ambassadrice, excuses qui n'ont pas été trop bien accueillies par Milady, car ce n'est pas la première fois qu'elle a à se plaindre du prince royal.

17 avril.

Le concert que Thalberg a donné au Théâtre-Italien a eu le plus grand succès ; la recette a été de dix mille francs. Thalberg a charmé et étonné tout à la fois. Il a tant de grâce, tant d'expression dans ses compositions et dans sa manière de les exécuter ! Il se joue des difficultés : il ne les recherche pas, mais il ne les évite pas non plus chaque fois qu'il croit en avoir besoin pour exprimer ce qu'il sent, ce qu'il veut faire sentir et pour nous traduire ses pensées harmonieuses. J'ai quitté Thalberg à minuit, couronné de lauriers, couvert d'applaudissements et je suis allé chez le duc de Mortemart, où il y avait grand bal en l'honneur de sa nièce Mlle de Mortemart, sœur de Henry qui a épousé Mlle Borghèse et dont la mère est sœur du duc de Montmorency et de feu la duchesse de Rohan-Chabot.

Ce bal a donné lieu à de grandes discussions : le duc, allant à la cour, croyait devoir inviter les princes ; la duchesse, au contraire, tout imbue des principes de l'hôtel de Charost où elle a été élevée, représentait à son mari que la chose était impossible et que les princes, à part quelques membres du corps diplomatique et sa belle-sœur de Sainte-Aldegonde, ne trouveraient personne à qui parler. Elle lui observait que, s'il persistait à vouloir les inviter, il devait prévenir tout le monde, ce qui aurait pour résultat d'empêcher les parents et amis de venir. Le duc se vit donc forcé d'exclure les princes, et chargea Mme de Sainte-Aldegonde, dame de la reine,

de leur faire ses excuses. C'est encore un nouvel exemple
de leur position difficile.

A l'hôtel de Mortemart, dans l'une des grandes salles
où nous dansions, se trouve un grand tableau du temps
de Louis XIV, représentant la fameuse marquise de
Montespan, couchée sur un divan, entourée d'amours;
son costume est assez léger et surtout fort en désordre,
au point de montrer au regard des curieux plus que le
genou. Le fond du tableau figure une longue et superbe
galerie meublée avec tout le luxe du temps, qu'on ressus-
cite aujourd'hui et que l'on imite avec tant d'habileté,
qu'en regardant ce tableau, au portrait près, j'étais
tenté de confondre l'appartement qu'il nous montre avec
ceux dans lesquels nous dansions.

Au retour du duc d'Orléans d'un petit voyage qu'il a
fait à Bruxelles pour voir sa sœur, son projet de départ
pour Berlin et Vienne a été mis de nouveau sur le tapis.
Le roi était d'avis qu'il devait attendre une invitation
de l'Empereur d'Autriche; la reine, tout au contraire,
s'est rangée du côté de son fils en disant qu'il ne s'agissait plus d'attendre, mais d'agir.

La reine est dans l'admiration du duc d'Orléans : elle
le trouve d'une telle perfection sous tous les rapports,
qu'elle ne doute pas qu'il suffise de le voir pour lui offrir
toutes nos princesses. Le roi a des idées plus pratiques
sous ce rapport et ne partage pas entièrement l'opinion
de la reine. Les ministres, dans leur présomption et leur
fatuité toutes françaises, disent que la Couronne de France
est chose si belle et si glorieuse à partager, que toutes
les princesses du monde s'empresseraient et se mettraient
sur les rangs pour l'obtenir. Monseigneur n'a donc qu'à
choisir. On confond ainsi le voyage projeté et le mariage

du prince, et on a grandement tort, car chez nous on ne le considérera certainement pas sous ce point de vue et je crois que, tout au contraire, plus on mettra de facilité à agréer la visite, plus on prouvera là que le voyage et le mariage sont choses tout à fait distinctes.

La demande formelle pour le voyage a été faite par le roi à Sa Majesté notre auguste maître par l'entremise de M. de Sainte-Aulaire ; puis on a communiqué cette démarche à l'Ambassadeur qui, à son tour, en a fait son rapport au prince de Metternich. Tout refus de notre part me paraît chose impossible.

Cette affaire est tenue ici très secrètement, il n'y a que les personnes indispensables à sa coopération qui en soient instruites. Le duc d'Orléans a dit à l'Ambassadeur que la seule personne vis-à-vis de laquelle il lui était pénible de se taire, c'est le prince de Talleyrand.

« Mais, a-t-il ajouté, je ne veux pas qu'il en soit instruit avant que la réponse ne nous arrive de Vienne. Au reste, tout ce que l'Empereur voudra décider dans sa haute sagesse sera un ordre pour moi auquel je me conformerai avec la plus grande soumission. »

Le langage du duc de Nemours, dans cette occasion, est moins humble que celui de son frère. Il m'en parla dernièrement, d'un air assez piqué, en me disant qu'il ne voyait pas de notre part un grand empressement à leur être agréable puisque, déjà une fois, c'est-à-dire l'année dernière, ils avaient projeté de faire ce voyage, mais que feu notre Empereur avait trouvé bon de leur conseiller de le remettre indéfiniment.

« Monseigneur, lui ai-je répondu, doit savoir, par expérience, qu'un souverain ne peut pas toujours faire ce que son cœur désire, qu'il a souvent à consulter l'opinion

publique et cette opinion ne peut être pressentie qu'avec
beaucoup de précaution et, par conséquent, pas du jour
au lendemain. »

19 avril.

M. Ellis a été envoyé par lord Palmerston à Paris, avec
une mission secrète, tendant à forcer le roi des Français
à une intervention en Espagne, ou au moins à la stricte
exécution du quadruple traité. M. Ellis, tout en allant
tous les jours chez Mme de Lieven et ne se montrant
que rarement à notre ambassade, a pourtant intrigué
tout le temps contre la Russie, et poussé le roi et les
ministres à tenter, entre la France et l'Autriche, une
alliance de laquelle il attend un grand résultat. M. Ellis
a quitté Paris enchanté de ses succès ; il les explique en
disant que Louis-Philippe faisait, dans l'affaire d'Espagne,
au delà de ce que le traité de la quadruple alliance l'oblige
à faire et, pour ce qui concerne le rapprochement entre
l'Autriche et la France, il ne doute pas que le voyage
des princes, s'il a lieu, y contribue puissamment.

22 avril.

La passion des courses de chevaux prend tout le
monde : c'est jusqu'aux ducs d'Orléans et de Nemours qui
ont couru dans leur parc du Raincy. C'est une malheureuse passion, aussi dangereuse qu'inconvenante pour les

princes. Les ducs d'Orléans et de Nemours étaient en costume de jockey, dans leur propre livrée. Le duc de Nemours a gagné, le duc d'Orléans a été jeté par terre avec son cheval. Walewski est tombé si rudement sur la tête qu'il est entre la vie et la mort. Quel ravissant plaisir !

Les affaires de la pauvre reine Christine vont de mal en pis et, si nos consuls généraux, MM. de Rothschild, ne fournissaient pas l'argent pour fomenter la guerre civile en Espagne, la reine aurait fait banqueroute depuis long-temps.

27 avril.

J'ai fait ma visite à la reine, le lendemain de son arrivée de Bruxelles. Le duc d'Orléans, qui, ce jour-là, voulait aller à Chantilly pour assister aux courses de chevaux, se porta à la rencontre de sa mère jusqu'à Senlis, petite ville près de Chantilly. Il l'y attendit, la reçut et lui offrit à dîner, après quoi la reine revint à Paris et le duc d'Orléans coucha à Chantilly.

— La reine, me disait la princesse Clémentine à qui je parlais des courses faites au Raincy par les princes, la reine, malgré son indulgence pour Chartres (on l'appelle encore toujours ainsi en famille) et pour Nemours, a été peu satisfaite d'entendre le récit des courses auxquelles ils ont pris part sans le consentement du roi. Je ne les conçois pas d'ailleurs dans cette occasion, c'est tout à fait inconvenant.

— Je partage en quelque façon, dis-je, l'opinion de la reine ; je crois comme elle que l'héritier présomptif, dont la vie est si précieuse au pays, n'a pas le droit de l'exposer, dans une occasion où il ne s'agit que de son plaisir et de la mince gloire d'arriver au but une demi-seconde plutôt qu'un autre.

— On m'a dit que votre cousin Jules, reprit la princesse, a aussi couru au bois de Boulogne.

— Oui, princesse. Ce n'était à la vérité qu'une course simple qui était sans danger ; mais, malgré cela, j'aurais autant aimé qu'il ne la fît pas, et, s'il m'avait consulté, il ne l'aurait certainement pas faite.

— Il ne vous en a donc rien dit?

— Certes non, princesse, ni ses parents, ni son frère, ni moi n'en savions rien, ce n'est que par les assistants que nous l'avons su, le lendemain.

La reine et Madame Adélaïde m'ont parlé du voyage de Mgr le duc d'Orléans. L'agrément de l'Empereur est arrivé depuis quelque temps par le télégraphe et le même jour celui de la Prusse. J'ai dit à Sa Majesté que j'espérais bien que Messeigneurs s'amuseraient à Vienne et que, certainement, S. M. l'Empereur mettrait tous ses soins à leur rendre le sejour de Vienne aussi agréable que possible ; que, dès à présent, l'Empereur s'était informé de la durée de leur séjour, afin que toutes les journées fussent bien et dûment employées.

« Je suis très reconnaissant de la bonté de l'Empereur pour mes fils, m'a répondu la reine ; mais voyez-vous, comte Rodolphe, je m'inquiète fort peu de savoir s'ils s'amuseront ou non ; l'essentiel est qu'ils y soient et qu'ils apprennent à connaître leur famille. Je désire donc, avant tout, qu'ils soient le plus possible avec l'Empereur et l'Impératrice, les oncles de l'Empereur et avec l'archi-duc François. »

Le roi exprima ses regrets de ce que le duc d'Orléans était à ces « bêtises de Chantilly », ce qui l'empêchait d'aller faire, sur-le-champ, sa visite au représentant de la Prusse, ainsi qu'il l'a fait pour l'ambassadeur d'Autriche.

30 avril.

Hier, avant de me rendre au bal chez l'ambassadrice d'Angleterre, je suis allé chez le comte de Castellane, où il y avait un spectacle de société. La duchesse d'Abrantès, heureusement pour nous, n'y a pas joué, elle s'est contentée de se mettre au nombre des spectateurs. Elle avait encore assez mauvaise mine : elle paraissait se ressentir de la tentative d'empoisonnement qu'elle a faite sur sa personne ces jours derniers. Les uns disent que c'était par désespoir de ne pas voir partager le sentiment qu'elle a pour un jeune homme. Jules de Mornay, que j'ai rencontré chez la duchesse de Montmorency, prétend au contraire que tout son désespoir provenait de sa malheureuse position financière. Elle est criblée de dettes et tourmentée par un grand nombre de créanciers.

Tout le monde a admirablement joué, à l'exception cependant de Mme Sophie Gay, dans une pièce qu'elle a écrite elle-même et où elle remplit le rôle de Mme de Sévigné ! ! !

Mme de Sévigné, ainsi que nous la connaissons par ses admirables lettres, gaie, spirituelle, se moquant de tout le monde, plaisantant même souvent sur les choses les plus graves, parlant avec légèreté des événements les plus atroces, cette femme donc si gaie, si gracieuse, si

aimable, Mme Gay nous la représenta, grave, sentimentale, disgracieuse et très mal mise par-dessus le marché.

Dans la troisième pièce, *Michel et Christine*, Mlle An-
tonia Lambert nous a charmés et enchantés par sa
manière ravissante de chanter et de jouer, par son air
doux, sa charmante figure. Je ne suis pas resté pour la
quatrième pièce, afin de ne pas arriver trop tard au bal
de lady Granville ; il était minuit.

4 mai.

La journée de la Saint-Philippe a été affreuse : il n'a
fait que pleuvoir du matin au soir, il faisait du vent et
un froid affreux ; malgré cela il y avait beaucoup de
monde, le matin surtout, aux Champs-Élysées, pour
assister aux fêtes publiques, telles que spectacles, danses,
musique, etc., etc., tout cela à la belle étoile. De même un
grand concert en plein vent a été exécuté devant le
château des Tuileries, sur la terrasse du jardin. La pluie
était si forte, que tous les assistants se tenaient sur leurs
banquettes blottis sous leur parapluie, et que les musiciens
furent obligés de changer le programme, leurs cahiers
étant tellement mouillés par la pluie que la musique se
trouvait à moitié effacée.

L'Ambassadeur a bien dit son discours, le roi lui a
répondu d'une manière très flatteuse pour lui personnellement. J'ai profité du cercle diplomatique pour dire et
faire savoir à tous les membres de ce corps, et par eux aux
étrangers sous leur protection, que notre déjeuner dansant, qui aurait dû avoir lieu aujourd'hui, est remis à

huitaine à cause du mauvais temps ; au surplus, on l'a fait mettre dans les journaux.

Les princes sont partis lundi dernier. J'ai été le soir chez la duchesse de Montmorency, pour savoir des nouvelles du voyage de M. de Valençay ; j'ai demandé à la duchesse de Montmorency dans quelle voiture on avait placé son gendre, elle me dit qu'elle ne le savait pas, puisque personne de la famille n'avait assisté à son départ.

— J'espère, lui dis-je, que Louis a été placé dans la voiture des princes, et qu'on ne le confondra pas avec les aides de camp et les officiers d'ordonnance de Messeigneurs. Le duc de Valençay, n'ayant que la simple qualité d'ami des princes, je ne voudrais pas le voir compté parmi leur suite.

— Vous avez parfaitement raison, comte Rodolphe.

— A sa place, je serais allé dans ma voiture et je n'aurais pas suivi le cortège des princes, je ne me serais trouvé avec eux que dans les villes.

— Vous avez encore raison, reprit la duchesse, Louis y a bien pensé aussi, mais il était trop tard, ce n'est que deux jours avant le départ des princes, qu'il a su devoir aller avec eux ; il eût été impossible de faire un arrangement de voyage quelconque en si peu de temps.

Samedi dernier, j'ai rencontré le duc d'Orléans chez la marquise de Bartillat ; il y était venu pour prendre congé d'elle. J'ai trouvé la contenance de Monseigneur excessivement embarrassée, comme si je fusse tombé mal à propos dans le salon où il était. Il ne me parla que de choses sans intérêt. Mme de Bartillat, chez laquelle j'ai passé ce matin, en avait été frappée comme moi.

— Mais, pourquoi ne vous a-t-il pas parlé de son voyage ? m'a-t-elle demandé.

— Je n'en sais rien, ai-je répondu, mais je ne doute pas qu'il vous en parlait, quand je suis entré, et qu'il n'a pas voulu continuer devant moi. Avouez qu'il lui tardait de me voir partir ! Je lui aurais fait ce plaisir tout de suite, mais il m'a bien fallu écouter la fin de ses propos.

— Oui, il m'a parlé de ce voyage et de beaucoup d'autres choses, au sujet desquelles nous avons eu de grandes discussions. Je lui ai dit ma façon de penser, il m'a écoutée avec beaucoup de patience et il a tâché de se justifier. Je lui ai fait des reproches sur son libéralisme, sur sa froideur avec les gens bien pensants, même de son parti, et surtout sur les gens de rien dont il aime à s'entourer. Il m'a avoué qu'il aime les grands seigneurs, mais que, dans son intérieur, ils le gênent. Il tient à être libre dans ses actions, et craint toujours que MM. les ducs et les marquis de l'ancien régime ne trouvent mauvais ce qu'il fait, tandis que les jeunes gens dont il s'entoure le trouvent bien. Néanmoins, il a reconnu que son salon est très mal composé et m'a confié que s'il parvient à se marier, il changera toute sa société.

— C'est très bien, interrompis-je, mais pour changer, il faut avoir de quoi remplacer celle que l'on renvoie.

— Je l'ai dit au prince, mais il paraît compter sur une défection du parti carliste en sa faveur.

— Je n'y crois pas, madame. Parvînt-il même à épouser une princesse d'Autriche, ce que je ne crois pas davantage, je doute que cela lui rende plus favorable la société qui le boude aujourd'hui. Du temps de Napoléon, la position était différente. Bonaparte était un parvenu, il lui fallait une grande princesse, pour donner un peu de prestige à cette cour improvisée que le faubourg Saint-Germain traitait de grands seigneurs de théâtre. Louis-Philippe et sa famille sont d'assez bonne maison pour qu'ils n'aient plus besoin, sous ce rapport, d'aucune illustration. L'alliance avec une des grandes Cours ne fera donc rien sous ce rapport, le faubourg Saint-Germain ne mettra pas davantage les pieds aux Tuileries.

— Je lui ai reproché, dit la marquise, de s'être prononcé dans l'affaire d'Espagne pour l'intervention, chose qui déplaît aux grandes Cours ; il m'a répondu qu'il en avait été partisan quand il était question d'intervenir à main armée et que, dans ce cas-là certainement, il se serait mis à la tête de l'intervention ; mais il n'y aura pas d'intervention, il n'y en aura pas, malgré M. Thiers et les ministres, malgré l'Angleterre, malgré les Rothschild et d'autres gens d'argent qui y poussent le gouvernement, pour rattraper les fonds qu'ils ont prêtés à la reine Christine. Puis, le prince me dit qu'il comptait faire beaucoup de frais à la Cour de Vienne, qu'il y serait aussi charmant, aussi séduisant que possible et qu'il ne négligerait rien pour plaire à tout le monde. Il est heureux d'aller à Vienne et se flatte d'y faire comprendre la marche du gouvernement français et ses principes basés sur la révolution de Juillet.

Sur ces mots, j'ai interrompu la marquise.

« Je voudrais être présent, lui ai-je dit en riant, lorsque le duc d'Orléans cherchera à endoctriner le prince de Metternich, sur la révolution de Juillet et la politique du Cabinet des Tuileries. Le chancelier, depuis les « Glorieuses », se prodigue pour réparer le mal qu'a fait cette révolution. Je ne sais s'il y parviendra, mais ce que je sais, c'est que le duc d'Orléans n'a ni assez d'expérience, ni assez d'esprit, ni assez de jugement pour faire changer d'avis un homme de la trempe de Metternich. »

La marquise m'a donné raison et, en haussant les épaules, elle m'a dit : « C'est encore une preuve qu'il y a bien souvent de l'absurde dans ce qu'il dit et dans ce qu'il fait. »

6 mai.

Mme de Saint-Priest peste contre nous, contre moi surtout, car elle ne doute pas que c'est moi qui ai arrangé le voyage du duc d'Orléans, que c'est moi, de concert avec le prince, qui ai mené toute cette affaire, tandis que l'Ambassadrice, de son côté, intriguait avec la reine. Rien de moins vrai. Mais Mme de Saint-Priest, passablement remuante en politique, invente volontiers quand une invention peut servir les vues de son parti.

12 mai.

Hier a eu lieu notre premier déjeuner dansant. Le temps toute la matinée, jusqu'à deux heures à peu près, a été très menaçant, mais enfin il s'est éclairci et il a fait assez beau pour qu'avec un peu de bonne volonté, on ait pu être content, et pour qu'avec un peu de courage, on se soit mis à déjeuner en plein air. Il y avait beaucoup de monde et l'on semblait fort en train.

Mme de Pelet m'a donné, ces jours derniers, rendez-vous chez elle, pour me présenter à son amie Mme Mallet. J'ai été exact au rendez-vous à l'hôtel de l'Instruction

publique, d'où je me suis rendu, avec la baronne, auprès
de Mme Jules Mallet. Après un petit quart d'heure d'entretien, Mme de Pelet nous a quittés, pour aller voir une
de ses parentes malade, me laissant en tête à tête avec
sa bien spirituelle amie. Mme Jules Mallet a autant
d'esprit que de cœur. Elle est secrétaire du Comité qui
s'est formé pour favoriser la création de salles d'asile,
non seulement en France, mais aussi à l'étranger. Elle
est en correspondance avec tous les pays où il y en a.
Elle compte faire un voyage en Angleterre, très incessamment, pour y visiter ces établissements et y puiser
de nouvelles connaissances. Nous nous sommes donné
rendez-vous en Angleterre. J'espère être assez heureux
pour m'y trouver en même temps qu'elle et y visiter
dans sa société les salles d'asile.

Après cette visite, je me suis rendu dans la salle d'asile,
modèle pour toute la France, rue Saint-Hippolyte, à l'autre
bout de Paris ; j'y ai fait la connaissance de Mme Millet,
première directrice des salles d'asile de Paris. Grâce à une
lettre de recommandation de Mme de Pelet, j'ai été
admirablement bien reçu par cette dame ; elle m'a fait
tout voir, avec une rare complaisance, et m'a invité
à venir un jour chez elle dans une nouvelle salle, mais
payante, qu'elle vient d'établir, et qui est destinée à la
classe aisée. Dans celle de la rue Saint-Hippolyte, j'ai vu
trois cents enfants dirigés par un maître et une maîtresse.

Il me serait difficile de donner une juste idée de l'obéissance de ces enfants, dont le plus jeune a quinze mois et
le plus âgé cinq ans et demi : c'est au point que pendant
les heures de récréation, où ils courent et sautent pêle-
mêle dans le jardin, lorsque le maître donne un coup de
sifflet, ils conservent l'attitude dans laquelle ce sifflement

les a surpris, et ils regardent le maître pour recevoir ses
ordres. La seule pénitence qu'on inflige aux enfants,
c'est de les séparer des autres et de les placer au milieu
de la chambre.

16 mai.

J'ai rencontré ce soir, chez M. Thiers, le général Allard.
Il va retourner bientôt à Lahore par Rio de Janeiro, le
Cap, l'île Bourbon, Calcutta et Delhi, pour rejoindre
Runjeet Singh. Le général Allard a emmené avec lui le
fils adoptif de Runjeet Singh. Ce jeune homme s'appelle
Seed Poor, fils d'un des princes indépendants des Indes.
Il n'avait que quatre ans lorsque Runjeet Singh entreprit
la conquête de cette province. Son père et sa mère
périrent dans le sac d'une ville, mais Runjeet Singh ayant
aperçu l'enfant dans la mêlée, s'écria : « Sauvez l'enfant ! »

Seed Poor fut emmené par le Maharadjah à sa cour
de Lahore, où il reçut un commencement d'éducation
nationale, c'est-à-dire qu'il apprit à monter à cheval, à
manier les armes, à conduire les éléphants et à jouer
tout le long de la journée.

Le général a emmené ce jeune homme en France pour
le faire élever ici. Il a quatorze ans ; à le voir on lui donnerait vingt ans au moins, tant il est formé. Il est bien fait,
grand, son teint est cuivré ; des yeux noirs, le regard vif,
le nez très arqué, le bas du visage proéminent, une grande
et très laide bouche, tous les caractères attribués par les
naturalistes à la race hindoue. Il a appris le français avec

une facilité inconcevable, quelques mois lui ont suffi pour le parler assez facilement. Son costume, comme celui du général, est très élégant.

Le jeune Seed Poor reste en France sous le nom d'Achille Allard. Son éducation a été confiée par le gouvernement français à M. Blanqui aîné, directeur de l'école spéciale de commerce. Le général Allard retourne à Lahore avec le titre et les fonctions de chargé d'affaires du roi des Français auprès de Runjeet Singh. Il emporte avec lui une riche provision d'armes de toutes espèces, des sabres, des cuirasses, des fusils et un parc d'artillerie en miniature, de plus une collection de médailles modernes en or et argent.

Le roi des Français envoie au Radjah de Lahore une boîte enrichie de diamants avec son portrait, et une magnifique page in-folio toute couverte de broderies d'or, de précieux dessins et de métaphores orientales. Le général laisse en France sa femme, qui est Indienne, et ses cinq enfants, pour leur donner une éducation française. Elle va s'établir à Saint-Tropez, ville natale de M. Allard, en attendant son retour de Lahore où il compte rester trois ou quatre ans encore. Il y retourne pour dégager sa parole ; mais il n'est pas facile de dire si et quand Runjeet Singh la lui rendra.

18 mai.

Notre déjeuner dansant a admirablement réussi. Il faisait un temps ravissant, chaud, un ciel sans nuages. Notre jardin était rempli de fleurs, ainsi que les appartements, et partout se pressaient une foule élégante, quantité de jolies dames, toutes admirablement bien mises et fort en train. J'ai fait danser le galop et le cotillon sur la grande pelouse. Un immense cercle de jeunes femmes et de jeunes personnes, une foule de spectateurs à la grille du jardin, donnaient à ce déjeuner dansant un air de fête champêtre réunie à toute la magie que produisent le luxe et la magnificence. Le déjeuner a duré jusqu'à huit heures un quart, après quoi j'ai changé de toilette et je suis allé au Vaudeville où une nombreuse société s'était donné rendez-vous.

Nous avions pris grand nombre de loges, ce qui nous a donné le droit de commander le spectacle que nos dames désiraient voir. Après le spectacle, il y a eu grand souper commandé d'avance chez Véry au Palais-Royal. Au nombre des convives : l'ambassadeur de Russie et son frère le comte Nicolas Pahlen, le duc et la duchesse de Vallombrosa, les princesses de Schönburg et de Brezenheim avec leurs maris, la comtesse de Menou, la comtesse de Kisseleff, M. de Girardin, Esterhazy, Rodolphe II et moi.

19 mai.

La fête de la liste civile, si souvent remise à cause du mauvais temps, a enfin eu lieu hier. M. de Balincourt a pris sur lui la grande et ennuyeuse besogne des arrangements : il a loué à cet effet le beau jardin de Tivoli, il y a fait construire des tentes superbes ; des orchestres, outre ceux pour la danse, étaient disposés dans les différentes

parties du jardin, puis des théâtres, des acrobates ; un
corps de ballet exécutait des danses de caractère ; une
grande pelouse entourée d'arbres, de bosquets en fleurs,
de touffes de roses et de seringas embaumant l'air,
était couverte de tentes de toutes les grandeurs, pour
abriter des tables toutes dressées que l'on pouvait
retenir à volonté pour y dîner avec les personnes d'une
même coterie. On se donnait, par conséquent, rendez-vous
dans la tente bleue, verte ou rouge, à l'heure indiquée,
et l'on dînait ensemble. Malheureusement, les dîners
qu'on servait laissaient beaucoup à désirer et, par conséquent, les plus prudents ont dîné chez eux ou sont allés
au Café de Paris ou bien au Rocher de Cancale. J'aurais
dû dîner avec lord Pembroke et Mmes Pigott, mais comme
nous n'avons pas trouvé la tente que lord Pembroke
avait eu l'intention de garder pour nous, ses gens n'ayant
pu exécuter ses ordres par la bonne raison qu'il avait
oublié de les leur donner, j'ai cru devoir m'assurer mon
repas ailleurs et je suis allé dîner chez les Werther, non
pas à Tivoli, mais à leur hôtel.

Après dîner, nous sommes retournés à la fête de la liste
civile, il était huit heures et demie à peu près. Le jardin
avait été, en attendant, éclairé de mille lampions de couleur figurant des fleurs et des fruits. Je suis resté jusqu'à
minuit à cette fête pour les nécessiteux de la liste civile ;
je n'aurais aucun reproche à y faire, si ce n'est qu'elle a
été beaucoup trop magnifique pour que les pauvres aient
pu retirer quelque notable secours de l'argent qu'a produit la vente des billets d'entrée, car à peu de chose près,
le tout a dû être absorbé par les frais.

En sortant de Tivoli, je suis allé chez la marquise de
Bartillat où étj'ais prié à souper. Tout le monde était

déjà rassemblé dans le salon ; la marquise n'attendait plus que le duc et la duchesse de La Trémoïlle.

— Qu'avez-vous fait de votre aimable duche se? me demanda la marquise.

— Je l'ai laissée à Tivoli, je lui ai dit six fois au moins que j'allais me rendre à votre invitation, qu'il était tard et que j'étais sûr qu'on nous attendait ; le duc a été aussi de mon avis, mais la duchesse était d'un entrain inconcevable ; elle dansait des galops, des valses, des contredanses sans fin et renvoyait continuellement notre départ d'un quart d'heure à l'autre ; j'ai enfin pris le parti de dire à la duchesse que je la précédais et que je vous l'annoncerais.

J'ai trouvé réunis dans le salon la comtesse de Béthune et son mari, le duc et la duchesse de Mortemart, les deux jeunes ménages Sainte-Aldegonde et la comtesse Sainte-Aldegonde, dame de la reine, puis la princesse Troubetzkoï, le comte et la comtesse de Menou, M. Berryer et autres ; nous étions trente à quarante personnes.

La duchesse de La Trémoïlle arriva enfin, enchantée de sa matinée, de son dîner, de sa soirée et toute disposée à continuer pendant le souper. Elle est rentrée chez elle ravie d'avoir passé une aussi agréable journée, véritable suite de fêtes et de plaisirs, du matin au soir et du soir au lendemain, car il était près de quatre heures lorsque nous nous sommes séparés.

20 mai.

On vient de recevoir ici la nouvelle de l'arrivée des princes à Berlin et de la manière amicale dont ils ont été reçus par le roi de Prusse et toute sa famille ; le public même a montré beaucoup d'empressement à leur rendre hommage. Le roi et la reine ont été si parfaitement satisfaits de cette nouvelle, qu'ils se sont empressés d'inviter le baron et la baronne de Werther, leur fils et leur fille, à la promenade et au dîner auxquels nous avons été invités, il y a peu de jours, de la part de Leurs Majestés, et qui doivent avoir lieu dans le parc du Raincy lundi prochain, lendemain de la Pentecôte.

Cette petite excursion devait être, dans le principe, purement autrichienne, c'est-à-dire que les invitations s'étaient bornées à l'Ambassadeur, à l'Ambassadrice, Rodolphe II, Jules et moi, et aux deux ménages Schönburg et Brezenheim ; mais les nouvelles de Prusse ont tellement touché Leurs Majestés, que le représentant de ce pays et sa famille ont été ajoutés à l'Autriche.

Depuis le départ des princes, on ne parle ici que de leur mariage avec deux de nos archiduchesses. On ne se contente plus d'une, il leur en faut deux, car Mgr de Nemours a aussi, dit-on, grande envie de s'allier à la maison d'Autriche.

Dans ce voyage, l'empressement avec lequel on a reçu les princes à Berlin est un coup de foudre pour le parti carliste, c'est une véritable tuile qui lui tombe sur la tête, au moment où il travaillait à l'exécution d'un grand projet dont, tout absurde qu'il fût, il se promettait de grands résultats : il ne s'agissait de rien moins que d'enlever le duc de Bordeaux à Prague, de le transporter à Saint-Pétersbourg et de le faire entrer au service de la Russie. Les plus zélés ajoutaient qu'un tel honneur ne serait accordé à l'empereur Nicolas que sous certaines conditions imposées par le parti carliste.

Se sont mis à la tête de cette entreprise MM. de Fitz-James, de Jumilhac, un jeune La Bouillerie et Alfred de Falloux. Ce dernier est, parmi ces jeunes gens, celui qui a le plus de sens commun, et je m'étonne de le trouver dans cette aventure. Ce grand secret devait être nécessairement divulgué ; aussi ceux qui le détenaient avaient à peine franchi la frontière que le gouvernement fut instruit de leur pitoyable projet. M. Thiers a eu la naïveté de s'en émouvoir : on l'a entendu se lamenter, on l'a vu appeler à l'aide tous les ambassadeurs, faire jouer les télégraphes, enfin en perdre la tête de peur. Il est vrai que cet émoi n'a pas duré et qu'on a fini par rire de ce dont on s'était alarmé. Quant aux carlistes, ils en seront pour leurs frais et pour le ridicule qu'ils jettent par cette expédition sur leur parti.

L'affaire du mariage du duc d'Orléans, bien qu'on soit ici rempli d'illusions, ne laisse pas de donner des inquiétudes aux intéressés. Qui le duc d'Orléans épousera-t-il ? Sera-ce une de nos archiduchesses, une princesse de Russie, ou bien une des filles du roi de Wurtemberg, ou bien une autre princesse d'Allemagne ?

« Partout, dit-on, non sans raison, aux Tuileries, le prince de Metternich est tout-puissant. S'il s'oppose à ce que nous nous mariions, il n'y a point de mariage possible : c'est donc à lui, à lui seul, que nous devons nous adresser pour arriver à ce but si essentiel. »

Mais la famille royale ne peut douter que l'Autriche, avant de donner une de ses archiduchesses à l'héritier présomptif de la France, demandera quelques garanties pour l'avenir.

22 mai.

Il y a eu, ces jours derniers, une assez vive discussion à la Chambre des députés. On a accusé Thiers d'avoir illégalement employé l'argent voté par la Chambre pour les monuments publics. Il aurait pu, sans danger pour lui, consentir à ce qu'on fît une enquête. S'il s'y est opposé, c'est qu'il craignait de compromettre une personne bien plus hau. placée que lui, le roi enfin, qui s'est fait céder, pour l'employer au musée de Versailles, une partie de la somme destinée à l'achèvement de l'hôtel du quai d'Orsay. L'enquête n'a pas été votée.

La reine Christine a chargé Isturitz de former un nouveau ministère. Isturitz est moins subversif que Mendizabal (1), mais c'est une raison pour qu'il ne puisse se maintenir au pouvoir. Mendizabal, précisément par la bassesse de son origine et de ses sentiments, avait plus de chances de réussir, dans un gouvernement qui se laisse diriger par le parti démocratique de la nation. Aussi longtemps qu'il s'est trouvé à la tête du gouvernement, le parti révolutionnaire a été pour ainsi dire représenté et se tenait, par conséquent, plus tranquille que maintenant où la reine, en choisissant Isturitz, semble pencher pour le système du Juste Milieu français.

(1) Membres du parti libéral espagnol sous le règne de Ferdinand VII et la régence de Marie-Christine, Xavier d'Isturitz et Alvarès y Mendizabal ont joué dans l'opposition ou comme ministres un rôle considérable dans les événements de cette époque. On peut en dire autant de Cardoba dont il est question plus loin. Isturitz fut ambassadeur d'Espagne à Paris en 1863.

Isturitz, tout courageux et hardi qu'il soit, ne peut se dissimuler pourtant qu'il n'a pas la majorité dans la Chambre ; il faudra donc la dissoudre et convoquer les Cortès, mesure bien dangereuse pour Christine : il ne s'agit de rien moins que de son existence.

Le parti modéré a employé toute son influence auprès d'elle pour lui faire garder quelque temps encore Mendizabal. Mais elle le détestait, depuis qu'il a eu la hardiesse de lui faire une déclaration, et puis parce qu'il est juif. D'autre part, il paraît qu'une intrigue française n'a pas été étrangère à tout ce changement, et que la reine y a été poussée par les conseils de l'ambassadeur de France M. de Rayneval. Mendizabal, s'étant brouillé avec Cardoba, a demandé son remplacement ainsi que celui de plusieurs autres hauts fonctionnaires, tous plus ou moins protégés par la reine ; dès lors, elle a pris parti et a chargé Isturitz de former un cabinet. Isturitz est d'accord avec Cardoba, tous deux veulent une intervention étrangère et un emprunt étranger ; c'est avec ces principes que le nouveau ministre veut paraître devant la nouvelle Chambre.

Lord Palmerston pousse la France à l'intervention mais l'Angleterre la tient par sa quadruple alliance ; s'il la décide à intervenir, le résultat sera funeste pour ce pays ; il perdra les avantages commerciaux qu'il a su garder depuis Louis XIV. L'Angleterre s'en emparera au détriment de la France.

Lord Palmerston, dans les raisonnements qu'il emploie vis-à-vis du Cabinet français, se garde bien de toucher cette corde, mais, en revanche, il fait valoir d'autres raisons, celle-ci par exemple : le roi des Français est Bourbon et, en abandonnant la loi salique en Espagne, il renonce au droit de succession pour ses enfants et héritiers, en cas d'extinction de la famille de Bourbon en Espagne.

Thiers abonde entièrement dans le sens de lord Palmerston et, s'il ne se déclare pas publiquement pour l'intervention, c'est qu'il croit devoir ménager les puissances du Nord, l'Autriche surtout, et cela à cause du mariage projeté pour le duc d'Orléans. Mais il considère le gouvernement de Don Carlos comme impossible.

« Don Carlos, dit-il, montera sur le trône entouré d'un parti dont les exigences le perdront. »

Isturitz demande avant tout à la France de l'argent, car le trésor espagnol est à sec. Thiers veut s'arranger sous ce rapport avec les Rothschild. Il compte y parvenir d'autant plus aisément que les Rothschild ont déjà plus de quarante millions engagés dans cette affaire, et qu'il est de leur intérêt, par conséquent, de secourir de toutes leurs forces le gouvernement de la reine Christine, bien qu'il leur coûte déjà fort cher. Ces banquiers vont avoir à Francfort une réunion de famille, dont le prétexte est le mariage de Lyonel avec sa cousine, la fille de Rothschild de Naples, mais dont le but véritable est l'affaire de l'emprunt espagnol.

Quant à Thiers, il déclare que le prince de Metternich et lui tiennent entre leurs mains les fils de toute la politique européenne ; que lui, Thiers, étant aussi puissant à l'Ouest que le prince de Metternich l'est à l'Est, il suffirait, pour arranger les affaires en Europe, d'une conversation entre eux : le prince serait bientôt de l'avis de Thiers et alors tout s'aplanirait et il en résulterait pour l'Europe le plus grand bien. Thiers, à cet effet, a grande envie de donner au prince de Metternich un rendez-vous à Baden-Baden.

24 mai.

Hier, après midi et demi, nous nous sommes rendus, l'Ambassadeur, l'Ambassadrice, Rodolphe II, Jules et moi, au château des Tuileries, dans les petits appartements de la reine, ceux que Madame la Dauphine avait occupés autrefois. Tentures, meubles, tout est resté ainsi que cette malheureuse princesse l'a laissé. Le roi travaillait avec M. Thiers, la reine faisait encore sa toilette ; nous fûmes donc reçus par Madame Adélaïde. Une minute après, S. M. la reine parut, salua tout le monde et dit à chacun de nous une petite phrase gracieuse et aimable. Nous étions déjà au grand complet. La reine engagea les dames à s'asseoir autour de la table ronde qui se trouve au milieu du salon. Les hommes étaient debout, allant et venant dans les appartements et faisant la conversation avec les dames assises en cercle autour de la table.

Les princes de Joinville, d'Aumale et de Montpensier étaient très agités, à cause du mauvais temps. Il avait déjà commencé à pleuvoir au moment où nous avions quitté l'hôtel et, loin de cesser à notre arrivée aux Tuileries, la pluie avait continué et devenait de plus en plus forte. Le roi arriva, suivi de M. Thiers, son portefeuille sous le bras. Sa Majesté se désolait du mauvais temps et M. Thiers tâcha de sourire à nous tous, le plus gracieusement qu'il put. Sa Majesté s'approcha de la croisée pour observer le ciel, il pleuvait à verse et les promeneurs se sauvaient à grandes enjambées du jardin des Tuileries.

— Ceci n'est pas bien rassurant pour notre partie au Raincy, me dit le roi.

— Ce n'est qu'un orage, Sire, répondis-je à Sa Majesté, il va passer ; le baromètre est au beau.

— Vous me rassurez un peu, fit le roi. Prenons patience.

Comme la pluie venait de cesser, j'allai sur le petit balcon pour respirer, car on étouffait dans le salon qui n'a qu'une croisée. Je regardai le jardinet que le roi a fait faire et qui a provoqué la réprobation de M. de Chateaubriand.

« Voici le fameux fossé à propos duquel on m'a prédit la culbute, reprit le roi. Qu'est-ce que cela peut faire au public de se promener dix pas plus loin de mes croisées? On a remarqué que, depuis que j'ai fait faire ce changement, il y a plus de promeneurs sur cette terrasse, devant le château, qu'auparavant. Pour ce qui concerne la prophétie de ma culbute, je crois être solidement planté sur mes deux jambes. Avec l'aide du ciel et le bienveillant concours des souverains, mes alliés, j'espère m'y maintenir pour le bonheur de la France et pour la paix en Europe. »

Cependant, des coups de tonnerre se suivaient à courts intervalles et des torrents de pluie nous chassèrent du balcon. La reine, qui a un tant soit peu peur de l'orage, me pria de fermer la croisée.

« Il est impossible, continua le roi, de se mettre en route par un temps pareil, il faut attendre que l'averse ait cessé. »

S'adressant à Athalin, il ajouta : « Faites mettre les équipages à couvert. »

Comme la pluie ne finissait pas, on fut un moment

indécis sur ce qu'il fallait faire. Mgr d'Aumale me dit :
« Ce qui est grave, c'est que le dîner est déjà parti
pour Le Raincy, il nous faut donc l'y rejoindre. »

Il fut par conséquent décidé qu'on partirait malgré
la pluie et le roi ordonna le départ.

Dans la première voiture, montèrent le roi, la reine,
les princesses, Madame Adélaïde, Mme de Verther, la
princesse Schönburg, l'Ambassadeur et l'Ambassadrice
d'Autriche ; dans la seconde, les dames d'honneur de la
reine, de Madame Adélaïde et des princesses, puis la
princesse Brezenheim, son mari, Mlle de Werther et le
prince Schönburg ; Charles Werther, Rodolphe II, Jules
et moi nous montâmes, avec le général Athalin, M. Dumas,
aide de camp du roi, et le gouverneur du duc de Montpensier, dans le grand char à bancs dont les trois princes
firent les honneurs. Il n'y avait qu'un baldaquin monté
sur ce char-à-bancs, destiné à garantir contre le soleil
plutôt que contre la pluie. Néanmoins, nous voulûmes
baisser les stores pour nous abriter. M. Athalin et moi
nous nous mîmes à l'œuvre, mais sans succès. Les cahots
de la voiture nous envoyaient à la figure les draperies
en soie bleu de ciel toutes trempées, ce qui excita l'hilarité générale. Le prince de Joinville nous dit alors qu'étant
marin, il ferait mieux que nous, et se mit à débrouiller
les nœuds que M. Athalin et moi avions faits.

MMgrs de Montpensier et d'Aumale se disputèrent,
à cause d'un rideau que l'un voulait descendre pour
se garantir contre la pluie, et que l'autre retenait pour
voir ce qui se passait sur les boulevards et autres parties de la ville que nous traversions. Mgr. de Montpensier se fâcha tout rouge et bientôt quelques petits coups
furent échangés des deux côtés. M. Athalin fit un signe

au gouverneur qui intervint, de manière à satisfaire les deux parties belligérantes qui, après avoir fait la paix, se réunirent au prince de Joinville, pour faire des niches au gouverneur du duc de Montpensier. Comme ces plaisanteries étaient d'une nature fort innocente, nous nous y prêtâmes tous plus ou moins.

Pendant tout le trajet, nous fûmes précédés et suivis d'une forte escorte de garde nationale, d'un détachement de hussards et de garde municipale. De plus, il y avait, tout le long de la route, des gendarmes à cheval placés deux à deux et assez rapprochés les uns des autres, pour pouvoir communiquer entre eux, en cas de besoin. La pluie n'avait pas cessé ; ce n'est qu'à l'entrée de l'avenue du Raincy que les nuages se sont dissipés et qu'un beau soleil a éclairé les riantes pelouses du parc.

A la grille, le roi fut reçu par la garde nationale du village, rangée en ligne, avec son drapeau et son tambour qui battait vigoureusement sans discontinuer. Cette garde était peu nombreuse et surtout peu brillante. Ceux qui la composaient avaient piètre mine, ainsi que la populace en haillons qui criait : « Vive le roi ! vive la reine ! vivent les princes et leur société ! » Comme il fallait passer ces gens en revue, les princes s'apprêtèrent à descendre de voiture sur le gazon horriblement mouillé. Je leur déclarai que je ne descendrais certainement pas, avant d'avoir vu de mes yeux le roi mettre pied à terre.

« Voilà qu'on ouvre la portière de la voiture du roi, nous dit le duc d'Aumale, descendons. »

Un des aides de camp, M. Dumas, qui était avec nous, sauta à bas du char à bancs et courut vers la voiture de Sa Majesté, mais il revint aussitôt, nous apportant l'agréable nouvelle que le roi n'avait pas quitté le marchepied et s'y était tenu pour dire quelques mots à la garde nationale. Presque en même temps, les voitures se remirent en marche et, en quelques minutes, nous arrivions au château où nous descendîmes. On se réunit au salon, puis nous allâmes nous promener dans les serres. Là, on offrit des bouquets aux dames, et Mgr de Montpensier remplit ses poches d'oranges.

Les voitures nous attendaient de l'autre côté de la rivière qui traverse le parc et nous passâmes le pont à pied, parce qu'il n'est plus assez solide pour supporter le train de tant d'équipages peu légers. De l'autre côté du pont, nous attendaient trois chars à bancs dorés attelés de six chevaux. Il y avait en outre des chevaux de selle pour ceux qui en voulaient. Nous fîmes une petite tournée dans le parc et l'on s'arrêta à la vacherie, où les princes offrirent aux dames du lait chaud et du pain de ménage. Puis on se remit en route pour faire la grande tournée des bois.

Dans les villages que nous traversâmes, nous fûmes reçus avec des acclamations de « Vive le roi ! vive la reine ! » Dans une des allées de la forêt, un arc de triomphe en verdure et en fleurs était dressé, entouré de la garde locale. Le cortège ne s'y arrêta pas. Un peu plus loin, sous trois très belles tentes réunies, le dîner était servi parmi les arbres et les fleurs. J'ai donné le bras à la princesse Schönburg et je me suis trouvé assis entre elle et sa sœur Brezenheim.

Après dîner, on rentra au salon, où il y eut une nouvelle distribution de bouquets aux dames et, à neuf heures, on repartait pour Paris, avec une escorte de piqueux à cheval portant des torches. Il était dix heures un quart lorsque nous arrivâmes aux Tuileries. M. Strada, l'écuyer du roi, me dit que, pour l'arrangement de la partie, il lui avait fallu mettre près de quatre cents chevaux en mouvement. Je lui ai fait compliment pour la manière dont tout a été arrangé. Néanmoins, le roi n'a fait que le gronder tout le temps, M. Strada a le malheur d'être oublieux, distrait et, je crois, un peu sourd. Aussi, malgré son zèle et sa prétention à vouloir deviner la pensée du roi, il fait souvent le contraire. A la vacherie, par exemple, le roi voulait nous montrer des vaches ; comme l'étable était vide, il dit à Strada d'en faire venir pour avoir du lait. Strada part au grand galop et, un quart d'heure après, il revient avec bon nombre de chevaux de selle et des grooms à sa suite.

« Mais, lui dit Sa Majesté, que voulez-vous que je fasse avec vos chevaux, la reine et ces dames veulent boire du lait, c'est donc des vaches qu'il nous faut. »

26 mai.

Nous avons été ce soir chez la reine, pour faire notre visite de remerciement pour la journée du Raincy. Mme la princesse de Schönburg nous y a accompagnés, ainsi que la princesse de Brezenheim et les deux maris respectifs. Il y avait peu de monde dans le salon de Sa Majesté.

La reine et Madame Adélaïde sont dans le ravissement du voyage des princes, les nouvelles qu'elles ont reçues de Messeigneurs les comblent de joie ; le roi s'est exprimé dans les mêmes termes de satisfaction. Ce qui avait inquiété la famille royale sur le compte de leurs fils, c'était un projet d'attentat contre leur vie, qu'on a découvert ici et qui aurait dû s'exécuter pendant leur voyage. Aussi les a-t-on entourés en Prusse de toutes sortes de précautions extraordinaires.

28 mai.

M. le maréchal Maison s'est plaint, dernièrement, à une personne de ma connaissance, du peu d'égards que ses collègues, MM. les ministres, avaient pour lui, notamment M. Thiers qui le traite avec un dédain insupportable. Il regrette, par conséquent, sa place d'ambassadeur à Saint-Pétersbourg; mais, en faisant ces doléances, il oublie que lorsqu'il fut mandé à Paris pour prendre le portefeuille de la Guerre, M. Thiers lui fit entendre qu'il le rappellerait s'il n'acceptait pas.

Indépendamment du mauvais traitement qu'il doit endurer de M. Thiers, les maréchaux Moncey et Clauzel se plaisent à le contrarier. Il déplore qu'on ait fait pour les dépenses d'Alger un chapitre à part, séparé du reste du budget de la Guerre. Deux inconvénients en résultent, l'un que cela fournit tous les ans le texte d'une discussion interminable et, en second lieu, qu'on ne peut pas faire ce qu'il y aurait à faire à Alger, car la Chambre, au moyen de cette spécialité mal entendue, ne voterait jamais les fonds nécessaires.

8 juin.

La reine nous a envoyé, ces jours derniers, sa loge à l'Opéra, pour la première représentation du *Diable boi-*

teux, nouveau ballet où Fanny Elssler fait fureur avec
son pas espagnol qu'à la vérité elle danse dans une rare
perfection. Décors et mise en scène, tout cela est admirablement beau. Il y a, entre autres, une salle du palais
de Fontainebleau qui est d'une vérité saisissante et d'une
exécution parfaite.

Jeudi dernier, jour de la Fête-Dieu, nous avons eu à
dîner la marquise Visconti, de Milan, mère de la princesse Belgiojoso ; elle est venue à Paris avec son sigisbée,
le duc de Canizaro, et sa fille cadette, jeune personne assez
laide, mais qui ne manque pas d'esprit. La marquise
est très bien conservée pour son âge, elle est soignée dans
sa mise et, toute grand'maman qu'elle est, elle aime le
rose de préférence : c'est de cette couleur qu'elle choisit
ses robes et ses chapeaux. Elle est très blanche encore
parce qu'elle a engraissé en vieillissant ; le rouge lui va
très bien et elle cache son double menton par une men-
tonnière ornée de nœuds artistement et très coquette-
ment placés.

Elle est venue à Paris pour déterminer sa fille, la princesse Belgiojoso, à vendre ses possessions du Milanais au
duc de Canizaro. La princesse deviendrait, de cette manière, entièrement indépendante et pourrait rester à
Paris avec tous ces jeunes et vieux barbouilleurs de
papier qui font du sentiment dans leurs romans à vingt-
cinq sous la page, et qui ne sont pas moins déplacés
dans leur conversation que dans leurs écrits.

J'en citerai un seul exemple : Alfred de Musset, un des
habitués de la princesse Belgiojoso, se roule sur les canapés, met ses jambes sur la table, se coiffe d'un bonnet
dans le salon, fume des cigares. Un soir, chez Mme Émile
de Girardin, il fut présenté à notre Ambassadrice ; celle-ci,

avec sa politesse accoutumée, l'engage à venir la voir et lui indique un jour, où elle comptait avoir quelques gens de lettres. Il arrive, sentant la pipe à faire horreur ; il s'approche de la table devant laquelle l'Ambassadrice était assise avec les princesses de Béthune, la marquise de Jumilhac, la princesse de Craon et quelques autres dames. Une gravure de Paul Robert, offerte par celui-ci à l'Ambassadrice et représentant *les Moissonneurs*, donna lieu de parler de ce peintre, de sa malheureuse fin et de la ville de Venise où il est mort. A ce propos, M. de Musset nous dit, d'un ton prétentieux, que lui aussi, l'année dernière, avait manqué mourir dans cette ville d'une fièvre maligne.

Pour lui témoigner notre intérêt, nous observons que l'idée de mourir seul à l'étranger, sans qu'un ami, qu'un parent vous assiste, vous console dans les derniers moments, devait être terrible.

— Sans doute, répondit-il ; heureusement je n'étais pas dans ce cas, j'étais soigné mieux que par un ami, mieux que par un parent, j'avais une compagne fidèle, adorable.

— Et vous l'avez perdue depuis? dit l'Ambassadrice.

— Mme de Musset est morte? ajoute la princesse de Béthune, toute chagrine que nous ayons contribué à rouvrir une plaie.

— Oh ! non, reprend le jeune littérateur, je n'ai jamais été marié. C'était Mme Dudevant (George Sand) avec laquelle je voyageais en Italie. C'est à elle que je dois la vie, elle qui m'a soigné avec cet amour, cette tendresse dont elle seule est capable.

Un silence suivit ce discours. A ce singulier aveu, toutes ces dames s'entre-regardèrent ; celles d'entre elles qui ne savaient pas rougir avaient peine à ne pas rire, et les hommes, moi comme les autres, n'étant pas maîtres de nous retenir, nous nous sauvâmes dans la bibliothèque, pour donner un libre cours à notre hilarité.

Voici, d'autre part, comment M. de Balzac, qui se dit descendant des d'Antraigues, et qui, malgré sa prétention aux bonnes manières, en a de détestables dans le monde, s'y prend, dans son dernier ouvrage qui vient de paraître : *le Lys dans la vallée,* pour raconter la première entrevue de son héros avec son héroïne. Notez que ce héros est un jeune homme timide outre mesure qui assiste pour la première fois à une grande fête où, inconnu et ne connaissant personne, il promène son ennui :

« Mes yeux furent tout à coup frappés par de blanches épaules rebondies, sur lesquelles j'aurais voulu me rouler, des épaules légèrement rosées qui semblaient rougir, comme si elles se trouvaient nues pour la première fois, de pudiques épaules qui avaient une âme, et dont la peau satinée éclatait à la lumière comme un tissu de soie. Ces épaules étaient partagées par une raie, le long de laquelle coula mon regard, plus hardi que n'eût été ma main. Je me haussai, tout palpitant, pour voir le corsage, et fus complètement fasciné par une gorge chastement couverte d'une gaze, mais dont les globes azurés et d'une rondeur parfaite étaient douillettement couchés dans des flots de dentelle. Les plus légers détails de cette tête furent des amorces, qui réveillèrent en moi des jouissances infinies : le brillant des cheveux lissés au-dessus d'un cou velouté comme celui d'une petite fille, les lignes blanches que le peigne y avait dessinées et où mon imagination courut comme en de frais sentiers, tout me fit perdre l'esprit. Après m'être assuré que personne ne me voyait, je me plongeai dans ce dos, comme un enfant se jette dans le sein de sa mère, en baisant à plusieurs reprises toutes ces épaules où se roula ma tête... »

Y a t-il lieu de s'étonner que la princesse Belgiojoso, étant entourée comme elle l'est de jeunes gens si mal façonnés, prenne de leurs manières et prétende se donner des airs de femme supérieure, en ne se soumettant pas aux règles de la bienséance et de la politesse, tandis qu'elle serait fort étonnée, j'en suis sûr, si l'on s'avisait d'user de cette liberté vis-à-vis d'elle. Le jour où elle a dîné chez nous avec sa mère, sa sœur et le duc de Canizaro, dîner entièrement composé pour elle, il y avait encore le chargé d'affaires suisse, M. Hannage de l'ambassade d'Angleterre et le comte d'Harcourt, les seules personnes de notre connaissance qui ne soient pas étrangères à la princesse. L'invitation était pour six heures. Tout le monde était réuni à temps, excepté cependant la société milanaise qui n'arrivait pas ; on attend une demi-heure, trois quarts d'heure, une heure, ils n'arrivent toujours pas. Enfin à sept heures un quart on fait servir, car personne ne doute plus que la princesse Belgiojoso a oublié l'invitation.

Nous étions au second service, voilà qu'elle entre avec toute sa suite. Vous croyez qu'elle s'est confondue en excuses? pas le moins du monde ! Elle nous a dit tout simplement qu'elle avait perdu le billet d'invitation, qu'elle avait cru qu'on dînait à sept heures, qu'il y avait une demi-heure de grâce, de sorte que, calcul fait, elle croyait arriver juste à temps et qu'elle avait oublié d'envoyer à l'ambassade pour s'informer à ce sujet.

La princesse Belgiojoso, outre la prétention d'être

une seconde Sapho ou Corinne, se plaît à prendre la physionomie d'un spectre : elle est blême et blafarde, elle a des coiffures et des turbans d'une forme insolite, des robes excessivement décolletées et si singulièrement vaporeuses, des draperies si bizarres, qu'on croit découvrir sans cesse un poignard caché sous leurs plis. Ses yeux noirs, qui lui sortent de la tête, qu'elle tourne de tous les côtés d'une manière sinistre, ses traits, immobiles du reste, cette bouche, dont les lèvres minces et pâles ne semblent faites que pour laisser échapper un soupir de douleur, tout son maintien, sa démarche et chaque mouvement qu'elle fait sont en harmonie avec le rôle qu'elle joue : triste et bizarre état d'une femme dont l'esprit a tourné à faux.

Dernièrement, je suis allé la voir chez elle. Je l'ai trouvée assise sur un canapé de genre Renaissance, dans un cabinet de même style. C'était le matin ; elle portait une robe de chambre blanche sous laquelle j'ai aperçu une espèce de corsage en velours rouge. Sur la tête, elle avait un immense turban qui m'a rappelé celui de la Sibylle de Michel-Ange. M. Mignet était debout derrière le canapé, s'appuyant nonchalamment sur le dossier en bois de chêne sculpté ; M. Liszt, le pianiste, en blouse de velours noir, avec de longs cheveux lisses tombant sur les épaules, sans cravate et un béret à la main, était assis sur un tabouret devant la princesse. Son costume, et comme je le croyais en Suisse, a fait que je ne l'ai pas reconnu d'abord ; il s'est fait reconnaître, il m'a dit n'être venu à Paris que pour peu de jours et qu'il comptait retourner en Suisse.

J'étais tellement étonné, abasourdi de toutes les extravagances qui m'entouraient, que j'eus de la peine à enta-

mer une conversation. La princesse, aimant à s'entourer,
d'un côté, de tous les jeunes gens les plus extravagants,
et de l'autre, des savants les plus distingués, présente un
mélange bizarre d'absurdités et d'instruction rapsodique
qui inspire, tour à tour, de l'admiration et de la pitié :
mais on finit par la plaindre.

14 juin

Mardi dernier, nous avons arrangé une partie de spectacle pour Marie et ses petites amies ; j'ai été prendre six
loges au théâtre de M. Comte, ce qui nous a donné le
droit de commander le spectacle. Marie a choisi *le Dahlia
enchanté*. Le théâtre de M. Comte est uniquement destiné aux enfants, et les acteurs et les actrices sont pour
la plupart des enfants. *Le Dahlia enchanté* est une pièce
merveilleuse, non par l'esprit, mais par les changements
de décors à vue, les scènes de ballet, la dernière surtout où le théâtre est peuplé de centaines de polichinelles,
sans compter un char traîné par une douzaine de chats
vivants qui font un train effroyable par leurs miaule-
ments.

La marquise de Brignole avec sa fille, la marquise
Durazzo avec son mari, la princesse Schönburg avec son
fils, lady Mury Stanley avec ses deux filles, la famille
Werther, Mme Lamton avec ses deux filles, nous tous
et Maurice Esterhazy étions de la partie. Marie et ses
petites amies étaient dans le ravissement, Marie peut-
être encore plus que toutes les autres, elle n'est nullement
blasée, tout l'amuse, la moindre petite chose, mais le

théâtre surtout. Ce plaisir est pour elle d'autant plus vif qu'il ne lui est accordé que fort rarement : d'abord, pour ne pas la faire veiller et, surtout, pour ne point lui faire respirer le mauvais air des salles de spectacles.

Vendredi dernier, l'ambassadeur de Russie, le comte Pahlen, a donné un dîner en l'honneur de notre cousine. Comme, par raison de régime, elle n'accepte pas d'invitation pour dîner, elle avait promis au comte Pahlen d'accepter la sienne au mois de juin, parce qu'alors, la saison des dîners étant à peu près passée, son acceptation ne tirerait pas à conséquence pour les autres.

La duchesse de Vallombrosa et la marquise de Jumilhac, qui auraient dû être de ce dîner, ont envoyé leurs excuses, à cause d'un horrible accident survenu à Mme de Thuisy, sœur de l'une et nièce de l'autre. Mme de Thuisy, se promenant avec sa mère, son mari et son enfant, a été entraînée, par la chute d'un rocher, dans un précipice où elle a été misérablement broyée. Ce n'est qu'après plusieurs heures d'efforts et de recherches, qu'on a retrouvé ce pauvre corps tout ensanglanté, tout défiguré, tout mutilé.

Mme de Thuisy était une femme charmante et, de plus, une femme de beaucoup de mérite. Ayant peu de fortune, elle passait sa vie à Fontainebleau ou à Versailles ; elle ne venait à Paris que pour voir ses sœurs et sa tante de Jumilhac. Le reste du temps, elle s'occupait de l'éducation de sa fille qui a treize ans aujourd'hui, elle remplaçait auprès d'elle toutes les institutrices, gouvernantes, maîtres de toute espèce qu'on donne aux jeunes personnes habitant Paris.

M. de Thuisy, par un héritage inespéré qu'il avait fait il y a quelques mois, venait, précisément, d'être mis à même de pouvoir s'établir à Paris pendant une partie de l'année ; il aurait, par conséquent, procuré à sa femme la joie de vivre dans la capitale et tous les plaisirs qu'une personne agréable trouve dans le monde.

La duchesse de Valençay vient de partir pour Valençay, afin, m'a dit sa mère, la duchesse de Montmorency, d'aider la duchesse de Dino à y recevoir Mme de Lieven et Mlle de Menzingen, bonne, belle, grosse, mais peu spirituelle nièce de la princesse. Il est peu probable que la duchesse de Montmorency, qui n'aime pas le moins du monde la princesse de Lieven et ne connaît pas Mlle de Menzingen, ait consenti à faire faire quatre-vingts et tant de lieues à sa fille, si délicate de santé, pour amuser Mlle de Menzingen. Aussi, lorsqu'elle me l'a dit, je me suis permis de sourire, pour lui prouver que je n'en étais pas dupe. Le fin mot de tout ceci est que le prince de Talleyrand a eu une attaque de paralysie dans les jambes, déjà en mauvais état. Mme de Dino l'a écrit à la duchesse de Montmorency, en la rassurant toutefois sur l'état de santé de ce précieux prince. La duchesse de Montmorency, qui n'a pas plus de confiance qu'il ne faut en Mme de Dino, a cru plus prudent d'y envoyer sa fille qui a ordre de lui expédier un courrier sur-le-champ si l'état de M. de Talleyrand était un tant soit peu alarmant.

Mme de Lieven, à ce qu'il paraît, aurait bien voulu abréger sa visite à Valençay : elle s'y ennuyait à crever. Comme elle ne sait parler d'autre chose que de politique, et que ce sujet se trouvait épuisé, faute de nouvelles, elle ne savait plus que devenir. La duchesse de Dino se battait les flancs pour animer la conversation, mais elle avait déjà dit la veille tout ce qu'il y avait à dire sur les nou-velles arrivées d'Angleterre, d'Espagne et de Paris. Pour comble de malheur, ni le duc de Laval, ni le duc de Noailles, ni Maurice Esterhazy, ni moi, qui étions tous priés, n'arrivions. La poste n'apportait que peu de lettres et, par conséquent, pas davantage de nouvelles. La princesse de Lieven, faute de lettres plus fraîches, apportait au salon celles que lady Jersay lui adressait, et qu'elle relisait dans l'espoir d'y trouver quelque nouveau passage qui aurait pu lui échapper à une première, ou même à une seconde lecture, car déjà elle les avait relues. Malheureusement, elle n'y trouvait absolument rien qu'elle n'eût déjà commenté et discuté à fond.

Un soir, dans son désespoir, elle se leva et dit qu'elle était obligée d'aller dans sa chambre pour écrire à la comtesse Apponyi. Le lendemain, elle déclara, pour la troisième fois depuis qu'elle était à Valençay, qu'elle serait reconnaissante si on lui donnait un autre appartement que celui qu'elle occupait, qui, à l'en croire, était rendu inhabitable par une odeur de peinture. C'était celui qu'habite la duchesse de Montmorency quand elle va à Valençay. Le majordome assura que, depuis quatorze ans, on n'avait pas touché à la peinture, mais que, cependant, si Mme la princesse désirait changer d'appartement, il lui offrait celui que les infants d'Espagne avaient habité jadis. Mme de Lieven, après s'être transportée avec armes et bagages dans cet appartement, n'y resta pas davantage. Deux jours après, elle exprima le désir de changer et d'en avoir un où les murs fussent un peu moins épais, chose qui lui donnait le spleen. Le troisième appartement fut celui de la duchesse de Valençay, qui venait de rentrer à Paris, et dont il fallut bien se contenter, car c'était le dernier qu'on pût lui offrir, tous les autres étaient infiniment moins bien.

18 juin.

Le discours prononcé hier par M. Laffitte, à la Chambre des députés, donne un terrible coup au gouvernement de Juillet. Ce sont de ces choses qui ont un fâcheux retentissement dans les provinces et à l'étranger. En effet, il doit être pénible aux partisans du système de Juillet d'entendre exprimer, du haut de la tribune, par un homme qui a si puissamment contribué au renversement de Charles X, le regret d'avoir fait la révolution, de l'entendre dire à Louis-Philippe qu'il n'a tenu aucune de ses promesses et que le gouvernement prétendu à bon marché coûtait le double de celui qu'on a renversé. Laffitte, dans son discours, demande pardon à Dieu et aux hommes pour la part qu'il a prise à ces tristes événements.

Thiers, dans sa réponse à ce discours et à celui de Berryer, a reconnu que les révolutions coûtent cher, et « en vérité, a-t-il dit, si les révolutions étaient des questions d'argent, je crois que les peuples n'en voudraient jamais faire. Avant 1789, la dépense de l'État était d'environ cinq cents millions ; depuis elle est montée à sept et huit cents et, après la Restauration, elle s'est élevée à un milliard. Vous voyez donc que, si on évaluait les révolutions par ce qu'elles coûtent, il y faudrait renoncer. Celle de 1789 ne s'est faite que pour diminuer les impôts, et le grand grief contre la malheureuse reine Marie-Antoinette était ses dépenses exorbitantes. On a reproché la même chose à Charles X et l'on a voulu avoir un gouvernement à bon marché ; on est parvenu à chasser ce malheureux roi, mais, loin de diminuer les impôts, on les a augmentés ».

Ce sont là de bonnes leçons pour les peuples qui auraient envie de faire des révolutions, et j'aime entendre ces vérités de la part de révolutionnaires tels que Laffitte et Thiers, dont l'un a éprouvé bien des mécomptes et dont l'autre, tout au contraire, est parvenu au pouvoir, à la puissance la plus grande, sous un gouvernement qui n'est pas une République.

Thiers, dans sa réplique, a été très adroit, très spirituel : on lui a rendu justice sous ce rapport. Il a montré le talent et l'adresse d'un avocat très habile, qui défend une mauvaise cause ; on a beaucoup admiré son adresse, mais il n'a persuadé personne. Laffitte n'avait rien dit, ces dernières années, par la raison que ses affaires de fortune l'absorbaient entièrement et qu'il avait trop de personnes à ménager pour pouvoir attaquer le gouverne-men . Aujourd'hui, sa position a changé, il est de nouveau indépendant, à la tête d'une fortune de cent vingt mille livres de ren es, il parle, par conséquent, et il parlera à la prochaine session bien plus encore. C'est un homme vain et vindicatif, il a du talent, et ses antécédents le rendent redoutable au gouvernement de Juillet.

25 juin.

Je viens du cercle diplomatique qui a eu lieu chez le roi et la reine des Belges. La reine a meilleure mine que la dernière fois que je l'ai vue ; elle est bonne et douce, avec une grande envie de plaire. Sa Majesté m'a dit

qu'elle était en plein bonheur de pouvoir passer quelque
temps avec ses parents, ses frères et ses sœurs. S. M. le
roi Léopold est toujours le même, très solennel et très
ennuyeux.

Leurs Majestés nous ont reçus dans l'ancien appartement du duc de Bordeaux ; je n'avais pas revu cette
chambre depuis la fête que Mme la duchesse de Berry
y a donnée pour S. M. le roi de Naples. Par un hasard singulier, l'Ambassadeur et moi nous sommes trouvés debout, pendant le cercle, à la place où, en 1830, j'ai dansé
avec Mme la duchesse de Berry le dernier cotillon qu'elle
ait dansé dans ce palais.

25 au soir.

Je viens d'apprendre qu'un attentat contre la vie
du roi a été commis, entre cinq et six heures après midi,
sous le guichet des Tuileries, du côté de la Seine. L'individu qui a tiré le coup a été pris ; le roi, dit-on, a échappé
comme par miracle (1).

26 juin.

Hier soir, samedi, jour de réception chez nous, il y a
eu beaucoup de monde, les uns pour entendre de nouveaux
détails sur l'attentat, les autres pour en donner. Le comte

---

(1) L'attentat d'Alibaud.

de Rohan-Chabot, l'un des aides de camp du roi, était dans la cour des Tuileries, au moment où l'attentat eut lieu. Il venait de quitter le roi et se disposait à traverser le Carrousel, pour se rendre chez lui, lorsqu'il vit la voiture du roi s'arrêter sous le guichet des Tuileries ; au même instant, il entendit le terrible mot d'attentat prononcé autour de lui. Tout troublé, il courut vers le guichet, mais, avant qu'il eût pu l'atteindre, la voiture du roi continuait son chemin vers Neuilly.

Sa Majesté n'a pas été blessée, ni personne dans la voiture, où il y avait la reine et Madame Adélaïde. Le roi, sans se troubler, a mis la tête à la portière pour se montrer à la foule qui s'était rassemblée : « Je ne suis pas blessé, mes amis, dit-il. Vive le roi ! »

Et la foule répéta : « Vive le roi ! »

M. de Chabot nous dit encore que le jeune homme qui a tiré sur le roi avait été reconnu par un garde national. Il s'appelle Alibaud, il est jeune, bien fait, ayant très bonne tournure et une figure agréable. Au moment où on l'arrêtait, il a tiré un poignard pour se tuer ; un des gardes municipaux l'ayant traité de lâche : « On n'est pas lâche, répondit-il, lorsqu'on cherche la mort ! »

Le prince Paul de Wurtemberg, qui arriva chez nous peu de temps après Chabot, nous confirma tout ce que nous venions d'entendre, mais il y ajouta que cet événement avait fait peu de sensation sur le public. Dans les groupes auxquels il s'est mêlé, au Palais-Royal et sur d'autres places, il a entendu deux exclamations : « Oh ! le maladroit ! » disaient les uns. « C'est un fou » disaient les autres.

Dans un conseil des ministres qu'a présidé le roi hier soir, il a été décidé que, malgré l'attentat, la revue de la

garde nationale, à l'occasion de l'anniversaire des « Glorieuses », aurait lieu. Mais ensuite on déclarera dans un
ordre du jour, par l'organe du général Jacqueminot, que
la revue est abolie, vu que la vie du roi est trop précieuse
à la France pour la risquer de nouveau.

27 juin.

Nous avons fait, hier, notre visite de condoléance et
de félicitation à la famille royale, à Neuilly. Grande était
la foule et l'on a prononcé beaucoup de belles phrases.
Le roi conserve toujours son même calme, la reine a
beaucoup de confiance dans la Providence divine qui protège si visiblement le roi. J'ai trouvé Madame Adélaïde très abattue : en me parlant de l'événement, elle
avait les yeux en larmes. Elle me dit entre autres que, dans
les premiers moments, ni elle ni la reine, bien qu'elles
fussent dans la voiture du roi, ne s'étaient expliqué la
détonation. C'est le roi qui leur dit la vérité en les rassurant et en rassurant le public qui entourait la voiture
La balle est entrée, deux pouces au-dessus de sa tête,
dans les coussins de la voiture.

M. Athalin, avec lequel j'ai causé assez longtemps
de ce lamentable événement, m'a dit qu'il le considérait
comme infiniment plus grave que celui qui l'a précédé,
l'année dernière. On a expédié, hier, des courriers aux
princes, pour leur apprendre la nouvelle. Il est probable
qu'ils reviendront aussitôt après l'avoir reçue.

Après avoir quitté le château de Neuilly, nous nous
sommes rendus à la maison de campagne que M. Thiers

a louée à Neuilly. C'est une charmante habitation, très spacieuse, toute fraîche et élégante. M. Thiers nous a dit que le roi, peu d'heures après l'attentat, de retour à Neuilly, lui avait adressé une lettre d'affaires, véritable monument historique qui rend le plus incontestable témoignage du calme et du sang-froid de ce souverain.

« Il y règne, dit le ministre, une admirable lucidité de jugement sur toutes les affaires les plus importantes, dont j'avais parlé au roi la veille et dont il avait puisé de nouveaux détails dans les papiers que je lui avais transmis pour les parcourir ; il m'a fait les observations les plus justes, les plus précises et qui m'ont bien prouvé combien son esprit était libre de toute autre préoccupation. »

Le duc de Frias nous a rejoints chez M. Thiers et, pour me prouver l'intérêt qu'il prend à l'affaire, me fit une mine de circonstance : véritable grimace de singe ; j'en ai ri comme un fou, et cela au grand étonnement du duc qui en était confondu.

29 juin.

Nous avons dîné, hier, chez le roi, à Neuilly ; il y avait peu de monde. La plupart des personnes appartenaient au corps diplomatique. Il y avait aussi le jeune Sainte-Aulaire, qui arrive de Vienne ; il a laissé les princes à deux postes de cette ville, en bonne santé, poursuivant leur route vers l'Italie. Sainte-Aulaire est peu communicatif il avait l'air, tour à tour, étonné et ignorant. Comme il n'est pas bête, j'ai vu qu'il voulait le paraître pour éviter mes questions : je l'ai donc laissé là, passablement embarrassé de ses pantalons blancs, tandis que tout le monde était en noir, et je n'ai plus recherché sa société.

Après dîner, j'ai fait une promenade dans le parc, pour le montrer à Charles de Werther, qui ne l'avait pas encore vu. De retour au château, nous avons trouvé la terrasse et les salons remplis de monde. J'ai vu arriver le duc de Mortemart ; il a dit au roi et à la reine :

— Ce que je trouve de consolant, dans les circonstances qui ont accompagné l'attentat contre vous, Sire, et ce qui m'a frappé dès le premier moment, c'est qu'il est bien prouvé maintenant qu'on ne peut attenter contre la vie du roi sans perdre la sienne et, croyez-moi, Sire, il y a bien peu de personnes, il n'y en a pas, dirai-je, qui voudraient échanger leur vie contre celle de Votre Majesté.

— J'accepte votre augure, lui dit le roi.

— J'ai mis toute ma confiance dans la Providence divine, dit la reine !

J'ai vu arriver encore le duc de Brissac, les princes de Beauvau, puis Girod de l'Ain, tout souffrant, avec un air cadavéreux. Il serait trop long d'énumérer la longue suite des grands et petits personnages qui se suivirent, pour mettre quelques larmes plus ou moins de circonstance au pied du trône. Mme de Boigne prit le parti sage de ne rien dire, car elle avait déjà tout dit, l'année dernière : elle a donc poussé un gros soupir, en levant au ciel des yeux baignés de larmes.

On ne saurait assez recommander, dans de semblables circonstances, une sage et prudente économie de paroles et de sentiments. J'ai vu beaucoup de personnes négliger, l'année dernière, cette sage maxime et s'en trouver fort mal cette année-ci, car on aurait voulu dire quelque chose

de plus fort, de plus touchant encore, mais on était épuisé
de la première fois.

La duchesse de La Trémoïlle me confia ne plus savoir
de phrase pour Madame Adélaïde.

— J'en avais une superbe préparée pour le roi, me
dit-elle, une autre pour la reine, mais je vous avoue que
j'ai oublié Madame Adélaïde. Comme je vois que tout
le monde lui en dit une, je ne veux pas rester en arrière.

— Il me semble, dis-je à la duchesse, que la Providence serait fort agréablement placée en cet endroit,
surtout si vous n'en avez pas parlé au roi, ni à la reine.

— Dieu! que vous avez raison, comte, la Providence,
c'est ça!

Et voilà qu'elle se précipite sur Madame Adélaïde.
Tout s'use vite en France. On ne vit pas longtemps sur
une impression; il faut toujours du nouveau, sans cela les
Parisiens disent froidement le mot « encore! »

Rien, du reste, n'est plus impolitique que tous ces
discours, adressés au roi de tous les côtés, ces larmes, pompeusement et publiquement versées, ces exagérations du
mal qui pourrait résulter de la mort du roi.

Le duc de Nemours a été très sérieusement malade, et
les médecins milanais lui ont appliqué tant de sangsues,
lui ont fait des saignées si abondantes, que le pauvre
prince est plus malade des suites du traitement que de la
maladie dont on l'a débarrassé. La reine m'a dit qu'il
en avait été si affaibli qu'elle doute qu'il puisse continuer
son voyage et revenir aussi promptement que Mgr d'Orléans.

Le général Baudrand, qui a accompagné les princes
à Berlin et à Vienne et ne les a quittés qu'après leur
départ de Vienne, m'a donné beaucoup de détails sur leur

séjour dans cette capitale : « Notre séjour à Berlin, m'a-
t-il dit, a été bien plus fatigant qu'à Vienne. A Vienne,
ç'a été du repos comparativement à celui de Berlin. Les
princes en ont été enchantés. »

Pour lui, il ne saurait assez exprimer l'admiration
qu'il a conçue pour l'archiduc Charles : « Ce grand capitaine, me dit-il, le plus grand de l'Europe, le seul qui
se soit glorieusement mesuré avec Napoléon et qu'on
puisse appeler son rival. Le voir retiré des affaires, au
milieu d'une famille charmante, se soustraire à une gloire
qui le suit malgré lui jusque dans sa retraite, cette modestie si vraie, cette simplicité à côté de tant de mérites,
cette grande distinction unie à une bienveillance incomparable, voilà un tableau qui ne s'effacera jamais de ma
mémoire. »

5 juillet.

Le duc d'Orléans est arrivé, avant-hier matin, un peu
fatigué de son voyage : il a beaucoup maigri. Son frère
est arrivé hier. Tous les deux, le duc d'Orléans surtout,
ont été douloureusement impressionnés par la nouvelle
de l'attentat contre la vie du roi. C'est l'archiduc et
l'archiduchesse Renier qui la leur ont apprise. Messeigneurs nous ont dit que dans leur propre famille, ils
n'auraient pas trouvé plus d'affection et un témoignage
plus sincère d'amitié et de regrets que dans la famille
impériale.

J'ai dîné aujourd'hui chez la marquise de Ferrari,
avec le général Pozzo, son neveu et sa nièce. Le général

est très amusant à entendre, sur son séjour à Londres et sur tous les ennuis de tout genre qu'il a éprouvés ; il est enchanté de ne plus y être et prétend déjà que le peu de jours qu'il vient de passer sur le continent lui ont fait beaucoup de bien. N'empêche que je le trouve vieilli et alourdi. Il vient d'acheter l'hôtel du duc de Blacas, celui que la marquise de Ferrari habite en ce moment, fort bel hôtel situé dans la rue de l'Université. Le comte Pozzo l'a acheté pour quatre cent soixante mille francs et il sera obligé d'y faire encore de grandes dépenses.

L'Ambassadeur et moi avons été, ce matin, faire notre cour aux ducs d'Orléans et de Nemours, mais nous ne les avons point trouvés chez eux.

7 juillet.

Le duc d'Orléans est venu, ce matin, faire sa visite à notre cousine. Mgr de Nemours l'a accompagné, mais il n'a presque rien dit. Le Prince royal s'est exprimé sur l'Autriche et le séjour qu'il y a fait, d'une manière très satisfaisante. Il se loue extrêmement de l'accueil qu'il a reçu à la Cour et dans la société. Il trouve la société de Vienne infiniment plus distinguée et plus agréable que celle de Londres.

Notre armée, surtout celle d'Italie, lui a paru plus belle que celle de Prusse, mais les officiers beaucoup moins instruits que les officiers prussiens. Il n'a pas dit un mot sur la famille de l'archiduc Charles, sur l'Empereur non plus et parle peu favorablement de l'archiduchesse Sophie. En revanche, il est enthousiasmé par l'Impé-

ratrice, qu'il trouve la femme la plus distinguée, la plus
intéressante de la terre, sa tournure la plus impériale
du monde.

« Une expression de mélancolie, dit-il, est peinte sur
sa physionomie et apparaît dans sa conversation, dans
sa manière d'envisager les hommes et les choses. Cette
mélancolie lui donne un grand charme et provoque la
sympathie. »

9 juillet.

L'autre jour, à un dîner chez Thiers, Pozzo l'a écrasé
de compliments. Il lui a dit qu'il le considérait comme le
premier ministre des Affaires étrangères qui, depuis
Louis XVI, ait compris la France et la politique de l'Europe, comme le premier homme d'État de ce temps ; qu'il
a fait merveille et que tout ce qu'il entreprendra lui réussira. Tant de flatteries et de flagorneries ont ravi et
enchanté Thiers. Il affirme, maintenant, que Pozzo est
l'homme le plus distingué, le plus vrai, le plus sincère,
celui qui voit et juge le mieux les choses et surtout les
hommes.

Thiers ayant parlé du mariage du duc d'Orléans avec
une archiduchesse, Pozzo lui a conseillé de faire la
demande sans façon, disant que le succès en était certain,
le prince de Metternich désirant vivement cette alliance.
Le roi des Belges déconseille, cependant, cette manière
brusque de procéder ; il a représenté à M. Thiers qu'il
serait dangereux d'entamer cette affaire, dans un moment
où l'attentat a dû produire un bien mauvais effet à
l'étranger. Ce conseil a prévalu. Le président du Conseil a

beaucoup de considération pour le roi des Belges ; il le ménage, parce qu'il sait combien ce prince a d'influence sur le duc d'Orléans. Comme lui-même n'est pas en faveur auprès du Prince royal, il cherche à se bien placer dans l'esprit du roi des Belges, afin de pouvoir se servir de lui au besoin pour défendre ses intérêts auprès de Monseigneur. Thiers, tout en rendant justice aux éminentes qualités du Prince royal, se plaint de sa fierté, de sa disposition à garder rancune à ceux qui l'ont offensé.

13 juillet.

Le gouvernement français ne néglige aucune occasion de soutenir le gouvernement de la reine Christine, qu'il considère comme le seul possible en Espagne, tandis que pour ma part je le considère comme le seul absolument impossible. Thiers a de nouveau remis à Alava quatre millions pour payer la solde des légions étrangères et de l'armée royale qui mouraient de faim. Rothschild aussi jette son argent, à pleines mains, dans ce gouffre. La France y est pour vingt-cinq millions, Rothschild pour près de soixante et l'Angleterre pour..... Dieu sait combien, et cependant on est obligé tous les jours de faire de nouveaux emprunts.

La Cour de France est plongée dans une grande tristesse, à Neuilly. L'arrivée du duc d'Orléans, loin de calmer les alarmes, n'a fait que les augmenter, d'autant qu'il est impossible d'entourer le Prince royal de cette minutieuse surveillance à laquelle le roi est obligé de se soumettre. Celui-ci est un véritable prisonnier d'État et, cependant,

chaque bruit inattendu, chaque cri effraie tous les
membres de la famille : partout elle voit des assassins,
partout de nouveaux dangers pour le roi et les princes.

Pendant ma dernière visite à Neuilly, une canne à
gros pommeau, appuyée contre un angle du grand salon,
a été renversée par mégarde. Le bruit qu'elle a fait en
tombant a causé un véritable effroi : la reine, les princesses levées et précipitées dans les bras du roi étaient
pâles et tremblantes.

Ce qui ne contribue pas peu aux alarmes continuelles
de cette malheureuse famille, c'est les lettres anonymes
que le roi, la reine, Madame Adélaïde et le Prince royal
reçoivent tous les jours, de Paris et des provinces, depuis
l'attentat d'Alibaud surtout. Il en pleut et terriblement
menaçantes, il y en a de fort bien écrites, avec élégance
même, d'autres, au contraire, paraissent venir de simples
ouvriers ; mais le contenu est toujours le même et rédigé
pour faire peur avec une habileté diabolique, pour inspirer le sentiment de la terreur et pour rendre l'existence
de cette famille de plus en plus horrible. Le duc d'Orléans
est d'une maigreur et d'une tristesse affreuses ; la reine
et Madame Adélaïde ne peuvent dissimuler leurs inquiétudes et leur chagrin. Le roi lui-même, lorsqu'il cesse de
parler affaires, paraît en proie à un véritable abattement.

2 octobre.

La princesse de Lieven est de retour à Paris et nous
tourmente par ses exigences. Si l'on ne va pas la voir
presque tous les jours, elle vous fait non seulement des

reproches mais, qui pis est, elle se met à pleurer en s'écriant d'une voix lamentable qu'on l'abandonne, qu'elle est malheureuse et qu'on n'a pas la charité de lui consacrer quelques petits moments. Elle ajoute à ses plaintes de longues tirades sur l'égoïsme ; cette jérémiade finie, elle vous questionne sur tout ce qui se passe dans le monde politique et ailleurs, et vous met véritablement sur la sellette.

3 octobre.

Il est onze heures et je pars à midi pour Londres. Je profite de l'heure qui me reste, pour mentionner ici que l'Ambassadeur vient de recevoir de l'Empereur la Toison d'or. Lorsqu'il a ouvert les dépêches de Vienne que le dernier courrier lui a apportées, la première chose qui est tombée dans ses mains a été le billet autographe de Sa Majesté. Nous sommes tous ici dans une inexprimable joie. Personne n'est plus digne que ce chérissime cousin de porter la Toison. Jamais elle n'aura reposé sur un cœur plus loyal, plus sincèrement attaché à son souverain et à son pays et, m'eût-elle été accordée, que je ne serais pas plus heureux que je ne le suis en ce moment.

Chatsworth, 30 octobre (1).

Je suis ici depuis trois jours, encore tout ébahi de la magnificence qui m'entoure dans ce vaste palais. Au

(1) A cette date, le comte Rodolphe parcourait l'Angleterre où il

milieu d'un parc immense s'étendent de larges terrasses superposées, ornées de rampes superbes, de vases, de statues, de jets d'eau et de fleurs ; de larges escaliers conduisent de l'une à l'autre par des grilles en fer admirablement travaillées et toutes brillantes de dorures.

Pour arriver dans la première cour du château, on traverse une espèce d'arc de triomphe avec de belles colonnes, flanqué de deux autres portiques d'une architecture imposante et noble. La seconde cour se trouve séparée de la première par un beau mur en pierre de taille sculptée dont la partie supérieure est ornée de beaux attiques surmontés de vases et réunis l'un à l'autre par des grilles très élégantes.

On entre dans l'intérieur du château par un merveilleux vestibule, avec des cheminées en marbre blanc, un pavé magnifique, des statues et bustes antiques, des vases dorés et un très beau perron en marbre poli, orné de bronze. Par une galerie superbe, on arrive à un escalier monumental d'une richesse incomparable, qui dessert deux étages. On marche sur des dalles en marbre blanc, noir et lilas formant de très riches dessins, et sous de larges arcades, ornées de moulures sur fond d'or. Le plafond et les murs, peints à l'huile, représentent des sujets tirés de l'histoire romaine, mêlés à beaucoup d'ornements sculptés et dorés. On voit, à travers les arcades, un autre double escalier orné de deux grands portraits en pied de

s'était rendu pour répondre à une invitation du duc de Devonshire, et pour visiter quelques villes industrielles. Des pages que, dans son journal, il a consacrées à ce voyage et qui sont dépourvues d'intérêt historique, nous ne reproduisons que celles où il raconte son séjour chez son richissime amphitryon, et nous apprend ce qu'était, il y a soixante-quatorze ans, la vie que menait dans ses terres un grand seigneur anglais.

l'Empereur et de l'Impératrice de Russie, richement encadrés. Cet escalier est éclairé d'en haut par une coupole très élevée et d'une très belle forme ; c'est par cet escalier qu'on m'a conduit dans mes appartements, car le duc, au moment de mon arrivée, se trouvait absent.

Vers sept heures, un valet de chambre est venu, de la part du duc, pour me conduire au salon. De l'escalier, on entre dans un premier salon. En Angleterre, il n'y a pas ce que nous appelons antichambre, les domestiques se tiennent dans le hall, et l'escalier fait déjà partie de l'appartement. Dans ce premier salon, il y a plusieurs portraits de famille, le père du duc et le duc lui-même en costume de pair d'Angleterre, puis un portrait de George III peint par Lawrence et donné par le roi au duc de Devonshire, puis un autre du roi Henry VIII en pied, un portrait du temps.

Outre une superbe cheminée en marbre blanc, haute de six pieds dans son ouverture et admirablement sculptée, il y a encore une Vénus de Médicis le dos tourné contre une grande glace sans tain, par laquelle on voit une cascade magnifique qui tombe d'abord du haut d'un rocher dans un lac ; de ce lac l'eau s'élève, comme par enchantement, jusque dans le haut de la coupole d'un temple, d'où elle se précipite dans un bassin en marbre et de là s'écoule, après y avoir formé mille jets d'eau, par un large canal, comme par un grand escalier, de gradins en gradins, jusque dans les environs des terrasses où le même escalier continue et semble être menacé par le torrent.

Les meubles du salon, recouverts de damas, sont dans le style qu'on appelle en France « rococo », c'est-à-dire du temps de Louis XIV et de Louis XV. Vis-à-vis de la glace sans tain, s'ouvre une porte qui conduit dans un

autre salon tout aussi grand que le premier, tout tendu
en damas bleu ciel, encore orné d'une superbe cheminée
avec un portrait de George III en pied par-dessus.

C'est dans ce salon que le duc me reçut et me présenta
à ses deux neveux, lord Barington et M. Cavendish, deux
frères dont l'un a épousé une des sœurs de la duchesse
de Sutherland et, par conséquent, la fille de lady Carlisle,
sœur du duc de Devonshire. Le duc me présenta à elle
et à sa belle-sœur, toutes les deux fort jolies, Mme Cavendish surtout : elle a une taille noble et gracieuse, une
figure très régulière d'une expression charmante. Lady
Barington me rappelle beaucoup la duchesse de Sutherland ; elle est moins raide à la vérité, mais aussi a-t-elle
moins de grâce dans l'esprit et beaucoup moins d'instruction.

La troisième dame qui se trouvait dans le salon était
lady Marlborough, que j'ai beaucoup connue à Rome ;
alors elle s'appelait lady Kinnaird. Elle n'est pas jolie,
mais spirituelle et surtout très aimable. Nous nous sommes
mis à parler de ce temps passé à Rome, de tout le monde
élégant et aimable qui s'y trouvait réuni, tels que la
mère du duc de Devonshire, si spirituelle, si bonne,
si grande amie de Consalvi ; la princesse de Lieven,
Mme Récamier, lord Dolley and Leicester, lady Mary
Stanley, lady Belfast, belle et très recherchée dans le
monde de Londres ; lady Francis Gover, belle-sœur du
duc de Sutherland ; lord Kinnaird, si fameux par son esprit
et son opposition au duc de Wellington ; la comtesse Dolly
de Ficquelmont, le duc et la duchesse de Hamilton, le
premier faisant sa cour à la princesse Borghèse ; le duc
de Laval, lord Normanby, maintenant vice-roi d'Irlande et milady ; lord Hastings, vice-roi des grandes

Indes et milady, et beaucoup d'autres personnes plus ou
moins distinguées et aimables ; en fait de princes, le roi
de Bavière d'aujourd'hui, le prince Wasa, le margrave
Guillaume de Bade et le roi des Belges d'aujourd'hui, la
reine d'Étrurie, le duc de Lucques, le prince de Hesse,
le prince Gustave de Mecklembourg. Je ne parle pas de
Wallmoden, du prince et de la princesse Rasoumowski,
de Mme de Thürheim, du duc de Rohan, des cardinaux
de Tonnerre et de La Fare, de M. de Marcellus, de lady
Acton et de tant d'autres.

Après dîner, c'est-à-dire à neuf heures et demie, car
les hommes restent à table après les dames, on a servi
le café, puis, une heure plus tard, le thé, et pendant toute
la soirée, la chapelle du duc a exécuté des opéras de Rossini, de Meyerbeer, de Caraffa, de Bellini et autre musique
italienne, tout cela en grande perfection ; néanmoins, on
causait, on criait même, car le duc est sourd ; moi, je crie
plus fort, prétend-on, que tout le monde et malgré cela
il ne me comprend pas toujours.

Il était question d'un meeting auquel le duc, ses neveux
et lady Louisa Cavendish avaient assisté la veille et dont
M. Cavendish était le héros. Ce meeting s'était tenu à
Derby pour remercier Cavendish, élu membre du Parlement par le Derbyshire ; de ce qu'il a si bien défendu les
intérêts de ses commettants, ils lui ont offert un dîner
splendide suivi d'un bal. A dîner, on lui a porté un toast
auquel il répondit par un discours interminable qui a
paru le lendemain dans le journal : il y en avait trois ou
quatre longues colonnes. Je me suis donné la peine de
lire tout ce fastidieux encens jeté à ses commettants,
whigs comme lui, et où il s'est déchaîné contre les Tories
presque aussi violemment que O'Connel.

Le duc de Devonshire, lady Granville et lady Carlisle ses sœurs, toute sa famille enfin, sont affreusement whigs ; avec cela, ils tiennent pourtant à tous les avantages qu'ils doivent à leur naissance, tels que le rang qu'ils occupent dans le monde, leur fortune, leurs titres, etc. ; ils sont donc whigs non par principe, mais par vanité, pour se rendre populaires, pour se faire adorer à la manière anglaise, c'est-à-dire pour être applaudis lorsqu'ils se montrent en public, pour être à la tête du parti qui a la majorité dans leur province, pour qu'un membre de leur famille soit élu membre du Parlement, et quelquefois par faiblesse ou par peur. Sans cela, comment expliquer cette manie de tenir à un parti qui n'a d'autre but que de leur prendre ce à quoi ils tiennent le plus au monde : rang, fortune, pouvoir?

Le duc, n'ayant pas le don de la parole, a tâché de populacer d'une autre façon. Ce fut au bal qu'il déploya toute sa coquetterie pour les Whigs ; il fit des frais de jambes inouïs, il fit danser toutes les sommités whigs et choisit dans les derniers rangs de la société ses danseuses, afin qu'on dise : « Voilà un grand seigneur riche et puissant et pourtant pas fier ; je ne suis qu'un simple ouvrier, eh bien ! il a dansé avec ma femme, ma fille, ma nièce, etc... »

Le duc, tout grand qu'il est, tricota de ses jambes le mieux qu'il put, transpira, s'éreinta à faire pitié, mais l'idée de se rendre populaire le soutint toujours et il rentra fort satisfait. Lady Louisa, si belle, si douce, dut aussi subir les conséquences de sa position, il fallut rester au bal jusqu'au jour, danser avec tous les fabricants et avocats de Derby que le duc et son mari lui présentèrent, elle était donc horriblement fatiguée de tant de frais et surtout de tant d'ennui.

Nous nous sommes séparés à une heure pour nous retirer dans nos chambres.

Le lendemain, à dix heures, je suis descendu dans la salle du rez-de-chaussée, à côté d'une petite bibliothèque. Cette salle est destinée au déjeuner. Une grande table y est dressée, depuis neuf heures jusqu'à midi ; pendant ces trois heures, on sert, au fur et à mesure, à tous ceux qui descendent, du thé, du café, du jambon, de la viande froide, des mofines, des œufs, du beurre, des gâteaux et du pain de toutes les espèces, de tous les pays et de toutes les nuances. A deux heures, il y a un déjeuner, luncheon plus copieux encore, où l'on sert de la viande et des légumes chauds, puis des plats doux, des fruits, enfin tout un petit dîner.

Entre le premier et le second déjeuner, on est libre de faire ce que l'on veut : s'occuper dans sa chambre, lire les journaux dans la petite bibliothèque, aller au salon causer avec les dames, ou bien feuilleter les beaux ouvrages de la grande bibliothèque, ou se promener dans les serres qui touchent au musée. Le duc n'assiste que rarement au premier déjeuner, ce n'est qu'à deux heures qu'il paraît et qu'il commence à faire les honneurs.

Il me proposa d'aller voir tout le château en détail ; j'ai accepté avec reconnaissance. En haut de l'escalier, le duc me fit traverser le premier grand salon et ouvrit une porte qui fait pendant à celle d'entrée. Une longue suite de chambres, de salles se présenta à mes yeux, c'est à perte de vue ! Cet appartement commence par une bibliothèque immense, en forme de galerie : le plafond est recouvert de fresques et de dorures, les armoires et escaliers, les galeries qui font le tour de cette vaste pièce, pour arriver aux livres rangés dans l'étage supérieur, tout cela est en acajou sculpté, poli et richement orné de bronzes dorés. Les cheminées, en marbre d'Italie, sont d'une rare beauté et le jambage des portes, en marbre poli, est orné de colonnes en marbre antique que le duc a rapportées de Rome ; toutes les portes de toute cette longue suite d'appartements sont de même, puis, lorsqu'on entre dans les détails, il faut admirer les serrures, les gonds, les charnières. Ces immenses portes si massives s'ouvrent et se referment avec une facilité surprenante ; la main de la femme la plus délicate n'a besoin d'aucun effort pour tourner le bouton et, en poussant bien faiblement, les deux battants s'ouvrent comme d'eux-mêmes sans aucun bruit.

A la suite de la grande bibliothèque, il y en a une plus petite, ornée de colonnes et de vases en marbre et en bronze, principalement destinée aux ouvrages à gravures et aux gravures détachées. Dans ces deux pièces, il y a un grand nombre de canapés, de fauteuils et de chaises en acajou sculpté et recouverts de maroquin rouge. Chacun de ces meubles est un chef-d'œuvre de confort et de magnificence. Il y a aussi de grands candélabres en bronze doré supportant des lampes Carcel pour éclairer cette vaste galerie.

A la suite de la petite bibliothèque, vient une salle à manger avec, au milieu, une table en acajou autour de laquelle cent personnes ont place sans se gêner. Cette pièce est toute resplendissante de marbre et de dorures, les panneaux sont ornés de portraits de famille en pied, peints par Van Dyck, Rembrandt et Holbein, tous dans le costume du temps si pittoresque et si riche.

En quittant cette salle à manger, on entre dans une galerie uniquement destinée à recevoir les musiciens qui jouent pendant le dîner. Cette galerie, ornée de statues égyptiennes et hindoues antiques, touche à un musée digne d'un souverain. L'architecture en est tellement simple et à la fois si noble et si magnifique, que je me suis cru transporté dans une des galeries du Vatican. Le jour qui éclaire les statues est artistement ménagé, il vient d'en haut et répand une clarté douce très avantageuse aux chefs-d'œuvre que le musée renferme. Le duc a le bonheur de posséder l'inimitable Hébé, de Canova, un Endymion, le buste de Napoléon, Mme Lætitia assise sur une chaise antique et en costume d'impératrice, quatre chefs-d'œuvre de cet inimitable statuaire. Outre ces statues, il y en a encore une grande quantité d'autres d'une grande beauté, puis des bas-reliefs, des colonnes de marbre grec et d'Asie, des vases noirs, verts, rouges et jaunes, des jattes immenses en porphyre, en jaspe, en albâtre antique, des tables en mosaïque, des piédestaux en marbre grec et en porphyre, des vases, des trépieds et autres. Il m'a montré une petite cassette, qui renferme les instruments dont Canova s'était servi pour faire la belle statue d'Endymion, que le duc avait commandée à ce grand artiste.

En quittant le musée, on entre dans le jardin d'hiver, bâti à peu près dans le même style, orné de statues et de bas-reliefs, et renfermant des palmiers et autres arbres et les fleurs les plus rares. De cette admirable pièce, un grand perron en marbre noir, orné de vases en porphyre, mène dans le « pleasure ground » et de là dans une petite galerie au bout de laquelle il y a un escalier qui conduit dans une salle immense en forme de croix. Elle est extrêmement élevée et reçoit le jour par trois « loggias » à l'italienne d'où on a une vue ravissante sur toute la vallée.

Les murs de cette salle sont couverts de tableaux plus

ou moins anciens et de différentes écoles ; il y en a beaucoup, il y en a de très curieux, mais peu de véritablement
bons. Cette salle est destinée à la danse, aux proverbes et
autres jeux de société. Au-dessus, il y en a encore une
autre bien plus grande, mais dont on ne se sert qu'en été,
car elle est en plein vent, sans croisées, avec des colonnades
ouvertes de tous les côtés, comme on en voit dans les
villas et palais italiens.

De cette hauteur, nous sommes descendus au rez-de-
chaussée, où le duc m'a montré son bain. C'est une
salle dont le plancher est enlevé pour faire place à un
grand bassin en marbre blanc : des marches de la même
pierre descendent jusque dans le fond, une eau trans-
parente et claire comme le cristal s'élève ou se baisse à
volonté ; elle est toujours chaude, car, jour et nuit, le feu
qui la chauffe est entretenu, afin de pouvoir se baigner à
toute heure de la journée et même de la nuit.

Dans le voisinage du bain, il y a l'appartement des
neveux du duc et, entre autres, celui de son petit-neveu,
fils de lady Barlington. Le petit homme n'a que six à
sept ans, il est beau comme le jour et adoré de son oncle.
Son appartement est charmant, confortable, élégant et
bien disposé pour les études d'un jeune seigneur. Il a
une fort jolie petite bibliothèque, un musée d'histoire naturelle avec toutes sortes d'animaux, d'oiseaux empaillés,
une collection minéralogique bien classifiée et un herbier
très complet.

De là, le duc m'a mené dans un immense appartement,
celui que ses parents ont habité. C'est une longue suite
de chambres magnifiques, avec des boiseries richement et
admirablement sculptées, qui surpassent même tout ce
qui existe en Europe dans ce genre ; les ornements sont

tellement ciselés en relief qu'ils paraissent être appuyés seulement contre le bois dont ils font cependant partie. Ce sont des guirlandes de fruits, de fleurs et d'animaux formant des arabesques ; il y a des faisans et des perdreaux, en grandeur naturelle, dont le plumage est tellement fini et achevé que l'on croit pouvoir arracher une de ces plumes si effilées, si fines, si légères en apparence.

Dans ces appartements, il y a des tableaux de toute beauté anciens et modernes. Dans une des grandes salles, il y a deux trônes, ornés des armoiries et couronnes des rois d'Angleterre. L'un des trônes est celui sur lequel George III a été couronné, et l'autre, celui de George IV. Il est d'étiquette, en Angleterre, que les trônes sur lesquels les rois d'Angleterre sont couronnés tombent en partage au grand chambellan. Comme le grand-père du duc a rempli les fonctions de grand chambellan au couronnement de George III, et le duc d'aujourd'hui au couronnement de George IV, il se trouve en possession des deux trônes.

A côté de la petite salle à manger où nous dînons tous les jours, existe une chapelle superbe, qui fut jadis consacrée au culte catholique. Elle est toute peinte en fresque et dorée, avec des dalles en marbre, des prie-Dieu gothiques recouverts de velours rouge et ornés de glands en or. La place du maître-autel est également en marbre, avec des statues et un fort beau tableau dont le sujet est tiré des Évangiles. Les marches ont été conservées, mais l'autel manque : on l'a remplacé par une espèce de chaire comme on en voit dans nos collèges.

Le lendemain matin, j'ai quitté le château de très bonne heure, pour faire une grande promenade à pied tout seul, sans guide, afin de bien voir librement, sans être

influencé par qui que ce soit. Je suis sorti par la grande
porte du château, mais au lieu de suivre l'avenue, j'ai
pris une autre immense allée qui conduit aux écuries for-
mées de six superbes pavillons.

J'ai continué ma route vers les montagnes, ayant pris
pour but une vieille tour, si antique, si bizarre que les
plus anciennes chroniques même l'appellent « la Vieille
Tour » et paraissent ignorer quand et dans quel but elle a
été construite. Malgré cela, elle est habitée par un garde-
chasse et sa famille. Elle est construite au sommet d'une
colline toute boisée et, à sa cime, flotte le drapeau aux
couleurs de Devonshire.

De là, j'ai pris un sentier très raide à travers des rochers, des précipices et des cascades sous des sapins
renversés qui, tombés du haut de la colline, forment
des voûtes de verdure sous lesquelles le lierre a poussé,
et par là je suis revenu au château.

Chatsworth, 2 novembre.

Avant-hier matin, lady Barlington, lady Newbury,
le duc et moi sommes montés dans un ravissant petit
char à bancs, traîné par quatre poneys conduits par deux
charmants petits grooms. Dans ce brillant attelage, nous
sommes allés à ce que l'on appelle le potager, mais au
lieu de choux et de la peu poétique carotte, il y a
des serres immenses en si grand nombre que, en allant
de l'une à l'autre et ne nous y arrêtant que le temps qu'il
fallait pour voir toute cette énorme collection de fleurs
et de plantes assez superficiellement, nous avons mis

plusieurs heures et ne sommes rentrés que vers la chute
du jour.

De retour au château, le duc nous fit descendre de
voiture dans les écuries, pour nous les montrer en détail.
Il a de superbes chevaux de selle et surtout de carrosse,
puis des poneys et enfin des chevaux russes, qu'il a amenés
de Russie, avec un grand cocher russe tout barbu auquel
il conserve son costume national. Les harnais, les voitures,
tout est véritablement russe et fait à Moscou. Le duc aime
à se rappeler le plus possible sa brillante ambassade à
Saint-Pétersbourg, à l'occasion du couronnement de
l'Empereur Nicolas : il n'y a pas un appartement dans tout
le château de Chatsworth où il n'y ait quelques souvenirs russes ; ce sont des portraits de l'Empereur et de
l'Impératrice, des bustes, des gravures, des vases ou
autres, toujours ayant trait à la famille impériale de
Russie. Le portrait de la princesse de Lieven s'y trouve
aussi, dans les chambres et bibliothèques où le duc se
tient le matin.

Chatsworth, 3 novembre.

Il y a eu, hier, au château, grand dîner ; nous étions, si
je ne me trompe, vingt-cinq personnes. La table était
longue, et tout le monde assis autour avait grand appétit.
Pour moi, j'en avais autant que les autres, car je venais
de faire une grande et belle promenade dans le parc.
Après dîner, nous nous sommes transportés dans le musée
et le jardin d'hiver, splendidement éclairés. La musique
était placée, comme tous les jours, dans un des salons an-

ciens. Nous ne l'avons pas trop écoutée : les uns causèrent,
les autres jouèrent au whist, ou regardèrent de superbes
ouvrages et gravures.

Vers minuit, le duc reçut de son intendant un petit
billet, dans lequel il lui mandait qu'une des sous-blan-
chisseuses donnait un bal, dans l'endroit même où l'on
blanchit le linge ordinairement, et lui conseillait d'y aller,
s'il avait envie de rire un peu. Le duc ne se décida pas
d'abord ; il me dit que c'était par trop mauvais et qu'il
ne voulait, par conséquent, point que j'y allasse. Tout le
monde avait déjà quitté les salons, je fis donc de même
pour aller me coucher. A peine étais-je dans mon lit, que
Cavendish arriva me dire que le duc était au bal et qu'il
m'engageait à y venir. Je me suis donc levé et, après
avoir fait une toilette de bal, je me suis rendu à cette
fameuse fête.

Pour y arriver, mon courrier me mena par un labyrinthe de galeries voûtées, de souterrains très obscurs et
par une cour ; il pleuvait à verse et j'étais nu-tête. J'arrive
enfin dans une grande chambre, remplie de fumée de
tabac accompagnée d'une odeur d'eau-de-vie et de celle
de l'humanité transpirante et autre. Les murs de cette
pièce sont en pierre de taille brute, deux colonnes au
milieu en supportent le plafond. Les huches étaient mises
de côté dans un coin, mais les robinets autour du mur nous
indiquèrent bien clairement où nous étions. Quelques
planches posées d'une colonne à l'autre formaient les
banquettes. C'est là que le duc s'est placé avec nous.

Nos dos étaient appuyés contre une grande table, sur
laquelle il y avait quelques cruches de bière, une chandelle et un verre contenant des allumettes. Autour de
cette table, et autour d'une autre placée un peu plus loin

et garnie de la même façon, étaient assis des palefreniers, des cochers et leurs amis, fumant, avec les coudes sur la table. Toutes ces figures, éclairées par une mauvaise chandelle dont la flamme vacillait et changeait par conséquent les ombres à tout moment, me faisaient l'effet de ces tableaux flamands dont on a admiré avec raison la grande vérité.

Vis-à-vis de nous, il y avait un orchestre, si deux racleurs peuvent être ainsi nommés. Quelle musique infernale et monotone, pendant des heures et des heures, c'est-à-dire depuis six heures après midi jusqu'à cinq ou six heures du matin, toujours le même affreux air fastidieux et criard : une écossaise, et, avec cela, tout ce monde ravi et enchanté. Ce sont des chassés, et des tours de main, et des moulinets interminables : l'on saute le plus que l'on peut. Les grâces de quelques gros cochers étaient impayables. Malheureusement, il y faisait si obscur que je ne pouvais pas bien distinguer les pas, car en dehors des deux chandelles placées sur les deux tables, il n'y en avait que deux autres, attachées au mur, pour éclairer toute cette pièce.

Un des chasseurs du duc avait comme toilette de bal une blouse, une casquette et des gants jaunes glacés. Un autre domestique était en costume écossais et nous a dansé une danse de son pays. Pour que nous puissions distinguer les pas, on avait posé deux chandelles par terre. Après cette danse, la blanchisseuse nous a apporté, au duc et à moi, dans deux tasses, de la bière tiède mêlée à des œufs et à de l'eau-de-vie de genièvre. Le duc me dit qu'il fallait accepter ; en effet, la distinction était bien grande, puisqu'il n'y avait que moi seul qui la partageais avec lui. On fit taire la musique, un des gens de

Sa Seigneurie monta sur la table et, après un petit discours prononcé au nom de toute la joyeuse compagnie, il but à la santé du duc. Cet acte fut accompagné d'un tonnerre d'applaudissements. Le duc fut touché jusqu'aux larmes : « Voyez, me dit-il en me serrant la main, comme ils sont bons pour moi ! »

Après, suivit une écossaise que le duc dansa avec la femme de son premier cocher, son neveu avec une vieille femme, une pensionnée âgée de plus de soixante ans, et le colonel Thornil avec une blanchisseuse ; j'aurais bien aussi pris une danseuse si je n'avais pas craint de faire quelque brioche. Cette écossaise finie, le duc en dansa encore deux, ce qui nous mena tout doucement jusqu'à quatre heures du matin. Notre départ fut accompagné de bruyants applaudissements.

ANNÉE 1837 [1]

16 février.

La grippe si désagréable et parfois même si dangereuse qui sévit actuellement a été assez aimable pour
nous épargner, nous et même nos domestiques, tandis
que dans un grand nombre de maisons, c'est une véritable calamité. J'en sais où tous les gens d'office sont
tombés malades à la fois ; on a été obligé d'en emprunter,
mais les nouveaux venus n'ont pas tardé à partager
le sort des autres.

Nous avons ici en ce moment quantité de compatriotes :

(1) Rentré de son voyage en Angleterre au commencement de cette
année, le comte Rodolphe partit en congé, au début de mai, pour l'Autriche
et la Hongrie ; il n'en revint qu'au mois de novembre, ce qui explique
la brièveté de son journal pour cette année. Du reste, dès ce moment,
les événements ne lui donneront pas matière pour l'alimenter avec
autant de suite que par le passé. Il ne reprend la plume que lorsqu'il considère qu'il y a lieu de conserver le souvenir de ce dont il est témoin
ou pour consigner dans ses notes des faits d'ordre privé et familial.
C'est ainsi que jusqu'à la veille de 1848, ceux qui méritent d'être
publiés se feront plus rares, seront plus espacés.

le comte et la comtesse Karolyi, le prince et la princesse Schönburg, la comtesse Ferzi et ses deux filles, la comtesse San Severino et son mari, la princesse Belgiojoso (1), le comte Lazanski, le comte Buquoy, Maurice Dietrichstein, Casimir Batthyany (2), Félix, Eugène et Paul Zichy, Albert Esterhazy, le baron Octvös, le comte Forgais, M. de Marczibany, le baron et la baronne Perera, M. d'Urmény, ancien gouverneur de Fiume, et la comtesse Arco, née Pallavicini. Tout ce monde me donne beaucoup de tracas ; il faut le faire inviter à la Cour et en ville, il faut présenter les jeunes gens, faire des visites avec eux, les voir, les promener et tout cela à côté de mes affaires et de mes innombrables relations dans le monde. Il en résulte pour moi une grande fatigue, beaucoup d'ennuis et peu ou pas de reconnaissance de la part de ceux pour qui on perd un temps précieux que l'on pourrait employer à s'instruire, à s'amuser ou à se reposer. Cette tension d'esprit continuelle, cette éternelle préoccupation, cette crainte d'oublier une de ces niaiseries, au milieu de tant de choses importantes, alors que le moindre oubli est considéré comme un crime de la part de celui qui en est la victime, sont horriblement fatigantes pour l'esprit, lequel en est tout hébété. Je soupire après le moment où je serai à Appony (3), avec tous les miens, loin de tout ce

(1) Pour comprendre que le comte Rodolphe considérait des Italiens comme des compatriotes, il faut se rappeler qu'à cette époque une partie de l'Italie était au pouvoir de l'Autriche.

(2) Le comte Casimir Batthiany combattit en 1848 contre les Autrichiens à la tête des troupes hongroises. Il livra plusieurs combats heureux dont l'un lui livra la forteresse d'Esseg ; il fut ensuite ministre des Affaires étrangères dans le gouvernement national. Les Autrichiens ayant bientôt après repris l'avantage, il émigra, suivit Kossuth en Turquie, puis en France. Il est mort à Paris en 1854.

(3) Comme on va le voir, l'Ambassadeur venait d'obtenir un congé qu'il se proposait de passer à Appony, comme il le fit toujours par la

bruit, de ce tourbillon d'où j'ai grand besoin de sortir, pour quelque temps au moins.

Mme Karolyi (1) plaît beaucoup ici ; c'est une si bonne, si gentille petite femme, d'une naïveté enfantine qui charme tout le monde ; elle est grosse, malgré cela elle ne se trouve pas trop fatiguée. Son mari l'adore et la soigne d'une manière vraiment touchante : je n'ai jamais vu un mari plus galant, plus tendre, plus soigneux, ni un rapport plus gentil entre époux que celui qui s'est établi entre Georges et sa femme ; on ne saurait être plus heureux qu'ils ne le sont.

L'Ambassadeur ne sait pas bien au juste quand il pourra quitter Paris. Cela dépend du chargé d'affaires que le prince de Metternich enverra ici. Il est clair que l'Ambassadeur ne peut quitter son poste avant l'arrivée de ce personnage, et à l'heure qu'il est rien n'est décidé à ce sujet. On ne sait même pas qui sera nommé et moins encore à quelle époque il viendra. Tout ce vague est désolant pour nous, qui ne savons par où commencer nos arrangements. Si tout allait selon les désirs de l'Ambassadeur, il partirait d'ici à la mi-avril, pour éviter les discours de la Saint-Philippe et les déjeuners dansants du mois de mai, chose très dispendieuse. Je le suivrai de manière à le trouver encore à Vienne. Comme il ne peut voyager que très lentement, il me serait aisé de l'y rejoindre sans presser mon départ et cela m'éviterait de faire dans notre capitale un séjour que je trouve au moins inutile.

suite, et, autorisé à partir avec lui, le comte Rodolphe préparait leur départ.

(1) La comtesse Georges Karolyi, née Caroline Zichy, prit une très active part au mouvement national hongrois. Son petit-fils, le comte Michel Karolyi, est actuellement le chef de l'opposition en Hongrie.

Aussitôt le nouveau ministère constitué, le roi nous a invités, avec Mme l'Électrice de Bavière, les deux comtes et la comtesse Arco et le duc et la duchesse de Sutherland, pour nous montrer Versailles. Nous devions nous trouver aux Tuileries à onze heures du matin, dans le cabinet du roi. Peu de temps après notre arrivée, S. M. la reine et S. A. R. Madame Adélaïde entrèrent à leur tour, accompagnées de deux dames d'honneur : Mme de Bondy, qui était ce jour-là de service auprès de la reine, et Mme de Montjoie, pour S. A. R. Madame Adélaïde. En outre, la duchesse de Massa avait obtenu de la reine la faveur de pouvoir l'accompagner, n'ayant pas encore vu le château de Versailles depuis sa restauration. S. A. R. Madame l'Électrice douairière arriva presque en même temps que le duc et la duchesse de Sutherland. Nous étions donc au grand complet et nous n'attendions plus que le roi.

Sa Majesté était au conseil, ce qui me fit pressentir que nous l'attendrions longtemps. En effet, nous l'avons attendue jusqu'à quatre heures moins un quart. Il fallut vraiment toute la bonté et la grâce de la reine et des princesses, y compris leurs dames d'honneur, pour nous faire passer le temps. Le roi, de temps en temps, écrivait des billets à la reine, où il disait qu'il allait arriver et présentait ses excuses à la société qui l'attendait. A l'un de ces billets il avait joint un petit dessin, fait au crayon par le duc d'Orléans. La reine nous montra ce croquis, représentant une femme d'Alger enveloppée dans son man-

teau; le roi, dessous, avait écrit ces mots : « Fait par
mon fils aîné pendant le Conseil du 17 avril 1837. »

A quatre heures moins un quart, arriva le roi qui renouvela ses excuses de la manière la plus gracieuse, et nous
nous mîmes en voiture. Le roi prit place entre Madame Adélaïde et l'Électrice, la reine entre l'Ambassadeur et l'Ambassadrice d'Autriche, la princesse Clémentine entre la
duchesse de Sutherland et le général Fagel, ministre de
Hollande; dans la seconde voiture il y avait la comtesse
Arco, le duc de Sutherland et les dames d'honneur; dans
la troisième, les deux comtes Arco. Mes deux cousins et
moi avions été placés dans la quatrième voiture, dont le
duc de La Rochefoucauld faisait les honneurs. A cinq
heures, nous entrions dans la cour de Marbre.

Il me faudrait bien plus de temps et de place que je
n'en ai aujourd'hui, pour décrire les merveilles de ce château restauré, remis à neuf, rajeuni d'un siècle, tout lui-
sant de marbre fraîchement poli, tout resplendissant de
dorures, tout brillant de son ancien luxe qui étonna le
siècle le plus fastueux des temps modernes, et qui nous
étonne bien plus aujourd'hui où tout est petit et mesquin
à côté d'un monument comme le château de Versailles.
Nous nous sommes promenés, sans nous arrêter, depuis
cinq heures jusqu'à sept heures et demie, sous des voûtes
dorées, dans des galeries à perte de vue, dans des appartements sans fin, décorés avec splendeur et magnificence.

Toutes ces galeries et tous ces appartements renferment
des tableaux représentant les événements de l'histoire de
la France. Il y a des portraits d'hommes illustres dans
tous les genres ; illustration vraie ou fausse, peu importe,
ce sont des savants et des belles, ce sont des guerriers et

des favoris, c'est Napoléon dans toute sa gloire militaire, c'est Napoléon représenté, lui et sa cour, avec ses
costumes de théâtre tout en satin blanc brodé d'or et
d'argent, avec toute son étiquette mesquine et ridicule !
Nous avons commencé par la révolution de Juillet et
sommes arrivés jusqu'au quinzième siècle.

Il était sept heures et demie. On nous fit entrer dans une
immense galerie, où nous attendait un déjeuner. Un
déjeuner à sept heures et demie du soir ! C'est que tout
avait été reculé par le long séjour forcé que nous avions
fait aux Tuileries. Comme nous n'avions rien pris depuis
neuf heures du matin, nous éprouvions tous une faim
dévorante. Madame Adélaïde, pourtant, ne prit qu'un
échaudé, me disant qu'elle ne voulait point se gâter l'appétit pour le dîner. Moi, qui avais l'honneur de me trouver
à côté d'elle, je n'ai pas suivi son exemple. J'ai mangé
comme si j'étais à dîner.

Après nous être restaurés de la sorte, nous avons continué notre course dans le château, précédés et suivis de
douze valets de pied qui portaient, sur de grandes perches,
des bougies pour éclairer toutes ces salles, ces galeries,
ces tableaux, ces statues et bustes au nombre de quatre
mille. Les dames, et même les hommes qui se trouvaient fatigués, pouvaient s'installer dans de petites
voitures traînées et poussées par des domestiques. A
neuf heures et demie, nous nous sommes mis de nouveau
en route pour être de retour aux Tuileries à dix heures
et demie. On s'est mis sur-le-champ à table et à minuit
nous étions à la porte de notre hôtel, rue Saint-Dominique.

Paris, 25 novembre (1)

Me voici de nouveau à Paris (1). Demain, il y aura un mois que nous étions tous réunis dans ce cher Appony, si contents, si heureux de nous y trouver et hier, à midi, j'ai fait mon entrée à l'hôtel d'Eckmühl. Tout cela me paraît un rêve, d'autant plus que déjà je me trouve avoir repris toutes mes habitudes ; je revois les mêmes objets à la place où je les ai laissés il y a six mois, et les mêmes domestiques m'entourent. Déjà, nous avons eu du monde à dîner, déjà j'ai visité dans la soirée plusieurs salons. L'Ambassadeur est arrivé ici vingt-quatre heures avant moi et, sans un ressort cassé à ma voiture, je serais entré en même temps que lui dans l'hôtel.

Nous avons tous été frappés de l'élégance, du confortable de nos petits appartements : tout nous a paru beau, commode, magnifique, et cependant rien n'y a été changé. Ils sont exactement ce qu'ils étaient lorsque nous en sommes partis. C'est, il faut le dire, qu'on s'accoutume à la magnificence comme à tout le reste, souvent même le moins beau nous paraît mieux, seulement parce que c'est du nouveau.

---

(1) Il y était rentré le 23, après un séjour de plusieurs mois à Appony, où l'Ambassadeur, lui aussi, avait passé la plus grande partie de son congé ; il affectionnait cette résidence où, après qu'il eut pris sa retraite, il vécut jusqu'à sa mort. En attendant, c'est là qu'il venait de préférence chercher le repos. Cette année-là, le comte Rodolphe, qui avait quitté Appony avant lui pour rentrer à Paris, écrivait de Vienne le 10 novembre : « Je pars ce soir ; j'ai les ordres les plus formels du prince chancelier pour arriver à Paris en même temps que l'Ambassadeur ; je ferai, par conséquent, mon entrée à l'hôtel d'Eckmühl le 23 de ce mois.

Nous avons eu des chemins détestables, de la pluie, de la neige sans discontinuer. Notre chère cousine a quitté Vienne souffrante, elle l'a été pendant tout le temps de son long et pénible voyage et, malheureusement il faut le dire, le mal a empiré. J'espère que, maintenant qu'elle est à même de se soigner et peut rester chez elle, le mal cédera bientôt.

Marie est dans le ravissement de sa cassette, de ses petites amies et du Grand-Opéra, où elle a été avec Louise de Brignole. Malgré cela, nous parlions ce matin de notre chère vie de château à Appony : Marie se souvint avec délices des beaux jours qu'elle a passés là bas au sein de la famille, des belles heures où elle a été avec ma belle-sœur dans la petite cuisine à faire des confitures, etc. Tout cela nous paraît déjà si éloigné ; nous avons toutes les peines du monde à nous persuader qu'il n'y a qu'un mois seulement que nous jouissions pleinement de cette douce vie de campagne.

L'Ambassadeur a repris, il a une mine excellente et paraît satisfait de l'accueil qu'on lui fait. Il ira chez le roi ce matin. Sa Majesté est très impatiente de le recevoir.

Je cherche Jules et Rodolphe (1) dans tous les coins de l'hôtel, et je crois les voir entrer, à chaque pas que l'on fait, au dehors, dans mon antichambre. On voulait me

(1) Les deux fils de l'Ambassadeur faisaient leurs débuts dans la carrière diplomatique, Rodolphe II à Saint-Pétersbourg comme attaché à l'ambassade d'Autriche, Jules dans le bureau de la chancellerie impériale à Vienne. Dans cette famille si tendrement unie, la séparation avait été particulièrement cruelle. C'est à Vienne qu'elle s'était opérée. A cette occasion, le comte Rodolphe écrivait : « La séparation de Jules a coûté encore plus de larmes à sa mère que celle de Rodolphe. Le pauvre Jules lui-même n'en pouvait plus. Il n'a pas eu assez de forces pour accompagner ses parents jusqu'à la voiture. »

donner la douce illusion de les entendre venir chez moi, pour égayer ma personne de leur attachement fraternel, de leurs petites plaisanteries, de nos disputes amicales; c'est désolant que cela ne soit plus ainsi. J'ai apporté de Vienne deux lettres de Rodolphe II écrites de Saint-Pétersbourg et une bien bonne, bien longue, bien tendre de cet excellentissime Jules pour sa mère. Dans cette lettre, il est fin et spirituel à force de cœur et de sentiment. Quelle ravissante petite âme que la sienne! Rodolphe II est toujours dans le même enchantement et plus encore, s'il est possible, que dans le commencement.

18 décembre.

Nous avons dîné à la cour, toute l'ambassade et le peu de compatriotes que nous avons ici en ce moment, c'est-à-dire Albert Esterhazy et les Schönburg. La duchesse d'Orléans (1) a été excessivement aimable pour moi; la première fois que je l'ai vue, elle m'a paru presque laide et, maintenant que je la connais, que je l'ai vue marcher et saluer, que j'ai étudié l'expression de sa physionomie, elle me paraît presque jolie. Elle a une grande envie de plaire et d'être « Française » en tout ce qu'elle fait et en tout ce qu'elle dit; cela va jusqu'à de l'affectation, ce qui est toujours de mauvais goût.

Le jour où je lui fus présenté, elle eut la bonté de s'entretenir longuement avec moi et elle me dit, entre autres, qu'elle espérait bien que, tout en n'étant plus attaché à

---

(1) Pendant l'absence du comte Rodolphe le duc d'Orléans avait épousé, le 30 mai 1837, la princesse Hélène de Mecklembourg-Schwerin.

l'ambassade de Paris, je resterais malgré cela attaché à la France (1). Elle accompagna cette phrase d'une petite mine très gracieuse mais, en même temps, elle appuya si fort sur le jeu de mots, de peur qu'il m'échappât, que j'eus la malice de lui laisser croire que ce trait d'esprit, peu spirituel à la vérité, n'avait pas été saisi par moi et je continuai ma conversation sans répondre à ce compliment. Mais la duchesse revint à la charge et appuya, plus fort encore que la première fois, sur son bon mot. Je le repris donc et l'en remerciai le plus poliment possible.

La duchesse est très aimée de sa belle-mère, qui s'est servie de l'expression italienne qu'elle était tout à fait « internata » dans la famille. Le matin, elle vient avec la princesse Clémentine passer plusieurs heures dans le cabinet de la reine. Sa Majesté la trouve instruite, bonne et douce.

Il y a déjà eu quelques bals où j'ai été, mais sans danser. On m'accable de dîners et d'invitations de toute espèce. Je vais donc d'un salon à l'autre, ce qui est assez fatigant. Je prends régulièrement mes douches froides tous les matins.

---

(1) Rappelons que le comte Rodolphe venait d'être nommé secrétaire d'ambassade et, par conséquent, n'était plus *attaché*.

ANNÉE 1838

12 février.

Le général de Flahaut est écuyer du duc d'Orléans : à ce titre il a rang, dans la voiture du prince, au-dessus du général Baudrand qui est aide de camp de Monseigneur. Le général Baudrand admet cette supériorité dans la voiture, mais il prétend qu'il doit avoir le pas sur l'écuyer dans les appartements, quand ils s'ouvrent pour des bals et des réceptions, et d'autant qu'il est dans l'armée plus ancien de grade que M. de Flahaut. Celui-ci conteste cette prétention, il la trouve tellement déplacée que, pour ne pas la subir, il a offert sa démission. A son grand désappointement, elle a été acceptée !

Baudrand, comme vieux serviteur de la maison d'Orléans, a trouvé dans cette occasion bien plus d'appui auprès du roi qu'auprès du duc d'Orléans ; ce dernier ne lui est pas très favorable à cause de ses sympathies non dissimulées pour Guizot et les doctrinaires, situation qui déplaît au prince dont Thiers a su gagner la faveur.

Cependant, le Prince royal et Mme la duchesse d'Orléans avaient représenté au roi et à M. Baudrand lui-même combien M. de Flahaut leur était utile à la place qu'il occupe à leur Cour, et qu'ils espéraient, par conséquent, que le général Baudrand voudrait bien, par attachement pour eux, faire un petit sacrifice d'amour-propre, en cédant au comte de Flahaut. Le général Baudrand se prêta facilement aux vœux de ses maîtres. Il passa chez M. de Flahaut, pour lui dire qu'il était prêt à lui abandonner un rang qui lui avait été conféré par Leurs Majestés, et auquel il n'aurait pu renoncer sur une simple contestation. J'ai remarqué qu'au dernier concert que le duc d'Orléans a donné, le général Baudrand s'est plus que jamais effacé, tandis que M. de Flahaut s'est montré plus affairé encore qu'à l'ordinaire.

Ces petites soirées, au reste, me paraissent d'une raideur excessive. Le Prince royal, tout en disant qu'il désire qu'on ait un peu plus l'air de s'amuser, est cependant enchanté qu'on chuchote tout bas au lieu de parler haut, que tous les hommes soient rangés à une respectueuse distance de la table de Mme la duchesse d'Orléans, autour de laquelle se forme un grand cercle de femmes qui ne parlent pas non plus. De temps en temps, on entend la voix de Mme la Princesse royale, adressant une ou deux phrases aux dames qui se trouvent auprès d'elle, ou bien indiquant des places aux personnes qui arrivent. Monseigneur reçoit à la porte : c'est-à-dire qu'il incline la tête avec dignité pour saluer ceux qui entrent dans son salon ; il ne dit pas grand'chose, mais il gronde ceux qui n'arrivent pas à l'heure indiquée sur ses invitations. Il a, en outre, la mauvaise habitude de parler plutôt aux petites Anglaises, ou bien à d'obscurs personnages, qu'aux gros bonnets. Avant son mariage, cela était pardonnable, mais aujourd'hui, dans le salon de la duchesse même, ces distractions sont fort choquantes et en contradiction avec cette atmosphère de cour et de cérémonial que Son Altesse Royale aime à respirer.

A la Cour, personne ne doute plus de la grossesse de Mme la duchesse d'Orléans ; on dit qu'elle est grosse de trois mois ; dans la société on en doute encore. Le faubourg Saint-Germain fait montre dans cette occasion de sa méchanceté ordinaire.

26 février.

L'affaire de contestation de rang entre M. de Flahaut et le général Baudrand a fini, je l'ai dit, par la démission de M. de Flahaut. C'est une perte pour le duc d'Orléans, car M. de Flahaut avait quelque influence sur lui. Ses manières sont distinguées et il dirigeait admirablement le matériel de la maison du duc. D'un autre côté, cependant, il affectait un petit air dédaigneux et protecteur pour les aides de camp, pour les officiers d'ordonnance et autres fonctionnaires attachés à la Cour du Prince

royal. Ce genre déplaisait aux généraux Baudrand et
Marbot qui, avec raison, considéraient Flahaut comme
leur collègue, mais nullement comme leur supérieur. Ces
messieurs, depuis longtemps, s'en plaignaient entre eux
et avec leurs amis. Ils finirent par en parler à M. de
Flahaut lui-même, qui ne tint aucun compte de leurs
réclamations. Baudrand se plaignit au duc d'Orléans et
au roi. Sa Majesté se déclara dès le principe pour Baudrand et je pense bien que c'est à la fermeté du roi qu'il
doit sa victoire.

Mme de Flahaut est furieuse, elle dit à tout le monde que
ce qu'elle déplore le plus en cette affaire, c'est l'abandon
dans lequel se trouvera le Prince royal après le départ de
M. de Flahaut. Le duc de Coigny, chevalier d'honneur
de Mme la duchesse d'Orléans, qui déteste franchement
M. de Flahaut, fait semblant de le regretter : « Il est
fâcheux, dit-il, que M. de Flahaut soit obligé de quitter
sa place, il avait de fort jolis appointements ! »

Il appuie sur ces derniers mots, pour faire enrager
Mme de Flahaut qui avait engagé son mari à les accepter,
tandis que le duc de Coigny, lui, les avait refusés.

                        27 février.

La maison de campagne que l'Ambassadeur a louée à
Auteuil, est bien la plus charmante chose que l'on puisse
voir. Elle s'appelle le château de la Tuilerie : c'est en
effet un petit château avec une très haute tour et des
tourelles, le tout dans le style de la Renaissance. De la
terrasse et de la plate-forme de la grande tour, la vue est

incomparable : tout l'immense Paris est à vos pieds,
avec ses palais, ses dômes, ses jardins, ses ponts, ses arcs
de triomphe et autres monuments ; puis plus loin les
coteaux de Saint-Cloud et de Meudon, dont nous ne
sommes séparés que par le bois de Boulogne.

Le château s'élève au milieu d'un charmant parc, bien
dessiné, rempli de fleurs et d'arbustes rares, de magnolias,
de camélias, de rhododendrons et agrémenté d'un petit
lac, avec une île boisée où se trouve une orangerie et à
laquelle on accède par un pont suspendu d'un charmant
dessin.

L'intérieur du château répond entièrement à l'élégance
et à la fraîcheur des façades ornées de moulures de
marbre, d'arabesques ouvragées. Les pièces sont claires,
élégantes, une, surtout, haute de deux étages, dont les
croisées encadrent des vitraux et dont le plafond est admirablement sculpté. Autour de cette pièce, et à mi-hauteur,
règne une galerie somptueuse. La cheminée est de toute
beauté ; de beaux tableaux, des vases du Japon, des statues en marbre et en bronze complètent cette décoration
qui s'embellit encore de deux orgues. Dans le fond, une
large porte vitrée laisse voir un rocher couvert, sur sa
partie supérieure, de vieux arbres dont les ombrages
s'étendent sur une cascade qui se précipite dans un
bassin aux bords tout fleuris. Nos déjeuners dansants
auront dans ce cadre, je n'en doute pas, le plus grand
succès.

2 mars.

Le bal masqué qu'on a donné pour les pauvres, au casino
Paganini, a été, comme toutes les fêtes de ce genre,
amusant pour les uns et ennuyeux pour d'autres. La
comtesse de Guéran, toute laide qu'elle est lorsqu'elle
paraît dans le monde, a, par compensation, beaucoup
d'esprit ; elle en a encore bien plus sous le masque, où sa
laideur disparaît et où elle peut user de sa parole avec
plus de franchise et de laisser-aller. Elle en a dit à tout
le monde : au duc de Nemours, à tous les hommes, à
toutes les femmes, elle en a tant dit qu'elle a fini par inspirer une espèce de terreur. Étienne de Beauvau a été
parfait ; il a surtout intrigué les hommes, car, malgré la
défense expresse, il a réussi à s'introduire dans le bal
déguisé en femme. Tous les hommes couraient après lui,
à cause de sa jolie tournure et de ses propos. C'est le fils
de la princesse Charles de Beauvau.

4 mars.

M. de Talleyrand, en dépit des instances que Mme de
Dino lui a faites, de ne point parler à l'Institut pour honorer la mémoire d'un des membres de la compagnie,
M. Reinhard, qui vient de mourir à un âge fort avancé,
s'est fait porter dans la salle, car, depuis quelques mois, il
ne peut plus se porter sur ses jambes. Il a lu un discours

en honneur de feu son collègue. Les personnes qui ont assisté à la séance m'ont assuré que ce morceau d'éloquence avait fait beaucoup d'effet, grâce à la manière dont l'auteur l'a débité. Moi qui n'ai pas eu l'avantage de l'entendre, je ne puis juger de sa valeur réelle qu'en le lisant et je confesse qu'à la lecture, il m'a paru assez ordinaire.

Quoi qu'il en soit, les amis du prince de Talleyrand n'ont pas manqué de dire que son discours avait produit le plus merveilleux effet dans le monde politique et littéraire. Le *Journal des Débats* en a fait un éloge pompeux qu'on a lu au prince, qui est ravi et enchanté. J'espère, pour son bonheur, qu'il n'a pas lu les articles du *Constitutionnel*, du *National* et d'autres journaux qui le déchirent impitoyablement et le traînent dans la boue.

Ce que Mme de Dino redoutait arriva : M. de Talleyrand, vieux et fatigué comme il l'est, a été très souffrant à la suite de l'effort qu'il a dû faire. On a craint une attaque d'apoplexie, car il a eu deux syncopes très alarmantes. Je suis allé le voir ces jours derniers, il n'y avait que très peu de monde : la duchesse de Dino qui ne le quitte pas, Mlle de Périgord, le duc de Noailles et l'ambassadrice de Sardaigne, MM. de Montrond et de Valençay, qui peuvent être considérés comme de la maison ; tous s'occupaient du maréchal Soult qui était là et dont la présence semblait fatiguer le prince. Le salon était fort peu éclairé, M. de Talleyrand avait des quintes de toux très fortes, ce qui préoccupait singulièrement Mme de Dino ; elle en était si inquiète qu'elle ne pouvait suivre la conversation avec un peu de suite. Couché dans son fauteuil, M. de Talleyrand ne disait presque rien. Tout le monde parlait bas. Un seul coin du salon était un peu plus animé que le reste, celui où Mlle Pauline faisait les honneurs à Marie Apponyi et à Mlle de Brignole. Ces trois jeunes personnes riaient entre elles ; leurs éclats arrivaient de temps en temps jusqu'à nous et faisaient sourire quelques personnes de notre cercle, d'ailleurs si grave, si peu animé.

La duchesse de Dino, fort préoccupée de l'état de M. de Talleyrand, désire vivement qu'il ait une mort chrétienne. A cet effet, elle a invité l'abbé Dupanloup, confesseur de sa fille, à dîner avec M. de Talleyrand. Cet abbé est certainement un des plus spirituels, des plus doux du clergé de France. L'ancien évêque d'Autun, on le sait, est très savant en théologie. Il a souvent recommandé l'étude de cette science à ceux qui ont la prétention de devenir de grands négociateurs ou de grands hommes d'État. Il semble avouer par là que toute la sienne et toute son habileté lui sont venues de là, ce qui n'est pas précisément un éloge pour la théologie. C'est tout au moins la preuve d'un certain acheminement vers une conversion, vraie ou fausse, n'importe : ce sera toujours un hommage publiquement rendu, par une des tristes célébrités de notre siècle, à la religion catholique si violemment attaquée et outragée de nos jours.

                                                    10 mars.

Le prince Esterhazy m'a paru assez content du petit séjour qu'il a fait à Paris. Son fils Nicolas l'a été un peu moins, le prince ne lui ayant pas permis de le quitter un seul instant ; il n'a pu disposer des heures de sa journée comme il l'aurait voulu, il a été obligé de l'accompagner à tous les dîners, à la Cour et partout où il voulait aller ; voilà pour ses soirées. Les matinées, c'était bien autre chose encore : Nicolas devait faire à son père la lecture des journaux, écrire sous sa dictée d'interminables rapports inspirés par les impressions du prince sur les hommes et les choses en France. Tout cela n'est pas du goût de notre bon Nicolas ; aussi s'en est-il vivement plaint et trouve-t-il le métier d'attaché peu agréable.

Le prince Esterhazy a été, dans les commencements, peu satisfait de l'accueil du duc d'Orléans ; ce n'est que plus tard que le prince a été plus aimable pour notre ambassadeur à Londres ; il a même repris envers lui ses anciennes manières amicales. Ils ont eu de longues conversations, dans lesquelles le Prince royal parlait de façon enthousiaste de son bonheur domestique avec une reconnaissance marquée pour le roi de Prusse, qu'il appelle l'auteur de ce bonheur. Il s'est étendu longuement sur les éminentes qualités de sa femme, de laquelle il dit qu'elle a comblé tous ses vœux au delà même de ce qu'il espérait.

Quant à sa position vis-à-vis du roi, il l'a résumée en déclarant qu'il ne fera rien désormais que dans la ligne suivie par son père. Il n'a pu présenter le prince Esterhazy à la duchesse d'Orléans, la princesse ayant été constamment souffrante : plus elle avance dans sa grossesse, plus elle s'en trouve fatiguée.

19 mars.

Mme Loke, la grande passion de feu notre bon Auguste Brunswick, s'amuse dans ce moment à donner des tableaux vivants chez elle : Eugène Zichy y a figuré en moine, Douglas le fils du duc de Hamilton, Antonin de Noailles et un réfugié italien ont prêté leurs jolies figures à Mme Loke. Le dernier a fait le plus d'effet.

Il y avait ici une Anglaise très jolie, Mme Martin, engagée par Mme Loke pour figurer dans les tableaux. On lui donna le rôle d'Emmy dans *Kenilworth*. Au moment où Leicester — Antonin de Noailles remplissait ce rôle — arrive auprès d'elle, dans les atours somptueux qui trahissent son rang à la Cour, Emmy en est tout éblouie ; elle est agenouillée devant son mari et en contemplation de sa magnificence et de sa beauté. M. d'Offemont, éperdument amoureux de la belle Anglaise, s'est vexé de voir Antonin à une place où il aurait voulu être lui-même. Il quitte le salon et s'en va chercher le mari, M. Martin, qui était paisiblement couché dans son fauteuil, occupé à lire le *Galignani's Messenger*. Deux mots de M. d'Offemont suffisent pour lui faire comprendre qu'il est en danger de devenir ce qu'il ne veut pas être. Il se jette dans le cabriolet de M. d'Offemont et celui-ci le conduit rapidement chez Mme Loke qui est toute surprise de la visite inattendue de M. Martin, de son air inquiet et préoccupé et tombe des nues en entendant ce mari jaloux lui déclarer sans préambule qu'il est obligé de quitter Paris dans les vingt-quatre heures et d'emmener sa femme avec lui. Le lendemain matin, ils étaient sur la route de Calais.

29 mars.

Eugène Zichy nous a engagés dernièrement, le marquis Douglas, Fullerton, beau-fils de lady Granville, Odescalchi, le marquis de Villeneuve et moi à aller voir sa petite statuette qui vient d'être achevée. Je la trouve assez bien faite, mais elle a le même défaut que celle de la princesse Schönburg, c'est-à-dire qu'elle représente Eugène plus fort et plus grand qu'il n'est en réalité.

L'artiste, chez lequel il nous a conduits, avait, avant de commencer la statuette, essayé de faire un petit buste, la tête d'Eugène seulement. Il n'y a pas mal réussi et Zichy, voulant nous le faire voir, le chercha dans l'atelier. Il eut quelque peine à le trouver, il y réussit enfin. Mais quelle fut sa surprise et la nôtre en voyant que deux grandes cornes ornaient son front ; nous en rîmes aux larmes et il ne savait trop quelle contenance tenir. Cependant, il demanda à l'artiste quel était l'audacieux qui avait osé l'insulter ainsi.

« Je n'en sais rien, monsieur, répondit le statuaire, mais voici ses armes. »

Et, en effet, nous distinguâmes des armes imprimées sur le front du buste, parfaitement distinctes et placées entre les deux cornes. Le drôle avait chargé l'artiste de dire à Eugène qu'il reconnaîtrait bien l'auteur des cornes par les armes imprimées à côté.

« Je ne connais pas la personne qui vous a fait cette mauvaise plaisanterie, continua l'artiste, je ne l'avais jamais vue auparavant ; la seule chose que je puis en dire, c'est qu'elle doit être de votre société. Elle a sur-le-champ reconnu vos traits ; elle était très bien mise et son cachet, dont vous voyez l'empreinte, était en or fort bien ciselé et très élégant. »

Ni Eugène, ni nous, n'avons pu reconnaître les armes en question ; la seule chose qui me paraît certaine, c'est que ce sont des armoiries françaises.

Émile de Girardin a été acquitté par la cour d'assises. Néanmoins, ses adversaires comptent l'attaquer maintenant devant la cour royale et, comme ils n'ont plus rien à perdre et tout à gagner, on dit qu'ils vont faire un tel scandale que Girardin sera un homme perdu de réputation à tout jamais. On prête à sa femme, « la poète, » l'intention de plaider en séparation.

Mlle de F***, aujourd'hui Mme la comtesse de G***, est à Paris et demeure dans notre voisinage. Nous apprécions fort son esprit et ses jolies manières et nous avons été heureux de la savoir si près de nous. Néanmoins, nous n'en profitons pas autant que nous le voudrions. M. de G*** est l'être le plus ennuyeux, le plus lourd, le plus commun de manières que l'on puisse rencontrer dans le monde. Je ne comprends pas, pas plus que personne, la raison qui a fait faire ce choix à Mlle de F***. Quoi qu'il en soit, devenue la femme de M. de G***, elle le soutient envers et contre tous et veut prouver qu'elle l'aime, qu'elle l'adore, qu'elle est heureuse enfin et que c'est l'homme de son choix.

Jusqu'à présent, ses efforts sont restés infructueux, elle n'a persuadé personne de son bonheur, et ce qui lui a bien moins réussi, c'est son effort pour convaincre le monde que son mari est agréable, spirituel et joli garçon. Il en résulte qu'on l'évite le plus que l'on peut et, comme elle nous force à le subir, ne voulant pas faire la moindre petite visite sans lui, elle a fini par se mettre en froid avec ses amies les plus intimes, car on aime mieux se brouiller avec elle que de se trouver dans l'intimité d'un homme aussi désagréable, aussi absurde que celui-là.

Chaque fois que je vais voir la femme, le mari se croit tenu de me rendre la visite ; il reste une heure entière chez moi, me questionne sur tout ce qui nous concerne moi et les miens d'abord, puis sur tout le monde, j'en suis excédé. La perspective de le voir si souvent a ralenti mon zèle à profiter de la proximité pour voir assidûment une des personnes les plus aimables que je connaisse.

30 mars.

Mme de Sainte-Aldegonde est partie avec ses deux filles pour Saint-Pétersbourg, à notre très grand chagrin. Elles sont si jolies ! C'est un ornement qui manquera à nos déjeuners. Ce départ a donné lieu à beaucoup de suppositions : l'on prétend que M. de Sainte-Aldegonde, qui est au service de la Russie, est tombé en disgrâce auprès de l'Empereur, à la suite de la découverte qu'on aurait faite d'une certaine intelligence qu'il aurait entretenue, dit-on, avec le gouvernement du roi Louis-Philippe. Cette raison, ou toute autre, a rendu sa position en Russie difficile, sinon intenable. Sa femme y va pour voir de ses yeux l'état dans lequel se trouvent les affaires de son mari, pour en parler à l'Empereur, à l'Impératrice, et tâcher de tout arranger de manière qu'il puisse rester là-bas pendant quelques années encore. Si elle ne réussit pas dans ses démarches, elle compte emmener son mari en Suède et le placer dans ce pays, ce qu'elle dit lui être facile à cause de l'amitié que le roi de Suède lui a conservée, en souvenir de son premier mari, le duc de Castiglione (Augereau), qui a été frère d'armes du roi et son plus intime ami. Le but principal est donc de procurer à M. de Sainte-Aldegonde un asile fixe et bien constaté dans un pays quelconque, hors de France, et cela pour quelques années encore, afin de pouvoir, en attendant, traiter avec ses créanciers dans sa patrie.

28 avril.

Dans ma famille, on souhaite que je me marie et à l'occasion de ma fête, à travers les témoignages de bonté et de tendresse dont je suis l'objet, j'ai vu s'exprimer ce désir. Il n'est pas conforme au mien. Mon existence ne saurait être plus heureuse qu'elle ne l'est, je ne demande rien que la continuation de mon bien-être, de mon contentement présent et je ne redoute rien plus que ce qui pourrait y apporter un changement quelconque. Je n'en excepte aucun, pas même un grand bonheur que je redoute à un certain point, dans la crainte de le perdre et qui deviendrait ainsi la source d'un malheur pour moi. La vie est si courte, qu'on a tort, il me semble, à moins d'avoir vingt ans, de se risquer dans un avenir incertain, lorsqu'on est heureux sans cela et que l'on peut continuer à l'être. Aussi n'ai-je pas le moindre envie de changer ma vie et de me dessaisir de ma liberté.

Si l'on me demande pourquoi je ne me marie pas, ma réponse est aussi prompte que facile : je n'ai qu'à prononcer un petit chiffre, si petit, qu'il contient en lui seul ma justification.

« Mais épousez une femme riche, me dit-on. »

A cette invitation, je réponds par le tableau que je trace d'un ménage qui m'est bien connu et dont l'image fait frémir, image d'après nature, bien exacte, bien consciencieuse et sans avoir besoin d'y mettre des ombres fortes, tant il est triste et sombre par lui-même. Que le bon Dieu me préserve d'un semblable bonheur !

16 mai.

Hier, a eu lieu un ravissant déjeuner dansant, chez nous, à Auteuil. Tout le monde était enchanté de se trouver dans ce ravissant séjour, aussi près de Paris, au milieu d'un parc superbe.

« C'est une véritable féerie », me disait-on.

Et toute cette foule circulait facilement dans cette immense salle, dans ces vastes appartements tout embaumés du parfum de cette masse de fleurs. Les terrasses, la vaste lanterne de la tour, la plate-forme sous les combles du château, tout cela était couvert d'invités qui ne se lassaient pas d'admirer, et jouissaient sans contrainte des enchantements de ces lieux.

La fête a duré jusqu'à huit heures et c'est alors seulement que nous avons dîné. La princesse Berthe de Rohan a dîné avec nous et a passé la soirée. Pendant le plus brillant moment de la fête, le bruit s'est répandu que le prince de Talleyrand était mort. Il était au plus mal il y a deux jours et, à l'heure qu'il est, il n'est pas mort encore, mais à toute extrémité ; on attend sa fin d'un moment à l'autre. L'abbé Dupanloup y est pour l'assister. J'ignore si l'Archevêque de Paris a fait quelque tentative pour voir le prince. Il ne manquera pas certainement de le faire dès qu'il aura eu la nouvelle du danger de mort dans lequel il se trouve.

24 mai.

Le prince de Talleyrand est mort et enterré. C'est le grand événement du jour : toutes les feuilles publiques en parlent, chacune dans un sens différent, car chacune juge l'homme d'après l'opinion qu'elle professe. C'est aussi la conversation de la Cour et de la ville.

M. Thiers se déchaîne contre M. de Talleyrand, parce qu'il a signé une rétractation contenue dans une lettre adressée au pape.

« Le prince de Talleyrand, dit Thiers, a gâté toute sa vie par cette capucinade. »

Il a eu l'insolence de prononcer cette phrase dans l'appartement contigu à celui où se mourait le prince. Mme de Castellane sortit de la chambre au moment où M. de Talleyrand venait de rendre le dernier soupir, elle entendit les derniers mots du propos que Thiers tenait à M. de Montrond. Mme de Castellane, amie de M. de Talleyrand, se mêla à cette conversation et défendit l'action du prince, en disant qu'il devait cette rétractation à l'honneur de sa famille.

« A sa famille ? s'écria M. de Montrond, mais de tous les membres de cette famille, personne, excepté Mme de

Dino, n'a jamais rien fait pour le prince ; c'est au contraire lui qui a tout fait pour les siens, doté les uns, placé les autres, et pour tant de bienfaits, il n'a jamais essuyé autre chose que de l'ingratitude. »

Thiers, là-dessus, revint sur la phrase que je viens de citer plus haut, ce qui fit perdre patience à Mme de Castellane qui quitta ces messieurs en les apostrophant de la manière suivante : « Messieurs, après ce que vous venez de dire, je ne puis vous dissimuler que vous n'êtes à mes yeux que des calomniateurs. »

La conversion, vraie ou dissimulée, de M. de Talleyrand est sans contredit l'œuvre de Mme de Dino ; elle en avait chargé l'abbé Dupanloup et celui-ci fut l'intermédiaire entre l'Archevêque de Paris et le prince de Talleyrand.

Il est constant que M. de Talleyrand, lors de son dernier discours à l'Académie, s'était déjà occupé de la fameuse lettre au Pape et de sa rétractation. La duchesse de Dino en fit lecture à l'abbé Dupanloup et celui-ci en donna communication à l'Archevêque de Paris. Monseigneur approuva le fond de cet acte, mais il en désapprouva la forme, la rédaction étant faite dans un sens dubitatif, et M. de Talleyrand ayant l'air de douter de sa culpabilité, ce qui n'aurait pas répondu au but que l'on s'était proposé. L'Archevêque en changea donc la rédaction et remit la pièce à l'abbé Dupanloup pour la faire signer à M. de Talleyrand, C'était une tâche assez difficile. L'habile abbé jugea plus prudent de ne pas se présenter devant M. de Talleyrand avec une feuille dont le contenu ne pouvait lui être agréable ; il la remit donc à son tour à Mlle Pauline de Périgord, qui la présenta à son oncle. Il lut l'acte, secoua la tête, en signe de réprobation, mais il promit cependant de signer.

Deux jours se passèrent sans qu'on pût obtenir autre chose que cette promesse. L'abbé Dupanloup envoya Mlle Pauline dans la chambre du malade, en la chargeant de rappeler à son oncle la promesse qu'il lui avait faite. Mais la pauvre jeune fille revint les yeux baignés de larmes. Son oncle lui avait dit : « Taisez-vous, petite sotte. »

Elle n'avait su que répondre.

Mme de Dino, à son tour, tâchait de venir au secours de sa fille ; elle ne fut pas plus heureuse. Le prince lui dit : « Je signerai demain, après-demain, mais pas aujourd'hui ; je ne me suis jamais pressé et cependant je suis toujours arrivé à temps. »

Et en effet, il signa peu d'heures avant sa mort. Le roi, qui vint chez lui peu après, le trouva déjà presque en agonie. Il ne sut dire à Sa Majesté que ces mots : « C'est un grand honneur pour moi. »

Puis, s'adressant à Madame Adélaïde, qui avait accompagné le roi, il ajouta : « Madame doit avoir bien froid. »

Le roi, voyant que M. de Talleyrand n'avait presque plus sa connaissance, se retira. Madame Adélaïde resta quelques minutes après le roi, et c'est alors que le prince de Talleyrand lui dit : « C'est un grand honneur pour ma maison, que la visite du roi. »

On prête une parole remarquable à M. Royer-Collard, ami du prince, qui ne l'a pas quitté dans ses derniers moments : « Lui, qui a toujours été l'homme de la pacification, ne refusera pas de faire sa paix avec Dieu avant de mourir. »

On rapporta ce propos à M. de Talleyrand : « Non, je ne refuserai pas », dit-il, avec une émotion visible.

Dans le testament politique et religieux qu'il a laissé,

et qui est daté du 1er octobre 1836, il disait : « Délié par
le vénérable Pie VII, j'étais libre. » Il a ensuite raturé de
sa main, « j'étais » et a écrit au-dessus : « je me croyais »
libre. Avant de lui donner l'extrême-onction, M. l'abbé
Dupanloup lui récita les litanies des saints. Quand on fut
arrivé au nom de saint Maurice, le malade reconnut son
patron, s'inclina, et son regard, son sourire cherchèrent le
regard de M. Dupanloup pour montrer qu'il s'unissait aux
prières. La même chose se reproduisit d'une manière aussi
marquée pour le nom de saint Charles, son autre patron.
Il s'unit constamment aux prières, pendant les vingt
dernières minutes. On le voyait au mouvement de ses
lèvres. Il achevait le verset : « Seigneur, délivrez-le. » Son
air pénétré attendrissait tout ce monde qui l'entourait et
qui était en larmes et en prières autour de lui. Un peu
auparavant, toute sa famille était venue lui prendre la
main et la baiser ; on remarqua qu'il reconnaissait bien
chacun.

C'est le baron de Barante qui s'est chargé de prononcer, à la Chambre des pairs, l'éloge de M. de Talleyrand. On assure que plusieurs mois avant sa mort, celui-ci
en avait manifesté le vœu. On voit qu'il avait songé à
tout.

Il a laissé après lui de très intéressants mémoires, mais
il a exprimé le désir qu'ils ne fussent pas publiés avant
trente ans. Il est des personnes qui prétendent que son
secrétaire les a volés et va les publier à son profit. Quoi
qu'il en soit, ce qui est bien sûr, c'est que le comte Molé,
le duc Dalberg, Mme de Staël, Mme de Genlis et bien
d'autres personnages plus ou moins marquants, le roi
Louis-Philippe lui-même, y sont fort mal traités. Un
député auquel on a parlé de la conversion du prince de

Talleyrand a dit : « Je ne crois plus à aucune conversion, pas même à celle de la rente. »

Le printemps dernier, lorsque M. de Talleyrand a passé quelques semaines à Rochecôte, chez Mme de Dino, celle-ci tomba malade assez sérieusement pour se croire obligée d'appeler auprès d'elle le curé du village. Le prince de Talleyrand, lorsqu'il en fut instruit, reprocha à la duchesse de faire une semblable niaiserie.

« Je suis, lui répondit-elle, la première femme du pays, il faut donc que je donne le bon exemple. »

Après avoir réfléchi un peu, le prince lui dit : « Vous avez raison, il n'y a rien de moins aristocratique que de ne pas croire. »

Après la mort de Louis XVIII, à laquelle il assista en vertu de ses fonctions de grand chambellan, on demanda au prince de Talleyrand si le roi était vraiment mort d'une manière pieuse et dans le sein de la religion catholique romaine.

« Tout au plus convenablement », fut sa réponse.

2 juin.

Mlle Pauline de Périgord a la fièvre tierce, à la suite des émotions qu'elle a éprouvées au moment de la mort du prince de Talleyrand. Marie va la voir et la trouve horriblement changée ; elle a sincèrement aimé son oncle, mais, malgré cela, elle en avait une peur affreuse. Aussi a-t-elle assuré à Marie que chaque fois que sa mère et l'abbé Dupanloup l'envoyaient auprès du prince pour obtenir la fameuse signature, elle était dans un tel état de violence, produit par le combat qu'elle se livrait à elle-même, qu'en sortant de la chambre de son oncle, il lui était arrivé de s'évanouir. Sa mère et l'abbé Dupanloup lui avaient dit qu'elle était responsable de la réussite de la chose, d'où dépendait le salut éternel du prince. Mlle Pauline, pieuse et fervente, douée d'une imagination vive, nerveuse et impressionnable, a donc souffert mort et martyre pendant toute la semaine qui a précédé la mort du prince de Talleyrand.

« Tu ne te figures pas, ma chère Marie, disait-elle, ce que c'est que de voir mourir une personne que l'on aime. Mon pauvre oncle ne pouvant rester couché, à cause de l'énorme plaie qu'il avait dans le dos, s'appuyait sur un coussin qu'on avait suspendu au plafond avec des cordes. A mesure que ses forces l'abandonnaient, sa pauvre tête, n'ayant aucun soutien, tombait tantôt en avant, tantôt à droite, tantôt à gauche. Les dernières heures, pendant que l'on récitait les prières des agonisants, dont les trente ou quarante personnes qui étaient dans cette chambre répétaient les derniers versets, M. de Bacourt, l'abbé Dupanloup, le valet de chambre et le médecin de mon oncle le soutenaient alternativement par les épaules et c'est ainsi qu'il rendit le dernier soupir. Nous autres de la famille, nous étions à genoux autour de ce pauvre oncle, à prier, à pleurer tour à tour. Lorsque le médecin déclara qu'il n'existait plus, nous embrassâmes cette main déjà toute glacée. Dès ce moment, je sentis le frisson parcourir tous mes membres, je ne pus ni manger ni dormir ; je pleurais et je riais tout à la fois. Depuis quelques jours, je suis cependant un peu mieux, mais la fièvre revient parfois encore. »

Marie lui a offert de venir passer quelques jours à

Auteuil ; elle a accepté avec empressement et reconnaissance, mais il n'est pas sûr qu'elle vienne d'ici à longtemps,
car elle ne peut quitter son lit.

Le prince de Talleyrand, par son testament, a fait la
duchesse de Dino sa légataire universelle. En outre, il
a laissé au duc de Valençay sa terre et son château de
Valençay, mais cet héritier doit verser un capital de
cent vingt mille francs au fils aîné de la duchesse d'Esclignac. Cette terre rapporte aujourd'hui soixante mille
livres de rentes, ce qui n'est pas suffisant pour habiter
le château, qui demande un état de maison considérable.
Mlle Pauline a reçu la terre en Belgique, de quatre-vingt
mille livres de rentes à peu près. La duchesse de Dino
espère vendre l'hôtel de la rue Saint-Florentin quinze
cent mille francs ; c'est à peu près tout ce qu'elle retirera
de cet héritage, car les capitaux qui se trouvent inscrits
sur le Grand-Livre, très considérables à la vérité, seront
absorbés par les dettes que le prince a laissées, par les
pensions et autres engagements qu'il avait contractés
de son vivant avec des personnes de sa famille. La
baronne de Talleyrand, qu'il avait mariée à un de ses
parents, y figure pour huit cent mille francs, qui lui ont
été assurés par contrat de mariage ; de même il y a dix à
douze mille livres de rentes qui constituent le majorat
du duc de Dino, lorsqu'il a été fait pair de France.

Mme de Dino s'était appliquée, depuis longtemps, à se
faire bien venir du faubourg Saint-Germain qu'elle avait
froissé autrefois. Ce rapprochement a été facilité par
tout ce qu'elle a fait, pendant les derniers mois qui ont
précédé la mort de M. de Talleyrand. Mais il fallait encore
se brouiller avec la Cour de Louis-Philippe. Une occasion
de le faire n'a pas tardé à se présenter.

Le roi fit demander à Mme de Dino l'acte et la lettre adressés au pape et signés par le prince de Talleyrand. Le porteur de ce message royal y ajouta que Sa Majesté désirait faire parvenir elle-même ces actes importants à Sa Sainteté. Mme de Dino, pour toute réponse, déclara que ces papiers se trouvaient déjà entre les mains de l'Archevêque, et qu'elle ne croyait pas pouvoir les redemander. Madame Adélaïde, sous prétexte de s'informer de la santé de la duchesse, vint chez elle et fit un dernier effort pour la décider à délivrer les papiers, mais en vain. Son Altesse Royale en fut indignée et exprima son mécontentement, de la manière la moins équivoque, à Mme de Dino. Celle-ci n'a pas hésité à en faire parade vis-à-vis de toute la famille de Périgord qui lui en est très reconnaissante. Je ne serais pas étonné si toutes ces concessions faites à cette famille finissaient par aboutir à un mariage entre Mlle Pauline et le prince de Chalais.

Pendant que le prince de Talleyrand était si mal, M. de Chalais vint nous faire visite à Auteuil et il me dit en parlant de Mlle Pauline : « C'est l'ange bienfaisant de la famille ! »

Quoi qu'il en soit. je ne désire pas ce mariage pour Mlle de Périgord, non pas que je ne rende une justice entière aux bonnes et nobles qualités du prince de Chalais, mais son esprit est éminemment sérieux, comme celui de son père et de toute sa famille. Or, Mlle de Périgord a passé sa vie au milieu de personnes âgées et d'une conversation sérieuse, et souvent elle s'en est plainte à Marie : « Que tu es donc heureuse, lui disait-elle, d'être avec des personnes qui ne parlent pas toujours de la conversion de la rente et d'autres sujets tout aussi ennuyeux.

Pour moi, je m'ennuie régulièrement tous les jours à dîner et surtout après dîner. »

Ce serait bien pire chez le duc de Périgord, où l'on traite à peu près les sujets que Mlle Pauline paraît redouter, et où ils sont présentés d'une manière bien moins spirituelle que chez M. de Talleyrand, dont le salon était le rendez-vous des sommités politiques de la France.

Depuis la mort du duc et du prince de Talleyrand, le duc de Dino a pris le nom de duc de Talleyrand. M. de Valençay continuera à porter ce nom jusqu'après la mort de son père, où il s'appellera à son tour duc de Talleyrand. Le titre de prince disparaît entièrement de la famille, parce que M. de Talleyrand n'a eu ce titre que par compensation de celui de prince de Bénévent, de même que son neveu avait eu, par la même raison, celui de duc de Dino, nom d'une terre que le prince de Talleyrand possédait jadis dans le royaume de Naples. Il se pourrait, cependant, que Mme de Dino voulût conserver ce titre pour son second fils, Alexandre de Périgord, mais dans ce cas ce serait par une grâce spéciale du roi Louis-Philippe. J'ignore si la duchesse de Dino, aujourd'hui duchesse de Talleyrand, voudra avoir recours aux bontés du roi.

4 juin.

Je reviens encore à M. de Talleyrand. Il a été, sans contredit, une des hautes capacités de son temps. Son crâne est donc un objet curieux pour les phrénologistes, qui s'en sont emparés avec une ardeur toute scientifique.

Ils ont trouvé sur ce crâne, d'après les différentes bosses, la ruse et la circonspection, servies par une haute intelligence, s'appuyant sur la causticité combative, tempérée par les sympathies de famille, mais sans penchant à l'association pour les devoirs sacrés du dévouement.

On a vu, après autopsie, que le cerveau de M. de Talleyrand était grand et bien développé. Ordinairement, chez les vieillards, — il avait quatre-vingt-un ans, — cette masse nerveuse est ramollie, débile, peu nourrie et plutôt amaigrie ; en même temps l'intelligence est affaiblie, la mémoire pervertie, le jugement troublé. Chez M. de Talleyrand, qui avait conservé son intelligence dans toute son intégrité, le cerveau s'est présenté dans toute la consistance et la force qu'on rencontre chez un homme de quarante ans.

La phrénologie procède de deux manières pour établir ses principes : d'abord du connu à l'inconnu, puis de l'inconnu au connu ; voilà les deux manières d'interrogation, pour arriver à établir un parallèle entre la vie de M. de Talleyrand et sa prédominance organique. En admettant que les organes agissent sur l'ensemble moral par leur activité ou leur impuissance et que, de cette combinaison d'activité, résultent les nuances variées qui diversifient les races et les individus et qu'enfin les plus forts entraînent toujours le reste dans l'association commune, il est facile d'expliquer tout le moral de feu le prince de Talleyrand.

D'après ce que m'a dit un des médecins, les organes intellectuels étaient bien développés, leur ensemble complètement harmonieux, aussi l'intelligence de M. de Talleyrand est-elle incontestable. L'esprit de saillie était développé et activé encore par la combativité. Il aurait donc été entraîné dans une causticité perpétuelle, si le penchant à cacher et la circonspection, fort développés aussi, n'en eussent arrêté les effets jusqu'à l'instant où le jugement en eût bien apprécié la valeur.

Tout cet ensemble intellectuel qui se trouvait dans le cerveau et sur le crâne de M. de Talleyrand eût fait de lui un homme d'esprit seulement, s'il n'avait été au service d'instincts et de sentiments puissants. M. de Talleyrand servit tous les gouvernements, il comprit instinctivement leur faiblesse et les quitta quand le vent de l'adversité les entraîna dans l'abîme. Il n'en aima aucun plus qu'un autre, et celui qui existait avait raison. Dans les rôles éminents qu'il joua durant cette longue comédie, il sut cacher sa pensée en la faisant prévaloir.

Tout ce mode d'agir peut s'expliquer par deux organes, la sécrétivité et la circonspection. C'est à cette absence de la vénération, comme aussi à l'énergie de la volonté, qu'il a dû d'agir sans passion, arrivant lentement mais sûrement au but. S'il n'avait pas de conviction politique, il ne pouvait pas plus en avoir en religion, car outre que l'organe du penchant à la théosophie lui manquait entièrement, ce que Gall appelait la « vénération », il n'avait pas non plus celui du merveilleux qui, grandissant les choses, pare d'une puissance imaginaire l'interrogation qui s'adresse à la cause première de toutes choses, à Dieu !

Au reste, M. de Talleyrand était tolérant, comme aussi il était affectueux dans la vie intime et pour les gens de sa maison, tout cela quand il n'était pas irrité. Mais, s'irritait-il, il devenait dur et violent envers les siens. Le sentiment de la Patrie était faiblement développé en lui, mais au contraire celui de l'amour pour la famille et les enfants l'était d'autant plus. Il a prouvé cet amour, de toute manière, à sa parente et surtout à Pauline, qu'il comblait toujours de cadeaux et de caresses. Il lui donnait, parfois, des choses très précieuses, dont souvent elle ne put se servir. Il n'y a pas très longtemps, Mlle Pauline a montré à Marie des dentelles superbes que son oncle venait de lui offrir et qu'elle ne pouvait porter tant elles étaient magnifiques.

Dans les arts, il était peu sensible à la musique, qu'il ne comprenait pas, et, cependant, il protégeait plusieurs artistes tels que Kalkbrenner et surtout Neukom, qui fut longtemps dans sa maison et qu'il honorait d'une grande bienveillance personnelle. Les objets de peinture, et surtout ceux qui se distinguaient éminemment par la forme, lui plaisaient davantage. Il passait pour aimer la bonne chère ; en effet on a trouvé l'instinct de l' « alimentivité » éclairé par l'intelligence, tout comme l'amour physique ennobli par l' « affectionnivité » ou l' « amativité », ainsi que s'exprimait Gall. Il professait une haute estime pour lui-même, et possédait une grande fierté. Aussi tenait-il peu à l'opinion des autres, la sienne lui suffisait. Cependant ce sentiment, qui s'appelle amour-propre, était toujours sous la dépendance de la ruse et du secret, organes les plus prédominants sur le crâne de M. de Talleyrand.

23 juillet.

Londres regorge encore d'une foule immense, qui se presse dans ses longues et larges rues, et tout ce monde applaudit une jeune fille de dix-sept ans qui vient d'être couronnée reine d'Angleterre. C'est une chose imposante que de recevoir les hommages bruyants de trois millions d'individus de tout âge, de toutes les classes, de toutes les opinions, de toutes les nations, de toutes les croyances, réunis dans une si vaste capitale. La jeune reine en a été touchée, flattée peut-être, mais nullement étonnée, tant elle est pénétrée de la grandeur de sa position et de la toute-puissance du prestige qui entoure la royauté en Angleterre.

Ce n'est pas cet amour filial, cette fidélité constante dont nos Empereurs se voient entourés : sentiments qui proviennent de la gratitude qu'on leur doit, pour le bonheur dont on jouit sous leur gouvernement paternel, que dirige une seule volonté ferme, ayant pour but constant le bonheur et le bien-être des peuples. En Angleterre, où la volonté du souverain n'est que peu de chose, où sa puissance est limitée par les Chambres au point que la royauté n'existe vraiment que de nom, le témoignage de l'enthousiasme populaire pour la jeune reine tient plutôt aux usages et à des formes traditionnelles dont les Anglais sont esclaves, qu'à l'amour que le peuple devrait professer pour le souverain.

Quoi qu'il en soit, la reine a été vivement applaudie par ses sujets, chose qui n'arriverait certainement pas en France. Sous ce rapport l'Angleterre, en dépit des Whigs, offre encore des ressources contre un bouleversement social. Néanmoins, les mêmes cris de joie et d'enthousiasme qui ont retenti. pour la reine ont été prodigués aussi au maréchal Soult. C'est qu'il est, à la fois, le représentant de la royauté de Juillet et du bonapartisme. Il est homme du peuple, sorti de cette foule pour s'élever au grade le plus éminent. Son talent lui a valu de la gloire à juste titre et le « mob » (populace) de Londres, en vénération devant le maréchal, n'adore en lui que l'homme du peuple et la révolution épicière de ses confrères de Paris. Si les habitants des bords de la Tamise ont applaudi la reine par habitude, ils ont, par contre, applaudi le maréchal par un sentiment bien raisonné.

Ce qui vient encore à l'appui de mes dires, c'est que le duc de Nemours se trouvait complètement effacé par le maréchal. Les démonstrations en faveur de celui-ci ne prouvent donc pas qu'il règne de l'amitié entre les gouvernements d'Angleterre et de France; elles révèlent, tout au contraire, des sympathies cachées qui existent entre les deux grandes capitales, mais peu favorables aux deux gouvernements.

En ce qui concerne le duc de Nemours, il faut reconnaître que la Cour et la ville ont été bien sévères pour lui. Je sais, par Mme de Lieven, que la reine d'Angleterre a été très choquée d'une visite que le prince lui a faite dans sa loge au Théâtre-Italien. Elle a trouvé que cette démarche avait été trop familière et que le duc de Nemours aurait dû, avant de la hasarder, faire demander la permission à Sa Majesté Britannique.

Je ne connais pas suffisamment l'étiquette de la Cour de Saint-James pour savoir si, et en quoi, le duc de Nemours a manqué à la reine dans cette circonstance, mais ce dont je suis parfaitement sûr c'est que, loin de vouloir offenser Sa Majesté, il a fait au contraire un grand effort sur sa timidité en se rendant dans la loge royale, et qu'il n'y aurait certainement pas été s'il ne l'avait cru de son devoir.

Mlle Pauline de Périgord est, dans ce moment, avec sa mère à Baden. Avant son départ, elle est venue plusieurs fois dîner en famille avec nous à Auteuil. Elle est entièrement guérie de la fièvre et plus gentille, plus aimable que jamais. On ne se fait aucune idée de la passion qu'elle a pour Marie Apponyi : elle lui écrit les lettres les plus caressantes, les plus tendres possible.

Les Schwarzenberg ont monté, de cent pour cent, dans l'opinion de la société de Londres, depuis leur déjeuner dansant qui a merveilleusement réussi, grâce au savoir-faire de Gordon, qui s'est occupé et chargé de tous les détails de l'arrangement de la fête. Elle s'est passée à Richmont dans une auberge qu'il a louée à cet effet. Trois immenses salles, ornées de verdure et de fleurs, reçurent les trois mille invités qui y circulaient avec facilité. Strauss dirigea l'orchestre ; le soir, tout le jardin et les bords de la Tamise, avec son grand pont, étaient éclairés avec des lampions de couleur ; de même, un autre jardin sur la rive opposée du fleuve faisant point de vue, de la salle principale. Au bout de ce jardin, il y avait un temple tout flamboyant d'où partaient de temps en temps des feux d'artifice. Sur la Tamise même, on manœuvrait quantité de barques grandes et petites gracieusement décorées, ornées de mille et mille lampions de couleur et jetant, de temps en temps, des gerbes de feu semblables aux jets d'eau des jardins d'Armide, tout en rubis et en émeraudes.

On s'est beaucoup loué, à cette occasion, de la politesse
des jeunes attachés, mais ce qui a surtout enchanté la
société, c'est la manière tout aimable et gracieuse dont
la princesse Lorchen a fait les honneurs. A l'heure qu'il
est, ces jeunes gens voyagent dans l'intérieur de l'Angleterre, quelques-uns d'entre eux sont venus nous voir en
traversant Paris, tels que Victor Zichy et le jeune Fesztetitz, fils de Lutzy. C'est un gentil garçon ayant d'assez
bonnes manières, surtout lorsqu'on considère qu'il n'avait
pas quitté sa garnison depuis des années avant son
voyage de Londres.

Trivulzi et sa femme viennent aussi de nous quitter
pour aller à Milan. Je n'avais pas vu Trivulzi depuis
Rome : j'ai eu toute la peine du monde à le reconnaître,
tant il est devenu vieux. Je les ai beaucoup fréquentés
pendant leur séjour à Paris, je les ai accompagnés à Neuilly,
lorsque l'Ambassadeur les a présentés à la famille royale.
Mme Trivulzi, sans être belle, a l'air assez distingué.
Quant à lui, parfois, il manque un peu de tact, ce qui est
doublement fâcheux quand on porte un si beau et si
grand nom. Le jour où nous étions à Neuilly, le roi eut
la bonté de nous donner quelques détails sur les embel-
lissements qu'il comptait faire encore au château de
Versailles. Sa Majesté aime à en parler et, dans ces occasions, les conversations sont assez longues. Trivulzi fut
probablement de cet avis ; il vint donc à moi, pendant
que Sa Majesté me parlait encore et se mêla bravement
à la conversation. Rien ne m'est plus insupportable
que de rester spectateur impassible d'une gaucherie qui
continue. Cependant, le roi, sans tenir compte des inter-
pellations de mon ami Trivulzi, continuait à m'adresser
la parole. Pour sortir de cette position désagréable, je

dirigeai la conversation sur les salles de Versailles, contenant les portraits de tous les maréchaux de France et je
parvins ainsi à rappeler au roi les deux portraits des
maréchaux Trivulzio, qui se trouvent dans cette collection.

24 août.

Mme la duchesse d'Orléans vient d'accoucher d'un fils
bien désiré par la famille royale. Le corps diplomatique
a été appelé immédiatement à la Cour ; il a été reçu par
le roi, la reine, le duc d'Orléans et tous les princes et
princesses, dans le salon de l'accouchée. Leurs Majestés
firent cercle et présentèrent le jeune prince aux ambassadeurs. Mme la comtesse de Lobau, première dame
d'honneur de Mme la duchesse d'Orléans, avait le nouveau-né dans ses bras et le montra à tous les membres
du corps diplomatique, en faisant le tour du salon.

Le petit comte de Paris est blanc et rose ; il dormait
tranquillement et avait l'air d'une poupée de cire. Le
duc d'Orléans nous dit : « Messieurs, je vous présente mon
fils ; il est déjà chrétien. » Le petit prince venait d'être
ondoyé dans la chapelle des Tuileries par l'Archevêque
de Paris. Le baptême solennel aura lieu au mois d'octobre
à Notre-Dame, ainsi que l'exige l'étiquette. Il y aura
des fêtes à cette occasion ; mais il y en aura aussi de
publiques mercredi prochain.

La duchesse d'Orléans a beaucoup souffert pendant les
douze dernières heures et elle a été d'une faiblesse
extrême après sa délivrance.

Aux yeux du public, cette naissance n'a pas une grande importance politique ; elle n'affermit pas davantage la nouvelle dynastie sur le trône conquis par la révolution de Juillet, car pour ce qui concerne la race d'Orléans, il n'y aurait pas eu à s'inquiéter, quand même le nouveau né eût été du sexe féminin. Mais, toujours est-il que la famille royale et le gouvernement désiraient vivement que ce fût un prince et, en cela, on peut considérer cette naissance comme une nouvelle preuve de la protection que le ciel accorde au roi Louis-Philippe et à sa famille ; il faut avouer que d'être heureux est un grand avantage pour tout le monde et surtout pour un roi. Napoléon, avant de charger l'un de ses généraux d'un commandement d'armée, tout en le reconnaissant habile, demandait toujours : « Est-il heureux? »

28 août.

Hier a eu lieu le *Te Deum* à l'église de Notre-Dame (1). On nous avait dressé une tente dans la grande nef, devant laquelle on a placé notre tribune en face de celle des pairs du royaume. Dans cette tente, qui servait de salle de repos pour le corps diplomatique, on avait poussé les soins et prévisions jusqu'à établir un certain dégagement au beau milieu de la cathédrale. Le roi a été reçu avec de très vives acclamations, mais il a été mécontent du discours que l'Archevêque lui a tenu à l'entrée, au parvis de l'église.

(1) Pour la naissance du comte de Paris.

La duchesse d'Orléans a failli être victime de l'imprudence de ses femmes de chambre. Immédiatement après
ses couches, tout le monde fut tellement ravi de la naissance d'un prince, que les médecins et l'accoucheur même
suivirent, avec les dames d'honneur, le roi, la reine et les
princes qui allèrent, avec le nouveau-né, dans les salons
où une foule de monde et l'Archevêque les attendaient.
Pendant ce temps, la duchesse d'Orléans, livrée à elle-
même, crut pouvoir changer de lit. Ses femmes de chambre
se hâtèrent d'exécuter le désir de leur princesse et la
transportèrent dans un autre lit, qu'elles avaient eu soin
de bassiner tant et plus. L'effet de cette imprudence ne se
fit pas attendre : au retour des médecins, dont l'absence
avait duré un quart d'heure à peu près, une forte hémor-
ragie s'était déjà déclarée et l'on crut pendant un instant
que c'en était fait de la Princesse royale. On est parvenu
à la sauver, mais une affreuse faiblesse a été le résultat
de cette secousse. Le duc d'Orléans était, dit-on, hors de
lui d'inquiétude et de douleur.

13 octobre.

Depuis quelques jours, nous avons quitté nos bureaux
de la rue de Lille, pour transporter notre chancellerie
et son personnel 121, rue de Grenelle, dans notre nouvelle habitation ; malgré cela, l'hôtel est loin d'être dans
l'état où, avec l'aide de Dieu, il sera vers le 15 novembre.
A l'heure qu'il est, il n'y a de fait que nos chambres, c'est-
à-dire celles des secrétaires et de la suite, les cuisines et
souterrains y compris ; mais les grands appartements

sont dans un état déplorable, et ceux de l'habitation journalière sont envahis par les peintres et doreurs. La cour est encombrée de pierres de taille et d'échafaudages ; le grand escalier et les vestibules attendent leurs plafonds, les fenêtres, leurs croisées et leurs vitrages ; ce sont les cris, les chants un tant soit peu faux des ouvriers ; c'est un tintamarre de marteaux et autres, c'est une poussière de pierre et de plâtre et de chaux qui pénètre partout ; c'est enfin une manière d'être logé, jusqu'à présent, passablement incommode.

Mon appartement, qui, lorsqu'il sera achevé, sera agréable, presque élégant, attend encore les meubles les plus indispensables. Je n'ai rien dans ma chambre à coucher qu'un lit, une table et trois chaises. Malgré cela, j'y ai déjà passé deux nuits, car, me trouvant en retard pour retourner à Auteuil, où à onze heures tout le monde est déjà couché, je préfère rester à Paris, y passer la nuit un peu moins à mon aise, que de déranger les paisibles habitudes du château.

Notre hôtel du Châtelet sera bien plus commode, bien plus convenable que celui de la rue Saint-Dominique. Nous avons d'autant plus lieu d'en être satisfaits, que les grands hôtels disparaissent tous les jours et que, si nous n'étions pas parvenus à avoir celui-ci, nous aurions été forcés de rester indéfiniment dans notre château d'Auteuil. Le comte Pahlen, ambassadeur de Russie, se trouve en ce moment dans cette pénible situation. Croirait-on que pour la somme de quinze cent mille francs, il n'y a pas moyen de se loger convenablement ! C'est cependant le cas : l'ambassadeur de Russie cherche depuis deux mois sans pouvoir rien trouver, et le peu d'hôtels qu'il y a à louer ou à vendre excèdent de beaucoup le prix qu'il est autorisé à mettre à un achat. Le comte Pahlen fera donc ce que nous avons fait : il prendra un petit hôtel à Paris pour la chancellerie et louera, pour la belle saison, le château que nous habitons actuellement à Auteuil où, comme nous, il pourra donner des fêtes et des dîners au printemps et en été.

J'ai assisté, dernièrement, à quelques expériences de magnétisme animal qui sont au moins aussi étonnantes que ce que l'on m'a dit, à cette occasion, sur d'autres expériences de ce genre. Tout cela tient du prodige, et l'abus que l'on peut en faire est vraiment effrayant. Heureusement qu'on n'est pas encore parvenu à trouver le moyen qui rendrait tout individu également sensible au magnétisme et, par là, plus ou moins apte à ces expériences.

« Lorsque le magnétisme, me dit le médecin qui m'accompagnait, produit le somnambulisme, l'être qui se trouve dans cet état acquiert une prodigieuse faculté de sentir. Plusieurs de ses organes extérieurs, ceux de la vue et de l'ouïe notamment, sont assoupis, et toutes les opérations qui en dépendent s'opèrent intérieurement. Le somnambule a les yeux fermés et ne voit point par les yeux, il n'entend point par les oreilles, mais il voit et entend mieux que l'homme éveillé. Il ne voit et n'entend que ceux avec lesquels il est en rapport. Il ne voit que ce qu'il regarde et, ordinairement, il ne regarde que les objets sur lesquels on dirige son attention. Il est soumis à la volonté de son magnétiseur pour tout ce qui ne peut lui nuire, et pour tout ce qui ne contrarie point en lui les idées de justice et de vérité. Il aperçoit le fluide magnétique. Il voit, ou plutôt il sent, l'intérieur de son corps et celui des autres, mais il n'y remarque, ordinairement, que les parties qui ne sont pas dans l'état naturel et qui en troublent l'harmonie. Il retrouve dans sa mémoire le souvenir de choses qu'il avait oubliées en état de veille. Il a des prévisions et des pressentiments qui peuvent être erronés dans plusieurs circonstances, et qui sont limités dans leur étendue. Il s'énonce avec une facilité étonnante, il n'est point exempt de vanité. Il se perfectionne de lui-même, pendant un certain temps, s'il est conduit avec sagesse. Il s'égare s'il est mal dirigé. Lorsqu'il rentre dans l'état naturel, il perd absolument le souvenir de toutes les sensations et de toutes les idées qu'il a eues dans l'état de somnambulisme, ce qui prouve que ces deux états sont aussi étrangers l'un à l'autre que si le somnambule et l'homme éveillé étaient deux hommes différents. »

M. Chapelain, chez qui nous étions, me dit que le somnambulisme magnétique paraît, en résumé, donner officiellement, « médicalement » lieu à la série des phénomènes qui suivent : l'oubli au réveil, l'appréciation du temps, l'insensibilité extérieure, l'exaltation surnaturelle de l'imagination, le développement de l'intelligence, l'instinct des remèdes, la prévision, l'inertie morale, la communication des symptômes des maladies, la communication des pensées, la vue sans le secours des yeux, l'influence particulière des somnambules sur leur organisation.

Gratien, médecin à Draguignan, en Provence, département du Var, a constaté, par des expériences multipliées, le don du sommeil magnétique naturellement provoqué chez un jeune homme de vingt-deux ans, avec des circonstances qui ne permettent pas le soupçon et les doutes où s'enveloppent trop souvent les adversaires du sens intime. Cet individu nommé Michel, natif de Figanières, s'endort positivement à volonté et à toute heure du jour ou de la nuit ; il n'a d'autre éducation que celle qu'on acquiert dans les écoles primaires de village, et n'a jamais voyagé que de Draguignan à Nice. Il suffit de regarder Michel fixement pour l'endormir en une minute, qu'il soit étendu dans son lit ou assis sur une chaise au milieu d'une société nombreuse.

Dès que le sommeil est venu, des coups de fusil tirés à ses oreilles ne sauraient troubler son repos. Dans cet état, il passe bientôt, et sans aucune difficulté, à une série de tours de force intellectuels dont je vais tracer une esquisse, d'après ce que m'a dit M. Chapelain en me confessant sa profonde humiliation devant la puissance supérieure qui a disposé un semblable mécanisme dans la charpente animée de l'homme.

L'esprit de Michel se transporte, au gré des questionneurs, dans les astres, aux antipodes, sous la croûte du globe terrestre ; il décrit, avec une effrayante rectitude de jugement, les lieux qu'on lui fait ainsi diaboliquement visiter. Il s'attache d'abord aux masses, les détails dépendent de la fantaisie des interrogateurs. Désignez-lui une personne absente, qu'il n'a jamais vue à l'instant qu'il décrit son portrait physique et moral ; il en tire l'horoscope, pénètre dans son intérieur, cherche la partie malade ou viciée, indique le remède le plus efficace et prescrit le traitement. On a fait voyager Michel par la pensée dans les lieux qu'il ne connaissait pas, et ses réponses ont donné la preuve d'une lucidité que les puissances actuelles de l'organisation de l'homme ne semblaient pas admettre.

Il a parfaitement raconté que la petite ville des Martigues, dans les Bouches-du-Rhône, était longue et divisée en trois parties ; que près de Saint-Chamas et sur la

Touloubre, rivière qui se jette dans les étangs de la Camargue, il y a un pont et, sur ce pont, un arc de triomphe de construction romaine. Dans un château situé au-dessus de Salon, des personnes jouaient aux cartes à dix heures du soir : il les a vues. Les arènes de construction romaine et le nouveau canal de la ville d'Arles furent également indiqués avec une précision surprenante.

Mais voici quelque chose de plus merveilleux que M. Garcin livre à la méditation des savants et des philosophes : Michel possède la faculté de rétrospection, il voit des événements depuis longtemps passés et qu'il n'a pu connaître. On l'a fait descendre à l'année 1833, pour l'envoyer à la recherche de la *Lilloise*. Michel découvre la corvette au moment de son départ du port de Cherbourg ; il l'arrête à cent trois lieues de la France à cause du mauvais temps ; il arrive en Islande avec elle en mai 1833, en repart le 13 juin ; il la perd de vue et ne la retrouve qu'en mai 1837, tout à fait dans le Nord, où règne un froid excessif qui empêche les habitants de se montrer et de lui dire le nom du pays dans lequel il voyage. La corvette part de nouveau ; il ne la revoit qu'à la fin de décembre 1837, dans le pays le plus glacial qu'il ait parcouru. Un événement qu'il ne peut définir « à cause du froid qu'il éprouve lui-même dans tous ses membres » menace le navire français du plus grand danger ; « il entend les cris de détresse de l'équipage ; » le navire est englouti, tout disparaît, tout périt, pas un homme n'échappe, pas même « trois chats qui se trouvent à bord ! » Ce sinistre arrive à quinze cents lieues de Londres.

Voilà, assurément, l'exaltation mentale la plus inouïe dont il soit parlé dans les annales de la psychologie humaine. Quoique cette navigation, au dire du docteur

Garcin, eût beaucoup fatigué le somnambule, par suite
des variations de la température qu'il ressentait comme
s'il eût réellement changé de place, on lui fit faire, dans
la même séance, d'autres voyages qu'il accomplit avec
la même exactitude, et constamment grâce à la simple
puissance de l'imagination. Du reste, il vit le siège de
Constantine, à l'époque où cette opération militaire fut
entreprise et le général Damrémont, recevant le coup
mortel le jour même de la catastrophe.

Enfin, pour revenir à « l'instinct des remèdes », interrogé
sur la maladie d'une dame du pays, Michel prescrivit
une plante à laquelle il donna un nom particulier, « la
mala donna, » qu'on ne connaît ni en la botanique, ni
dans la contrée. Il s'agissait de trouver cette plante :
Michel déclara qu'elle croissait dans l'intérieur d'une forêt,
au pied d'un chêne vert, à quatre cents mètres d'une
cassine dont il désigna même le propriétaire. On conduisit le somnambule à la recherche de cette plante
inconnue ; ne la trouvant pas malgré ses efforts, Michel
se couche à terre dans la forêt, s'endort et, dans le sommeil magnétique, il indique le même arbre, au nord-est
de la cassine, et toujours à distance de quatre cents
mètres : on mesure la distance et on découvre la plante
au pied d'un chêne vert.

Il paraît, au surplus, que les objets sur lesquels on
interroge le somnambule de Figanières font, en quelque
sorte, une révolution autour de son corps, et que, si
Michel ne les saisit pas au premier tour, il les manque
rarement aux tours qui suivent. Réveillé, le somnambule
n'a souvenance que d'un vaste tableau qui formait cir-
culairement un panorama, et auquel il empruntait les
faits, les idées et les mots dont se composent ses réponses.

Cependant, passons maintenant aux expériences dont je fus moi-même témoin. Une demoiselle, que je nommerai Louise, vint chez Chapelain avec monsieur son frère, que je désignerai sous le nom de Henri. Ce dernier se trouvait sous l'impression d'une véritable terreur, parce qu'il souffrait d'une maladie de poitrine, crachait du sang et se croyait voué à une mort prochaine et inévitable. Sa sœur sollicita donc M. Chapelain de l'endormir, afin qu'elle pût découvrir la maladie de son frère. Le docteur se rendit à ses instances et commença à magnétiser Mlle Louise. Henri en était séparé par quatre ou cinq chaises, ce qui ne l'empêcha pas de subir l'influence des passes de M. Chapelain : il s'endormit en quelques minutes. Ce fut la somnambule elle-même qui nous le fit remarquer, absorbés que nous étions par l'effet que le magnétisme produisait sur elle. Le premier mot que Mlle Louise prononça fut celui-ci : « Henri qui dort ! »

Le docteur s'approche de lui et il lui dit à son tour :

— Mlle Louise, qui dort, dormira-t-elle longtemps?

— Oui.

— Et toi?

— Huit minutes seulement.

Puis M. Chapelain fit approcher Henri de sa sœur, qui lui porta la main à la gorge, comme pour explorer le haut de la poitrine.

— Voyez-vous le mal?, lui demanda le docteur.

— Très bien. Ce n'est qu'une inflammation des bronches qui n'a rien de dangereux. Il ne lui faut qu'un peu de tranquillité et cela guérira seul, qu'il se rassure.

Comme je m'étonnais de ce que les passes de M. Chapelain aient agi sur Henri à distance, le docteur me dit que l'action à distance était un des premiers phénomènes les plus curieux et les plus incontestables du magnétisme.

« Une demoiselle R..., poursuivit-il, pleine de talent et d'érudition, manifesta le plus grand désir de connaître le magnétisme, offrant de s'y soumettre pour mieux l'analyser ; elle se rendit donc auprès d'une dame de ma connaissance et je commençai en sa présence, à onze heures du matin, pour ne finir qu'à midi, sans avoir obtenu le moindre effet, malgré l'intensité de ma volonté. Voyant que mes efforts étaient inutiles, je m'excusai, en disant que, sans doute, l'action était détournée et se reportait sur une autre jeune personne que j'avais magnétisée la veille ; je regardai comme chose inutile et superflue de la réveiller ou de la démagnétiser, puisqu'elle ne l'était pas ; ce fut à tort, comme vous le verrez plus tard. Cette demoiselle se retira un peu désappointée, ce qui ne l'empêcha pas d'essayer elle-même, et de produire souvent les phénomènes du somnambulisme sur plusieurs personnes.

« Il y avait ce jour-là un dîner d'amis chez Mme ***. Là se trouvaient plusieurs personnes. Je racontai naïvement mon échec, en ajoutant qu'il était probable que Mlle R..., dont la maison était éloignée d'un quart de lieue au moins, fût endormie. On plaisanta fort de cette prétention. Mme *** dit qu'une estafette allait probablement arriver pour me prévenir de ce miracle. On se met à table ; à peine la soupe était-elle entamée que l'on frappe ; un domestique présente une lettre ; M*** la saisit et reconnaît l'écriture de R...

« C'est cela, m'écriai-je, ouvrez, j'en suis sûr.

« Voici ce qu'elle contenait : « Monsieur, ma sœur est

« tombée, à onze heures, dans des attaques nerveuses et
« dans un sommeil qui nous effraie. On l'a mise au lit ;
« elle est entourée de médecins, le docteur Lejeune a
« ordonné des remèdes, mais elle ne cesse de vous deman-
« der, disant que vous seul pouvez la guérir. Si ce n'était
« pas abuser de votre complaisance, je vous prierais de
« venir de suite, car son état nous inquiète. »

« — Qu'allez-vous faire ? me dit-on. Il faut pourtant
dîner.

« — Puisque je l'ai endormie de loin, je la réveillerai
de même ; retournez, dis-je au commissionnaire, la malade
est guérie, je lui ordonne de se réveiller.

« — Bravo ! s'écria Mme ***, mais je serais bien curieuse de savoir si cela est vrai, je vais y envoyer quelqu'un.

« On envoya donc chez Mlle R... ; une demi-heure
après on apporta la réponse que la demoiselle allait
mieux, que les attaques avaient cessé et qu'elle allait se
lever. »

M. Chapelain, après avoir terminé son récit, recom-
mença ses expériences. Mlle Louise elle-même, curieuse
de voir un somnambule, me pria de vouloir bien me prêter
à cette expérience ; mais, comme je ne voulais point y
consentir, elle pria son frère de se faire magnétiser de
nouveau. Peu de minutes suffirent pour l'endormir, mais
il souffrait visiblement, il dit que son magnétiseur lui
faisait mal, étant trop ému, trop agité, et demanda
que j'agisse à sa place. Chapelain m'indiqua comment
je devais faire, je ne songeai pas le moins du monde
à ce qui pouvait en résulter et je lui fis deux ou trois
passes pour ne pas avoir l'air maussade. Mais quelle ne
fut pas ma surprise en voyant Mlle Louise tomber raide

de sa chaise ! Le docteur la releva et la transporta sur
un lit, dans une autre chambre. Les attaques nerveuses se
déclarèrent avec une intensité effrayante, on était aux
abois, Chapelain se hâta de magnétiser M. Henri à
moitié, pour courir auprès de sa malade ; elle était con-
tournée : sa tête et ses pieds seuls touchaient au lit,
son corps faisait un arc de cercle d'une demi-circonfé-
rence.

Alors, le docteur fit éloigner tout le monde et m'ordonna de lui poser paisiblement la main sur l'épi-
gastre ; elle s'affaissa par degrés et reprit sa tranquillité.

— Est-ce que vous dormez? lui dis-je.

— Oui, votre main me fait tant de bien et vous êtes
si calme intérieurement, que cela m'apaise.

Le docteur fit signe à Henri de mettre la main à la
place de la mienne, pour voir si elle s'en apercevrait.

« C'est la main d'Henri, dit-elle ; il n'est pas calme, il
est troublé, il est pourtant bon, il veut me guérir, mais
j'aime mieux la vôtre. »

Je la remis et M. Chapelain me dit de tendre l'autre
derrière moi pour qu'on me donnât une chiquenaude.

« Oh ! s'écria-t-elle comme si elle avait reçu le coup,
vous me faites mal. » Et elle indiqua sur sa main la place
où j'avais été frappé. Puis on lui passa une barbe de
plume dans le nez, sur les lèvres ; elle ne la sentait pas,
mais elle frissonnait et se frottait le nez quand on cha-
touillait le mien ; on me donna une prise, elle aspira en
même temps que moi et éternua de ma prise, en se plai-
gnant qu'on lui mettait du tabac dans le nez ; je pré-
sentai une prise au docteur Chapelain qui me donna sa
main à tenir, elle éternua de même. On fit alors une
chaîne, dont l'extrémité était dans l'autre chambre, et

ne pouvait être vue ni de la malade ni de moi : le docteur but une goutte, la malade se plaignit qu'on lui
faisait avaler de l'eau-de-vie et qu'on la tourmentait
horriblement.

Enfin, après avoir répété plusieurs fois ces épreuves,
elle me pria de la réveiller ; je lui demandai de quelle
façon je devais m'y prendre, elle fit un mouvement des
mains, m'indiquant qu'il me suffisait de lui serrer l'extrémité des doigts. Le docteur fit approcher la lumière, on
inspecta les yeux en soulevant la paupière ; le globe de
l'œil était renversé vers le haut et la paupière fortement
adhérente. On lui toucha l'œil, sans qu'elle ressentît rien,
car elle était parvenue à un état d'insensibilité complète.
Quand les somnambules en sont là, l'automatisme se
déclare, c'est-à-dire que le sujet répète exactement tous
les gestes et toutes les actions du magnétiseur.

« L'une d'elles, continua le docteur, me disait qu'il
lui semblait que mon sang coulait dans ses veines ; elle
buvait, mangeait, riait, chantait ou sifflait avec moi, et
me suivait comme mon ombre. »

A ce propos, M. Chapelain nous dit que le pouvoir de
la volonté humaine est d'une force incalculable ; il nous a
raconté l'histoire de ce colonel anglais qui suspendait
volontairement, dans sa personne, tout vestige d'existence
avec un talent si parfait que, pendant plusieurs heures, on
ne découvrit à son faux cadavre ni pouls, ni respiration :
le corps était si froid, il avait tellement l'apparence de
la mort que les amateurs, rassemblés pour l'épreuve, s'ima-
ginèrent que le colonel avait poussé par trop loin la plaisanterie... ils s'enfuirent pleins de terreur. Mais le colonel
se moquait d'eux et il ranima son être avec autant de
facilité qu'il avait paru l'éteindre.

Le capitaine Franklin cite le miracle dont il fut témoin dans le pays des Esquimaux, où un naturel, ayant perdu sa femme, pria le ciel avec tant de ferveur, qu'il en obtint le pouvoir d'allaiter son enfant et vit couler de sa mamelle le fluide réservé aux mères.

« De pareils faits abondent, nous dit le docteur, dans les archives du magnétisme et du somnambulisme. »

1er décembre.

Nous sommes bien péniblement préoccupés de l'état presque désespéré de cette pauvre petite Clémentine de Sainte-Aldegonde, si belle, si jeune, si douce. Marie et toutes ses petites amies sont dans un véritable désespoir. Les médecins ne leur permettent pas d'entrer dans la chambre de la malade. Mme de Sainte-Aldegonde et sa seconde fille Valentine sont dans les plus grandes inquiétudes, elles se font cependant encore beaucoup d'illusions sur l'état de cette chère Clémentine, au point que la mère, dans une lettre qu'elle adresse aujourd'hui à son mari à Saint-Pétersbourg, ne compte pas lui faire l'affreux aveu des craintes qu'elle éprouve et bien moins encore du fatal arrêt que Magendie a prononcé, il y a deux jours, en présence de cette pauvre mère qui, chose incroyable, ne se doutait pas même du danger que court sa fille. Heureusement pour elle, malgré tout ce que les médecins lui en disent, elle ne peut y croire. C'est une affreuse chose que de voir une jeune et belle personne qui avait l'air de la santé même, se mourir lentement au milieu d'épouvantables douleurs, que rien ne saurait calmer : « Je brûle, dit-elle, je brûle !» Et puis d'affreux vomissements étouffent ses plaintes.

Cette nuit a été encore épouvantable, une nuit de terribles souffrances pour elle et d'indéfinissables inquiétudes pour sa sœur et sa malheureuse mère.

Une autre agonie, moins touchante que celle de cette délicieuse Clémentine, c'est celle du duc de C*** ; elle est horrible. Se figure-t-on ce vieux pécheur de quatre-vingts ans, sur son lit de mort, sans un signe de repentir, qui, au lieu de céder aux instances de sa fille, de son beau-fils, de sa petite-fille, de toute sa famille enfin, repousse la dernière consolation du chrétien et de ceux qu'il laisse après lui, et qui, pour qu'il n'y ait aucun doute sur ses sentiments, fait dresser un trône vis-à-vis de son lit et placer dessus le buste de Voltaire !

La jeune duchesse de T***, si douce, si pieuse, si malheureuse de la perte de son beau-père, est menacée d'une autre bien plus horrible, plus douloureuse encore, celle de son mari, jeune et beau, qu'elle aime avec idolâtrie et qui se meurt de la poitrine.

Autre mort : celle de Mme de Talaru, à l'âge de vingt-quatre ans. Cette jeune, élégante et gracieuse femme, que j'ai vue belle et avenante quatre jours avant sa fin si inattendue, venait d'arriver dans son château à peu de distance de Paris, lorsqu'elle est décédée d'un anévrisme au cœur.

Nous avons éprouvé encore une autre perte : Mme de Chastellux, fille du duc Charles de Damas, si spirituelle, si utile à sa famille, si dévouée à la branche aînée des Bourbons. Elle a été enlevée aux siens et à ses nombreux amis, par une fièvre cérébrale, dans son château de Chastellux. Ses fils le comte et le marquis de Vogüé, son beau-frère le duc de Rauzan, sa fille la marquise de Lur-Saluces et Mlle Marguerite de Chastellux sont, à ce que l'on nous dit, dans la plus profonde affliction. Cette mortalité qui, comme une peste, sévit sur la société de Paris, met tout le monde en deuil.

Si, d'un côté, on s'afflige des morts et des mourants, de l'autre, la foule se pressait hier dans les loges et au parterre au Grand-Opéra, pour assister au début de di Candia dont le père est gouverneur en Sardaigne. Il a une très belle voix, à laquelle il doit son grand succès que je trouve même plus grand qu'il ne mérite, car elle n'est pas assez forte pour la salle ; et puis il ne sait pas encore chanter, ce qui n'est pas étonnant, à la vérité, puisqu'il n'a appris à chanter que depuis un an, mais cela n'en est pas moins vrai pour cela.

20 décembre.

Depuis quelque temps, nous ne faisons que pleurer et enterrer les morts, c'est chose horriblement triste. Aussi, la princesse Léonie de Béthune, décidée à ne point pleurer, en dépit de tout, trouve que pour rompre cette mauvaise période, il faut que quelqu'un donne un bal. Je lui ai dit que je n'avais rien contre, pourvu que ce ne soit pas chez nous. Nous n'avons pas assez de gaîté dans le cœur, pour nous mettre en avant dans cette occasion. Voir danser chez nous ferait un mal affreux à Marie et une bien grande peine à nous tous, en pensant à cette délicieuse Clémentine de Sainte-Aldegonde, si gaie, si belle, si gentille, si aimée ; elle nous manquerait partout et, pour moi personnellement, sa douce image ne saurait me quitter un seul instant, je ne saurais avoir d'autre pensée que celle de sa perte cruelle et prématurée, ni faire un pas ni entendre un seul air de contredanse ou de valse sans fondre en larmes, tant ces airs me la rappelleraient.

Les nouvelles de la princesse Marie (1) sont toujours très mauvaises ; ce sera un deuil affreux pour la famille royale, et un grand mécompte pour tous les boutiquiers de Paris, s'il n'y a point de fêtes au Château. En guise d'insinuation, on fait courir le bruit que le roi a l'intention de donner des bals, en dépit du triste événement qu'il attend et qu'alors même il se serait accompli. On ajoute cependant que la Cour n'y assisterait pas ; le roi seul ferait le cercle avant le commencement de la fête pour se retirer aussitôt que l'on commencerait à danser.

En fait de compatriotes, nous avons eu la princesse Dietrichstein, que nous ne voyons presque jamais : elle ne sort pas le soir et l'Ambassadrice ne reçoit pas le matin.

La princesse Schönburg nous a fait, dernièrement, grand'-peur : elle a eu une espèce de congestion qui aurait pu facilement dégénérer en fièvre cérébrale. Heureusement, par un incroyable hasard, son médecin se trouvait auprès d'elle au moment où le délire l'a prise. Sans hésiter, il ordonna l'application de vingt-cinq sangsues ; l'effet de ce remède a été aussi prompt qu'efficace et, à l'heure qu'il est, la princesse se porte de nouveau assez bien pour recevoir quelques personnes ; elle est faible encore, mais voilà tout.

Hier soir, il y a eu concert chez nous. Lablache et Mlle Camarasa, sœur de la comtesse Toreno et de la

_____

(1) Elle avait épousé en 1837 le duc de Wurtemberg. Elle mourut à Pise en janvier 1839.

comtesse Brunetti qui a été si aimable pour moi à Madrid, ont chanté dans la perfection ; de plus il y a eu Mlle Lambert, délicieuse pianiste, M. Artaud, excellent violon, et enfin un concerto de deux clarinettes accompagnées par le piano.

Demain, il y a bal chez lady Granville, les nouvelles de la princesse Marie de Wurtemberg étant un peu meilleures depuis quelques jours. Elle a pu faire le voyage de Gênes à Pise sans trop souffrir ; on espère donc un peu, en dépit des médecins qui prétendent que déjà les trois quarts des intestins sont ulcérés.

La pauvre Mme de Mortemart, née Borghèse, a fini de souffrir : nous l'avons enterrée il y a trois jours. La famille s'est fait illusion jusqu'au dernier moment. Trois jours avant sa mort, j'ai rencontré son mari aux Tuileries. Il m'a dit que sa femme était bien malade et qu'il n'espérait pas la conserver plus de trois ans ! Et je savais qu'elle était à toute extrémité ! Le résultat de cette déplorable illusion est que la pauvre jeune femme, qui se sentait mourir depuis longtemps et qui aurait tant désiré revoir une dernière fois au moins son frère Camille, a quitté ce monde sans cette dernière consolation.

La réouverture des Chambres met de nouveau tout le monde en émoi. Ce sont des intrigues à n'en plus finir contre le comte Molé et son ministère (1) ; on veut le renverser sans savoir qui mettre à sa place, c'est une coalition monstrueuse entre la gauche et le centre gauche, les doctrinaires et les carlistes. Ces éléments si différents

---

(1) On sait que le cabinet Molé tomba, au mois de mars suivant sous les votes d'une coalition véritablement monstrueuse des partis représentés dans la Chambre, qu'avait organisée Guizot avec le concours des carlistes et des républicains.

peuvent bien s'accorder pendant quelque temps, mais
ils ne sauraient former un ministère qui puisse avoir une
majorité compacte dans la Chambre. Le renversement
du ministère Molé mettrait, par conséquent, le roi dans la
nécessité de dissoudre la Chambre, pour en faire élire une
nouvelle, ce qui serait un embarras et un danger immense
pour la royauté de Juillet.

Dupin a été réélu président de la Chambre à la majorité
de cinq voix seulement, ce qui est un échec grave pour
le gouvernement. Hier soir, on doutait même de l'élection
de Cunin-Gridaine comme vice-président et l'on croyait
généralement qu'Odilon Barrot l'emporterait, ce qui eût
été déplorable et aurait amené la retraite du ministère.
Fort heureusement pour les affaires du jour, on est parvenu à faire élire aujourd'hui Cunin-Gridaine.

Cette difficulté vaincue, il en reste encore un bon
nombre à surmonter ; tout présage une très mauvaise
réponse au discours du roi. Le projet de cette réponse sera
rédigé, je n'en doute pas, dans le sens le plus subversif, et
la discussion qui s'ensuivra sera au plus haut degré dangereuse. Si le ministère parvient à se maintenir jusqu'après
cette malencontreuse adresse, je le crois sauvé pour
tout le reste de la session. Dieu veuille que ce soit ainsi !

MM. les Belges nous donnent aussi du fil à retordre : ils
sont vraiment insupportables, exigeants et mauvaises
têtes et tout cela parce qu'ils comptent sur le parti libéral,
ou pour mieux dire révolutionnaire, en France. Ils espèrent
forcer le roi Louis-Philippe à se ranger du côté de la Belgique et allumer ainsi, entre la Belgique et la Hollande,
une guerre d'où résulterait infailliblement la guerre générale, si la France prenait fait et cause pour la Belgique
contre le roi des Pays-Bas.

Jules est venu hier avec nous faire sa cour au roi. Leurs Majestés et le duc d'Orléans l'ont trouvé grandi et fortifié. L'Ambassadeur, à cette occasion, a présenté son frère à la famille royale et, en outre, le prince de Salm, le comte de Fraun et le baron Brudern. C'est ce dernier qui, sans aucune comparaison, a eu la meilleure tenue et a le mieux répondu aux questions qu'on lui a adressées. Le prince de Salm parle le français comme une vache espagnole, et Fraun avait un petit air peu convenable pour l'occasion, qui prouve une grande absence d'usage du monde.

Jules s'est bien amusé chez lady Granville ; ses anciennes petites passions ont eu grand plaisir à le revoir et l'ont trouvé toutes fort embelli. Il est resté jusqu'à quatre heures, ce qui veut dire qu'il a enterré le bal. Jamais je n'ai vu à Paris une fête où il y eût moins de dames françaises ; elles étaient deux en tout. Le reste se composait d'étrangères de l'univers entier et, en immense majorité, d'Anglaises, beaucoup de fort jolies, mais de bien laides aussi.

La reine m'a fait l'honneur de me dire, hier, qu'elle avait eu une lettre de quatre pages de sa fille la princesse de Wurtemberg, où elle lui fait la description de toutes les merveilles de Pise, du Campo Santo, de la tour inclinée, etc., etc. Vous concevez tout le plaisir qu'elle en éprouve ! La princesse, dans cette lettre, ne dit pas un mot de sa santé, ce qui console la reine et lui donne quelque espoir ; mais le roi, qui reçoit des médecins des bulletins très réguliers qu'il ne montre pas à la reine, est moins satisfait de l'état de sa fille chérie. Le duc de Nemours doit être auprès de sa sœur depuis le 22 de ce mois. Le duc de Wurtemberg est admirable de soins et d'amour pour sa pauvre femme : il ne la quitte pas un instant et ne permet pas qu'une autre personne que lui s'approche de la malade, il fait auprès d'elle tout le service d'une sœur grise.

Mme de Brunswick et Mlle Teleky ont été du bal chez lady Granville, elles comptent aussi se faire présenter à la Cour. La comtesse de Brunswick a eu l'inconcevable idée de quêter pour les réfugiés polonais ; déjà elle figure sur la liste des dames patronnesses de cette œuvre de charité politique. Je n'attends plus qu'une chose pour compléter une semblable inconvenance : c'est qu'elle vienne nous quêter !

Au bal chez lady Granville, s'étant assise sur une banquette réservée aux danseuses, elle plaça au contraire Mlle Teleky derrière elle, de sorte que celle-ci avait l'air de chaperonner sa vieille tante. Mme de La Châtaigneraye, à laquelle je donnais le bras, s'en aperçut et en rit de tout son cœur. Pour arranger la chose, je m'approche pour conseiller à Mlle Teleky de demander à sa tante la faveur de changer de place avec elle. Cependant, à mon grand plaisir, la comtesse de Brunswick, en voyant que Mme de La Châtaigneraye cherchait une place, se lève, va à elle qu'elle ne connaissait pas et (je croyais qu'elle allait lui céder sa place) la présente à Mlle Teleky, en ajoutant ces propres paroles : « Vous pouvez faire la conversation avec elle ! »

Là-dessus la marquise me regarde avec ses grands yeux.

— Voici, me dit-elle tout haut, une femme que je ne

connais pas, qui me présente à une petite fille et me donne
obligeamment la permission de faire la conversation avec
elle : que c'est drôle, que c'est donc drôle ! Avez-vous
jamais vu chose pareille !

— C'est un malentendu, un brouillamini fort drôle
en effet, dis-je en m'éloignant, car il n'y avait pas moyen
de replâtrer tout cet échafaudage de bévues.

29 décembre.

M. de Boislecomte, qui a été ministre de France à Lis-
bonne, m'a donné quelques détails assez curieux sur la
manière dont la reine Donna Maria tient son cercle à sa
Cour. Les personnes admises aux honneurs de la Cour se
réunissent au château, dans une salle assez vaste qui
touche aux appartements de la reine. Dans cette salle,
les dames ont l'habitude de se placer non pas debout,
mais assises en cercle au milieu de la pièce ; les hommes
circulent derrière les chaises et causent à volonté avec
les femmes. La vaste enceinte de ce cercle reste vide, étant
réservée à la libre circulation du roi, de la reine et des
princesses. Le roi et la reine se tiennent dans une
pièce contiguë dont les deux portes sont ouvertes,
laissant voir Leurs Majestés assises sur un canapé au
milieu de ce salon. La reine reste toujours à la même
place et ne parle absolument à personne ; le roi seul passe
dans la grande salle, pour s'approcher de quelques dames
qu'il croit devoir distinguer particulièrement, ou bien
pour parler aux membres du corps diplomatique. Après
cet effort, il retourne chez la reine et lui témoigne sa

tendresse en lui donnant de petits coups de main sur les cuisses ou sur les épaules, les unes et les autres démesurément arrondies ; la reine répond à ses caresses par un gracieux sourire et quelques témoignages de tendresse du même genre et d'aussi mauvais goût.

M. de Boislecomte me dit encore que, dans cette affaire de la préséance accordée aux membres de la famille de Portugal avant l'Impératrice du Brésil, affaire qui a fait tant de chagrin à cette dernière qu'elle en a quitté le pays, la jeune reine avait agi strictement suivant les règles de l'étiquette portugaise, d'après laquelle toute princesse étrangère, quel qu'en soit le rang, doit céder le pas aux princesses de Portugal. L'empire du Brésil se trouvant séparé du Portugal, l'Impératrice du Brésil ne pouvait être considérée, à la cour de Portugal, que comme étrangère et suivre, par conséquent, tous les membres de la famille de Bragance qui auraient droit à la succession, si Donna Maria n'avait point d'enfants. Mme de Loulé et toutes les sœurs et les enfants des sœurs de l'Empereur Dom Pedro se trouvent dans cette catégorie.

Depuis quelque temps, nous sommes tous dans l'admiration de Mlle Rachel, jeune personne de dix-huit ans, qui réunit à une grande simplicité un immense talent de déclamation lyrique. Elle joue d'inspiration et produit, par son jeu admirable, un effet merveilleux, d'autant plus étonnant qu'elle a tout contre elle, son organe, sa figure, sa taille petite et chétive.

Mlle Mars, qui ne manque jamais une occasion d'être méchante et envieuse, a tout fait pour perdre ce talent naissant. Elle a commencé, d'abord, par déclarer qu'elle ne permettrait jamais que Mlle Rachel jouât dans un drame moderne, pas plus que dans les tragédies nouvelles ;

elle l'a reléguée dans les rôles joués autrefois par Mlle Duchesnois, croyant ainsi la perdre, vu que, depuis la
retraite de Mlle Duchesnois, chaque fois qu'on donnait une de ces anciennes tragédies, la salle restait
vide.

Quels n'ont pas été son étonnement et sa rage, lorsqu'elle a constaté qu'en voulant faire tort à Mlle Rachel,
elle lui a fait, au contraire, un bien infini. La salle est
comble chaque fois que Mlle Rachel paraît dans ces
anciens rôles ; jamais le théâtre de la Comédie-Française
n'a fait de meilleures affaires qu'en ce moment. Ce qui
chagrine bien plus encore Mlle Mars, c'est que lorsqu'elle
joue dans les nouveaux drames ou dans les anciennes
comédies, le théâtre est bien moins rempli que lorsque
Mlle Rachel joue dans *Bajazet* ou autres tragédies qui,
depuis longtemps, étaient rayées du répertoire.

Mme Alfred de Noailles et autres dames de la société
la font venir, pour lui faire réciter des scènes. Elle y va
avec sa mère et accompagnée de Samson, dans lequel
elle a grande confiance. Jamais elle ne joue un rôle nouveau sans l'avoir répété préalablement avec cet acteur.
La tenue de Mlle Rachel dans les salons est parfaite,
c'est celle d'une jeune fille simple et décente. Elle est
tellement préoccupée de son rôle qu'elle n'a l'air ni de
voir ni d'entendre ce qui se passe autour d'elle ; c'est
au point qu'elle reçoit, presque avec indifférence, les compliments qu'on lui fait. Sa modestie la fait douter de son
talent et, même au théâtre, lorsque la salle retentit
d'applaudissements, elle n'en éprouve de satisfaction que
lorsque Samson lui dit qu'elle les a mérités et lui exprime
sa satisfaction.

Les leçons de Samson consistent non pas à apprendre

la déclamation à Mlle Rachel, ce qui ne ferait que gâter
le talent de cette prodigieuse jeune fille : il se borne, à ce
qu'il dit lui-même, à discuter avec elle le sujet de la
pièce en lui indiquant à bien saisir les différents caractères des personnages et en lui enseignant l'histoire de
l'époque où l'action s'est déroulée.

« Il est rare, me disait Samson, qu'après un exposé
des événements qui ont inspiré la pièce qu'elle doit jouer,
Mlle Rachel ne saisisse parfaitement son rôle, jusque dans
les plus petites nuances. Aussi, joue-t-elle chaque rôle
d'une manière si différente que je n'en reviens pas moi-
même d'étonnement et d'admiration. Elle s'identifie
tellement avec le caractère qu'elle doit représenter, qu'elle
devient pour ainsi dire le personnage même et que, par là,
tout ce qui sort de sa bouche est d'un naturel sublime,
inimitable et d'une merveilleuse vérité. »

Mlle Mars, qui ne se résigne pas aux succès foudroyants
de Mlle Rachel, s'occupe très sérieusement de former une
élève qui sera, dit-elle, une rivale redoutable pour
Mlle Rachel qu'elle dépassera en talent et en grâce. Déjà
elle la surpasse en beauté, chose peu difficile, car Mlle Rachel n'est point belle.

Jules est contentissime d'être avec nous. On le trouve
embelli, d'autant qu'il s'est fortifié et qu'il a l'air plus
homme, plus formé enfin, que lorsqu'il nous a quittés.
Son caractère est resté le même et le restera toujours :
il gardera ses qualités bonnes, agréables, je dirai irrésis-
tiblement attrayantes, mais il gardera aussi tous les
défauts de ses qualités. Nous allons beaucoup dans le
monde ensemble, le matin nous faisons des visites et le
soir nous allons aux bals et soirées. Depuis qu'il a été
à la campagne, il aime mieux la danse, il n'en manque

presque aucune, tandis qu'autrefois il ne dansait pas. Il
préfère cependant nos bals à la campagne à ceux de
Paris, parce qu'ils sont plus animés, qu'on s'y amuse
plus franchement, qu'il y a moins de foule et, par conséquent, plus de place pour la valse.

ANNÉE 1839

SOMMAIRE RÉSUMÉ : La coalition contre le ministère Molé. —
Rodolphe II et Mlle Annette de Benkendorff. — L'insurrection
de mai. — Une fête sur un volcan. — Le monde s'amuse. —
Au palais de Saint-Cloud. — Les courses de Versailles. — Le
procès des insurgés de mai. — Les affaires d'Orient. — Les
antécédents de Barbès. — Sa condamnation à mort. — Le
roi lui fait grâce. — Commutation de peine. — Rodolphe II
à Paris. — Projets de villégiatures. — En Angleterre.

1er janvier.

Jules et moi nous comptons faire quelques visites de
nouvel an telles que : à son oncle Pepy et à sa tante Resy,
au comte Sternberg et dans quelques autres maisons où
notre cœur nous attire plus particulièrement, chez la
marquise de La Châtaigneraye, lady Hariett Dorset,
les Horsford et les Canterbury. A quatre heures, nous
allons faire notre cour à la famille royale, qui est tristement préoccupée des nouvelles fort affligeantes de la
santé de la pauvre duchesse de Wurtemberg.

Nous tremblons pour l'existence ministérielle de
M. Molé ; les attaques qu'il aura à essuyer dans les
Chambres seront violentes, insidieuses et d'une insigne

mauvaise foi. J'espère, malgré toutes ces difficultés, qu'il restera vainqueur et maître du champ de bataille, car il milite en l'honneur du bon droit, en l'honneur de la foi politique et de la religion des traités. S'il succombe, il sera prouvé à l'Europe que la France n'a aucun respect pour les traités, et que les engagements qu'elle a contractés avec les autres nations ne comptent pas pour elle.

24 mars.

Les La Bouillerie m'ont invité, ces jours derniers, à une soirée musicale. On y a chanté tout un acte d'un nouvel opéra (1) qui n'a pas encore été représenté, et dont l'auteur est un M. de Flotow, demi-amateur, demi-artiste. Les chœurs, dans cet ouvrage, sont charmants ; ils ont été exécutés par des amateurs dans la perfection. M. de Flotow était au piano et M. Lecocq, notre directeur d'orchestre à Royaumont, battait la mesure. Une seule femme chantait : une Mme Desforges que je n'admire pas beaucoup. L'aînée des filles de Mme de La Bouillerie et un M. de Panel ont dit à ravir deux romances dont l'effet est charmant.

25 mars.

Nous sommes, de nouveau, dans une interminable crise ministérielle. Aucun parti n'est en état de former un

(1) *Le Naufrage de la Méduse,* opéra en 4 tableaux représenté sur le théâtre de la Renaissance le 31 mai 1839.

ministère qui puisse marcher avec cette Chambre. Grâce aux intrigues des doctrinaires et à la coalition qu'ils ont formée contre le ministère Molé, celui-ci s'est vu forcé de dissoudre la Chambre. Celle qui vient d'être élue n'est pas meilleure. On y retrouve tous les éléments de la coalition : elle représente l'alliance des doctrinaires avec la gauche et les carlistes. Sa majorité est bien positivement centre-gauche et, à peine réunie, elle s'est prononcée contre Molé qui s'est retiré.

Maintenant qu'il n'y est plus, comment le remplacer? Le ministère qui lui succédera ne saurait suivre une autre marche que celle qu'il a suivie. Il est bien clair que, si le ministère Molé n'a pu avoir la majorité dans la Chambre qui vient d'être dissoute, ses successeurs l'auront bien moins dans celle-ci. Telle est la position qui résulte de la monstrueuse alliance du parti conservateur avec la gauche et les légitimistes. La coalition se trouve aujourd'hui débordée par la gauche. Celle-ci, arrivant au pouvoir, fait, nécessairement, ses conditions à la royauté. La royauté défend ses prérogatives constitutionnelles et se trouve soutenue, sur ce point, par le parti doctrinaire. Autant dire que les alliés d'hier ne s'entendent plus et un ministère composé de leurs chefs devient impossible. L'ancien ministère n'avait pas la majorité, un ministère doctrinaire pur ne l'aurait pas non plus et le centre gauche, qui l'aurait peut-être, est impossible à son tour parce qu'il exige trop de concessions du pouvoir royal.

Louis-Philippe se trouve donc dans une très fâcheuse situation : il charge tantôt le maréchal Soult, tantôt le duc de Broglie, tantôt Thiers de lui former un ministère, mais ils n'y parviennent pas faute d'entente. La Chambre est ajournée et le roi a chargé Guizot de la formation d'un cabinet. Je ne crois pas qu'il réussisse, l'opinion du pays étant contraire aux doctrinaires, qui se sont par trop mal conduits dans ces derniers temps. Nous arriverons donc encore à l'inévitable Thiers qui, pour parvenir, fera toutes les concessions que demande le roi.

Le résumé de tout cela c'est que dans la lutte qui s'est engagée entre le roi, pour défendre ses prérogatives, et la Gauche qui veut l'omnipotence parlementaire, celle-ci semble devoir l'emporter. Le roi voit échapper le pouvoir de ses mains si habiles qui, pendant son règne, ont su préserver la France de tous les maux qui étaient prêts à fondre sur elle, et dont elle sera de nouveau menacée dans un très prochain avenir. Le pouvoir royal doit être, en effet, bien bas, puisque Odilon Barrot disait l'autre jour à quelqu'un qu'il croyait devoir protéger la royauté : « C'est nous qui l'avons faite, cette royauté de Juillet, disait-il, c'est à nous de la conserver. »

On est très inquiet dans ce moment-ci à Paris : les rapports de police sont épouvantables, il paraît même que ceux qui concernent la troupe sont assez peu rassurants. Je suis, cependant, presque sûr qu'il n'y aura point d'émeutes à barricades, et cela par la simple raison que ce serait tout à l'avantage du roi qui, sur-le-champ, se verrait entouré de tous ceux qui ont quelque chose à perdre, et c'est l'immense majorité. Les ambitions et les basses intrigues cessent au moment du danger, et tout cela tournerait, nécessairement, à l'avantage du roi Louis-Philippe. Aussi est-il certain que Thiers, Odilon Barrot et consorts ne craignent rien plus que des émeutes dans Paris et feront leur possible pour les empêcher.

Le gouvernement, de son côté, ne voulant pas non plus assumer sur lui la responsabilité des suites qu'un pareil

jeu pourrait avoir, prend aussi les mesures les plus éner-
giques pour empêcher qu'on ne se batte dans les rues.
Si, cependant, la crise ministérielle devait se prolonger
encore, il serait possible que, malgré tous ces efforts, nous
ayons quelques petits massacres dans les rues.

26 mars.

Hier soir, chez la princesse Belgiojoso, où l'on a chanté
le *Requiem* de Mozart, j'ai vu quelqu'un de bien informé
qui m'a dit qu'on avait écrit à Louis Bonaparte, l'auteur
de cette ridicule équipée de Strasbourg, qu'il devait venir
en France immédiatement, qu'on lui répondait de la réussite de son affaire mais que, s'il ne voulait pas venir
maintenant, il devait renoncer à tout jamais à réaliser
ses ambitions.

Cette réunion chez la princesse ressemblait à celle qui
aura lieu dans la vallée de Josaphat : j'y ai vu l'ancien
secrétaire intime de Robespierre ! Concevez-vous une
semblable tolérance ! La seule excuse que je puisse allé-
guer en faveur de la princesse, c'est de dire qu'elle est
folle : cette pauvre femme avait la joue tout enflée, à
la suite d'une névralgie, la figure toute disloquée, toute
tirée, toute chiffonnée. Ajoutez à cela sa pâleur ordinaire et son air de spectre et vous aurez une légère idée
de cette apparition.

On avait parlé, hier soir, d'un nouveau ministère avec
Soult, Guizot, Passy, Dufaure, Duchâtel, Thiers ; c'eût
été un mélange des opinions du jour, à la vérité un véritable salmigondis digne de la Chambre ; mais, dès hier

soir, tout a été rompu, car Guizot ne veut absolument pas céder sur la question de la présidence de la Chambre, que la gauche veut conférer à Odilon Barrot. Ce matin, rien n'était fait encore et il est à présumer que toute la journée se passera ainsi.

Rodolphe II restera à Saint-Pétersbourg jusqu'après les fêtes, puis il nous fera une petite visite à Paris, car il espère être ensuite attaché à Londres, chose qui nous arrangerait infiniment, à cause de la proximité. Cependant, il quittera Saint-Pétersbourg avec quelques regrets car il est très amoureux d'une des nièces de Mme de Lieven, une Mlle de Benkendorff, personne très agréable.

23 mai.

Nous avons eu d'horribles massacres dans les rues de Paris (1), et je crains bien qu'on en voie encore. Paris et les Parisiens resteront toujours les mêmes, avides de plaisirs : au milieu de toutes les horreurs qui se passent dans les rues, l'on a dansé chez nous et chez d'autres ;

(1) L'insurrection des 12 et 13 mai. Barbès, Blanqui et autres, à la tête de quelques centaines d'hommes, essayèrent, mais en vain, de soulever Paris. La tentative échoua, non, malheureusement, sans qu'il y eût du sang versé. L'affaire se dénoua devant la cour des pairs. Barbès fut condamné à mort et ses complices à des peines graduées. La sienne fut commuée par le roi en celle des travaux forcés à perpétuité. On sait que Victor Hugo contribua à faire obtenir cette grâce au condamné en la sollicitant au nom de la princesse Marie qui venait de mourir et du comte de Paris qui venait de naître. Il écrivit au roi :

> Par votre ange envolée ainsi qu'une colombe,
> Par ce royal enfant, doux et frêle roseau,
> Grâce encore une fois, grâce au nom de la tombe,
>   Grâce au nom du berceau !

on se battait encore le lundi et, malgré cela, nos salons étaient combles, près de mille personnes y circulaient, mangeaient, dansaient.

Notre position a été assez désagréable, à cette occasion, car, d'un côté, il n'y avait pas la possibilité de faire dire à deux mille personnes, qu'il n'y aurait point de déjeuner dansant et, de l'autre, il nous paraissait probable que personne ne viendrait si les massacres du dimanche continuaient le lundi, jour fixé pour le déjeuner. De plus, en décommandant une fête annoncée depuis si longtemps, on aurait peut-être fort alarmé le public qui, déjà, l'était passablement. Il fut donc décidé qu'on laisserait les portes de l'hôtel, comme jadis, ouvertes, que tout serait préparé en conséquence, au risque même de n'avoir personne.

Mais, dès une heure et demie, tandis qu'ordinairement on n'arrive qu'à deux heures, toutes les rues étaient déjà remplies de voitures qui nous arrivaient de tous les quartiers élégants de Paris. Tout ce monde, pimpant et parfumé, descendait devant notre hôtel. C'est à peine si l'on parlait de l'émeute et, cependant, les fleurs qui devaient garnir la galerie avaient manqué, parce que le marché était envahi par la troupe de ligne : au lieu de fleurs, on n'y voyait que des canons et des obus.

Les plus timorées de nos dames arrivèrent à quatre heures, au moment où les insurgés étaient complètement battus et dispersés. Le déjeuner a duré jusqu'à huit heures et demie. Nous avons dîné à neuf heures et, à onze heures, je suis allé prendre Mme de Landberg, sœur du comte Hatzfeld, pour la présenter chez la marquise de Bartillat où devait avoir lieu un souper très élégant. J'y suis resté jusqu'à une heure, puis je me suis rendu à un autre souper, chez la comtesse Leroideville, à laquelle j'avais aussi promis de venir : il était cinq heures du matin, je crois, lorsque je suis rentré chez moi.

Depuis, les fêtes continuent. Ce sont deux et trois petits bals par jour, des dîners, des parties à la campagne, des courses à Chantilly. En un mot, on ne tient aucun compte des dangers qui nous entourent. Jamais, en effet, les émeutes n'auront eu un caractère plus sanglant que cette fois : messieurs les émeutiers tuaient les officiers et les soldats qu'ils faisaient prisonniers ; ils se promenaient dans les rues par groupes de dix ou quinze, avec des fusils de chasse et, sans mot dire, tiraient sur les passants comme sur du gibier. Heureusement qu'une seule section s'est levée, celle qu'on appelle des Quatre-Saisons ; les autres se sont abstenues et il y en a douze, autant que d'arrondissements. Si les onze autres avaient pris les armes, les pires événements étaient à redouter.

Demain, il y a grand bal chez lady Granville en honneur de la reine d'Angleterre : toutes les femmes sont invitées à venir vêtues de rose et de blanc, les vieilles en blanc avec un bouquet de roses, les hommes en inexprimable blanc, gilet de même et un bouquet de roses à la boutonnière. La galerie sera ornée de tentures blanches et roses à franges d'argent, avec des masses de roses partout.

Le 30 de ce mois, il y aura un énorme dîner en uniforme chez nous, en honneur de la fête de notre Empereur. Ce sera le premier dîner de cérémonie qui aura lieu à notre ambassade depuis la révolution de Juillet. Le nouveau ministère, le corps diplomatique et les gros bonnets du pays en seront.

2 juin.

Auersperg (1), qui était ici depuis quelque temps, nous a quittés ce matin. C'est un bon et excellent garçon que nous aimons tous beaucoup. J'ai fait mon possible pour lui rendre le séjour de Paris agréable et je crois y avoir réussi, car il me semble qu'il a quitté Paris avec quelque regret. Il a pris la route de Bruxelles et, si je ne me trompe, c'est pour y chercher une femme, la fille de la duchesse d'Arenberg et du frère aîné du prince Pierre, notre voisin. On dit cette jeune personne très agréable et riche, ce qui ne gâte rien à l'affaire. L'idée de se marier est une chose qui le préoccupe sérieusement, et cela si fort, que c'est la préoccupation constante de tous les instants de sa vie.

Sa bonne humeur et sa bonhomie l'ont fait aimer de tout le monde. Au commencement, il a été un peu effrayé de ce terrible mouvement de la société, et surtout de veiller tous les jours jusqu'à trois et quatre heures du matin. Mais l'on se fait à tout et il s'y est fait par conséquent. Ce dont il ne cesse de se montrer satisfait, c'est l'extrême politesse avec laquelle on reçoit ici dans le grand monde, où les rapports d'intimité en usage à Vienne sont impossibles, deux ou quatre mille personnes ne pouvant se tutoyer comme cela se pratique chez nous.

Ce bon Vincent a été passablement effrayé des émeutes: pour un empire, il ne serait pas allé au théâtre de la Gaîté où j'avais pris deux loges pour la représentation

(1) Le prince Vincent d'Auersperg, alors âgé de vingt-sept ans; il ut conseiller intime et chambellan de l'Empereur François-Joseph.

de lundi, jour de notre déjeuner dansant. Ce théâtre se trouvant dans le quartier où l'on se battait, il m'a déclaré très positivement que, pour son compte, il n'irait pas. Nous autres, qui avons, depuis tant d'années, l'habitude de ces scènes sanglantes, nous ne concevons pas qu'elles puissent produire de l'effet sur les étrangers, mais cependant, le lendemain, on voyait à toutes les portes des hôtels de la rue de la Paix, des voitures de voyage prêtes à partir et, huit jours durant, on a eu toute la peine du monde à se procurer des chevaux de poste.

La fête de l'Empereur a été célébrée chez nous par un grand dîner en uniforme qui a été vraiment superbe : plus de quatre cents bougies éclairaient la salle à manger, le dîner était de quarante-deux personnes ; une harmonie militaire égayait un peu ce solennel repas ; à neuf heures, on alluma dans le jardin des feux de Bengale et, pendant ce temps, les salons s'étaient remplis et on valsait de bon cœur.

La duchesse de Montmorency nous a donné un déjeuner dansant qui, commencé à trois heures de l'après-midi, a fini à trois heures du matin. On y a donc déjeuné d'abord, puis dîné et enfin soupé, tout cela au milieu d'une profusion de fleurs, avec un soleil magnifique, une verdure de gazon admirable et sous des ombrages de fleurs. Les repas ont été aussi délicats, aussi soignés que s'ils avaient été faits pour une table de douze personnes et nous étions trois cents. Le soir, tous les salons étaient inondés de lumière et, à travers les grandes croisées, l'on voyait des feux d'artifice apparaître et disparaître, tour à tour, au milieu d'arbres centenaires : on en était tout ébloui.

Le bal des roses, chez lady Granville, a été magnifique d'élégance, de magnificence et de profusion en tout genre. Deux mille personnes circulaient, d'un côté, dans les bosquets de roses, à perte de vue, et, de l'autre, dans des appartements richement dorés et splendidement éclairés. Cette fête a duré jusqu'au lever du soleil, dont les rayons n'éclairèrent que le jardin et ne purent pénétrer dans les salons, tant étaient épais les rideaux et les voûtes de roses et de feuillage qui lui en défendaient l'entrée.

Les femmes, tout en voyant naître le jour, n'en furent point éclairées, chose si désagréable et si désavantageuse pour les plus fraîches, les plus belles ; grâce à la magie des lumières, elles restèrent fraîches et belles, même après le cotillon, et l'adorateur le plus exigeant avait encore lieu d'être satisfait, en admirant l'éclat et la beauté de sa belle jusqu'au dernier moment. Les adorateurs autant que les adorées doivent être reconnaissants à lady Granville, de son arrangement si fastueusement spirituel. Pour ma part, je lui ai exprimé toute ma reconnaissance, ainsi que mon admiration, pour le goût et la magnificence qui ont présidé à l'ordonnance de ceste superbe fête. Comme l'on aime toujours à être compris, lady Granville m'a su gré d'avoir saisi ses intentions.

La princesse de Lieven, après avoir mis longtemps à se décider, a pris, enfin, le parti d'aller passer une partie de l'été à Baden, avec Mme la duchesse de Talleyrand. Cette pauvre princesse est bien la personne la plus malheureuse du monde. Elle ne vivait et ne respirait que pour les intrigues. Une fois lancée en dehors de ce cercle, elle se meurt d'ennui et de désespoir. Je ne crois pas qu'elle puisse survivre longtemps au chagrin de ne plus pouvoir agir. Elle avait cru que MM. Guizot, Thiers et consorts reviendraient au pouvoir : dans ce cas, elle se serait réservé, ou bien on lui aurait peut-être accordé quelque simulacre d'influence ; mais aujourd'hui, où nous avons un ministère tout à fait en dehors des combinaisons Thiers et Guizot, la pauvre princesse n'a plus de point d'appui pour tramer quelques intrigues politiques. C'est une grande expérience pour moi, que d'avoir suivi cette femme depuis l'apogée de sa toute-puissance jusqu'à sa décadence ; elle me fait une véritable pitié.

13 juin.

Le roi fait, en ce moment, remettre à neuf le château de Saint-Cloud ; j'y suis allé dernièrement avec Auersperg qui a été étonné du luxe et de la magnificence, autant que du confortable, qui règnent dans l'ensemble de ce château. Le grand appartement que le roi a fait faire est vraiment superbe : les plafonds, voûtés à dôme, sont éblouissants de peintures, de sculptures, de moulures et de dorures ; de même les boiseries et toutes les portes de cette longue suite de belles pièces ; tous les panneaux sont remplis par les plus magnifiques Gobelins, pris sur les tableaux de Rubens qui se trouvent dans la galerie du Louvre ; pour mettre les chaises et les canapés en rapport avec ces admirables tapisseries, il les a fait recouvrir des chefs-d'œuvre provenant des fabriques si renommées de Beauvais ; rien ne saurait être comparé à la vivacité des couleurs et à la composition de ces arabesques, rosaces et guirlandes, etc., etc. ; c'est comme la plus fine mosaïque, la plus belle peinture, ces perroquets, ces papillons semblent se balancer sur ces touffes de fleurs, et leur plumage est si ravissant de légèreté et d'une magie de couleurs si étonnante, qu'on serait tenté de les enlever de leur brillant encadrement.

La salle de billard, qui se trouve à la suite de cet appartement, est tout à fait dans le même style et le billard lui-même, comme tous les autres meubles fabriqués d'après les plus beaux modèles de Boule, est incrusté de médaillons en émail. Près de cette salle, se trouve une bibliothèque, tout en bois de chêne admirablement sculpté, haute de deux étages, éclairée d'en haut et ornée de deux immenses portes cintrées, à grandes glaces diaphanes, qui donnent dans deux appartements opposés, dont l'un a la vue sur les belles et sombres allées du parc, ses jets d'eau, ses gazons et ses touffes de fleurs, tandis qu'en se tournant du côté opposé, l'on voit cette interminable cité de Paris, ses palais, ses monuments, ses dômes, ses arcs de triomphe, ses tours et ses flèches, et la Seine qui la traverse en serpentant et ses treize ponts de pierre et le mont Martre avec ses moulins à vent et, au delà, le château de Vincennes avec son donjon de saint Louis, son bois, sa campagne.

Ces deux vues sont bien différentes par les impressions qu'elles exercent sur nous : d'un côté, c'est l'image du repos ; de l'autre, c'est celui du mouvement, un million d'individus entassés dans un aussi petit espace ! un million de Français dans ce Paris où la tête de Louis XVI est tombée ! Cette idée fait horreur ! Et Louis-Philippe repose, respire librement dans ce même château où demeurèrent Marie-Antoinette, plus tard Napoléon, mort à l'île de Sainte-Hélène, et Charles X, fugitif, mort en exil, et, avant Marie-Antoinette, Philippe-Égalité, père du roi des Français, mort sur l'échafaud en place de Grève, dans ce Paris que le roi appelle : « ma bonne

ville ! » Bien d'autres souvenirs encore surgissent en foule
en contemplant cette effrayante cité.

Et pourtant, tout son aspect est si riant, si magnifique :
la vie qu'on y mène est facile, douce, agréable, brillante,
étourdissante si l'on veut, complète en toute espèce de
jouissances, riche en contrastes ; le sublime et l'abject
y vont côte à côte, le vice et la vertu s'y rencontrent à la
même heure ! On a autant de facilité à se ranger d'un
côté que de l'autre, ou à rester entre les deux et être ce
que l'on appelle vulgairement un honnête homme.

C'est ce que l'on rencontre, journellement, dans la vie
d'un bourgeois de Paris qui, après avoir bien scrupu-
leusement vaqué à ses affaires pendant toute la semaine,
compte s'amuser le dimanche, fermer sa boutique ce
jour-là, et avec sa femme, ses enfants et l'ami qui est
de rigueur, faire sa petite partie à la campagne en été,
et au théâtre en hiver.

Je ne connais pas au monde un être plus positif, plus
calculateur, plus matériel que le bourgeois de Paris ;
malgré cela, il est compatissant, charitable, non par un
sentiment de devoir ou de religion, car il n'admet pas
l'un et ne s'occupe pas de l'autre, mais il est charitable
et compatissant par bonhomie tout simplement. Il est
doux et a facilement peur, ce qui fait que, par peur, il
est capable de tout et, par conséquent, se rangera, à
l'occasion, du côté du plus fort, soit que le plus fort lui
donne plus de garantie de sécurité, soit qu'il le redoute.
C'est pourquoi la Terreur s'appuyait sur la bourgeoisie
de Paris tout aussi bien que le régime militaire de Napoléon, et le bourgeois de Paris n'est, pourtant, ni le canni-
bale de la Terreur, ni le héros de l'Empire.

16 juin.

Nous avons ici, depuis quelques jours, le prince et la princesse de Ligne et lady Jersey, avec ses trois filles, dont deux sont ravissantes : elles ont quinze et seize ans ; la troisième deviendra probablement tout aussi jolie que ses sœurs, mais elle n'a que douze ans. Lady Jersey a dîné hier chez nous et a été dans l'admiration de l'élégance, du confort et de l'agrément de notre hôtel. Aujourd'hui, je dîne, avec Marie et Jules, chez l'ambassadrice de Sardaigne avec les Jersey et les de Ligne. Après dîner, l'on dansera. Demain, nous dînons tous chez lady Granville, encore à cause de lady Sara et de sa mère.

Le jour de la Saint-Antoine, fête de l'Ambassadeur, Jules, Marie et moi nous avons arrangé un petit feu d'artifice. Mais nous voulions rester en famille le plus possible, car c'est ce que l'Ambassadeur aime le mieux. Je n'ai donc invité pour mon compte que les Sternberg et Esterhazy, et Marie deux de ses amies seulement : Mlles de Brignole et de Bartillat. L'Ambassadeur a invité Réchid Pacha, avec ses trois petits garçons qui ne parlent que le turc, mais qui mangent beaucoup de bonbons et ont un air sérieux qui fait rire tout le monde. Leur père, autrefois ambassadeur à Paris, a été envoyé depuis à Londres. Il est maintenant sur son retour à Constantinople pour se charger du portefeuille du ministère des Affaires étrangères. C'est un homme très capable et qui ne manque pas de jugement.

J'ai été, dernièrement, aux courses à Versailles, j'y

suis resté pendant trois jours. Il y avait assez de monde, malgré le mauvais temps qui la veille avait effrayé bon nombre de personnes. J'ai été logé chez Mme la comtesse d'Adhémar, que j'aime beaucoup ; c'est une bien gentille petite femme, douce, bonne, gaie et espiègle autant que peut l'être la mère de deux enfants : elle est très jeune à la vérité. Nous avons fait, ensemble, de fort jolies promenades dans le parc et ce qu'on appelle le bosquet du roi, véritable paradis terrestre, tout ce qu'il y a de plus vert, de plus frais, de plus fleuri, un air embaumé, des arbres en fleurs jusqu'au sommet ! J'y suis resté des heures, assis ou me promenant au milieu des merveilles de l'art et de la nature réunies, par vingt et un degrés de chaleur : c'était exquis.

4 juillet.

J'ai voulu suivre le procès de Barbès et de ses complices, traduits devant la Cour des pairs. Singulièrement pénible est l'impression que, comme tous les assistants impartiaux, j'en ai rapportée. Les avocats qui défendent ce tas d'assassins décorés du nom de détenus politiques, sont d'une arrogance inouïe envers MM. les pairs. Le baron Pasquier préside avec dignité, mais il ne peut cependant empêcher qu'on lui en fasse avaler de bien dures. Le parti impliqué fait tout au monde pour intimider les témoins et les juges : des lettres anonymes leur arrivent de tous les côtés, avec d'épouvantables menaces ; on dit aux pairs que s'ils condamnent Barbès, on pillera leurs maisons et que le poignard des conjurés libres vengera les victimes. Mais, de son côté, la garde nationale déclare que si les accusés ne sont pas condamnés, elle ne marchera plus contre les émeutiers.

Ce qu'il y a de plus rassurant, c'est qu'il y a dans Paris et autour soixante mille hommes de troupes dont l'esprit est excellent. Le gouvernement prend des mesures pour repousser toute nouvelle tentative. On a fabriqué, ces jours derniers, cent mille balles, pour Paris seulement, et un grand nombre de pétards pour faire sauter les portes des maisons. Le maréchal Gérard a dit l'autre jour à quelqu'un de ma connaissance : « Nous aurons encore une émeute, j'en suis certain, mais ce sera bien la dernière. Paris sera déclaré en état de siège, tous les émeutiers pris les armes à la main seront fusillés et les rues et les maisons barricadées seront canonnées. »

Les affaires d'Orient prennent une très mauvaise tournure : Méhémet-Ali s'est placé fort adroitement et la Porte tout au contraire. Je ne vois plus aucun moyen pour faire cesser la guerre entre elle et son puissant vassal. Comme Méhémet-Ali n'a pas attaqué le premier, mais que c'est au contraire lui qui a été attaqué par le sultan, il ne serait pas juste de la part des puissances médiatrices de faire cause commune avec la Porte contre lui. Toute intervention de la Russie serait, certainement, très mal vue par l'Angleterre et la France. Ces deux puissances se croiraient obligées d'empêcher la Russie d'intervenir dans cette affaire. Ce serait une grave complication dans les rapports des grandes puissances entre elles.

Le général Pozzo nous est revenu de Londres dans un état épouvantable, tant au physique qu'au moral. Il est douloureux de voir une si grande intelligence s'affaiblir à ce point ; c'est un triste et humiliant tableau pour nous tous qui sommes exposés au même péril. Le général Pozzo, dont l'esprit si fin, si délié faisait l'admiration et l'envie de tout le monde, qui s'en est servi avec tant d'adresse pour arriver aux honneurs, à la richesse et à un grand renom, a, tout à coup, tellement baissé dans ses facultés intellectuelles, qu'il se voit même au-dessous du niveau de la capacité la plus ordinaire : c'est, en un mot, un homme entièrement éteint.

10 juillet.

Le procès des inculpés des affaires du 12 mai continue ; c'est entre aujourd'hui et demain que l'arrêt sera prononcé par la Cour des pairs. Des lettres anonymes, pleines de menaces, continuent à arriver aux juges : on leur déclare qu'on massacrera autant de pairs qu'il y aura de condamnés. On se demande s'ils auront le courage de condamner et on croit que s'ils condamnent, le roi fera grâce. La presse, sans exception aucune, se prononce contre l'arrêt de mort. Si tel est le résultat de ce pénible procès, il ne restera au gouvernement d'autre moyen de défense, dans l'avenir, que de déclarer Paris en état de siège et de faire fusiller impitoyablement tous ceux que l'on prendra les armes à la main.

Le maréchal Gérard, en prévision d'émeutes nouvelles, a élaboré un plan de défense de la ville de Paris, qui est un véritable chef-d'œuvre de stratégie : en moins d'une heure, Paris serait couvert de troupes et d'artillerie ; les gardes nationaux n'auraient plus qu'à garder chacun son quartier et sa rue ; ils pourraient donc se mettre sous les

armes sans être obligés de quitter leurs affaires et sans
avoir à craindre de voir piller leur maison pendant qu'ils
opéreraient loin de leur domicile.

La très curieuse histoire de Barbès m'a été contée par
l'un des pairs qui doivent le juger. Le père de Barbès
était curé dans un village. Quoique respecté et aimé par
ses ouailles, il perdit sa cure à la suite d'une intrigue
ourdie contre lui et dont il fut la victime. Il se rendit à
Paris, soit pour se justifier, soit pour avoir une autre
place. Il y était à peine arrivé que la Révolution de 89
éclata ; il changea de nom et émigra dans les colonies où
il se fit passer pour médecin, ayant acquis quelques connaissances médicales pendant qu'il exerçait les fonctions
sacerdotales dans son village. Il parvint promptement à
se faire une grande réputation comme médecin et eut le
bonheur de sauver une jeune veuve, belle et riche, d'une
maladie que tous les autres médecins avaient déclarée
incurable. Cette femme en fut tellement reconnaissante
qu'elle lui offrit sa main. L'épreuve fut trop forte pour
notre ex-curé. La femme était belle, il l'aimait, il en
était aimé ; de plus, elle était riche. Comment résister à
la tentation ? Il y succomba et se maria.

Dix à douze ans se passèrent dans un bonheur parfait ;
les époux eurent plusieurs enfants, un garçon entre autres,
ce jeune Barbès qui se trouve aujourd'hui en jugement,
et deux filles qui se marièrent en France. Barbès père
continua à exercer sa profession de médecin jusqu'au
jour où, ayant acquis une fortune considérable, il proposa
à sa femme de quitter l'Amérique et de s'établir dans son
pays natal. Mme Barbès y consentit et toute la famille
revint en France où, pendant plusieurs années encore,
elle goûta un bonheur domestique sans nuages. Mais

un jour, une lettre anonyme, adressée à Mme Barbès pendant l'absence de son mari, lui révéla que celui-ci avait été prêtre : la malheureuse femme en éprouva un tel chagrin et de tels remords qu'elle quitta sa famille, retourna en Amérique et y mourut.

Dans la lettre d'adieux qu'elle avait laissée pour son mari, elle l'assurait de son pardon, mais elle exigeait, en même temps, qu'il ne tentât pas de la revoir, « seul moyen d'expier la faute que j'ai commise involontairement et qui, aujourd'hui où je connais le fatal secret, ne trouverait plus d'excuse ni devant Dieu, ni devant les hommes ». Elle ajoutait encore que, pour que sa faute ne retombât pas sur la tête de ses enfants, elle faisait à Dieu le sacrifice de les quitter, en leur abandonnant sa fortune et en ne conservant pour elle que le nécessaire.

13 juillet.

J'ai été hier soir à Neuilly, avec l'Ambassadeur et l'Ambassadrice, pour présenter la princesse Resy Lobkowitz et le comte Harrach. Un quart d'heure après notre arrivée, le roi reçut la nouvelle de l'arrêt de mort prononcé par la Chambre des pairs contre Barbès. Ce matin, Mme Carl, sœur de Barbès, est allée chez le roi pour demander la grâce de son frère. Un roi constitutionnel ne saurait accorder une grâce sans que cet acte soit contresigné, ne fût-ce que par un seul des ministres responsables. Aussi, le roi a-t-il répondu à Mme Carl :

Je suis personnellement porté à l'indulgence, mais la solution de la question ne dépend pas de moi seul. Le

Conseil s'est occupé ce matin de cette affaire ; rien n'est encore décidé, des raisons d'État devant être prises en considération ; mais s'il ne tenait qu'à moi de résoudre la question, vous retourneriez à Paris avec la grâce de votre frère. Espérez, prenez courage. »

15 juillet.

Ce que j'avais prévu est arrivé : le roi a commué la peine de mort de Barbès en celle de travaux forcés à perpétuité. Les journaux de l'opposition se déchaînent contre cette demi-grâce et disent que c'est pire que la mort. Sur ce dernier point, il faudrait au moins et avant tout consulter le goût d'un chacun. Je suis bien certain, par exemple, que Mialon préfère le bagne à la mort, mais je suis également convaincu que Barbès aurait préféré le dernier supplice que la grâce du roi, et moi, à sa place, j'aurais également préféré mourir sur l'échafaud que de traîner une misérable vie, accouplé à un assassin, à un être abruti par les vices et les crimes. Je crois donc que le calme de Barbès, qui ne l'a pas quitté au moment où on lui a annoncé l'arrêt de mort, le quittera à l'annonce de l'épouvantable grâce qu'on lui a faite.

24 juillet.

Jules et moi avons reçu de bons et aimables souhaits à l'occasion de notre jour de naissance. Je n'ai absolument rien contre cet anniversaire, si ce n'est que c'est mon trente-septième, car, en réalité, le temps m'a traité avec beaucoup d'indulgence et a laissé sur ma personne bien moins de traces que sur la plupart de mes contemporains.

Ce mois de juillet 1839 a marqué, pour Jules et pour moi, sous un autre rapport encore, celui de la vente à l'Ambassadeur de la terre d'Appony (1) qui passe ainsi de la branche cadette de notre famille à la branche aînée. Pour ma part, j'en suis enchanté car, de cette manière, le séjour d'Appony que j'aime tant, qui a tant de chers souvenirs pour moi, loin d'être perdu, m'est tout au contraire conservé à tout jamais ainsi qu'à mes parents. L'Ambassadeur et l'Ambassadrice désirent, en effet, que nous y résidions et il me semble que ce château m'appartient davantage que lorsqu'il nous appartenait.

17 août.

Rodolphe II est avec nous, depuis mercredi dernier 15 août. Jules et moi nous sommes allés à sa rencontre au Havre. A peine étions-nous partis qu'arrivait à Paris une lettre de sa part à mon adresse, que l'Ambassadeur,

(1) Il y passa dès ce moment tous ses congés et s'y fixa définitivement, lorsqu'en 1848 il prit sa retraite. C'est là aussi qu'il mourut et que sa veuve, la comtesse Antoine Apponyi, née Thérèse Nogarola, passa les dix-huit étés de son veuvage, là encore que Rodolphe était né et que le manuscrit de son *Journal* a été conservé par la comtesse Louise Apponyi, née comtesse Marguerite de Seherr Thoss, jusqu'au jour où elle m'a demandé de le publier ainsi que divers autographes que ce haut diplomate avait reçus au cours de sa longue carrière et soigneusement collectionnés.

CHATEAU D'APPONY

Dessiné par la comtesse Louis Apponyi, née comtesse de Seherr Thoss.

après en avoir pris connaissance, m'a renvoyée au Havre.
Dans cette lettre, Rodolphe me dit de ne point aller à sa
rencontre, ayant changé de plan de voyage, se trouvant
en société avec Mme de Hitroff et son mari, qui l'ont
engagé à faire avec eux le voyage par la Hollande et la
Belgique. Cependant Jules et moi naviguions tranquillement vers le Havre, dans l'admiration des bords ravis-
sants de la Seine, des châteaux de Maisons, de Rosny,
de la Roche-Guyon, de la Meilleraye, des cathédrales de
Rouen et d'une infinité de petites villes et bourgs avec
des maisons de plaisance, avec des jardins et des parcs
si bien tenus, si remplis de fleurs et d'une verdure si
admirablement belle, que je me croyais en Angleterre. Le
temps nous a favorisés à tel point que pendant tout notre
voyage et notre séjour au Havre, nous eûmes continuellement un ciel pur et serein sans cette chaleur acca-
blante qui fait tant souffrir sur les bateaux à vapeur
et dans les ports de mer.

Une fois au Havre, je me suis informé du jour et de
l'heure de l'arrivée du bateau de Hambourg. On me
répondit que ce serait lundi à midi. Nous avions débarqué
le samedi à onze heures du matin ; nous profitâmes
donc de ces trois jours pour parcourir la ville et ses
délicieux environs et le lundi, à midi, nous étions sur la
jetée, nos lorgnettes braquées du côté où le bateau de
Hambourg devait paraître.

Une heure, deux heures se passèrent ainsi. De nombreux
bateaux à vapeur entrèrent au Havre et en sortirent, mais
celui de Hambourg n'arriva pas. Je résolus, en conséquence,
d'aller m'assurer à l'hôtel s'il n'y avait pas de lettres à
mon adresse arrivées de Paris ou de Pétersbourg. Et en
effet, on m'en remit une de l'Ambassadeur, une de Marie

et une autre de l'Ambassadeur contenant celle de Rodolphe II. Nous sommes repartis pour Paris aussitôt. Nous y étions à cinq heures du matin et à midi nous eûmes le bonheur d'embrasser Rodolphe II.

J'ai rencontré au Havre le marquis de Crillon, le comte et la comtesse de Mortemart, le duc de Gramont, le comte de Bernis, le duc de Devonshire et les ladies Peel et Newborough. Ces deux dames, Jules et moi nous avons fait, le dernier jour, un excellent dîner chez le duc de Devonshire ; de plus, il nous a invités à aller le voir à Chatsworth et il m'a même permis d'amener avec moi un ou plusieurs de mes amis si j'en avais envie. Si j'y vais, ce sera au mois d'octobre, après notre séjour avec le roi à Fontainebleau.

2 septembre.

Notre pauvre Rodolphe a laissé la plus grande partie de ses cheveux à Saint-Pétersbourg et, qui plus est, son cœur aussi ; il parviendra bien à ravoir ce dernier, mais quant à ses cheveux, je ne pense pas qu'ils lui repousseront.

L'affaire orientale nous occupe beaucoup, je ne puis donc faire que très peu d'excursions dans les environs. Je voudrais cependant aller chez le duc de Devonshire à Chatsworth, si cela m'est possible. On parle d'un séjour du roi à Fontainebleau, qui aurait lieu au mois d'octobre.

Les affaires de Don Carlos vont au plus mal : Maroto, si ce que l'on dit se confirme, est un traître dans toute la force du terme ; dans tous les cas, il y a désunion complète

dans le camp du prétendant et je ne serais pas étonné de
le voir passer la frontière française. La guerre n'en sera
pas moins continuée par Cabrera qui, certainement, ne
quittera pas la partie à si bon marché.

Le roi est au château d'Eu, et le maréchal Soult trouve
fort mauvais que le prince de Metternich ait pris la
liberté de tomber malade, au moment où toute l'Europe
réclame ses bons offices et ses lumières.

Vanambourg fait des merveilles avec ses animaux, ce
spectacle n'en est que plus horrible. Il joue avec des
lions et des léopards comme l'on jouerait avec des chats
et des chiens.

24 septembre.

L'invitation à Fontainebleau est fixée à samedi prochain pour dîner et pour y passer ensuite le dimanche. La
reine n'a consenti à ce voyage qu'à condition qu'il n'y
aurait ni fêtes, ni spectacles, ni même concert dans
les appartements : rien enfin qui lui rappelle le dernier
séjour à Fontainebleau, où la pauvre princesse Marie faisait les honneurs d'une manière si gracieuse, et, comme
il n'y aura qu'un an au mois de janvier qu'elle a eu le
malheur de la perdre, elle ne veut point entendre parler
de réjouissances. C'est pourquoi on a abrégé le plus possible le séjour en lui-même, ainsi que le nombre des invités
qui sera excessivement restreint. De Fontainebleau, je
compte aller chez la duchesse de La Trémoïlle, de là à
Montgermont chez les Gontaut, de là chez Mme Fitz-
William à Vosve et enfin à Saint-Assise chez le prince

Charles de Beauvau, qui vient de se remarier avec Mlle Camille de Komar.

27 novembre.

Les Benkendorff et la princesse Bieloselski veulent que Rodolphe se marie aussitôt arrivé à Saint-Pétersbourg. Quelques jours après les noces, c'est-à-dire dans le courant de février, les nouveaux époux partiraient pour Paris. Nous autres, ici, trouvons qu'un voyage pendant la saison d'hiver serait chose épouvantable pour une jeune femme, vu que le froid et la neige pourraient avoir une fâcheuse influence sur sa santé. Mais les Russes, familiarisés avec la glace et le froid, trouvent que c'est le meilleur moment pour voyager. Nous ignorons ce que décidera Rodolphe. Ce qui est bien sûr, c'est que nous mourons d'envie de connaître sa femme.

Il nous revient de toutes parts que c'est une créature délicieuse. Quelqu'un qui la connaît bien me disait dernièrement : « Elle est blanche comme la neige, faite au tour ; ses traits sont les plus réguliers, les plus classiques : c'est la figure de la *Hébé* de Canova ; sa démarche est si naturellement gracieuse qu'elle a l'air de ne toucher la terre que par déférence et pour se mettre à la portée de tout le monde. Elle est bonne, douce, naturelle, d'une gaieté charmante ; son esprit est cultivé et elle a le goût de la vie de famille. » Si ce portrait n'est pas flatté, Mlle de Benkendorff est bien la compagne idéale que nous pouvions désirer pour Rodolphe.

12 décembre.

Il peut paraître étonnant que je sois accueilli dans les châteaux d'Angleterre ainsi qu'on m'y accueille, alors que je ne me suis pas même donné la peine d'apprendre l'anglais. Mais j'ai en Angleterre beaucoup d'anciennes connaissances, ce qui est déjà quelque chose et, en outre, j'ai été souvent dans le cas de rendre service à beaucoup de personnes de ce pays. Et puis, lorsque j'y suis, on me confie la direction des plaisirs, métier assez fatigant, en Angleterre surtout, où les hommes préfèrent, par paresse, rester dans l'inaction, et où les femmes en font autant de peur de paraître gauches. Chacun demeure dans son coin, on se parle à l'oreille et, les soirs de chasse, les hommes s'endorment dans un fauteuil.

Il faut ajouter à cela qu'en Angleterre les châtelains ont pour principe de ne gêner personne, ce que je traduis qu'ils ne veulent se gêner pour personne. Il en résulte que, dans cette fastueuse résidence, on s'ennuie la plupart du temps s'il ne se produit pas quelque incident inespéré ou s'il n'y a pas quelqu'un un peu boute-en-train.

Lors de mon dernier séjour à Chatsworth, le duc de Devonshire, qui a beaucoup vécu sur le continent et qui, par conséquent, connaît ces inconvénients d'une réunion du beau monde, m'avait prié de venir chez lui un peu à l'avance et j'y arrivai vingt-quatre heures avant ses invités. Il m'avoua qu'il avait grandement peur que le séjour qu'ils devaient faire chez lui ne leur parût long et ennuyeux : « Je dois recevoir, me dit-il, trois Altesses

royales, c'est-à-dire le duc et la duchesse de Cambridge
et la princesse Augusta leur fille. De plus, celle-ci m'a
demandé d'amener sa cadette, la princesse Mary, une
enfant de neuf à dix ans. Les maîtres, les aides de camp,
les dames d'honneur, les domestiques forment un total
de dix-huit personnes et, si grand que soit mon château,
je ne saurais comment caser mon monde si toutes les
familles que j'ai invitées répondent à mon invitation. »

Ces craintes étaient superflues, car tous ceux qui arrivèrent le lendemain trouvèrent place. C'étaient, outre
la Cour, le prince Esterhazy avec son fils Valentin, Lebzer-
tern, lady Jersey, lady Sarah, lady Cooper et lady Fanny,
lord et lady Ashley et leur garçon, lord Clarence Paget,
lord Busby, M. Grey, lord et lady Cavendish, lord et
lady Fullerton, lord Burghers, le comte Potocky, le comte
Kalkreuth, le comte et la comtesse d'Henin et leur fille
et plusieurs autres lords et ladies dont je n'ai pas même
retenu le nom. Il fallait amuser tout ce monde et le duc
de Devonshire m'avait prié de m'en charger.

Au bout de vingt-quatre heures, je me suis adressé
à la duchesse de Cambridge : je lui ai demandé si elle
voulait continuer une vie de cérémonie et de gêne, ou si
elle ne préférait pas me laisser libre d'arranger des facéties
en forme de tableaux vivants et de proverbes, où sa fille
la princesse Augusta figurerait. Mon offre fut acceptée
avec reconnaissance par la mère et par la fille. Je me mis
à l'œuvre aussitôt, je fis ériger un théâtre et, à défaut de
costumes, réunir tous les châles, toutes les robes, toutes
les draperies et toutes les armures qui se trouvaient dans
le château. Cela fait, je distribuai les rôles, après avoir
choisi la musique pour accompagner les attitudes et les
danses. Mais ce à quoi je n'ai jamais pu arriver, ce fut de

faire parler ces dames et ces messieurs. Je pris donc le
parti de parler pour tout le monde et j'ai joué un pro-
verbe à moi tout seul. Jules, qui s'était refusé à proférer
une syllabe, prêta du moins sa personne : il représenta
un gros homme, mon mari, et moi la marquise de Char-
pantrasse, à la grande hilarité de tout le monde ; j'avais,
paraît-il, une figure impayable. J'ai joué tout cela et
dansé un pas hongrois pendant les entr'actes des tableaux vivants. La représentation était donnée dans une
immense galerie dont une partie formait le théâtre et
dont l'autre était arrangée en salle de bal, de sorte
que, pendant les entr'actes, les danses purent continuer.
Cet arrangement a eu beaucoup de succès, il m'a valu des
compliments unanimes et même une branche de laurier
que la duchesse de Cambridge détacha de son bouquet et
que m'offrit sa fille, tandis que je me mettais à genoux
pour la recevoir. On ne s'étonnera plus maintenant que
je sois si bien accueilli dans les châteaux d'Angleterre.

Les nouvelles de Rodolphe II, que nous avons reçues
de Vienne, sont en cela fâcheuses que son arrivée à
Saint-Pétersbourg se trouve retardée par une fièvre
rhumatismale, mal soignée au début, avec laquelle il
a eu le tort de se mettre en route. Espérons cependant
qu'elle ne sera pas de longue durée et qu'il pourra bientôt continuer son voyage. On l'attend avec impatience
à Saint-Pétersbourg, non seulement sa fiancée, mais
encore les sœurs et les parents de celle-ci. L'Impératrice
de Russie a dit dernièrement à Annette qu'elle n'avait
pas été surprise de la demande en mariage de Rodolphe :
« Je voyais depuis deux ans qu'il vous faisait la cour. »
A cette remarque, Sa Majesté a ajouté toute sorte de
choses flatteuses pour le fiancé.

ANNÉE 1840

4 mars.

Voilà enfin Rodolphe II parti de Vienne et arrivé à
Saint-Pétersbourg (1). Ce n'a pas été sans peine ! et
vives ont été nos angoisses et nos inquiétudes, avant de
le savoir arrivé dans ce bienheureux Saint-Pétersbourg.
Sa pauvre mère en a été malade d'agitation et d'impatience et il y avait de quoi : savoir un fils cloué sur son

(1) Après un assez long séjour à Paris, où il était venu pour demander
à ses parents leur consentement à son mariage avec Mlle de Benkendorff
il était reparti pour aller se marier.

lit, dans une ville où une fièvre maligne décimait la société! Qu'il n'en soit plus question, il est à Saint-Pétersbourg, heureux, archiheureux, archiamoureux et reçu par la famille de sa future avec une prévenance, une tendresse vraiment paternelle.

Pour que rien ne manquât aux mésaventures de son voyage jusqu'à Saint-Pétersbourg, il s'est trouvé pris dans les neiges, et cela à deux cents verstes du lieu qu'il voulait atteindre, où on l'attendait avec tant d'impatience. Malgré tous les efforts de huit chevaux et d'une douzaine de personnes qui travaillaient constamment, pour déblayer la route et pour pousser les traîneaux sur lequel il avait été obligé de faire placer sa voiture, il mit seize mortelles heures pour atteindre un relais de poste. Heureusement, un feldjâger de l'Empereur le rencontra en route et apporta les nouvelles de toutes ses mésaventures au comte de Benkendorff. Celui-ci s'empressa d'envoyer, à la rencontre de Rodolphe II, un traîneau de l'Empereur avec un feldjâger et un agent de police auquel, pour toute instruction, il donna l'ordre de partir à la recherche d'un jeune homme dont il lui donna le signalement, et de le lui amener à Saint-Pétersbourg sain et sauf, dans le plus court délai possible.

Heureusement pour Rodolphe, sa future, voulant lui écrire par cette occasion, fit venir le feldjâger et en lui remettant la lettre qu'elle lui confiait, lui expliqua qui était la personne qu'il devait amener à Saint-Pétersbourg et dans quel but. Notre homme tomba des nues, car il croyait avoir affaire à un prisonnier d'État et l'aurait traité comme tel. La farce eût été bonne, de voir le futur gendre du ministre de la police conduit en prisonnier dans les bras de sa future.

Tout ce que Rodolphe nous dit de sa fiancée nous enchante. Il se loue beaucoup de la manière dont il est reçu par la société de Saint-Pétersbourg. Les lettres d'Annette à ses futurs beaux-parents et à Marie sont charmantes.

6 mars.

Je consacre presque tous les jours une heure à la marquise de Bartillat, à laquelle je suis bien sincèrement attaché et qui me rend cette amitié, avec toute la vivacité de son esprit et de son aimable caractère, si attachant, si dévoué. Après le premier de l'An, où j'ai arrangé un charmant bal chez elle, bien qu'elle fût déjà atteinte du mal dont elle se meurt, elle s'est couchée pour ne plus se relever. Malgré toutes ses horribles souffrances, elle continua toujours à me recevoir. J'ai même dû lui promettre de passer chez elle en costume, avant d'aller au bal des Thorn. Je le lui avais promis et, malgré toute ma répugnance à me présenter ainsi au lit de mort d'une femme qui a été toujours si parfaitement bonne pour moi, j'ai tenu parole, d'autant plus que le matin, elle m'avait fait dire par sa fille de ne pas manquer à ma promesse.

Lundi donc, à dix heures et demie, j'arrivais à la porte de la pauvre malade. J'hésitais à descendre de voiture, car on me disait qu'elle était horriblement souffrante, que les douleurs étaient telles qu'elle poussait des cris depuis le matin ; mais le marquis vint à la portière et m'engagea à entrer. J'obéis en tremblant ; je portais le costume du duc de Richelieu de la fin du règne de

Louis XIV, costume de Déjazet dans la pièce intitulée : *les Premières armes de Richelieu.* J'avais donc un habit en velours bleu brodé d'or, à revers de satin rouge également brodés d'or et ornés de boutons de strass, une perruque poudrée sur la tête, une épée au côté, le jabot en dentelles, les manchettes de rigueur ainsi que le petit chapeau à trois cornes à plume, galonné d'or, sans oublier les souliers à talons rouges, avec d'énormes nœuds en rubans de satin de la même couleur et des bas de soie blancs avec les coins brodés d'or.

Ce costume, tout pimpant, faisait contraste avec mon émotion que j'avais de la peine à cacher, en allant vers la pauvre mourante dont les cris m'arrivaient jusque dans l'antichambre. Jules était avec moi, en costume de postillon, mais, n'osant entrer dans la chambre à coucher, il resta dans le salon. Quand j'eus dit à la marquise qui il était, elle le fit entrer et nous exprima de la manière la plus aimable, la plus gracieuse, le plaisir qu'elle éprouvait à nous voir dans nos costumes. Elle passa le tout en revue, jusqu'aux moindres détails, rien ne lui échappa ; il fallait me tourner et me retourner sur moi-même.

« Comte, vous êtes bien ainsi, me dit-elle. Quel plaisir vous me faites, au milieu de toutes mes douleurs ! C'est vraiment une œuvre de charité de venir distraire ainsi une pauvre malade. Andral vous dira tout ce que j'ai souffert pendant toute cette terrible journée, mais vous voyez, le plaisir de vous voir me le fait oublier. »

Je pris à part Andral, un des premiers médecins de Paris, qui me dit que la pauvre marquise était bien mal. A peine eus-je quitté le chambre, qu'il dit à la sœur grise qu'il ne croyait pas que la malade passât la nuit. Quel contraste ! Le mari, les enfants autour du lit d'une mère mourante, la sœur grise, le médecin, le confesseur qui l'avait administrée le matin, et Jules et moi, l'un en costume de postillon et l'autre en marquis ! Quitter l'agonie pour se jeter dans le tourbillon de toutes les vanités et frivolités du monde !

Cependant, la pauvre malade passa la nuit, et encore bien d'autres, dans d'horribles souffrances, et lorsqu'elle se plaignait un jour à son chirurgien de tant souffrir, il lui dit : « Tâchez, madame, de vous y accoutumer, car vous souffrirez encore bien autrement. »

Et s'adressant à la sœur grise, il lui dit à l'oreille : « Mieux vaudrait la tuer que de la laisser souffrir comme elle souffrira. »

Le marquis, au désespoir, a eu recours à l'homéopathie. Le médecin qu'il a fait venir déclara qu'il n'y avait absolument plus rien à faire, mais qu'il était sûr de calmer les douleurs de la mourante et de lui rendre la mort douce et tranquille. Et en effet, peu de temps après qu'il eut administré son remède, la marquise reprit son calme, put manger un peu et dormir, ce qu'elle n'avait pu faire pendant les deux derniers mois.

Depuis avant-hier elle est à l'agonie, ayant conservé, cependant, toutes ses facultés intellectuelles et attendant la mort avec résignation, non cependant sans regretter la vie. Ce qui la tourmente surtout, c'est de laisser après elle sa fille Alyde, si tendre, si dévouée pour sa mère, cette fille qu'elle n'a pu établir pendant qu'elle vivait, et de penser que les difficultés qui ont empêché cet établissement augmenteront au lieu de s'aplanir, après sa mort.

Cette pauvre femme, malgré la décomposition qui fait d'elle un cadavre vivant, conserve, malheureusement

pour elle et pour nous autres qui lui sommes si tendrement
attachés, toutes ses facultés intellectuelles : elle a pris
cent fois congé de ses filles, de son gendre, et, depuis
quelques jours, ne pouvant plus parler, elle demande par
signes du papier et ce qu'il faut pour écrire, puis elle trace
quelques phrases de tendresses pour les siens, ou bien
elle se sert de ce moyen pour demander ce qu'elle désire.
Depuis cinq jours, elle ne peut plus rien prendre. De temps
en temps, on lui met de la glace dans la bouche pour
la rafraîchir. On n'a jamais vu une destruction pareille,
la gangrène ayant passé de la plaie par tout le corps, il
en est résulté que la pauvre marquise est toute noire et
bleue, c'est une tête de mort avec deux yeux flamboyants ;
ses pauvres mains font pitié à voir : à moitié rongées par
la gangrène, toutes brûlées, toutes desséchées, elles semblent appartenir à un squelette, et c'est avec une véritable horreur qu'on les voit se mettre en mouvement, se
tendre à un fils, à une fille, à un mari !

15 mars.

J'ai passé, hier soir, à huit heures, à la porte de la
marquise, elle était morte depuis une heure.

16 mars.

Tout le monde est préoccupé de ce que va devenir le
nouveau ministère. Faut-il le renverser ou non? C'est la
grande question. Il est constant que rien ne serait plus

facile que de chasser M. Thiers de l'hôtel du boulevard des Capucines, mais ne serait-il pas possible qu'il y revînt au bout de quelque temps, sous des conditions plus dures qu'aujourd'hui? Il faut donc lui laisser le temps de s'user, de se compromettre vis-à-vis du centre gauche et, s'il était possible, vis-à-vis de l'extrême gauche, afin que, sortant du ministère, il ne puisse plus se réunir à Odilon Barrot. Il faut donc que les 221 lui votent ses fonds secrets, ce qui le maintiendrait pendant le reste de la session, même sans la majorité dans la Chambre. Il resterait donc au ministère jusqu'à l'ouverture de la session prochaine, c'est-à-dire jusqu'à la fin de février 1841.

9 mai.

J'ai dîné hier à la Cour et j'ai beaucoup causé avec la duchesse de Nemours (1). Elle est jolie comme un cœur, douce et bonne comme un petit ange ; elle ressemble plus à sa mère qu'à son père, cependant elle tient un peu des deux. La reine l'aime beaucoup déjà. Son père et son frère sont ici : le premier est tout aussi timide et embarrassé de sa personne qu'il l'a toujours été, l'autre l'est un peu moins, mais il a si peu d'esprit, parle un si mauvais allemand et un français si peu intelligible, que je suis ravi pour lui qu'il aime, d'après ce qu'il m'a dit, ses terres et la Hongrie, pour laquelle il est positivement plus fait que pour le monde parisien où il doit terriblement s'ennuyer. Lorsque je suis à la Cour, il ne me lâche plus, il a

(1) Le duc de Nemours, avait épousé, en avril 1840, la duchesse Victoria de Saxe-Cobourg-Gotha.

un tel plaisir à bavarder en allemand, tout peu bavard qu'il soit, que j'en suis touché.

La duchesse de Nemours n'a pas plus de talent, pour les langues, que son frère : son français est étonnant ; néanmoins, tout le monde l'aimera, parce qu'elle est bonne, douce et simple.

Le roi a remis au duc de Nemours, le jour de son mariage, deux millions de francs, ce qui fait cent mille livres de rente. Si sa femme en a autant, ils peuvent se suffire, leur maison étant aux frais du roi.

12 mai

Rodolphe II a été on ne peut mieux reçu par l'Empereur Nicolas. Voici la conversation qu'il a eue avec Sa Majesté ; après lui avoir serré la main, l'Empereur dit : « Je vous félicite bien sincèrement de votre mariage. Vous nous enlevez une de nos plus jolies personnes et, ce qui vaut mieux, une bien charmante et excellente personne ; je la connais depuis sa naissance et je puis vous assurer qu'elle est parfaite et que vous avez fait un excellent choix. »

Sur quoi Rodolphe s'inclina profondément et répondit : « Je regrette seulement de débuter en l'obligeant à quitter la Russie et sa famille.

Sa Majesté. — Mais elle a le bonheur d'avoir trouvé un homme qui lui convient et à qui elle convient, et d'entrer dans une famille dont on dit tant de bien, car, quoique j'aie le regret de ne pas connaître personnelle-ment M. votre père et Mme votre mère, je vous assure qu'ils jouissent chez nous d'une bien excellente et belle réputation. Vous aurez aussi un beau-père qui est bien respectable et bien excellent. Depuis quinze ans que nous sommes inséparables, j'ai bien appris à le connaître, et je vous assure que tous les jours je l'apprécie davantage : c'est un ami si sûr. Il est très aimé, mais je trouve qu'on ne l'apprécie pas encore comme il le mérite ; quant à moi, je suis bien payé pour l'aimer et l'estimer.

RODOLPHE. — Je sens tous les jours davantage le bonheur de lui appartenir.

SA MAJESTÉ. — Et c'est une ancienne passion, n'est-ce pas?

RODOLPHE. — Oui, Sire, depuis que je suis à Pétersbourg.

SA MAJESTÉ. — Je le conçois bien, car elle est vraiment charmante, et je me suis toujours étonné qu'elle ne se soit pas mariée encore.

RODOLPHE. — Je m'en étonne aussi, mais je m'en félicite.

SA MAJESTÉ. — Vous avez bien raison, car elle est charmante, si bonne. Et vous allez à Paris?

RODOLPHE. — Oui, Sire.

SA MAJESTÉ. — Avez-vous des frères? Etes-vous l'aîné? Où est votre frère?

RODOLPHE. — En Hongrie, Sire. Il fait l'administrateur.

SA MAJESTÉ. — Ce doit être un pays difficile à régir, la Hongrie, à cause de ses institutions intérieures et de ses vieux usages.

RODOLPHE. — C'est un pays qui est plutôt administré que gouverné. Il s'administre lui-même par sa noblesse, à peu près comme la Russie.

SA MAJESTÉ. — Oui, je m'imagine que ce doit être

dans ce genre ; le paysan est aussi à peu près serf et votre jeunesse est très turbulente, n'est-ce pas?

RODOLPHE. — Oui, Sire, et pense très mal en grande partie.

SA MAJESTÉ. — C'est ce qu'on dit, et ce mauvais esprit résulte, selon moi, de tous ces voyages à Paris et à Londres. Quand on voyage pour sa santé ou pour affaires, c'est très bien, mais ces échappés de collège qui courent le monde se corrompent, rapportent des idées qui ne sont pas applicables chez eux, et cela ne vaut rien.

RODOLPHE. — Je crois que tout dépend de la disposition dans laquelle on voit et on juge ; je crois que si on a une base de bons et solides principes, le mal qu'on voit renferme en lui son contre-poison. Ainsi je crois que rien n'est mieux fait pour guérir des théories nouvelles et des illusions libérales que ce qui se passe en France et en Angleterre.

SA MAJESTÉ. — Vous avez parfaitement raison, rien n'est plus fait pour en dégoûter, lorsqu'on a l'esprit mûr et les idées arrêtées, ou que, comme vous, on a le bonheur d'être dans les affaires ; je crois qu'à trente-cinq, quarante ans, c'est très utile de voyager, mais pour de tout jeunes gens, voyager dans ces odieux pays n'est pas bon et en Angleterre plus encore qu'en France. »

Après avoir demandé des nouvelles de M. le comte et de Mme la comtesse de Fiquelmont, Sa Majesté congédia Rodolphe en lui serrant la main et en lui disant : « J'espère vous revoir chez nous, à titre de Russe et à titre de Hongrois. »

Plus tard, Annette a su par son père que parlant de Rodolphe, l'Empereur avait dit : « Il a de l'esprit, il cause bien, il juge et voit bien les choses, enfin il me plaît beaucoup et sa figure aussi. »

Et il ajouta en s'adressant au comte de Benkendorff : « C'est votre faute, si je ne l'ai pas connu plus tôt. »

24 juillet.

Ces excellents Werther, si amicalement affectueux dans toutes les occasions, ont écrit dernièrement à leur fils, qui est maintenant attaché à la légation de Prusse à Paris, une lettre si touchante, si aimable, si pleine de bienveillance pour nous tous, que nous en avons été pénétrés de reconnaissance. Ce bon Charles nous a communiqué cette lettre, avec cette simplicité qui le caractérise, cette amitié qu'il a pour moi et sur laquelle je compte dans toutes les occasions de la vie.

Hier soir, nous avons passé notre soirée chez l'ambassadrice de Naples, la duchesse de Serra Capriola, une bien jolie et douce petite femme, mère de onze enfants grands et petits. Malgré ses quarante ans passés et son nombre d'enfants, elle ne montre nullement son âge : elle fait l'effet d'une jeune femme et pourrait rivaliser avec de beaucoup plus jeunes.

Ce petit bal a été donné par le duc, en l'honneur de la fête de la duchesse. Il a saisi cette occasion pour présenter à sa femme quelques personnes du corps diplomatique. Nous autres, nous y sommes arrivés en masse ; il y avait encore l'ambassade de Sardaigne et le marquis et la marquise Durazzo ; de Prusse, Charles Werther ; puis des Espagnols ; la duchesse de Berwick et son fils, et tous les

Napolitains. La fête était peu amusante et nous sommes partis de bonne heure.

J'ai fini la soirée chez Mme Delmar.

Le bruit avait couru que Mme Lafarge s'était empoisonnée, il n'en est rien ; elle est souffrante, ce qui n'est pas bien étonnant. Néanmoins, la nouvelle était si vraisemblable que tout le monde l'a crue. Je tiens de la duchesse de Talleyrand, qui a connu Mme Lafarge, que celle-ci lui avait dit, dans le temps où elle n'était pas encore mariée, qu'elle portait toujours du poison sur elle, qu'elle en prenait, de temps en temps, pour calmer les affreux maux de tête dont elle souffrait.

La duchesse m'a déclaré encore qu'elle n'avait guère vu une personne qui, sans être belle, ni même jolie, fût plus séduisante d'esprit et de manières. C'est aussi l'opinion de Raoul de Léautaud qui figure dans le procès comme témoin à charge, à cause du vol des diamants de sa femme, pour lequel Mme Lafarge a été inculpée. D'après lui, elle est séduisante au plus haut degré, remplie d'instruction et de talent. Il m'a raconté que lorsque le vol fut découvert, il était à cent mille lieues de la soupçonner. C'est le commissaire de police, auquel il donnait les renseignements nécessaires pour découvrir le voleur, qui appela son attention sur cette circonstance que des vols semblables avaient été commis dans d'autres châteaux, lorsque Mlle Capelle y faisait des visites, et notamment chez sa tante, Mme Garat. Malgré tout, Raoul de Léautaud ne voulut pas y croire. Néanmoins, il en parla à sa femme qui ne fut pas moins étonnée que lui. Ne pouvant soupçonner personne dans leur maison, ils décidèrent de ne plus faire aucune démarche pour découvrir l'auteur du vol. Un an après, Mlle Capelle, devenue

Mme Lafarge, fut accusée d'avoir empoisonné son mari.

On n'a pu lire sans horreur la lettre qu'elle écrivit à Mme de Léautaud pour la conjurer de dire qu'elle lui avait confié ses diamants pour payer le silence d'un prétendu amant. Cette lettre à elle seule peint toute sa perversité.

Je sais encore par Raoul, que sa femme et Mme de Montbreton possèdent des lettres de cette malheureuse, vrais modèles de style et de grâce, dans lesquelles elle fait parade des sentiments les plus nobles et les plus élevés. Il aurait fallu être diablesse comme elle, pour ne pas être dupe d'une pareille comédie. Aussi, avait-elle réussi à fasciner tout le monde et, encore à l'heure qu'il est, son avocat est éperdument amoureux d'elle.

J'ai vu dernièrement son portrait, lequel, m'assure-t-on, est frappant de ressemblance. Dans ce portrait, elle n'est ni belle, ni jolie : l'expression de la figure est méchante, mais son front est bien développé. Ce front aurait fait grand plaisir à ce pauvre Gall. Son système s'y trouve complètement vérifié, les bosses de la mémoire, de la conception, tout ce qui constitue enfin une grande intelligence, s'y trouve marqué en bosses fortement prononcées.

25 juillet.

La translation des cendres, non pas de Napoléon, mais bien des héros de Juillet que l'on doit « inhumer pour toujours » sous la colonne de Juillet, donne passablement de craintes et d'inquiétudes au gouvernement Thiers ; il y aura encore à cette occasion quelques troubles : on prévoit là défection d'une partie de la garde nationale.

Le système de M. Thiers consiste à abaisser le pouvoir royal, au profit de ce qu'il appelle son gouvernement parlementaire. Il s'agit de savoir, maintenant, s'il aura assez de force pour résister lui-même à la toute-puissance de la Chambre et si, malgré tout son esprit, sa conception prompte et l'on peut dire presque universelle, il en aura raison. Ses grandes qualités ne sont pas contestables, mais il manque de mesure dans les paroles et dans les actions. Il n'inspire pas confiance et c'est justice.

Tantôt il promet et tantôt il ne tient pas. Il n'a d'ailleurs aucune religion politique, aucun principe arrêté ; son seul guide est son esprit, sa seule impulsion morale son ambition. Il recherche la popularité pour se maintenir au gouvernement et, pour tenir tête au roi, il sacrifie tout ce qui s'oppose à cette popularité dans les Chambres. Il ne sera jamais l'homme des puissances étrangères s'il se sépare du roi Louis-Philippe : la Russie, la Prusse et nous autres ne voyons quelque garantie de repos et de stabilité en France, qu'autant que le roi restera à la tête de ce gouvernement si faible dans ses institutions et dépourvu de principes.

Les nouvelles que nous recevons de Barcelone ne sont pas faites pour rassurer la France et l'Europe sur la stabilité du gouvernement actuel en Espagne. Les reines ont été insultées et Espartero a forcé la régente à renvoyer son ministère et à retirer la sanction de la loi des ayuntamientos, c'est-à-dire sur les municipalités. Cependant, après des scènes sanglantes, la force paraît être restée du côté des deux reines. Elles ont gardé leur ministère et ont envoyé la sanction de la loi des ayuntamientos à Madrid.

Les journaux de M. Thiers jettent feu et flamme contre l'Angleterre à cause de son alliance rompue avec la France. Voilà donc la France tout à fait isolée de toutes les autres grandes puissances de l'Europe, c'est la conséquence inévitable de son gouvernement parlementaire. Les Chambres ont préféré Thiers au roi et les puissances préfèrent le roi à Thiers, voilà tout.

31 juillet.

La nouvelle du traité conclu entre l'Angleterre, la Russie, l'Autriche et la Prusse, à l'exclusion de la France, dans l'affaire d'Orient, a produit un effet foudroyant à Paris (1). Pendant deux jours entiers, on ne parlait que de guerre, mais déjà l'on commence à se calmer. Il n'en est pas moins vrai que cette alliance entre l'Angleterre et la France, que M. Thiers déclarait éternelle, n'existe plus ; aussi les journaux français ne trouvent-ils pas d'expression assez forte pour peindre leur dépit contre la politique anglaise et lord Palmerston surtout. Quant au gouvernement français, il s'arme par terre, et surtout par mer, pour se mettre en mesure contre l'Angleterre ; tout cela aura pour résultat une augmentation de budget et des crédits supplémentaires.

Thiers avait espéré que l'opinion, en Angleterre ; serait contraire aux mesures prises par Palmerston et que l'adhésion de celui-ci à la quadruple alliance entraînerait

(1) Ce traité, qui réglait la question d'Orient en dehors de la France fut signé à Londres le 15 juillet, à l'insu de Guizot, qui était alors ambassadeur, et sans qu'il s'en fût douté.

sa chute. Mais il est arrivé précisément le contraire et les Tories mêmes se sont ralliés dans cette circonstance à lord Palmerston. Cependant, Thiers est bien décidé à lutter contre l'Europe et à mettre huit cent mille hommes sur pied s'il le faut. Malgré toute cette jactance, nous n'aurons pas la guerre, parce que personne ne la veut et ne peut la vouloir.

27 août.

Hier soir, visite à Saint-Cloud pour présenter Annette à la cour (1). Elle était fort bien mise : elle avait une robe en poult de soie rose de Malines, sur la tête une petite calotte grecque brodée en perles, beaucoup de diamants dans les cheveux, de superbes pendeloques et, à son corsage, son incomparable émeraude entourée de diamants. Ce bijou a fait l'admiration de toute la Cour, par sa beauté et sa prodigieuse grandeur. Le reste du corsage était orné d'un esclavage en brillants qui fait partie d'un grand collier que l'Empereur de Russie a donné à Annette le lendemain de ses noces.

La reine, Madame Adélaïde, la duchesse d'Orléans, ont été délicieusement bonnes, gracieuses, affables avec

---

(1) Le mariage de Rodolphe II, avec Mlle de Benkendorff, avait été célébré le 10 mai à Saint-Pétersbourg. A l'occasion de ce mariage, l'Empereur Nicolas avait témoigné avec éclat de la haute estime en laquelle il tenait le comte de Benkendorff : non content d'assister à la cérémonie nuptiale à l'église orthodoxe et à l'église catholique, il voulut conduire lui-même la fiancée à l'autel. Il avait revêtu à cette occasion le costume hongrois et portait le grand cordon de Saint-Étienne. C'est l'Impératrice qui avait coiffé la mariée. Les époux n'avaient pas tardé à partir pour Paris.

Annette. Le roi ne l'a vue qu'un instant, ayant, comme à l'ordinaire, passé toute la soirée en tête-à-tête avec l'Ambassadeur, dans un salon qui touche à la bibliothèque.

La reine et Madame Adélaïde nous ont donné force détails sur les dangers que le roi a courus, et les princesses avec lui, lors d'une petite excursion par mer du Tréport à Boulogne, où le bateau à vapeur *le Véloce* s'est échoué à l'entrée du port. La reine, qui souffre horriblement en mer, était venue à Boulogne par terre. Ses angoisses ont été cruelles, au spectacle de l'horrible tempête qui s'était déchaînée avant que les voyageurs, c'est-à-dire le roi, le duc et la duchesse de Nemours et Madame Adélaïde fussent arrivés à Boulogne. Le roi, le duc de Nemours et Madame Adélaïde n'ont pas souffert du mal de mer, tandis que tous les autres passagers ont été affreusement malades. Marescalchi, qui était de la partie, m'a avoué que de sa vie il n'avait souffert autant qu'au cours de cette malheureuse expédition : ses douleurs étaient telles qu'il n'avait pas un instant pensé au danger qu'il courait. Il ne s'en est rendu compte que lorsque le bateau s'est trouvé engagé au milieu des débris de la jetée, contre laquelle il avait donné, au moment de son entrée dans le port. Le capitaine, voyant l'immensité du danger et craignant que le vaisseau ne se brisât, fit jeter, en guise de pont, une planche qu'on n'eut pas même le temps d'attacher, tant il fallait se presser pour faire débarquer la famille royale.

« De sang-froid, m'a dit Marescalchi, personne n'aurait osé traverser cette frêle planche que les vagues furieuses menaçaient à tout instant d'enlever ; il fallait être dans une position aussi désespérée que la nôtre pour se résoudre à ce moyen de sauvetage. »

La reine courut au-devant du roi qui, courant aussi comme un jeune homme, alla se jeter dans les bras de cette chère femme.

28 août.

Nous sommes, en ce moment, très occupés par les préparatifs de notre voyage, par les mesures à prendre et les arrangements à faire, en vue d'une absence de plusieurs mois (1).

Le roi et la famille royale sont au château d'Eu.

M. de Neumann est avec nous, de retour de sa grande et glorieuse mission à Londres. Il est tout fier, tout pénétré de son mérite, mais il a vieilli, s'est alourdi, et à travers toute sa gloire, il me paraît cependant, au fond, mécontent de sa position et de son avenir. Il a commencé avec peu ou rien, maintenant il est baron, cinq ou six fois décoré et possesseur d'une fortune de près de soixante mille livres de rentes, ce qui n'est pas trop mal pour un vieux garçon : et il n'est pas content !

Je vais dîner aujourd'hui à Montretout, château situé au-dessus de celui de Saint-Cloud. Cette propriété, ayant appartenu à Mme de Bruges, a été vendue par ses héritiers à la compagnie du chemin de fer qui passe à côté du parc ; cette compagnie vient de la revendre aux Pozzo. Ils y sont établis, depuis plusieurs mois, avec leur vieil oncle qui tourne à l'état d'enfance. Quelle punition pour cet homme si orgueilleux, qui a si souvent fait un déplorable usage de son esprit, en rapportant tout à lui et à son

(1) L'Ambassadeur, sa femme, sa fille et le comte Rodolphe étaient à la veille de leur départ pour la Hongrie.

ambition ! C'est à peine si, aujourd'hui, il est capable de se rendre compte de ce qui se passe autour de lui : il ne reconnaît plus personne, pas même les gens avec qui il vivait, autrefois, dans la plus grande intimité. Son regard, jadis si pénétrant, si vif, est éteint ; il n'entend plus rien de ce que l'on dit autour de lui, il ne peut plus ni saisir, ni continuer aucune pensée, ni porter aucun jugement sur aucune chose. Aussi le considère-t-on plutôt comme un objet qui se trouve là, qui écoute sans comprendre et qui parle sans pouvoir se faire entendre : c'est l'homme réduit à la mécanique. Le colonel et Mme Pozzo vivent auprès de lui. Quant à moi, la vue de cet homme que j'ai connu si puissant, si envié, me fait une impression singulièrement douloureuse.

Un de ses plus grands admirateurs, M. Labensky, homme charmant, aimable, spirituel, bon, qui, en qualité de secrétaire à l'ambassade, avait passé bien des années dans l'intimité du général, vient de terminer, d'une manière affreuse, une carrière qu'un homme d'esprit, un homme profondément religieux devait finir autrement : menacé depuis plusieurs années de perdre la vue, il avait essayé de tout pour échapper à cet affreux malheur ; ce printemps, on lui avait ordonné des eaux en Allemagne, mais ce dernier espoir de rétablissement a été déçu. On l'attendait à Paris, lorsqu'on a reçu la nouvelle de sa mort subite ; il s'est suicidé à Heidelberg en se faisant une incision dans le cou. Avant d'entrer dans la carrière diplomatique, il avait été médecin.

C'est avec un vrai plaisir que j'ai revu, dernièrement, à La Jonchère, cette excellente lady Carlisle, si douce et si agréable. Lord Carlisle est, plus que jamais, contourné par la goutte : il a l'air d'une vis ou d'une pincette, tant ses jambes se plient et se replient sur elles-mêmes ; c'est toujours, au reste, le meilleur des humains.

Mais c'est bien triste de voir les deux plus grands élégants de Londres, lord Granville et lord Carlisle, jadis tant admirés pour leur beauté et l'élégance de leur tournure, se traîner dans un état affreux de décrépitude, souffrant mort et martyre.

L'Ambassadeur part mardi prochain, c'est-à-dire d'hier en huit. Quant à moi, je partirai un peu plus tard.

15 septembre.

On a parlé, dans ces derniers temps, de la princesse Wolkonsky. Je ne la connais que de réputation, elle passe pour avoir de l'esprit et de l'instruction, mais être un peu bizarre et fort exaltée. Elle est parente du beau-frère d'Annette et belle-sœur du prince Bieloselski. L'Ambassadeur, qui l'a connue en Italie, m'a dit qu'elle était fort aimable. Il y a plusieurs années déjà qu'elle s'est faite catholique ; irrité par sa conversion, l'Empereur de Russie lui a ordonné de redevenir grecque ; sur son refus de se soumettre, elle a été exilée et ses terres ont été confisquées : c'est une espèce d'excommunication que l'Empereur, en qualité de chef de la religion grecque, est en droit de prononcer, comme le pape est en droit d'excommunier un catholique.

Je ne connais pas assez les lois en Russie pour me permettre un jugement sur le fait de la confiscation de la fortune de la princesse. Je conçois que chez nous, où la liberté de conscience est respectée plus que dans aucun pays, l'affaire ait fait beaucoup d'effet. Je crois, cependant, que si l'on est dans un pays dont les lois ne s'accordent pas avec votre conscience, on peut le quitter si l'on veut, mais rien ne saurait empêcher de subir, en même temps, les conséquences d'une semblable détermination. Je ne dis pas pour cela que, si j'étais empereur de Russie, j'aurais fait ce qu'il a fait.

L'on commence, ici, à devenir un peu plus pacifique malgré ces fortifications de Paris, pour lesquelles M. Thiers a ouvert un crédit de cent millions, par une simple ordonnance. Le fait est bien remarquable et mérite d'être consigné : ce ministère, qui s'est paré pompeusement de l'épithète de parlementaire, dispose, par ordonnance, de cent millions pour fortifier Paris, sans convoquer les Chambres ; tandis que ceux du 15 avril et du 12 mai n'auraient osé ouvrir un crédit de cent mille francs, pour allonger de quelques kilomètres un simple chemin de fer, sans réunir le Parlement à cet effet. La raison en est au reste fort simple : M. Thiers ne pourrait se maintenir devant les Chambres réunies.

Sa position vis-à-vis du roi est, sans doute, meilleure aujourd'hui qu'elle ne l'a été à son avènement au ministère. Ce n'est pas que le roi soit d'accord avec lui, mais il est dans ses principes de tirer parti des positions les plus critiques pour conquérir du pouvoir. M. Thiers lui a été imposé par un parti qui, à force d'intrigues, était parvenu à renverser le ministère du 12 mai et se flattait d'enlever au roi tout pouvoir, toute action dans le gouvernement. Le roi, se voyant non pas vaincu, mais défait, comme il le disait lui-même, ne perdit pas un instant l'espoir d'éloigner de nouveau M. Thiers et il prit la résolution de se rallier à son président du Conseil, jus-

qu'au moment où quelque circonstance, quelque événement imprévu lui permettraient de s'en débarrasser.

Ce qu'il espérait ne tarda pas à se réaliser. M. Thiers,
à son avènement, tout ébloui de ses succès, tout enivré
de sa puissance qu'il croyait assurée, publia son programme ministériel et nous déclara, ni plus ni moins, que
l'Europe allait changer de face. Il promit de rétablir la
paix en Espagne, en Portugal et d'en finir, avec la question d'Orient, d'un simple trait de plume. Peu de jours
après cette pompeuse déclaration, arriva la nouvelle du
traité de Londres entre les quatre puissances ; quinze
jours plus tard, les factieux de l'Espagne et du Portugal,
vaincus par M. Thiers, levaient de nouveau l'étendard de
la révolution. Thiers haussa la voix, menaça l'Europe de
la guerre.

Quel fut, dans cette occasion, le rôle du roi? Il cria à
la guerre plus haut encore que M. Thiers, non qu'il la
crût imminente, mais bien parce qu'il considérait cette
manière d'agir comme utile à sa position. Il fallait en
effet flatter l'amour-propre national et faire entendre aux
Français qu'ils ont assez de force pour pouvoir lutter à
eux seuls contre l'Europe réunie.

D'un autre côté, il ne suffisait pas au roi de renvoyer
M. Thiers ; rien n'eût été plus facile : il n'y avait qu'à
exiger la convocation des Chambres, mais le roi a préféré
user d'abord la personne de Thiers, de telle sorte que toute
rentrée au ministère lui soit à tout jamais fermée ; en
second lieu, Louis-Philippe entend que l'agonie de son
président du Conseil lui soit bonne à quelque chose.
Thiers, malgré toute sa finesse, donne parfois dans le
panneau que le roi lui tend si habilement et, souvent, il
se trouve tellement serré de près par Louis-Philippe, qu'il

est obligé de lui faire de grandes concessions : je range dans ce nombre les fortifications de Paris. Le roi est parvenu à démontrer à M. Thiers, que la déclaration de guerre serait le prologue de la chute du Cabinet. Thiers, qui tient avant tout à rester au pouvoir, est devenu dès ce moment éminemment pacifique il s'accroche à tous les moyens pour conserver la paix, tout en faisant semblant de ne pas craindre la guerre.

Pour atteindre ce but, il a tenté de rompre la quadruple alliance. Il s'était figuré que la France n'avait qu'à faire une démonstration un peu guerrière pour faire tomber le ministère Palmerston. Cette manœuvre ne lui ayant pas réussi, il a tourné ses vues vers la Prusse, qui lui a répondu par un refus. Il ne lui restait plus d'autre moyen que d'avoir recours à Méhémet-Ali à qui il envoya le comte Walewski, Polonais, fils naturel de Napoléon, à Paris depuis le règne de Charles X, avec mission de le décider à faire des concessions aux puissances du quadruple traité, c'est-à-dire à accepter le Pachalik d'Égypte héréditairement pour lui et ses descendants et les Pachaliks composant la Syrie viagèrement et en cédant Adana et l'île de Candie à la Porte. Méhémet-Ali accepta cette proposition, s'engageant à ne pas franchir le Taurus avant de connaître la réponse de Constantinople.

La position de M. Thiers a entièrement changé, depuis qu'il est au ministère. A son arrivée au pouvoir, il se trouvait dans une attitude très embarrassée vis-à-vis des puissances étrangères qui, ne pouvant traiter avec le nouveau président du Conseil, l'ont passé sous silence et, avec lui, la France qu'il représentait en Europe. Mais, toute autre était sa situation à l'intérieur : à force de promesses aux députés, il était parvenu à une sorte d'omni-

potence qui s'appuyait sur celle de la Chambre, pour qui
son avènement était une victoire ; depuis ce temps, les
parlementaires ont éprouvé bien des mécomptes ; des
circonstances indépendantes de la volonté de M. Thiers
l'ont poussé hors de la Chambre le forçant à agir sans
elle et presque en dictateur. Le parti modéré, le parti
conservateur et surtout le puissant 'parti qui, dans la
Chambre, est pour l'économie, l'attaqueront avec achar-
nement.

Il a beaucoup trop d'esprit pour se faire illusion sur sa
position ; aussi cherche-t-il à s'en tirer en s'appuyant sur
le roi. S'il parvient à fortifier Paris avec des forts détachés,
ainsi qu'on a lieu de l'espérer, il aura fait pour le repos de
la France et de l'Europe entière plus que tous les ministères depuis la Restauration jusqu'à nos jours. Il est
bien curieux que M. Thiers, cette émanation de la révolution de Juillet, ce révolutionnaire incarné, ait adopté et
exécuté une mesure qui tend à consolider à tout jamais
en France le pouvoir royal, voire la branche cadette,
laquelle, si le projet des fortifications de Paris réussit,
sera garantie pour longtemps contre les tentatives de
la branche aînée. Berryer est pénétré de cette vérité
à ce point qu'il s'est offert pour plaider gratuitement,
devant les tribunaux, la cause des propriétaires des environs de Paris qui, par suite du tracé des fortifications,
se trouveraient expropriés.

Le gouvernement français continue à crier bien haut
contre la prétendue insulte qui aurait été faite à la France
par les puissances signataires du traité de Londres. On a,
maintes et maintes fois, répété à M. Thiers que les puissances n'ont jamais eu cette intention, pas plus que la
France, l'Espagne et l'Angleterre, ainsi que le Portugal,

ne l'ont eue à l'époque où ils ont traité sans l'Autriche, la Russie et la Prusse, dans le but de pacifier la Péninsule. A cette occasion, ils ne nous ont ni consultés, ni prévenus, ni même communiqué le traité, pas plus avant qu'après sa signature ; tandis que nous, agissant différemment, nous l'avons fait dans la circonstance présente. Si donc nous n'avons pas cru devoir nous plaindre dans le temps, il me semble bien positif que la France a encore bien moins le droit de se plaindre de nous aujourd'hui. Cette susceptibilité de sa part, en cette occasion, a donc l'air d'un parti pris, d'un moyen nécessaire pour justifier aux yeux du contribuable les millions qu'on lui a arrachés sans consulter l'opinion du pays, sans attendre l'agrément des Chambres, et par une simple ordonnance.

M. Thiers a si bien fait, si bien travaillé l'opinion, que la presse, de jour en jour plus insolente contre l'Angleterre, a fini par faire revivre cette haine nationale des Anglais contre la France, au point qu'à l'heure qu'il est, en Angleterre, rien n'est plus populaire que l'idée d'un conflit, et c'est cependant ce que l'on redoute le plus ici.

25 septembre.

Si les affaires d'Espagne continuent à aller comme elles vont aujourd'hui, il est hors de doute que la reine sera forcée de s'enfuir et de venir se réfugier à Paris. Dès lors, la révolution espagnole prendra une autre tournure et, à l'instar de la révolution française, elle se jettera à l'extérieur, c'est-à-dire qu'elle franchira les Pyrénées pour se porter en France. Déjà le gouverne-

ment de Juillet est en exécration en Espagne : tous les
partis attribuent ce qui arrive aujourd'hui là-bas à la
déplorable influence de Thiers dans les affaires de leur
pays. Les modérés disent que l'ambassadeur de France
n'a pas soutenu leur parti ; les radicaux, au contraire,
prétendent avoir été trompés par M. Thiers et se trouvent
entravés dans leur marche par les intrigues françaises.
Il résultera de tout cela que la France sera forcée d'envoyer un corps d'armée vers la frontière espagnole qu'elle
ne saurait laisser dégarnie ; cette mesure de précaution
lui coûtera cher et la gênera prodigieusement en cas de
guerre.

Hier à la cour des pairs, on jugeait Napoléon (1). J'y suis
allé et je l'ai vu : il a l'air très commun, il est petit et
gros ; ses complices ont tous meilleure tournure que lui.
Son système de défense se résume en ceci :

« Je représente devant vous, disait le prince Louis, un
principe, une cause, une défaite : le principe, c'est la
souveraineté du peuple ; la cause, celle de l'Empire ; la
défaite, Waterloo. Le principe, vous l'avez reconnu ; la
cause, vous l'avez servie ; la défaite, vous avez voulu la
venger. »

Toutes ces phrases calculées pour produire un certain
effet, en auraient produit dans un autre moment que
celui-ci, où la France entière est si gravement préoccupée.
Aussi, le procès Napoléon est-il suivi avec bien moins
d'intérêt que celui de Mme Lafarge.

---

(1) A la suite de la tentative avortée de Boulogne-sur-Mer, le prince
Louis Napoléon avait été traduit devant la cour des pairs.

13 octobre.

Les événements marchent rapidement. Le canon des alliés a détruit Beyrouth, avant que le Conseil de la reine d'Angleterre ait eu le temps de se rassembler, pour discuter sur les propositions faites par Méhémet-Ali à la Sublime Porte. On attendait ici avec anxiété la détermination de ce Conseil et on était, certes, bien loin de croire à la nouvelle qui est arrivée depuis de Beyrouth, ainsi que de Constantinople, où la déchéance du pacha d'Égypte a été prononcée et sa tête mise au prix d'un million de piastres. Les fonds sont tombés jusqu'à 101 1/2, baisse inouïe dans les annales de la Bourse de Paris. Tout le monde s'attendait aujourd'hui à voir publier dans *le Moniteur* la convocation de la Chambre : *la Presse, le National* et les autres journaux de l'opposition y poussent de toutes leurs forces dans l'espoir de culbuter le petit dictateur que Mme de Girardin appelle si spirituellement « Mirabeau mouche », épithète qui a piqué au vif la vanité de M. Thiers et qu'il ne pardonnera jamais à cette femme auteur.

Thiers a été encore vivement attaqué, dans l'avant-dernière séance de la Cour des pairs, par Berryer, défenseur de Louis Napoléon. Berryer, dans sa défense, a fait bon marché de l'accusé et s'est servi de cette circonstance pour attaquer le gouvernement de Juillet et M. Thiers. Il a traité ce dernier avec fort peu de ménagement.

Le lendemain le procureur du roi, M. Franc-Carré, a répondu à M. Berryer, en faisant allusion au but caché de ce dernier. Celui-ci s'apprêtait déjà à lui répliquer de nouveau, lorsque, tout à coup, Louis Bonaparte s'est levé en déclarant qu'il renonçait à toute défense ultérieure et qu'il voulait partager le sort de ses coaccusés. Il a bien fait, car Berryer, ayant été attaqué personnellement par le procureur du roi, aurait laissé de côté la défense de Louis Napoléon et n'aurait parlé que de lui-même, en défendant ses opinions et celles de son parti contre les attaques du procureur. L'accusé aurait joué, à cette occasion, un rôle fort bête et fort humiliant.

Quant à Berryer, il a été joliment vexé de ne pouvoir cracher tout son fiel carliste à la face de la Chambre des pairs. C'eût été une bonne occasion pour lui de remonter de nouveau dans l'esprit des carlistes qui, depuis quelque temps, sont très mécontents de la manière dont il défend leur cause. Le pauvre prince Louis a fait peu d'effet, c'est à peine si on en a parlé dans les salons ; le procès de Mme Lafarge a infiniment plus intéressé et occupé. Maintenant que Louis Bonaparte est enfermé à perpétuité dans une forteresse, il n'en est plus question, c'est comme s'il n'avait jamais existé. M. de Montholon est fort contrarié des vingt ans de prison auxquels la Chambre l'a condamné, il comptait sur quelques mois au plus.

16 octobre.

Ce n'est qu'au spectacle que nous avons su l'affreux attentat qui a été commis de nouveau contre la vie du roi (1). Nous irons ce soir à Saint-Cloud, pour féliciter Sa

(1) L'attentat commis par Darmès.

Majesté et la famille royale d'avoir échappé à ce danger. La reine et Madame Adélaïde, qui occupaient le fond de la voiture, ont été bien plus exposées que le roi, qui s'était placé par devant.

17 octobre.

Nous avons été hier soir chez le roi : il y avait une foule incroyable, au point qu'on était obligé de circuler autour de la table de la reine et des princesses, pour pouvoir leur parler. Au fur et à mesure, on faisait sortir la foule : les aides de camp du roi et les officiers d'ordonnance ont mis beaucoup d'habileté à éloigner les personnes qui ne figurent pas sur la liste privilégiée du château, et qui n'ont pas la permission de faire tous les jours leur cour à Leurs Majestés. A notre arrivée, et aussitôt qu'on eut annoncé à la reine la présence de l'ambassadrice d'Autriche, Sa Majesté et les princesses se levèrent, et la marche de ceux qui défilaient autour de la table s'arrêta pour nous céder le pas et permettre à l'Ambassadrice de prendre place à côté de la reine. Pendant ce temps, l'Ambassadeur et moi nous adressions nos condoléances et félicitations à Sa Majesté, puis à la reine et aux princesses.

Ces dames, la reine et Madame Adélaïde surtout, en sont accablées et lorsque nous observions à Madame Adélaïde qu'elle et la reine avaient couru les plus grands dangers : « Ah ! comte Rodolphe, fit-elle, ne pensez pas à nous, ce n'est rien, mais mon frère, le roi ! un souverain si aimé, si bon ! Je suis attristée et humiliée, pour la France, pour les bons Français à qui on fait jouer, aux yeux de l'étranger, ce rôle indigne, de penser qu'on pourrait les juger d'après les attentats qui sont l'œuvre affreuse d'une minorité.

Mme la duchesse de Nemours m'a dit que la princesse Clémentine et elle, qui étaient restées à Saint-Cloud, n'avaient su ce déplorable événement qu'après le retour du roi et par lui-même. Comme la voiture de Leurs Majestés ne s'est point arrêtée, le roi et les personnes qui faisaient partie de l'escorte ne se sont pas rendu un compte exact de l'attentat. Le roi, en entendant la détonation qui avait été formidable, en voyant le panneau de la voiture criblé de chevrotines, qu'un garde national avait été blessé au doigt et un domestique à la jambe, a cru à une nouvelle machine infernale. En rentrant à Saint-Cloud, il a tout d'abord fait panser le doigt du garde national et soigner la plaie du valet de pied.

21 octobre.

La grande nouvelle du jour, c'est l'abdication de la reine Christine, provoquée par la publication des actes authentiques de son mariage avec M. Muñoz (1). C'est un terrible coup pour Thiers, car, par cette abdication, l'influence de la France se trouve détruite en Espagne ; elle

(1) Déclarée régente en 1833, après la mort de son époux Ferdinand VII et pendant la minorité de leur fille l'infante Isabelle désignée par son père pour lui succéder, Marie-Christine, victorieuse des carlistes, s'était rendue impopulaire par les tergiversations de sa politique. Sa liaison et son mariage avec Muñoz, nommé plus tard duc de Rianzarès, mirent le comble à son impopularité. Réduite à l'impossibilité de gouverner, elle abdiqua la régence, qui fut exercée par le général Espartero jusqu'à l'avènement d'Isabelle II.

n'existait plus beaucoup depuis quelque temps déjà, mais aujourd'hui le fait est patent, constaté par le départ de la reine régente que la France avait prise, pour ainsi dire, sous sa protection : M. Mathieu de la Redorte était accrédité non pas auprès du gouvernement espagnol, mais uniquement auprès de la reine Christine, pour lui servir de conseil et d'appui ; il se trouve aujourd'hui, en Espagne, réduit à la seule qualité de citoyen français.

La reine Christine est tellement irritée contre le gouvernement français, et principalement contre Thiers qu'elle a comblé de ses bontés, qu'en débarquant en France, elle a déclaré ne pas vouloir séjourner dans ce pays, mais qu'elle irait se réfugier en Italie. Je ne pense pas que, même indépendamment de son irritation contre Thiers, elle eut envie de venir à Paris pour rencontrer Donna Carlotta qui, pendant tout le règne de sa sœur, intrigua contre elle et qui, depuis la mort du roi, convoita constamment la régence pour elle ou, au moins, pour son mari. C'est pourquoi aussi la reine Christine s'est constamment opposée au projet de mariage de l'aîné des Infants avec la jeune reine Isabelle, mariage qu'on désirait beaucoup à la cour de Louis-Philippe, pour conserver ainsi le trône d'Espagne à la famille de Bourbon. L'Angleterre, au contraire, dont l'intérêt est d'enlever l'Espagne à l'influence française et, par conséquent, aux Bourbons, agissait constamment contre ce mariage. L'abdication de la reine Christine et le choix de Don François de Paule, comme un des membres de la nouvelle régence, pourrait bien avoir pour résultat le mariage en question : de sorte que l'événement qui paraît le plus contraire aux intérêts français et qui a été évidemment provoqué par la politique anglaise, c'est-à-dire l'abdication de la reine, aurait pour conséquence la conservation du trône d'Espagne à la maison de Bourbon.

23 octobre.

M. Thiers a donné sa démission. Le motif ostensible est le discours du roi, à l'occasion de l'ouverture prochaine de la Chambre des députés. M. Thiers ayant voulu insérer dans ce discours une phrase trop menaçante contre les puissances, le roi se serait refusé à la prononcer. Il importait à Thiers de trouver un prétexte pour motiver sa retraite dans un moment aussi critique, de se retirer comme une victime et de faire entrevoir au pays que s'il n'a pas agi avec force et vigueur vis-à-vis de l'étranger, c'est qu'il en a été empêché par le roi.

Quoi qu'il en soit, la retraite de Thiers est un des événements les plus graves que le gouvernement de Juillet ait eu à supporter depuis son origine, surtout étant donné sa position à l'intérieur. Les affaires étrangères, principalement la question d'Orient, trouveront plus de facilité à se résoudre, Thiers ayant été désagréable à toutes les puissances.

23 octobre.

La nouvelle de la mort de lord Holland (1) vient de nous arriver ce matin. C'est encore une perte que la France

(1) Le troisième lord de ce nom, neveu de l'illustre Fox, un des membres

fait, dans un moment où elle a besoin d'être appuyée dans le Conseil de la reine d'Angleterre : ce ministre et lord Clarendon étaient les seuls, dans le ministère Palmerston, qui fussent favorables au gouvernement français.

Guizot doit arriver demain. Les nouvelles de Londres font prévoir que cet ambassadeur est décidé à entrer dans le ministère qui doit remplacer celui de M. Thiers. Dès lors, le nouveau ministère se trouve tout constitué, ce qui est considérable dans un moment où les Chambres sont convoquées, où tout le pays est en fermentation, où l'on attend les cendres de Napoléon, où il s'agit de la guerre ou de la paix, où enfin la France se trouve dans une position d'isolement complet, position inouïe dans les fastes de son histoire.

Les Chambres seront prorogées jusqu'au 5 novembre. Si Paris bouge, on déclarera l'état de siège. Cette mesure a été déjà proposée par Thiers, et M. Guizot ne manque certes pas du courage nécessaire pour l'exécuter.

28 octobre.

Je me suis trouvé dans le salon de la reine lundi dernier, lorsque M. Guizot parut pour la première fois à la cour, depuis son ambassade à Londres. J'ai cru m'apercevoir que la reine et Madame Adélaïde l'ont assez froidement reçu ; cela tient peut-être à une ancienne rancune que lui portent Sa Majesté et Son Altesse Royale et qui date

les plus éminents du parti libéral en Angleterre et très sympathique à la France. Guizot, dans ses lettres à la princesse de Lieven, parle avec éloges du salon de lord et lady Holland.

du temps de la coalition, où M. Guizot a été détestable pour le roi. On pourrait cependant encore attribuer cette froideur aux manières un peu dédaigneuses de M. Guizot ; la reine trouve déplaisant que cet ancien professeur ait l'air de mépriser les grandeurs de ce monde.

Nous étions, ce jour-là, au Château pour la présentation du prince et de la princesse Schvarzenberg et pour renouveler celle du comte et de la comtesse Louis Karolyi. Ces dames ont été étonnées de la manière cavalière dont Guizot parlait à la reine de l'attentat commis contre le roi ; il en parlait comme d'un événement qui serait étranger à la reine et à Madame Adélaïde, il savait pourtant qu'elles étaient dans la voiture du roi et qu'elles avaient même couru plus de danger que lui.

Je comprends que les personnes qui n'ont jamais vu M. Guizot soient un peu étonnées de ses manières ; quant à moi, qui ai le plaisir de le connaître depuis longtemps, j'ai, tout au contraire, trouvé qu'il avait beaucoup gagné à son avantage. Sa conversation aussi est plus animée, moins sentencieuse qu'auparavant. Ce n'est pas encore ce qu'on appelle un homme aimable, mais il est au moins plus supportable qu'autrefois.

En voyant entrer Guizot, j'ai dit au général Dumas, l'un des aides de camp du roi : « Voici le Messie du moment. »

Il m'a répondu : « Ce sera certainement un grand appui pour le ministère, mais croyez bien que le maréchal Soult est décidé à marcher droit vers son but, sans Guizot, avec Guizot, contre Guizot, contre Thiers, contre Broglie, contre tout le monde s'il le faut ; il marchera d'accord avec le roi, appuyé sur la force du pouvoir royal et de l'influence que son nom exerce sur l'armée, laquelle est à nous. Quant aux émeutes et à l'opposition à main armée, nous ne les craignons pas. Le gouvernement a toujours été fort au moment du danger, tout le monde se rangeait autour de lui. Il en serait de même si le danger renaissait et le maréchal ne compte céder sur rien. »

Le roi, lorsqu'il parle de Thiers, en fait le plus grand éloge : « C'est lui, observe-t-il, qui m'a toujours défendu contre les autres ministres. » Cependant, il est enchanté de s'en voir débarrassé et fera tout son possible pour qu'il ne revienne plus au pouvoir. Dieu veuille qu'il réussisse !

M. Guizot a fait, hier soir, sa rentrée dans le salon de Mme de Lieven : c'était une grande joie pour la princesse, aussi l'a-t-elle fait savoir à tous ses amis et les a-t-elle invités à être présents à cette réapparition du grand homme. M. Berryer arriva de son côté, probablement pour rencontrer Guizot ; il y avait aussi l'ambassadeur d'Angleterre, l'internonce, le ministre de Hanovre, celui du roi de Wurtemberg et une quantité d'autres petits diplomates ; en fait de femmes, il n'y avait que la marquise Durazzo.

Guizot ne parla pas beaucoup, mais le peu qu'il dit donna la conviction à tout le monde qu'il est d'accord en tout point avec le maréchal Soult et que si, dès aujourd'hui, le nouveau ministère ne se trouve point tout formé, ce n'est point Guizot qui en est cause, mais bien certaines prétentions de la part des autres ministres moins importants, qui se disputent la répartition de la petite somme de pouvoir qui leur tombe en partage, après que Guizot et le maréchal se sont réservé la plus grande et surtout la plus importante moitié.

M. Guizot n'avait nullement l'air préoccupé ni soucieux de la grande tâche qu'il aura bientôt à remplir devant les

Chambres. Son ministère doit être appelé le ministère de
conciliation, son programme est la répression de la
licence et des abus dans l'intérieur, tout en conservant
au pays une sage liberté. Quant à l'étranger, il compte
imposer au ministère une marche prudente mais, en
même temps, remplie de dignité.

M. Berryer déclama, avec force, contre les fortifications
de Paris et soutint, avec beaucoup de violence, que le
ministère sortant n'avait pas le droit de faire dévaster
la plus belle partie du bois de Boulogne, que ce bois est une
propriété nationale et que, sans un vote positif de la
Chambre, personne ne devait y toucher.

« Pauvre France ! poursuivit-il, elle est dans un triste
état ! J'en suis tout mélancolique ; et je suis péniblement
affecté de sa décadence en tout, en politique, en littérature, en croyance ! Qui est-ce qui croit ? En quoi a-t-on
foi ? Est-ce en Dieu ? Je vous le demande ! Est-ce dans
la vertu ? Je vous le demande encore ! Est-ce dans un
principe quelconque ? Non, cent fois non, je ne vois plus
en France, ni des royalistes, ni des républicains, chacun
vit pour soi, pense à soi, et cela au jour le jour ! Quand
j'y pense, j'ai envie de pleurer et d'autant que je ne
connais pas de remède à cette immense démoralisation. »

Cette jérémiade dans la bouche de M. Berryer m'a paru
bien extraordinaire, alors que lui-même est le plus grand
démolisseur de toute la France. Dans ce même salon de
la princesse de Lieven, M. Thiers a dit un jour en ma présence, à ce défenseur de la légitimité : « Oui, j'avoue que
je suis un grand démolisseur, mais, sous ce rapport, c'est
vous, Berryer, qui méritez la palme, car vous mettez à
votre œuvre de destruction plus de système et plus de
suite que moi. »

Mme de Flahaut m'a confié, à notre soirée d'hier, que M. Guizot n'a pas voulu accepter le discours d'ouverture des Chambres tel qu'il était proposé par le roi ; il est revenu au projet, rédigé par Passy, qui a servi de prétexte à la retraite du ministère Thiers. Le roi, d'après Mme de Flahaut, a dû faire cette concession à M. Guizot.

Le comte Molé avait l'air soucieux, chez nous, hier. J'ignore, au reste, ce qu'il veut, puisque malgré les invitations du roi, il ne s'est pas rendu au Château et s'est contenté de faire mettre dans son journal, *la Presse*, que le roi l'avait fait appeler à l'occasion de la crise ministérielle.

Dufaure et Passy, les seuls qui dans le nouveau ministère représentent le centre gauche, veulent, dit-on, se retirer de la nouvelle combinaison, ne pouvant obtenir pour eux aucun portefeuille important tel que les Affaires étrangères, l'Intérieur ou la Guerre, l'un de ces deux premiers surtout qui se trouveront entre les mains du parti doctrinaire : Guizot au ministère des Affaires étrangères et Duchâtel au ministère de l'Intérieur.

3 novembre.

On ne peut se dissimuler que les noms qui figurent dans le nouveau cabinet sont très impopulaires. Sauf le *Journal des Débats*, toute la presse est contre eux ; mais, néanmoins, ce sont des hommes de talent et, parmi eux, plusieurs sont bons orateurs tels que Martin (du Nord), Guizot, Duchâtel, Teste et Villemain.

Il faut avouer, d'ailleurs, que le ministère du 1er mars leur a laissé une rude besogne, surtout en ce qui touche

l'intérieur et les Chambres. L'impulsion belliqueuse donnée par M. Thiers à l'opinion du pays, la vanité nationale
blessée et, surtout, le triste aveu d'impuissance que la
France si fière est obligée de se faire à elle-même et de faire
à l'Europe entière, mettent les masses et les individus dans
un état d'irritation difficile à dépeindre. Le duc de Bauffremont disait, l'autre jour, au comte de Maussion qui me
l'a redit, qu'il trouvait la position de tout Français tellement humiliante vis-à-vis des étrangers, qu'il n'avait
pas le courage d'aller dans le monde : ce sentiment est
universel. La seule chose sur laquelle les avis diffèrent
encore, c'est la question de savoir s'il faut accepter cette
position comme un fait accompli, sans en rechercher la
cause et les auteurs responsables, ou s'il faut, au contraire,
en imputer la responsabilité au ministère du 1er mars et
désavouer ses actes comme la raison et la source de tous
les maux et de tout le déshonneur dont la France se
trouve accablée. Ce parti, s'il n'est pas le plus courageux,
me semble, pour le moins, le plus raisonnable et il faut
espérer que le roi et son nouveau gouvernement entre-
ront dans cette voie.

Cette voie se trouve, aujourd'hui plus que jamais, ouverte
par les nouvelles que nous avons reçues de la Syrie : Émir
Beschir a abandonné les drapeaux du pacha ; l'insurrection contre Méhémet-Ali est générale dans toute la Syrie ;
Beyrouth et Saïda sont occupées et fortifiées par les alliés.
Ces événements tranchent les grandes questions que la
France a toujours mises en avant : 1° que les mesures
coercitives contre le pacha d'Égypte étaient inefficaces
et impossibles ; 2° que la puissance de Méhémet-Ali était
telle, qu'il résisterait à une armée russe et que, de cette
manière, il servirait d'appui à la Porte contre tout envahis-

sement de la Russie et 3° qu'à la première démonstration hostile, Ibrahim Pacha franchirait le Taurus et que, dès lors, aucune force au monde ne pourrait plus arrêter sa marche sur Constantinople.

Toutes les puissances de l'Europe ont toujours été d'accord sur la nécessité de maintenir l'intégrité de l'empire ottoman. Le différend entre les alliés et la France ne portait que sur la manière d'atteindre ce but. La France, pour appuyer son opinion, a toujours mis en avant les trois points que j'ai indiqués ci-dessus ; nous, au contraire, n'avons jamais cru pouvoir les admettre. Le résultat de nos opérations sur les côtes de la Syrie prouvent, jusqu'à l'évidence, que notre manière de voir et d'envisager cette affaire était la bonne. Il ne tient donc plus, maintetenant, qu'à la France d'entrer avec nous dans l'esprit du traité et de se réunir ainsi à nos efforts pour soutenir l'Empire Ottoman et pour rétablir la paix en Orient.

La reine douairière d'Espagne est brouillée avec sa famille de Naples, tout autant qu'avec Donna Carlotta qui, au reste, lui écrit des lettres d'une admirable tendresse tandis qu'elle fait publier des pamphlets épouvantables, en Espagne, contre cette sœur qu'elle prétend aimer. Elle compte se rendre à l'invitation du roi Louis-Philippe et viendra passer quelques jours à Paris ; elle retournera ensuite à Marseille où elle compte s'établir pour le moment. C'est probablement pour pouvoir communiquer avec ses enfants et pour être, dans tous les cas, assez près de l'Espagne pour y rentrer si quelque chance favorable se présentait de nouveau pour elle. Je ne dis pas que ce sera, mais cela pourrait être, ainsi que tout autre changement, car ce qui se passe dans ce moment ne peut continuer ainsi.

7 novembre.

Jusqu'à présent, le ministère du maréchal va parfaitement bien, il a remporté le premier et le plus important triomphe, celui de la présidence, qui a été de nouveau confiée à Sauzet contre Thiers et Odilon Barrot. Le discours du roi a été très pacifique. Espérons que tout s'arrangera de nouveau pour la paix, et que cette paix si nécessaire à l'Europe pourra se maintenir.

20 novembre.

Je suis allé faire ma cour à la reine d'Espagne, je l'ai retrouvée aimable, gracieuse, spirituelle et bienveillante, comme je l'avais vue en Espagne, il y a quelques années. Elle a eu la bonté de se souvenir de moi et m'a dit avec une expression de profonde tristesse :

— Bien des choses se sont passées depuis que nous ne nous sommes vus, monsieur le comte.

— En effet, dis-je à Sa Majesté, la dernière fois que j'ai eu le bonheur de mettre mes hommages aux pieds de Votre Majesté, le roi s'occupait de réunir la Junte pour assurer la succession de la reine Isabelle, Votre Majesté était désignée comme régente du royaume et rien ne semblait plus brillant, plus glorieux que l'avenir de Votre Majesté si aimée, si appréciée par les grands et par le peuple espagnol.

— Eh bien ! tout cela a tourné contre moi et me voilà aujourd'hui détrônée, exilée et, qui plus est, séparée de ma famille. J'espère, au moins, que mes sacrifices ne seront pas entièrement perdus et que les bons temps reviendront pour mes enfants et pour cette chère Espagne. Quant à moi, personnellement, j'ai renoncé au bonheur, ma carrière est finie à tout jamais.

Après cela, comme pour chasser son émotion, elle me parla de choses indifférentes.

Quelques jours après, j'ai de nouveau rencontré la reine au château des Tuileries. J'ai remarqué qu'elle était mise avec une grande simplicité, coiffée d'un petit bonnet très modeste, et sans diamants. La duchesse de Berwick remplit auprès d'elle, pendant son séjour à Paris, les fonctions de dame d'honneur. J'ai trouvé la reine très amaigrie, son visage en a un peu souffert, elle est cependant encore très jolie. Sa figure trahit l'esprit et la bienveillance. Elle est généralement admirée, et par M. Guizot lui-même, autrefois si prévenu contre elle et qui ne cache pas combien il est surpris de son instruction, de la justesse de ses jugements sur les hommes et sur les choses.

La reine des Français m'a aussi beaucoup parlé, et avec le plus grand éloge, de la reine d'Espagne. Ce que Sa Majesté admire le plus dans sa royale nièce, c'est que ses discours sont exempts d'aigreur, qu'elle n'accuse, qu'elle ne blâme jamais personne, pas même ceux qui, ainsi qu'Espartero, mériteraient tout son mépris.

28 novembre.

On travaille à force aux préparatifs de la translation des cendres de Napoléon. Une grande activité règne surtout devant mes croisées qui donnent sur l'esplanade de l'hôtel des Invalides, où le corps doit être déposé. Les tribunes qu'on dresse sur cette place pourront contenir plus de trente mille personnes, la grande avenue au milieu de ces tribunes est ornée des statues de tous les rois de France qui se sont distingués par leurs victoires. Cette allée de statues colossales aboutit à un arc de triomphe, à l'entrée de la première cour des Invalides ; de là jusqu'à la porte de la cour intérieure, il y a deux rangées de candélabres d'une imposante dimension, puis il y aura encore des drapeaux, des aigles en grand nombre.

Le corps de Napoléon a été trouvé dans un état de conservation surprenante : à l'exception d'un petit bout de son nez, rien n'est entamé. On espère que par les procédés qu'on a inventés récemment, on parviendra à conserver le corps du grand homme absolument dans l'état où on l'a retrouvé.

4 décembre.

J'ai dîné hier, avec Charles de Schwarzenberg, chez le maréchal Soult, président du Conseil. C'était un dîner d'hommes, il n'y avait, en fait de femmes, que la maîtresse de la maison et la marquise de Dalmatie, sa belle-fille. Schwarzenberg a donné le bras à la maréchale et moi à la marquise. Celle-ci est très jolie, très spirituelle et aimable. Elle m'a parlé avec éloquence de tout le mal que Thiers a fait à la France, par sa légèreté et l'incapacité absolue qu'il a montrée dans les affaires. Elle admire beaucoup Guizot et, comme je partage cette admiration, nous avons causé assez longtemps sur les Chambres et les discours qui y ont été prononcés.

La marquise m'a confessé qu'elle est honteuse du triste spectacle que donnent les députés aux étrangers. Elle reconnaît que ceux-ci sont en droit de porter un jugement défavorable sur un pays qui est si tristement représenté.

— Je ne suis pas entièrement de votre avis, répondis-je. Ce ne sont pas ces hommes ni leurs discours que je blâme, c'est plutôt vos institutions et surtout votre liberté de la presse qui rend le gouvernement de plus en plus impossible. Je n'oserai peut-être pas vous parler avec autant de franchise, ni soutenir cette opinion devant mon voisin, le comte de Gasparin, qui, lui-même, a été ministre, si M. Thiers n'avait pas dit à un de mes compatriotes que le gouvernement représentatif était chose impossible en France.

— Je comprends parfaitement que ce soit l'opinion de bien des gens raisonnables, reprit la marquise, mais c'est très piquant dans la bouche de M. Thiers !

6 décembre.

M. Piscatory (1), jugeant mauvaise l'œuvre de M. Dupin, y a fait dans la commission une opposition plutôt grammaticale que politique et a proposé une rédaction de sa façon qui, tout en conservant le sens de l'adresse, était plus correcte. La Chambre a eu le bon sens de ne tenir aucun compte de la proposition de M. Piscatory et de conserver l'adresse de Dupin telle qu'elle était. Elle a été votée à une grande majorité et l'opposition n'a pas même remporté la victoire sur une question purement académique.

M. Thiers a pleuré de dépit et de rage hier soir : il est démoralisé au point de s'avouer vaincu à tout jamais. Il a dit à ses amis qu'après le vote de la Chambre et surtout après la maladroite défense de son ami Jaubert, qu'après les aveux et révélations qu'il y a faits nommément, qu'après le projet de l'occupation des îles Baléares, sa rentrée au ministère entraînerait l'abdication de Louis-Philippe.

Ce qui chagrine surtout M. Thiers, c'est qu'il s'est perdu même dans l'opinion de son parti, dont il ne possède plus la confiance. Il ne peut rien faire pour le moment, c'est positif, mais plus tard on le retrouvera dans l'opposition : sous ce rapport, il me paraît encore avoir de l'avenir.

----

(1) Député de Chinon de 1837 à 1842, siégea dans la majorité gouvernementale. Quand il eut cessé d'être député, il fut pourvu de fonctions diplomatiques.

9 décembre.

Rien de plus spirituel que le résumé que Mme Émile de Girardin a fait de la dernière discussion à la Chambre. Le voici sous le titre « Impressions politiques » :

PREMIER DISCOURS DE M. GUIZOT. — « Messieurs, la diplomatie est un jeu qui, comme les autres, exige de la probité. Or, les diplomates de l'Europe s'étant aperçus que « l'honorable » M. Thiers avait triché, n'ont plus voulu faire sa partie, voilà pourquoi ils ont signé le traité du 15 juillet. »

DISCOURS DE M. THIERS. — « L'honorable M. Guizot en impose à la Chambre. Je lui ai écrit une lettre que voici. Il m'en a répondu une autre que je ne vous lirai pas, mais qui vous prouvera qu'il a été un détestable ambassadeur. Quant au roi, je lui en veux mortellement pour m'avoir laissé partir lorsque je ne pouvais plus rester. Cependant, j'ai fait pour lui ce que personne n'aurait osé faire, je lui ai donné des forts détachés ! »

DISCOURS DE M. ODILON BARROT. — « M. Thiers a voulu me porter à la présidence de la Chambre. Je veux faire quelque chose pour lui. Je n'ai rien à dire, c'est égal, je parlerai trois heures. Je lui dois cela... Je donnerai aussi un gage à mon parti, je ne dirai pas M. de Brunou, je dirai *Prunau* tout court... (Ici l'orateur est interrompu.) Je remercie l'interrupteur qui m'offre une occasion de me justifier : oui, monsieur, cédant à un sentiment que tout homme éprouve dans sa jeunesse, en 1815 je me suis engagé comme volontaire royal, mais je n'ai jamais fait partie des volontaires royaux. »

Discours de M. Berryer. — « Messieurs, il est impossible que l'Europe n'ait pas voulu insulter un gouvernement qui me déplaît. Je m'entends avec M. Thiers et plusieurs « dames » pour le renverser... la voix me manque... je ne peux plus parler... mais je vais vous chanter *la Marseillaise.* »

Discours de M. de Lamartine. — « Ce gouvernement n'est pas non plus très fort de mon goût, mais des intrigants perdent mon pays, je veux du moins essayer de le sauver ; d'ailleurs, en fait d'honneur français et de gloire militaire, j'aime mieux m'en rapporter à un maréchal de l'Empire qu'à des avocats qui ne se sont jamais battus. »

Discours de M. de Rémusat. — « Messieurs, je pourrais bien dire... mais... »

Mme de Girardin ajoute ici : « Nous imiterons l'ex-ministre de l'Intérieur dans sa cruelle générosité... nous ne dirons pas ce que nous pensons de la bonne foi de son discours. »

Discours de Garnier-Pagès. — « M. Guizot ne vaut guère mieux que M. Thiers, M. Thiers ne vaut guère mieux que M. Barrot qui, lui-même, ne vaut guère mieux que les autres. Quant à moi, je reconnais que je ne suis bon à rien : aussi je n'ambitionne d'autre pouvoir que celui de me moquer de tout le monde. »

Dernier discours de M. Guizot. — « Je ne souffrirai pas que l'on dise aujourd'hui de la Couronne ce que j'en ai dit moi-même, il y a deux ans. On ne me pardonne pas d'avoir fait partie de la coalition. Eh bien ! ni moi non plus. Ce souvenir me gêne à tout moment, mais n'importe, il est de mon devoir de le repousser. Je ne laisserai point proclamer à cette tribune que le roi se mêle des affaires du pays. C'est une calomnie indigne contre laquelle je dois protester. Le roi, messieurs, ne s'intéresse nullement à ce qui se passe dans son royaume. Il sait très bien que s'il est roi, c'est à la condition de ne point régner. Jamais il ne s'oublierait au point de donner un avis dans le Conseil ; il a laissé faire à M. Thiers toutes les fautes que vous savez ; il me laissera faire à moi-même toutes celles dont je suis capable. Dans le gouvernement de la France, le roi n'est rien, il ne peut rien, il n'est responsable de rien ; il est là seulement pour être assassiné. A nous le pouvoir, à lui les coups de fusil : chacun son métier. Vive la Charte ! »

DISCOURS DE M. JAUBERT. — « J'ai subi autrefois l'influence de Guizot, je subis aujourd'hui celle de M. Thiers, mais je n'en suis pas moins indépendant ; la preuve, c'est que je suis violent et injurieux comme un homme qui se passionnerait de lui-même. J'ai fait faire pour ma fortune personnelle à savoir : une grande route, un canal et un chemin de fer qui conduiront à mes forges de Fourchambault, et qui ne me coûteront pas un sou ; j'ai donné en cela un bon exemple. Un ministre des travaux publics ne doit pas négliger les travaux particuliers. »

DISCOURS DE MAUGUIN. (Air de *Joconde.*)

> J'ai longtemps parcouru le monde,
> J'ai vu tous les états du Csar ;
> Je crois sa sagesse profonde,
> Je ne parle point au hasard.
> Messieurs, pour la gloire française,
> Redoutez l'alliance anglaise.

Je viens, prévoyant le danger,
Pour vous conseiller d'en changer.
Je viens, je viens, prévoyant le danger,
Pour vous conseiller de changer. (*Bis.*)
Mais ce n'est pas de l'inconstance,
Non, c'est plutôt de la prudence ;
Car des Anglais, sans vanité,
Je connais la sincérité.
Si je veux les quitter d'avance
C'est pour n'en pas être quitté. (*Bis.*)
Je vous le dis en vérité,
Je connais leur sincérité ;
Car... la séance est levée.

26 décembre.

Les journaux étant remplis de pompeuses descriptions de l'entrée triomphale des cendres de Napoléon, je me contente de consigner ici mes impressions.

Le clergé, la cour, les hauts dignitaires ne figurant pas dans le cortège, il ne se composait que de troupes à pied et à cheval et de gardes nationaux suivis de quelques canons, du prince de Joinville à cheval, entouré de deux aides de camp et de ses marins. Pour rompre la monotonie de ce cortège, on y avait adjoint des gardes municipaux, portant chacun au bout d'une perche, un écriteau sur lequel était inscrit le nom d'un département. Ces noms ne sont pas bien sonores et ne rappellent aucun souvenir, si ce n'est que, dans chacun de ces départements, il y a un préfet, un sous-préfet, des maires et leurs adjoints, puis un député plus ou moins bavard qui le représente à la Chambre, tandis que, en rappelant les noms des provinces : l'Alsace, la Touraine, la Bourgogne, le Languedoc, la Normandie, on eût rappelé des faits et des gloires qui auraient parlé à l'imagination des spectateurs et auraient peut-être animé et réchauffé cette solennité si glaciale.

Le char était beau et même magnifique dans ses détails, mais il était tout doré et ressemblait un peu trop au char du bœuf gras ! Et Napoléon ramené d'aussi loin, pour servir de spectacle aux Parisiens, à cette foule avide de plaisir et de mouvement ! Jamais cérémonie funèbre n'a été moins touchante et jamais, non plus, souvenir épique de l'histoire de France n'excita moins d'enthousiasme : sur ce million de figures qui ont passé dans les Champs-Élysées, je n'ai surpris que l'expression de la curiosité.

Il en est de même de ce que l'on appelle le pèlerinage au tombeau de Napoléon, pèlerinage qui se déroule sous mes croisées depuis le 15 de ce mois, et dont je suis, par conséquent, l'incessant témoin. C'est encore ce même sentiment de curiosité qui fait que la foule se presse, se heurte et s'entre-tuerait si de sages et très vigoureuses mesures n'avaient été prises pour la contenir. Une rangée de baïonnettes protège l'interminable queue formée par une masse compacte de curieux, contre ceux qui, arrivés les derniers, voudraient prendre le pas sur ceux qui depuis des heures déjà se trouvent à la file en attendant, par un froid de cinq à six degrés, l'heureux moment où ils pourront franchir la grille de l'hôtel des Invalides, au delà de laquelle s'ouvre à eux une église bien drapée, bien tapissée, changée en chapelle ardente, avec, au milieu, un grand catafalque tout doré entouré de tribunes et d'estrades recouvertes en étoffe d'un beau violet, bordée de franges d'or et parsemée d'abeilles d'une égale richesse. Mais après avoir admiré cette pompeuse mise en scène, cette foule sort de là comme d'une salle de bal ou d'une salle de spectacle ! Pourrait-il en être autrement, alors que dans la nef, elle n'a vu ni un prêtre, ni un symbole religieux.

Ce qui m'a paru le plus imposant, je dirai même le plus effrayant, c'est la terrible foule qui suivait le cortège ou le regardait passer. La large avenue des Champs-Élysées et celle qui va du pont de Neuilly à l'Arc de Triomphe ressemblaient à un torrent, tournoyant, bouillonnant, d'où montaient des cris, des chants, des vociférations. Rien ne résistait à l'impétueuse curiosité de cette masse mouvante. Les pelotons de la troupe de ligne, ceux de la garde nationale, les soldats rangés pour protéger la voie contre l'envahissement, tout, jusqu'aux barrières et échafaudages improvisés dans un but de spéculation, tout fut renversé, envahi et foulé sous les dix fois cent mille pieds des hommes, des femmes, des enfants qui formaient pour ainsi dire un seul corps, muni d'un million d'yeux. Cette hydre d'une nouvelle espèce se traîna jusque sur la place Louis XV, où elle se vautra en s'élargissant, pour se dissoudre finalement et s'écouler par le jardin des Tuileries, les quais et les rues, pressée de trouver un abri contre le terrible froid.

Voici, du reste, ce que m'a raconté un capitaine de la garde nationale, dont la compagnie est composée d'honnêtes épiciers et marchands du quartier de la place Vendôme et de la rue de la Paix, autant dire les gens les plus tranquilles de la capitale, aimant l'ordre et le repos,

surtout avec un enthousiasme tout à fait civique :
« Oui, j'ai figuré, m'a-t-il dit, dans cette espèce de farce
politique qui fut pour moi une véritable campagne, dont
je suis à peine remis. A huit heures du matin, après avoir
fait battre le rappel à trois reprises, je n'ai pu rassembler
que soixante et douze gardes sur près de trois cents
placés sous mes ordres. Tous les capitaines de ma connaissance se sont trouvés dans le même cas. Malgré cela,
nous avons pu encore former deux pelotons à quinze files
de trois hommes et partir ainsi pour Neuilly, afin d'es-
corter le char. Comme notre légion est la mieux pensante
de Paris et très dévouée au maintien de l'ordre, on nous
mit à la tête du cortège. Aux Champs-Élysées, en passant
devant le front de la 5e légion qui est très révolutionnaire,
nous fûmes insultés et provoqués. Formant la haie pour
nous protéger contre la populace, elle entonna *la Marseillaise* et cria : « Voilà la première légion ! A bas les
« carlistes, les aristocrates, les traîtres ! » Une réponse à
ces excitations aurait pu déterminer une lutte, un conflit,
un combat sanglant entre une légion et l'autre ; ce
danger me fit trembler. La 4e, la 5e, la 6e, la 7e, une partie
de la 11e et toute la 12e crièrent : « A bas Guizot ! à bas
« les traîtres ! vive l'empereur ! » Ce dernier cri, cependant,
fut assez rare parmi la garde nationale, tandis qu'il était
assez fréquent parmi la populace. Deux de mes hommes
sont presque morts de froid, je les ai laissés à la porte du
bois de Boulogne aux mains d'un chirurgien. Beaucoup
se sont grisés, au point de ne plus pouvoir suivre leurs
camarades.

« Arrivés sur l'esplanade des Invalides, on voulut
nous faire faire par file à gauche et nous mettre en
bataille derrière les gardes nationaux de la banlieue d'où

nous ne pouvions plus rien voir. Indignés, mes hommes se débandèrent malgré nos cris, nos prières. Le duc de Marmier, commandant de notre légion, cria, pria, conjura et finit par nous haranguer en ces termes : « Messieurs, c'est une conduite indigne de votre part. Comment, la garde nationale de Paris va rentrer chez elle avant d'avoir présenté les armes à l'empereur ! C'est ignoble ! » Vaines paroles : la déroute fut complète, tout le monde se sauvait en ricanant. Je n'avais plus derrière moi que seize fidèles. Parmi les fuyards, neuf avaient jeté leur fusil, le trouvant trop lourd à porter par le froid. Les uniformes de la garde impériale, dont quelques individus s'étaient affublés pour exciter de l'enthousiasme, ont produit un effet contraire. On commença par en rire et l'on finit par les huer. Deux pauvres diables qui avaient eu l'idée d'endosser le costume des Mameluks de Napoléon, devinrent le point de mire de tous les farceurs. »

J'ajoute à ces détails que la garde nationale s'est aussi pas mal moquée de statues très grotesques, représentant le maréchal Ney et autres illustrations de l'Empire. Ces statues, faites à la hâte et se trouvant au milieu d'autres dont le dessin et la pose étaient assez corrects, excitèrent une hilarité générale, parfois si bruyante qu'on ne pouvait plus entendre le commandement. Les carlistes sont indignés d'avoir vu figurer le grand Condé parmi les statues rangées sur la route de feu l'assassin du duc d'Enghien.

La garde nationale et la populace, s'inquiétant fort peu des rapprochements historiques et s'occupant bien plutôt de ce qui frappe les yeux, ont trouvé une nouvelle occasion de rire dans la manière bizarre de jeter de l'encens, au passage du corbillard : c'étaient d'énormes cassolettes remplies d'un combustible, brûlant d'une flamme rougeâtre, et répandant une fumée épaisse et si fétide qu'on en souffrait des yeux et du nez.

— Morbleu ! Qu'est-ce donc qui brûle là dedans? cria une voix dans la foule.

— Ce sont les vieux souliers de Dupin, lui répondit-on.

Et la foule de rire et d'applaudir.

Ce qui, par exemple, a été d'une beauté poétique et grandiose, c'est la marche et la halte du char funèbre sous l'arc de triomphe de l'Étoile et ce qui est au total rassurant, c'est que toute cette cérémonie s'est passée sans émeute, sans troubles et sans aucun grave accident à déplorer.

ANNÉE 1841 [1]

24 janvier.

Depuis la prise d'Anvers où il ne fut question, dans les
salons, que de la lunette de Saint-Laurent, on n'a jamais
parlé autant de fortifications, de forts détachés et d'enceinte continue que dans ce moment. C'est que tout le
monde est plus ou moins contre ce projet de fortifier
Paris. La duchesse de Montmorency, dont le parc d'Auteuil touche le bois de Boulogne, perd par là l'agréable
vue de ce bois, dont elle sera maintenant séparée par les
fortifications. M. de Rastignac, propriétaire du magnifique
château de Berny, se trouve bien autrement préoccupé
de ce vote puisqu'il ne s'agit de rien moins que de raser

---

[1] A partir de cette année, le journal du comte Rodolphe, soit que les
événements ne lui semblent pas dignes d'être mentionnés, soit en raison
de ses fréquentes et longues absences, n'est plus tenu avec la même régu-
larité, ce qui d'ailleurs ne diminue en rien l'intérêt de ce qui y est relaté.

son château pour y construire les fortifications. Il dit que, par cette mesure, outre un établissement vraiment royal qu'il affectionne beaucoup, à cause de la proximité de Paris, il perd encore une valeur de quinze cent mille francs. Les Rothschild aussi en pleurent de rage ; après avoir dépensé des millions pour se créer un séjour agréable, ce ravissant Suresnes se trouverait dominé par un fort et par la grande poudrière, voisinage que la vieille Mme Salomon de Rothschild trouve si menaçant, si redoutable, qu'elle m'a assuré ne pas vouloir rester un quart d'heure dans ce château, après que la poudrière aurait été construite.

C'est même le petit bourgeois de Paris qui se trouve atteint, par cette mesure, dans une de ses plus chères habitudes : celle de passer son dimanche hors barrière ; pour lui, tout ce qui se trouvait au delà du mur d'enceinte avait la valeur et les agréments d'un séjour à la campagne ; il se croit donc blessé et dérangé, essentiellement, dans ses habitudes, depuis qu'on le menace avec les fortifications. En effet, la banlieue qu'il considère aujourd'hui comme sa campagne se trouve enfermée entre l'ancien mur de Paris et l'enceinte continue.

Le discours, prononcé avant-hier par le maréchal Soult, a produit un grand effet et fait connaître son opinion personnelle, qui est contraire aux fortifications qu'il trouve dispendieuses et inutiles. Cependant, comme président du Conseil, il doit appuyer le projet, car, dans un gouvernement représentatif, il faut savoir transiger avec les préjugés du pays. Les Parisiens, en général, sont contraires aux fortifications, mais il n'en est pas de même des provinces ; forcées comme elles le sont de partager le sort de la capitale, déjà humiliées à la pensée de dé-

pendre à ce point d'une ville exposée au premier coup
de main de l'étranger, elles trouvent bon qu'on en assure
la défense. Il est donc très probable que tous les députés
des provinces, qui forment la majorité, voteront pour
les fortifications.

Le roi est favorable à cette mesure ; il a été furieux
contre le maréchal pour le langage qu'il a tenu et qui
prouve qu'il est contraire au projet de fortifier Paris.
Une personne qui croit connaître les pensées du roi m'a
assuré que Louis-Philippe tenait à ces fortifications,
beaucoup moins à cause de la garantie de sécurité qui en
résultera pour la capitale, que parce que leur construction va occuper une prodigieuse quantité d'ouvriers de
toute espèce, cette classe toujours dangereuse, remuable
et remuante.

« Napoléon, dit le roi, devait faire la guerre pour
contenir son armée, moi je dois faire travailler beaucoup
et toujours pour contenir les héros qui sont persuadés
que je leur dois ma place ; les fortifications vont les occuper pendant au moins dix ans : c'est plus que je ne puis
espérer régner. »

25 janvier.

Hier, il y a eu grand bal à la Cour, quatre mille personnes conviées, quelle foule ! quelle chaleur ! Mais lorsqu'on a dit cela, il faut se hâter d'ajouter que l'aspect
de la fête était superbe, le coup d'œil du souper magique
et le service parfait. La duchesse de Nemours était fort
jolie, très gaie et s'amusait comme une enfant. La

duchesse d'Orléans a reparu pour la première fois au bal, elle a assez bonne mine ; sans être jolie, elle a tant d'esprit dans le regard, tant de noblesse dans la démarche, tant de grâce dans tout ce qu'elle fait, qu'elle finit par nous faire l'effet d'une belle princesse.

Le roi s'est retiré de très bonne heure, ayant été un peu souffrant ; la reine, toujours angélique, me fait l'effet de la Sainte Élisabeth, toute à ses devoirs ; Madame Adélaïde est toujours heureuse, lorsque les affaires sont au désir du roi et qu'elle se trouve entourée de la famille de son frère. La duchesse de Mecklembourg, belle-mère de la duchesse d'Orléans, est une bonne vieille femme qui fait l'effet d'une bonne ; aussi, Albert Esterhazy, me voyant lui faire une grande révérence et lui parler avec le respect dû aux personnes de son rang, ne comprit pas pourquoi je faisais tant de frais pour la gouvernante des infantes, car il la prit pour telle.

L'infante Louise Charlotte ne danse plus, ce qui est bien heureux, vu son obésité et son âge qui ne vont plus avec cet exercice. Ses trois filles dansent donc pour elle, elles sont très aimables et d'une vivacité tout à fait espagnole.

L'infante Isabelle m'honore d'une bienveillance toute particulière : elle est spirituelle et très vivante, mais pas jolie. Elle me rappelle Mme la duchesse de Berry, pour qui je garde une grande reconnaissance. Je dois à cette ressemblance tant d'agréables souvenirs que l'infante a fait revivre en moi, que sa présence me touche singulièrement. Elle s'en est aperçue et elle m'en a demandé la raison ; je la lui ai donnée, elle l'a comprise parfaitement, en y ajoutant qu'elle se trouvait elle-même très ressemblante à Mme la duchesse de Berry qui, soit pour cette raison ou pour toute autre, saisit toutes les occasions de lui donner des témoignages d'attachement et lui envoie quantité de cadeaux de toute espèce.

— Madame, me disait l'infante Isabelle, a toujours été excellente, parfaite pour moi. Je ne pourrais pas dire la même chose de beaucoup d'autres de mes parents.

— Vous ne voulez sans doute pas désigner la reine Christine, lui dis-je, cela me ferait une véritable peine, je la crois aussi bonne que sensible, aussi tendre avec les membres de sa famille qu'elle est gracieuse et séduisante de manières, pour ceux qui ont l'honneur de lui parler.

— Dieu me préserve de la confondre avec ceux dont je vous parle et qui, certes, n'ont rien de commun avec elle, s'écria l'infante. Je la révère, je l'admire autant que vous et je l'aime comme si elle était ma mère. Depuis ses malheurs, depuis que je l'ai vue ici en exil, détrônée, séparée de ses enfants, je la trouve encore plus digne de mon admiration et de mon amour. Je regrette beaucoup que ma mère ne partage pas tout à fait mon opinion, c'est un véritable chagrin pour moi.

— En effet, repris-je, Son Altesse Royale Madame votre mère m'a dit que la reine Christine ne lui écrivait pas et elle me l'a dit avec une inflexion de voix qui m'aurait bien prouvé que la reine et l'infante étaient au plus mal ensemble, si même j'avais ignoré que la reine a eu à se plaindre de l'infante votre mère.

— Ceci n'est, malheureusement, que trop vrai et la réconciliation forcée qui a eu lieu ici, par l'entremise de l'angélique reine Amélie, a été un armistice plutôt qu'une paix durable entre les deux partis ennemis, puisqu'il faut prononcer le mot, car j'aime à parler avec franchise. Voyez-vous, poursuivit l'infante, c'est un grand bonheur

pour une princesse que de pouvoir s'exprimer librement,
comme je le fais avec vous, et demander des avis à des
personnes qu'elle sait disposées à lui répondre avec
franchise, n'ayant aucune raison pour la tromper. Sous
ce rapport, notre séjour en France nous fera beaucoup
de bien, et nous a déjà fait celui de voir le monde autrement qu'à la manière d'une infante d'Espagne qui
ne sort jamais de l'enceinte du palais. Ici, nous nous
promenons, nous recevons et nous échangeons nos idées
avec d'autres personnes que nos chambellans et nos
dames d'honneur qui, tout braves gens qu'ils soient, ont
intérêt à ne pas nous montrer le monde tel qu'il est, mais
tel qu'il devrait être. Quant aux malintentionnés dont
notre Cour a toujours abondé, je pense qu'il ne leur sera
plus aussi facile de me tromper maintenant.

Et changeant de sujet, l'infante a repris :

— Je vous ai vu dernièrement au Théâtre-Français,
au *Verre d'eau*. Comment trouvez-vous cette pièce, monsieur le comte?

— Très amusante, mais parfaitement absurde.

— Je conçois votre jugement quant à l'ensemble de
la pièce, mais il y a des scènes qui sont excellentes. On
dit de telles vérités à la reine Anne, de si parfaites, de si
bonnes, de si salutaires à entendre, que j'ai fait acheter
la pièce pour la relire et pour méditer les phrases qui m'ont
le plus frappée. Rien ne me paraît plus méprisable que le
caractère de la reine Anne, si faible, si indécise, ayant
peur de tout le monde et se trouvant sous le joug de la
duchesse de Marlborough, femme intrigante et impérieuse.

— La reine Anne, répondis-je, est représentée, dans
cette pièce, comme la femme la plus inconséquente ; on
ne la comprendrait même pas, si elle n'était en proie à une

passion violente, qu'elle croit être partagée par ce petit officier bien insignifiant et peu fait pour en inspirer une pareille.

— Vous avez bien raison, comte.

— Il est vrai que l'amour a un bandeau sur les yeux, continuai-je. Ce ne sont pas toujours les plus dignes d'une affection de ce genre qui en sont l'objet; il faut donc admettre la passion de la reine Anne, et dès lors tout s'explique. La reine se trouve sous cette influence, au milieu d'une cour dépravée, entourée de bas intrigants. Du reste, la peinture de ces personnages est absurde; a-t-on jamais vu, en Angleterre, traiter de la sorte les grandes affaires du pays et une soubrette décider la paix ou la guerre dans les antichambres?

— Cela ne s'est peut-être pas vu en Angleterre, interrompit l'infante avec vivacité, mais transportez-vous en Espagne, à Madrid, à l'Escurial, à Saint-Ildefonse, à Aranjuez, et la situation des personnages du *Verre d'eau* vous paraîtra moins invraisemblable.

— Je vous ai regardée, princesse, repris-je, deux ou trois fois pendant la pièce et j'ai cru deviner sur votre figure ce que vous venez de me dire; j'ai vu tout l'intérêt que vous prêtiez aux scènes que je critiquais à part moi, et je vous avoue que j'aurais suivi plus longtemps, sur vos traits, vos impressions, si je n'avais craint de vous déplaire en vous lorgnant trop souvent.

— Je vous ai, cependant, assez encouragé à le faire, car moi aussi je vous ai beaucoup lorgné; j'ai la vue très basse et comme je désirais vous voir, il me fallait bien vous regarder. J'ai surpris ainsi vos yeux tournés de mon côté et ma sœur m'a dit que c'était bien moi et pas elle que vous regardiez.

L'infante m'a appris que ses deux frères étaient entrés
au collège Henri IV, et que ce bal de la Cour, auquel l'aîné
des infants assistait, serait probablement le seul amuse-
ment qu'il aurait pendant le carnaval, excepté quelques
concerts qui auront lieu aux Tuileries. La reine ne veut
point donner de petits bals, cela fait trop crier ceux qui
n'en sont pas. La duchesse d'Orléans n'en donnera pas
non plus, par la même raison, et parce que le duc, depuis
son mariage, tient essentiellement à ne voir chez lui
que la meilleure compagnie. Il est cependant obligé d'inviter M. et Mme Thiers. L'honorable député se promène,
en simple habit, au milieu de tous les uniformes, et en
opposition avec le règlement imprimé sur la lettre d'invitation qui dit qu'on n'est admis qu'en uniforme.
Depuis que la loi des fortifications de Paris a été votée,
il est rayonnant : lui et ses amis considèrent ce vote
comme un marchepied pour monter de nouveau au pouvoir. Dès lors une nouvelle lutte commencera entre lui
et le roi. Sa Majesté, de son côté, est ravie de la manière
dont cette loi a passé ; il en attribue tout le mérite à
Guizot.

6 février.

Mercredi dernier, au concert qui a eu lieu à la Cour, le
roi eut la bonté de s'approcher de moi pendant que je
parlais avec l'infant Don François de Paule et de s'informer si je n'avais pas de rhume, question qu'il adresse
ordinairement à l'Ambassadrice. Après avoir rassuré le
roi à ce sujet, je fis à Sa Majesté les éloges du concert, qui

a été vraiment magnifique, et surtout d'un morceau d'ancienne musique d'église avec chœurs par Marcello, que Mme Viardot-Garcia a chanté avec une rare perfection. Le roi s'extasia sur l'effet que les voix faisaient dans la salle des Maréchaux, où se tiennent les concerts ordinaires.

— Cela me fait supposer, ai-je eu l'honneur de dire à Sa Majesté, que la voûte de cette belle salle est construite en pierre de taille, car, chez le baron Delmar qui a fait construire une rotonde avec une coupole très élevée dans le but d'y donner des concerts, la musique ne fait pas le même effet, bien que la rotonde soit beaucoup plus petite que la salle des Maréchaux. J'attribue cela à sa construction en bois recouvert de stuc.

— Vous pouvez bien avoir raison, comte Rodolphe, mais je ne saurais vous dire si cette voûte est en pierre de taille : c'est Louis XIV qui, en faisant agrandir cette salle, ordonna sa construction telle que vous la voyez aujourd'hui. Primitivement, du temps de Marie de Médicis qui fit bâtir cette maison de campagne, car c'était sa maison de campagne, la façade finissait à la salle du Trône et à sa place il y avait une terrasse. Le Louvre, continua le roi, a été aussi la maison de campagne des rois de France et se trouvait hors de l'enceinte de Paris, tout comme le palais des Tuileries du temps de Marie de Médicis. La dénomination du Louvre le prouve bien, car le mot Louvre vient de louveterie, maison de chasse. Paris donc, depuis son origine, a eu déjà sept enceintes qui ont été successivement débordées.

— Il est à prévoir, dis-je à Sa Majesté, que celle qu'on vient de voter si facilement à la Chambre, partagera bientôt le sort des sept autres.

— Sans doute, reprit le roi, mais, en attendant, c'est un grand résultat que j'ai obtenu là ; je le dois entièrement à Guizot. Sans lui la loi n'aurait point passé. Vous connaissez l'inconcevable conduite du maréchal à cette occasion, n'en parlons plus, mais j'espère que vous approuvez mes fortifications, car, voyez-vous, étant maître de Paris, je le suis de toute la France. Au reste, le prince de Metternich est d'accord avec moi à ce sujet et sur beaucoup d'autres, et j'espère que vous, personnellement, vous me rendez justice. Vous avez été à même de suivre de près toutes mes actions ; elles se sont déroulées pour ainsi dire devant vous et vous savez que j'ai tout fait pour dompter l'esprit révolutionnaire et pour conserver la paix à l'Europe. J'agirai toujours ainsi, aucun sacrifice ne me coûtera pour maintenir la paix.

Ici, je dis au roi, avec franchise, que ce qui me paraissait le plus étonnant pendant son règne, c'est que, la part faite à sa haute intelligence, il avait eu en outre beaucoup de bonheur. Cette observation parut lui déplaire un peu, car il cherche toujours à faire croire que tout ce qu'il fait et tout ce qui lui a réussi est dû uniquement à sa finesse et à ses calculs.

— J'aime à voir que vous me rendez justice, continua Sa Majesté, mais avouez que je ne suis pas toujours assisté par les puissances, comme le mériteraient les services que je leur ai rendus déjà et que je leur rendrai encore.

— C'est que, repris-je, si Votre Majesté a de grandes difficultés à vaincre, nous en avons aussi.

— A l'intérieur de vos États, oui.

— Non pas, Sire, nos difficultés sont toutes extérieures, de puissance à puissance ; nous avons des traités

et des conventions à exécuter, des ménagements à
observer qui font que nous ne pouvons pas toujours
seconder les projets de Votre Majesté, non compté que
le principe sur lequel notre monarchie est basée se trouve
en opposition manifeste avec celui de la révolution de
Juillet.

— Je conçois cela parfaitement, me dit Sa Majesté,
mais en ce qui touche vos difficultés à l'intérieur que vous
contestez, je vous observerai seulement que je reçois des
nouvelles de tous les côtés et suis parfaitement instruit
de ce qui se passe chez vous.

— Je saisis, Sire, parfaitement la pensée de Votre
Majesté. Elle veut dire, ajoutai-je en souriant, que ce
n'est pas toujours par ce que nous lui disons qu'Elle juge
notre position et que nous-mêmes nous nous faisons des
illusions sur la nôtre. Ceci, loin de changer la question,
me fait espérer que Votre Majesté appréciera nos difficultés, quelle qu'en soit la nature, puisqu'elle les connaît
et qu'il y en a même que nous ignorons. J'ai d'autant
plus d'espoir que Votre Majesté daignera me comprendre,
que le gouvernement de Votre Majesté est bien souvent
dans le cas d'avoir recours à cette même appréciation
de la part du cabinet de Vienne.

— Je vous rends parfaitement justice, mais, à l'occasion du malheureux traité du 15 juillet, pourquoi ne
m'en avez-vous pas prévenu quelques jours seulement
avant la signature? J'aurais, soyez-en bien persuadé, fait
comprendre à lord Palmerston qu'il me mettait par là
sur une poudrière. Je me suis, je vous l'avoue, complètement trompé sur la force de Méhémet-Ali, j'ai cru qu'il
résisterait bien plus longtemps, mais quoi qu'il en soit,
j'attribue le prompt, je dirai l'inconcevable succès que

vous avez obtenu en Syrie, en grande partie, à un très heureux hasard. Si l'expédition avait manqué, si les alliés avaient été obligés de se retirer, que serais-je devenu, moi? que serait devenu mon gouvernement, et l'Europe, et vous tous? Nous aurions eu la guerre et vous savez si je l'ai en horreur ! Et ce sentiment est partagé par tout le monde. Ne croyez pas qu'on aime la guerre, que les Français l'aiment : il n'en est rien, on n'y est poussé que par des embarras dans l'intérieur et lorsqu'on ne sait plus comment en sortir autrement ; c'est l'histoire de l'origine de toutes nos guerres, en tous les temps ; mais lorsqu'elle est allumée, on se vante de l'aimer et l'on veut faire croire que nous sommes un peuple guerroyant : il n'en est rien pourtant. On aime, je vous le répète, la paix dans ce pays autant et plus que partout ailleurs. C'est pourquoi j'aurai toujours la grande majorité pour moi — ces derniers temps, par exemple, pendant le ministère de M. Thiers, vous avez, sans doute, cru que j'étais débordé.

— Oui, Sire, j'ai partagé cette opinion avec tout le monde.

— Eh bien, voilà ce qui vous trompe, je ne l'ai jamais été et je ne le serai jamais ; mais souvent je suis obligé de faire semblant de l'être. Laissez-moi encore régner pendant dix ans seulement et vous verrez.

Le roi espère toujours pouvoir dompter le principe qui l'a mis sur le trône ; je ne crois pas que ce soit possible, car ce principe est l'âme, l'existence du gouvernement. En le détruisant, le roi détruit sa royauté, c'est un suicide. Cependant, en voyant le roi Louis-Philippe si plein d'espoir, si parfaitement sûr de réussir, et cela après avoir mené le gouvernement, avec un rare bonheur, à travers mille difficultés, pendant près de onze ans, je serais presque tenté de croire qu'il réussira à changer la nature des choses. Mais au milieu de mes réflexions, je rencontre ce petit Satan incarné, ce petit Thiers qui, en sa simple qualité de député, prend, à la Cour, le pas sur tout le monde, gardant ses allures de président du Conseil qu'il n'est plus.

15 février.

Hier, 14 février, il était deux heures après-midi lorsque le duc de La Mothe d'Houdancourt vint chez moi et, en mettant un billet cacheté sur son chapeau, me le présenta comme sur une assiette.

— Noble comte, me dit-il, veuillez prendre lecture de mon très humble griffonnage.

Je pris le billet qui m'était adressé et, après en avoir rompu le cachet, je lus ce qui suit :

« Vous m'avez dit, mon cher Rodolphe, que Mme votre tante n'osait inviter les infants d'Espagne à ses bals, votre gouvernement n'ayant pas reconnu Christine. Hier, le prince m'a parlé du regret de ses enfants de ne pas y aller et de leur désir d'être de celui de demain. Si cette demande ne vous paraît pas extraordinaire, veuillez la transmettre à M. votre oncle et à Mme votre tante et, dans le cas contraire, faites comme si je ne vous avais pas écrit. Tout à vous. »

Pendant que je parcourais ces lignes, le duc s'assit dans un fauteuil et me dit :

— Vous voyez que je viens chez vous en qualité d'ambassadeur, honneur que je dois à ma qualité de grand d'Espagne de première classe. Outre l'acte diplomatique que vous tenez dans la main et que j'appellerai, pour me servir de votre dialectique, une note verbale, à côté de cette note, je vous dirai, confidentiellement, que les princes connaissent la démarche que je fais, en ce moment, auprès de vous et, les infants surtout, en attendent avec impatience le résultat.

— Ce résultat, mon cher duc, n'est pas douteux car, si d'un côté l'Ambassadeur n'a pas pu, par les raisons que vous connaissez, inviter l'infant et sa famille, de l'autre, il lui serait tout à fait impossible de ne pas les recevoir après une démarche aussi directe de leur part. Je parlerai à l'Ambassadeur dès qu'il sera rentré et je vous apporterai moi-même sa réponse, dans un billet qui sera ostensible et que je vous prierai de mettre sous les yeux de Leurs Altesses Royales.

Ce que j'avais prévu est arrivé : l'Ambassadeur, tout en étant au désespoir d'avoir les infants à son bal, ne peut faire autrement et m'a chargé d'écrire au duc de La Mothe qu'il se ferait un honneur de les recevoir. Voici la lettre ostensible que j'ai écrite à ce sujet au duc de La Mothe-Houdancourt :

« MON CHER DUC,

« Je n'ai pas tardé à prévenir l'Ambassadeur et l'Ambassadrice que Leurs Altesses Royales l'infant et l'infante d'Espagne, avec leur famille, avaient l'intention de nous honorer de leur présence, au petit thé dansant qui aura lieu chez nous demain.

« Comme vous vous êtes chargé, mon cher duc, du gracieux message de Leurs Altesses Royales, veuillez aussi, en retour, être l'interprète des excuses que l'Ambassadeur et l'Ambassadrice désirent faire parvenir aux pieds de Leurs Altesses Royales, de ce qu'Elles ne trouveront pas tout ce à quoi des personnes d'un rang aussi éminent seraient en droit de s'attendre et que l'on aurait tâché de leur procurer, si ce bal avait été donné avec l'espoir d'y recevoir Leurs Altesses Royales, mais je vous le répète, mon cher duc, ce ne sera pas un bal, mais rien qu'une toute petite sauterie que l'Ambassadeur comptait donner pour sa fille et pour sa belle-fille, en n'invitant que des danseurs, des danseuses et leurs chaperons. Tout à vous. »

Le duc, aussitôt qu'il eut vu ma lettre, passa chez l'infante. Il la trouva dans un état violent : elle venait de faire une scène terrible à l'infant son mari et aux infantes, de ce que, sans la consulter, ils avaient fait une démarche aussi humiliante pour des Bourbons que de solliciter une invitation de bal. Le pauvre infant, ne sachant que répondre, tâcha d'excuser de son mieux sa faiblesse pour ses enfants, mais rien n'arrivait à calmer l'infante. Cependant, le duc de La Mothe-Houdancourt, qui se trouvait très compromis dans cette affaire obtint sa grâce en faisant lecture de ma lettre ; il appuya vivement sur la phrase où je dis ne pas avoir tardé à « prévenir l'Ambassadeur que Leurs Altesses Royales avaient l'intention » de nous honorer de leur présence. Il fit donc sentir à l'infante qu'il n'était nullement question d'une demande faite, mais bien de s'être annoncé comme tout souverain pourrait le faire sans déroger en rien. Ceci calma l'infante, elle pardonna à tout le monde et promit de mener ses filles au bal.

J'ai donc fait placer cinq fauteuils dans la salle de bal,

et j'ai prévenu le maître d'hôtel de dresser une table à part pour les infants et leur famille. Je présidais à ces arrangements lorsqu'on m'annonça le duc de La Mothe-Houdancourt.

— L'infante, me dit-il, dans la crainte de mettre l'ambassadeur d'Autriche dans l'embarras vis-à-vis de son gouvernement, pour s'être trouvé dans le cas de recevoir des princes de la famille de la reine d'Espagne non reconnue encore par l'Autriche, me charge d'exprimer tous ses remerciements au comte et à la comtesse Apponyi pour la grâce extrême avec laquelle ils ont bien voulu accueillir une demande peu convenable de la part des infantes, que leur jeunesse et leur inexpérience seules peuvent excuser. L'infant et l'infante se proposent, dès que le gouvernement de l'Empereur aura reconnu l'innocente reine, de venir en personne remercier le comte et la comtesse de leur aimable intention.

— Mon cher duc, ai-je répondu, je suis charmé de la sage résolution que l'infante a prise, car on aurait été très étonné de voir les princes d'Espagne chez nous et, si l'on m'avait demandé une explication, je n'aurais pu faire autrement que de dire que nous ne les avions pas priés, mais que Leurs Altesses s'étaient fait annoncer Elles-mêmes, ce que le public aurait pu mal interpréter. Si donc je suis fâché de ne pas pouvoir procurer ce plaisir aux jeunes infantes, qui ont eu si peu de bals cette année, il me semble qu'il est convenable de faire ce sacrifice à notre position réciproque, qui ne s'en trouvera que meilleure.

4 avril.

En paraissant devant les Chambres, Guizot a commencé par flétrir le ministère précédent, par démontrer l'absurdité des principes qu'il voulait soutenir, et le danger qui devait résulter pour la France d'une politique aussi absurde que celle de M. Thiers. Il a voulu prouver, jusqu'à l'évidence, l'incapacité de son adversaire et il a merveilleusement réussi. Cette belle victoire remportée, il insinua, avec grande adresse, que bien des ministères précédents avaient commis une faute très grave, en confondant les bonnes choses avec les mauvaises et en repoussant même l'utile, parce qu'il provenait d'un ministère tombé. Il ajouta qu'il était bien décidé à ne pas commettre cette même erreur, et il proposa le vote de la loi des fortifications, sans cependant en prendre la responsabilité entière, de manière que, si la loi avait été rejetée, ce rejet n'aurait pas eu pour suite nécessaire et inévitable la retraite de M. Guizot. Enfin la loi est votée.

Ces derniers jours, pendant une séance de la Chambre des pairs, les amis de Guizot lui ont reproché de s'être servi, dans la chaleur de la discussion, d'un argument très compromettant pour la dignité du gouvernement : il a dit que si la Chambre des pairs votait l'amendement dirigé contre l'enceinte continue, il croyait que l'ensemble de la loi serait rejeté par la Chambre des députés ; cela indiquait trop clairement que le ministère ne soutenait le projet de l'enceinte que par concession pour l'opposition et pour arriver à son but principal, celui d'obtenir les forts détachés.

5 avril.

Lord Granville a eu une attaque de paralysie : on l'attribue à l'usage de la colchique qu'un médecin anglais lui a ordonnée, pour le soulager des horribles douleurs de la goutte. Lundi dernier j'ai dîné chez lui, il se portait encore très bien, mais il nous a dit qu'il s'attendait à une attaque de goutte. Le lendemain, il est allé à pied, accompagné de lady Granville, faire visite à son médecin qui était alité. Lorsque le médecin vit lord Granville, il fut effrayé de sa mine et, après lui avoir tâté le pouls, il lui demanda s'il n'avait pas eu quelque mauvaise nouvelle politique d'Angleterre. L'ambassadeur lui répondit que non et qu'en général il n'avait aucune raison quelconque pour s'agiter. Le médecin conçut des inquiétudes, il l'engagea à rentrer, à se coucher et à se faire mettre des ventouses pour prévenir une attaque. Malheureusement, toutes ces précautions sont arrivées trop tard et les prévisions du médecin se sont réalisées d'une effroyable manière. Peu d'heures après s'être mis au lit, lord Granville a eu une attaque qui a paralysé la moitié du corps, il perdit entièrement connaissance et l'on craint que ses nerfs, rendus inactifs par l'usage de la colchique, ne soient plus sensibles à aucun remède excitant et que la réaction des nerfs, si désirable dans ce moment, ne s'opère pas. Le bulletin de ce matin est un peu plus rassurant.

Ses deux fils et lady Leveson sont arrivés, mais ils n'ont point encore vu leur père, le médecin redoutant toute espèce d'émotion pour le malade. Il a repris, depuis

quelques jours, ses sens et sa parole, mais il est très faible
et l'on croit qu'il ne pourra jamais plus, même s'il reve-
nait de cette attaque, reprendre la direction des affaires.

Lady Granville et tous les Anglais réunis sont fort
scandalisés que lady Leveson ait accompagné son mari,
sans avoir été invitée par lady Granville. Cette dernière
l'a fait sentir à sa belle-fille, au point qu'elle n'a voulu
la voir que trois jours après son arrivée.

Ces sortes de choses ne peuvent être comprises que par
les Anglais, chez qui les relations de famille sont autres
que chez nous et sur le continent en général. Lady
Leveson, en accourant de Londres auprès de son beau-
père mourant, a fait ce que chaque belle-fille du continent aurait cru pouvoir et même devoir faire. Quoi de
plus naturel, en effet, pour une femme qui aime son mari,
que de ne pas vouloir l'abandonner au moment où il est
menacé du plus grand chagrin qu'il puisse éprouver dans
la vie : celui de perdre son père ; de vouloir être auprès de
lui pour le soutenir, pour partager sa douleur et le consoler autant qu'il est dans son pouvoir de le faire? Eh
bien ! les usages en Angleterre s'y opposent, il n'est pas
permis de se laisser aller à son sentiment, au point de
mettre de côté la bienséance et de se placer au-dessus
de certaines règles qu'on ne saurait enfreindre impuné-
ment.

Lady Leveson a donc commis une grande faute : elle
a manqué de respect à sa belle-mère. Car, dans les idées
anglaises, il n'y a pas de faute plus grave contre la politesse que d'aller quelque part sans invitation préalable.
Un fils, par exemple, demeurant à Londres ne peut aller
dîner chez son père sans y être invité spécialement par
une lettre imprimée, ainsi que cela se pratique pour tout

le monde, et le fils, après avoir reçu cette invitation de la part de son père, lui répondra dans les mêmes termes usités, dont tout le monde se sert pour accepter ou refuser une semblable invitation.

12 avril.

La pauvre duchesse de Vallombrosa a succombé, cette nuit, à une fièvre puerpérale, à la suite de ses couches qui ont eu lieu jeudi dernier. Elle a mis au monde un petit garçon très bien portant. La pauvre duchesse, hier à cinq heures après-midi, ne se doutait point qu'elle n'avait plus que quelques heures à vivre. Les médecins ayant déclaré au mari et à son infortunée mère qu'elle était perdue, Mme de Béarn s'est rendue immédiatement chez l'abbé Dupanloup, pour le prier de venir préparer la duchesse à la mort et lui annoncer cette triste nouvelle.

La pauvre jeune femme avait toute sa connaissance et, comme son sang avait déjà tourné en gangrène, à quelques étouffements près qui n'étaient que très passagers, elle n'éprouvait aucune souffrance. Aussi a-t-elle été fort étonnée lorsque l'abbé Dupanloup, son confesseur, lui laissa entendre que son état donnait des inquiétudes. Elle se refusa à le croire et lui dit qu'elle se sentait si bien, qu'il ne pouvait être question de danger. L'abbé fut donc forcé de la convaincre du contraire. En proie au plus violent désespoir, elle s'écria : « Quoi, mourir si jeune ! Je me sens encore si forte, si pleine de vie ! N'y a-t-il donc pas de remède pour me sauver? »

L'abbé Dupanloup a dit à la marquise de Brignole,

de qui je tiens ces détails, que depuis bien longtemps il n'avait pas assisté à une scène aussi déchirante. D'autres maladies ont pour effet d'affaiblir les facultés morales et de créer une sorte d'insensibilité, mais dans le cas de la duchesse, la tête était libre et, deux heures avant sa mort, la malheureuse jeune femme demandait aux personnes qui se trouvaient dans sa chambre s'il n'y avait aucun moyen de la guérir. A minuit encore, elle donna quelques ordres pour le lendemain, et à minuit un quart elle n'existait plus. Il faut ajouter qu'une fois le sacrifice fait à Dieu de sa vie, elle a été admirable de douceur et de résignation.

Le pauvre duc est au désespoir : il ne sait ni que faire, ni que devenir. La comtesse de Béarn témoigne d'une force morale inconcevable. C'est la quatrième fille qu'elle perd ; trois étaient mariées. L'aînée, Mme de Thuisy, a péri d'une manière affreuse sous les yeux de sa mère, de son mari et de sa fille, au cours d'une promenade dans les Pyrénées : un rocher se détachant tomba sur elle et l'entraîna dans un précipice. Mme de Béarn eut encore la douleur de perdre, deux ans après, sa petite-fille, une charmante jeune personne. M. de Béarn disparut pendant la campagne de Russie. Sa veuve reste donc avec une dernière fille, la marquise de Caraman.

Lord Granville est toujours encore paralysé. Il est cependant convenu de dire qu'il se porte de mieux en mieux. Son fils m'a parlé dernièrement dans le même sens et il ajouta que ce qui lui fait espérer une entière guérison, c'est que le mieux s'opère insensiblement. Le médecin Verity prétend que c'est tellement insensible que c'est imperceptible.

Des personnes bien informées m'ont dit que lord Plamerston n'attendait qu'un mieux plus positif, dans l'état de lord Granville, pour le rappeler ou pour l'engager à demander lui-même son rappel. On lui donne pour successeur lord Beauvale ou lord Clanricarde. Lord Beauvale ne me paraît pas assez riche pour accepter un poste aussi dispendieux que celui de Paris, où un ambassadeur d'Angleterre doit tenir un grand état de maison et prendre, à sa charge, une dépense bien supérieure aux appointements accordés par la cour d'Angleterre à ses ambassadeurs.

6 mai.

Sans m'attarder à décrire les fêtes données à l'occasion du baptême du comte de Paris, dont les détails remplissent les journaux, je dirai seulement que ce petit enfant a été pendant toute la cérémonie aussi sage que possible, malgré sa grande timidité. Ce qui lui a fait surtout peur, c'est la mitre et la crosse de l'évêque. Lorsqu'on l'approcha des fonts baptismaux, il dit à sa bonne qui le tenait : « J'espère bien qu'on ne va pas me mettre là dedans. »

Mme la duchesse d'Orléans avait, comme toujours, l'air très princesse, elle a très bien fait ses révérences, elle a seulement oublié de saluer l'autel, avant de saluer le roi. La duchesse de Nemours a encore donné, à cette occasion, une nouvelle preuve de son invincible timidité. Le duc d'Orléans a pour principe de ne jamais montrer de l'émotion ; tout au contraire, il aime à afficher de l'indifférence : il avait l'air de ne pas prendre part à la cérémonie, il lorgnait les femmes qui occupaient les tribunes, riait, parlait à l'oreille de son frère, ce qui n'est pas décent dans un saint lieu et cela devant et au regard de tout ce grand monde réuni. Tout au contraire, la reine, Madame Adélaïde et les princesses n'ont pas un instant perdu de vue le petit prince. Elles ont suivi avec dévotion et intérêt cette cérémonie belle et auguste. Le tout s'est passé en grande pompe. Les ornements sacerdotaux ont été donnés par le roi. On avait remis le procès de Darmès pour ne pas être obligé de lui faire grâce, car on y eût été obligé, et pour ne pas procéder à une exécution si peu de temps après le baptême solennel du comte de Paris.

Malheureusement, l'affaire des lettres faussement attribuées au roi, dans laquelle cependant le rédacteur de l'article inculpé a été acquitté par le jury, a mis du trouble dans cette fête. La police était fort préoccupée de ce qui pourrait arriver au souverain, pendant le trajet du Château à Notre-Dame ; elle l'a forcé à prendre une autre route que celle qui avait été primitivement indiquée. La foule des curieux, qui s'était portée sur celle-ci, a été fort désappointée en voyant le cortège passer de l'autre côté de la Seine et au grand galop.

Pauvre roi ! pauvre France !

Pauvre roi ! parce que, sans avoir la puissance d'un tyran, il en a tous les désagréments ; et pauvre France ! parce qu'elle ne sait ce qu'elle veut et qu'elle est le jouet de quelques têtes écervelées, de quelques mauvais drôles qui, pour parvenir, veulent mettre à feu et à sang tout un pays. C'est une grande et salutaire leçon pour tous les peuples de voir qu'un gouvernement matériellement puissant, ayant à sa tête un homme de la trempe du roi Louis-Philippe, si sage, si prévoyant, si fin, qui sait employer tous les moyens, qui a la connaissance des hommes et des choses, qui connaît le mal, qui ne recule devant aucun obstacle ni devant aucun sacrifice d'amour-propre pour atteindre son but, de voir, dis-je, qu'un tel gouvernement ne marche pas malgré cela, ne se consolide pas et tremble toujours, uniquement parce qu'il n'a pas pour base le principe de la légitimité.

ANNÉE 1842

26 juillet.

Le roi vient d'ouvrir les Chambres, pour faire voter la loi relative à la régence, loi urgente, car Louis-Philippe est septuagénaire. Quel affreux événement que celui du 13 de ce mois, quel événement imprévu, inconcevable, étourdissant ! Un jeune prince beau, agile, admirablement bien fait, plein de santé, de vie et d'avenir, entouré d'hommages, de respect, d'amitié, d'amour, fils adoré, mari idolâtré, frère chéri, père de deux charmants enfants, héritier présomptif d'un puissant empire ; ce prince, dis-je, qui réunit en lui tant de qualités, tant de bonheur présent et à venir, se promène en voiture entre l'entrée du bois de Boulogne et l'avenue du château de Neuilly, il tombe de la voiture comme un enfant de trois ans, la tête contre le pavé, il y reste sur le coup, la tête écrasée, sans jeter un cri, sans un seul retour sur la vie, sans pouvoir se rendre compte de l'immense passage qu'il vient de faire, de l'espace immense qu'il vient de franchir en sautant, à la distance d'un pied et demi, du marchepied de sa voiture sur le pavé, lancé ainsi dans l'éternité, tombant du haut d'un trône au niveau du dernier des mortels et précipité de toute cette beauté, de toute cette splendeur, de toute cette vanité, dans la tombe, et cela sans pouvoir dire un mot d'amitié, un mot de regret aux siens, sans pouvoir leur dire un dernier adieu, sans transition aucune de la vie à la mort !

Et encore, si cet accident lui était arrivé dans un de ses voyages lointains, dans les montagnes, entouré de précipices, de rochers, de torrents ou d'abîmes, et non dans une allée droite et nivelée, entre un arc de triomphe et un palais ! si sa voiture avait été brisée, le postillon jeté au loin, traîné par les chevaux ou écrasé sous leurs pieds, sous les roues de la voiture ! mais rien de pareil, rien, absolument rien !

Le postillon, après quelques secondes d'une course rapide, redevient maître de ses chevaux, il les arrête et, voyant que le prince, dont l'agilité lui était bien connue, avait quitté la voiture, il revient sur ses pas pour se mettre de nouveau à la disposition du duc d'Orléans. Ces quelques secondes avaient suffi, hélas ! pour mettre en deuil la famille royale, tous ceux qui l'aiment et lui sont dévoués !

Que de projets évanouis, que de calculs trompés !

Pauvre duchesse d'Orléans ! que n'a-t-elle pas perdu à la fois ? un mari beau et galant, le père de ses enfants, un ami plein de dévouement, un compagnon spirituel et aimable, le soutien de sa vie et, avec tout cela, une cou-

ronne et ses espérances! Sa force, lorsqu'elle est avec la
famille royale, est aussi inouïe que sa douleur est affreuse
lorsqu'elle peut s'y adonner.

On ne se fait aucune idée du désespoir de toute la famille
royale. J'essayerais en vain de le dépeindre. Cependant
le roi et la reine ont montré, dans le moment même, une
force morale surprenante. La reine, pendant les trois
heures qu'a duré l'agonie du prince, est restée constamment agenouillée près de l'affreux grabat, agenouillée
sur des carreaux humides, rendus nauséabonds par tous
les résidus de table d'une guinguette voisine qu'on y
avait jetés pendant des semaines! Et cette sainte
reine à genoux dans cette fange, couchée à demi sur
le corps inanimé de son fils, ne lâchant pas un instant
sa main, observant avec une indéfinissable angoisse le
pouls qui se retirait de plus en plus vers le cœur! Lorsqu'il fut devenu presque imperceptible et que la reine
eut perdu tout espoir de sauver son fils, elle se tourna
vers la foule qui encombrait ce misérable lieu et dit, d'une
voix solennelle, qu'il n'y avait plus rien à espérer des
efforts humains, qu'il fallait recommander l'âme du Prince
royal à la miséricorde divine. Les secours religieux ne
tardèrent point à arriver.

Cependant, la reine, toujours occupée à poursuivre la
marche rétrograde du pouls, s'aperçoit bientôt que son
fils a cessé de vivre. Dans ce funeste moment, elle demande
que l'on récite les prières des morts : le roi pousse un cri
de douleur qui fait tressaillir tous les assistants, mais,
redevenu bientôt maître de ses sentiments, il essaie d'entraîner la reine dans la pièce voisine, pour lui épargner
ce que cette scène devait avoir pour elle de déchirant,
mais elle s'y refuse et exprime le désir d'accompagner

le corps du défunt jusqu'au château de Neuilly, où il doit être déposé dans la chapelle du palais.

Mme la duchesse d'Orléans, tout en cédant, pour le moment, la régence au duc de Nemours, est très mécontente de se voir mise de côté, d'autant plus que ses souvenirs historiques lui rappellent plusieurs règnes de femmes, en France, qui, selon sa version, ont été plus glorieux que ceux des rois. Bien des personnes de l'entourage du roi ont perdu la tête complètement : l'un d'eux, l'absurde M. Vatout, a eu l'inconcevable idée de proposer au roi d'abdiquer et de se proclamer régent du petit comte de Paris ; un autre lui a conseillé de passer outre sur le duc de Nemours, ce prince étant incapable et tout à fait impopulaire en France, et de nommer comme régent le prince de Joinville.

Heureusement, le roi, malgré sa douleur, a gardé sa tête forte et laborieuse. Il s'occupa donc, dès qu'il fut arrivé au château de Neuilly, des affaires de l'État : il réunit le Conseil des ministres et décida sur-le-champ la convocation des Chambres pour leur faire voter une loi de régence en faveur du duc de Nemours.

Dès que Mme la duchesse d'Orléans fut de retour des eaux, il s'est occupé exclusivement d'elle ; il lui a fait jusqu'à neuf visites par jour, tant pour la consoler de la perte qu'elle vient d'éprouver, que pour l'exhorter à abandonner l'idée de se faire régente, à laquelle elle semble tenir beaucoup. Le roi a même rédigé pour elle un petit mémoire, qu'il lui a remis, afin de lui prouver que sa prétention est inadmissible et qu'il n'était pas de son intérêt d'être nommée régente.

M. Guizot croit en avoir fini avec Mme la duchesse d'Orléans. Celle-ci fait semblant de se ranger aux arguments du ministre ; néanmoins, elle lui en garde rancune et se plaint à ses amis de l'affreuse position qu'on lui prépare.

« Mes enfants sont, de cette manière, mis dans la rue, dit-elle. On m'abandonne leur éducation ; il s'agit bien ici de leur éducation ! c'est bien la moindre des choses ; ne sont-ils pas menacés de perdre la couronne pendant leur minorité ? Et moi, leur mère, je verrai tout cela sans pouvoir leur être utile ! Il est bien triste pour moi d'être venue en France pour n'être que leur bonne. »

Ce sont là des petites choses et des sujets de discussion qui ne franchiront pas la grille du Château, tant que Louis-Philippe vivra et veillera sur les affaires du royaume. Mais après lui, qu'adviendra-t-il ?

15 août.

La reine et les princesses passent la journée d'aujourd'hui à Dreux, auprès des deux tombeaux qui renferment deux membres de cette famille royale si unie. La pauvre reine est toujours dans le même état de désespoir. Ce qui accroît sa douleur c'est l'affreuse idée, qui la poursuit toujours, que le duc d'Orléans est mort sans être en état de grâce ; elle voudrait se persuader du contraire : elle parle et écrit à ce sujet à tous les évêques de sa connaissance ; ceux-ci prennent à tâche de lui prouver que l'extrême-onction suffit, dans le cas où s'est trouvé le duc d'Orléans qui, à ce que l'on dit, était pratiquant, faisait ses dévotions tous les ans et fréquentait les églises, tout cela depuis son mariage surtout, car, autrefois, ses études, ses occupations, ses devoirs de prince, sa passion pour l'état militaire et, il faut le dire, sa vie de jeune homme, l'éloignaient des pratiques religieuses et, surtout, ne lui laissaient pas le temps de se livrer aux méditations pieuses sur la vie éternelle.

Dans les derniers temps, tout au contraire, il s'en est occupé; il paraît même qu'il avait comme un pressentiment vague d'une mort prématurée. Il en parlait à ses frères, à sa sœur. Le jour où le baptême du comte de Paris eut lieu à Notre-Dame, il leur dit que la première cérémonie à laquelle ils assisteraient, dans cette cathédrale, serait celle de ses funérailles. Et, peu de jours avant l'accident du 13, il demanda à son valet de chambre allemand s'il s'était préoccupé de ce qu'il deviendrait s'il perdait son maître. Ce valet de chambre lui répondit qu'il n'y avait jamais pensé, par la raison que son âge lui permettait d'espérer qu'il mourrait le premier.

« Si tu n'y as pas pensé, répliqua le prince, j'y pense, moi, et je te conseille de demander la place de concierge à Dreux et de montrer mon tombeau aux étrangers : cela te rapportera beaucoup d'argent. »

Mme la duchesse d'Orléans a demandé au roi et à la reine la permission de se rendre dans la chapelle du château de Neuilly, auprès des restes de son mari, et cela sans témoin. On n'a pas cru devoir répondre par un refus à cette demande. Leurs Majestés, toutefois, se sont communiqué leurs inquiétudes au sujet de la complexion délicate de la duchesse, craignant pour cette raison que semblable démarche faite pendant la nuit ne lui fît une trop forte impression, d'autant plus que le corps du duc d'Orléans avait dû être enlevé le lendemain pour être transporté à Notre-Dame. La princesse Clémentine, fort liée avec la duchesse d'Orléans, s'offrit de surveiller sa belle-sœur, sans en être vue. Et c'est à cet effet qu'elle se tint cachée pendant les quatre heures que dura ce dernier adieu de la duchesse à feu le Prince royal. La princesse Clémentine revint de là toute remplie d'admiration pour la force de la pauvre veuve.

Elle a raconté que la duchesse, à demi couchée sur le cercueil de son mari, lui parla comme s'il vivait encore : elle lui exprima toute sa reconnaissance, repassa sa vie entière, parla avec enthousiasme de sa première entrevue avec le Prince, de son amour pour lui, et continua ainsi à faire l'historique de tous les jours, de tous les moments heureux qu'elle a passés avec lui ; et tout cela fut fait avec un choix d'expressions, une exaltation de plus en plus croissante s'élevant jusqu'au sublime.

Le roi n'a vu, jusqu'à ce jour, que très peu de monde, et la reine personne, excepté l'ambassadrice de Naples. Le roi a profité de cette réclusion pour s'occuper des affaires de sa famille : il a réglé, à ce qu'il paraît, les différents rapports entre les frères, sœurs, beaux-frères, belles-sœurs, nièces et neveux, leurs fortunes et les différentes successions.

A cette occasion, il a été aussi question de la fortune du duc d'Orléans, qui comprend d'abord le grand patrimoine d'Orléans, dont il n'a jamais eu la jouissance, car le roi s'était réservé exclusivement le droit d'administrer cette immense fortune, puis les deux millions de rentes que la Chambre avait votés en faveur du Prince royal et qui lui étaient payés sur le trésor de l'État. C'est de ces deux millions que Mme la duchesse d'Orléans aurait voulu disposer jusqu'à la majorité du comte de

Paris, mais, à son grand étonnement et non sans qu'elle exprimât son dépit à ce sujet, le roi s'en est emparé et il ne reste, à la disposition de la duchesse, qu'un revenu de trois cent mille francs qu'elle perçoit comme douaire, encore sur le trésor de l'État.

On croit savoir que le roi, si les Chambres ne votent pas d'apanage au futur régent pendant la vie de Sa Majesté, cédera un des deux millions du duc d'Orléans au duc de Nemours. Le second sera employé en partie pour l'éducation, et en partie pour la maison du comte de Paris. Le reste formera une petite caisse d'épargne pour le petit prince royal.

Le roi, vu les circonstances, a exprimé pour la première fois à la duchesse d'Orléans le désir qu'il a de lui voir embrasser la religion catholique. La duchesse, cependant, ne paraît point disposée à le faire : les personnes bien instruites assurent qu'elle se serait soumise à cette concession, si la récompense en avait été de devenir régente de France.

La discussion à la Chambre des députés sur la régence a été très remarquable par l'esprit monarchique qui s'y est développé d'une manière vraiment surprenante, car la gauche même a admis le principe monarchique dans la personne du roi, tandis qu'autrefois et tout récemment encore, la monarchie et le pouvoir monarchique étaient uniquement réservés aux Chambres. Pour bien comprendre la dernière discussion, il faut savoir que M. Thiers, dans une conversation avec le roi, lui a promis l'appui de la gauche dans cette circonstance, ce qui a fait croire que la loi de la régence serait votée à l'unanimité. M. Thiers devait bien prévoir qu'il n'aurait pas assez d'influence et de pouvoir sur Odilon Barrot, pour le faire voter, même dans cette circonstance, pour le ministère Guizot. Il n'en tint pas compte cependant, parce qu'il était charmé de trouver une occasion de rompre avec Odilon Barrot et avec la gauche, dont il ne voulait plus, depuis le décès du duc d'Orléans.

Ne croyant plus rentrer au pouvoir pendant le règne de Louis-Philippe, il attendait l'avènement de feu le Prince royal, dont il s'était, à ce qu'il croyait, ménagé les bonnes grâces. En effet, le duc d'Orléans avait été trop froissé dans son amour-propre, à l'occasion de son mariage, par tous les souverains de l'Europe, pour ne point leur garder rancune. Thiers avait donc espéré qu'il entraînerait ce prince, plus facilement que le roi Louis-Philippe, dans cette politique militante d'opposition, de guerre mena-çante pour le continent et qu'il l'amènerait à contracter une alliance intime avec l'Angleterre, politique impossible à mettre à exécution pour le moment et entièrement contraire surtout aux idées du roi Louis-Philippe.

M. Thiers crut donc de son intérêt de se réunir à Odilon Barrot, en attendant le changement de règne en France. Aujourd'hui que le Prince royal, sur lequel il comptait avec confiance, a été si malheureusement enlevé, M. Thiers a perdu tout son avenir ; quant au présent, l'idée de se trouver sous les ordres de M. Odilon Barrot ne lui paraît pas assez flatteuse et honorable pour qu'il s'en contente ; il fallait donc chercher à en sortir, en rompant avec la gauche, et avoir ainsi une chance quelconque, une chance même très éloignée de pouvoir entrer de nouveau dans une combinaison ministérielle.

Le discours de Thiers, dans la séance du 20 août, a rendu un immense service à la royauté de Juillet, car personne, excepté lui, n'aurait pu dire à la gauche ce qu'il a dit, et cela sans qu'Odilon Barrot ait osé lui répliquer, ni même lui faire la moindre observation. Les principes énoncés dans ce mémorable discours ont été ainsi ratifiés et adoptés par l'opposition, fait mémorable dont le gouvernement a eu soin de prendre acte pour l'avenir :

« Je suis l'adversaire du Cabinet, dit Thiers ; les partis peuvent me calomnier, mais les hommes intelligents qui ont la connaissance des affaires le savent ; ils savent aussi que je n'ai d'alliés, pour quelques-unes de mes idées, que sur les bancs de l'opposition. Malgré cela, malgré cet intérêt très grave de ma position, je viens appuyer aujourd'hui le gouvernement, je viens combattre l'opposition. Je n'ai pas, dans ma vie, rempli de devoir plus difficile et plus pénible. Je suis profondément monarchique et rappelez-vous que certains hommes m'ont reproché, ce que je ne me reprocherai jamais, d'avoir voté pour l'hérédité de la pairie. »

Plus loin, il avoue ne pas croire au pouvoir constituant. « Le pouvoir constituant a existé, je le sais, dit-il, il a existé à plusieurs époques de notre histoire ; mais, permettez-moi de vous le dire, s'il était le vrai souverain, s'il était au-dessus des pouvoirs constitués, il a joué par lui-même un triste rôle : il a été dans les assemblées primaires et à la suite des factions ; sous le Consulat et sous l'Empire, il a été au service d'un grand homme ; je ne respecte donc pas le pouvoir constituant. »

Et, pour expliquer son mépris pour le pouvoir constituant, il dit :

« Le pouvoir constituant a existé sous le titre d'assemblées primaires, de Sénat conservateur, de pouvoir octroyant et de la branche aînée. Mais les constitutions qu'il a élaborées existent-elles encore ? Sont-elles encore applicables? La première chose que fait une constitution, n'est-ce pas de rapporter toutes celles qui l'ont précédée? Non, le pouvoir constitutionnel n'existe plus, le pouvoir constituant comme vous l'entendez serait la violation de la Charte. »

Plus loin, il fait encore un autre aveu ; il dit :

« Je croyais, en 1830, et je le crois encore aujourd'hui, que ce qui est en avant est incapable de se gouverner soi-même et de gouverner le pays. J'ai cru, et je crois encore, qu'en avant il n'y a que de l'anarchie, et voici ce que j'appelle l'anarchie : des hommes incapables. Je ne veux faire aucune appréciation personnelle, à Dieu ne plaise ! des hommes incapables de s'entendre pour faire un gouvernement, pour maintenir l'ordre dans un pays et pour faire autre chose que ce qu'ils ont fait il y a quarante ans, peut-être avec de la gloire en moins. Voilà ce que je croyais en 1830 et, permettez-moi de le dire, ce qui s'est passé depuis n'a pas contribué à me faire changer d'opinion. Et quand j'ai vu d'honnêtes gens obligés, bien promptement, de se séparer d'hommes qui allaient jusqu'à méconnaître les premiers, les plus solides principes de la société, se hâter de les désavouer, je me suis dit que ce parti ne contenait que ce que j'y avais vu en 1830, c'est-à-dire l'anarchie et, au delà de lui, au delà de ce qui était honnête, les plus abominables principes qui puissent surgir de la société. »

Le comte Molé m'a dit dernièrement, et cela avec beaucoup de raison, que ni lui ni M. Guizot n'auraient jamais osé dire pareilles choses en pleine Chambre ; il s'est hâté d'ajouter que Thiers en a été lui-même effrayé, en lisant son discours le lendemain ; il ne s'est pas moins prononcé sans réplique de la part de la gauche. Le comte Molé m'a dit aussi que Thiers, avant de partir pour la Suisse, s'était de nouveau réconcilié avec Odilon Barrot. Cela se peut encore, mais à quoi sert une pareille réconciliation? Odilon Barrot pourra-t-il jamais avoir la moindre confiance dans un individu aussi versatile que Thiers?

25 août.

Le duc de Nemours commence sa nouvelle carrière en faisant la tournée des provinces rhénanes; dans le fond il est désespéré d'avoir à se mêler des affaires de l'État. Il est paresseux de sa nature et aigri contre les Chambres qui, dans le temps, l'ont si mal traité en lui refusant tout apanage. Il ne manque ni d'esprit ni de jugement, sans avoir cependant beaucoup d'idées, mais une fois qu'il est pénétré d'une chose, il n'en démord pas facilement. Bien dirigé, il peut donc bien faire et il fera bien, j'en suis sûr.

Il a un grand avantage sur le duc d'Orléans, c'est qu'il a plus de raison et moins de vanité; il ne courra jamais après une vaine populacerie, il fera ce qu'il devra faire, par conviction et non pas pour plaire au public. Voici un discours qu'il a tenu récemment pendant son séjour à Strasbourg. Ce discours peint l'homme tout entier. Je suis persuadé que le duc parlera et agira toujours de même.

« Mon cher général, répondit-il à une harangue, il ne peut entrer dans ma pensée d'espérer pouvoir jamais remplacer mon pauvre frère qui m'était si supérieur en toutes choses, mais enfin, je ferai de mon mieux, et j'y serai aidé par mes bonnes intentions. Chacun a ses qualités qui lui sont propres, et c'est en étant moi-même et ce que le ciel a voulu que je fusse, que je m'efforcerai de répondre à ce qu'on attend de moi. C'est déjà beaucoup que d'avoir des sentiments droits et la volonté du bien. C'est ce qu'on trouvera toujours en moi. »

30 août.

La pauvre Espagne est toujours dans le même état, sans argent, et livrée à un régent ambitieux et incapable de gouverner. L'éducation de la petite reine est déplorable ; en voici des détails qui offriront quelque intérêt : la reine Christine, en quittant l'Espagne, avait chargé de diriger la maison de la petite reine et de faire son éducation ainsi que celle de sa petite sœur, Mme la marquise de Santa-Cruz. J'ai connu cette dame pendant mon séjour à Madrid ; c'était une personne des plus distinguées par son esprit, ses qualités de cœur, son éducation, ses belles manières, et par le haut rang qu'elle occupe dans l'aristocratie espagnole. Elle occupa donc, auprès de la jeune reine, la place de caméréra mayor. Les instructions de la marquise avaient pour but d'accoutumer ses élèves à une grande obéissance et, en cas de résistance de leur part, de leur dire que c'était la volonté de la reine, leur mère : il en est résulté que la petite reine, lorsque la marquise prononçait seulement le nom de sa mère, se tenait tranquille et obéissait à tout ce que l'on exigeait, mais aussi, grâce à son caractère difficile et entêté, elle conserva de sa mère et de la marquise une espèce de crainte, je dirai presque de l'aversion.

Cependant Espartero devint régent et Arguelles (1) tuteur de la reine. Leur intérêt fut, pour l'un, de conserver la régence, et pour l'autre, de conserver la tutelle. Pour atteindre ce but, ils se réconcilièrent en se promettant l'oubli de leur ancienne brouille et se réunirent pour exécuter leur plan que voici : il s'agissait de donner à la reine une éducation tellement négligée et à son caractère une direction si fausse, qu'à l'heure où elle aura atteint sa majorité l'on puisse, par quelques raisons valables et des motifs apparents de droit, la déclarer incapable de gouverner. L'essentiel était de se faire aimer exclusivement de la jeune reine et de se rendre indispensable à ses yeux, tandis qu'on éteindrait en elle tout sentiment de respect pour sa mère et, s'il était possible, jusqu'à son souvenir. Pour réussir, il fallait avant tout éloigner la marquise de Santa Cruz. Espartero demanda un jour à la jeune reine pourquoi elle n'allait pas plus souvent au spectacle. La reine donna pour réponse que sa mère le lui avait fait défendre par la marquise, sa caméréra mayor.

« Si c'est ainsi, répliqua-t-il, je veux délivrer Votre Majesté de ce tourment ; je vais, à l'instant même, obliger la marquise de Santa Cruz à donner sa démission. »

Et en effet, la marquise fut congédiée le jour même. Depuis ce moment, la petite reine resta maîtresse absolue de satisfaire tous ses caprices, et quant aux personnes qui

---

(1) Il était un des membres les plus influents et les plus éloquents des Cortès et prit part, comme Espartero, au gouvernement de l'Espagne, pendant la minorité d'Isabelle. Quant aux projets que lui attribue, ainsi qu'au régent, le comte Rodolphe, à peine est-il besoin de faire remarquer qu'ils sont surtout inspirés par le dépit que la défaite du parti carliste avait causé à la cour d'Autriche.

occupent les grandes charges de sa cour, on les lui représente comme ridicules. Son instruction a non seulement
été négligée, mais on a fini par la supprimer tout à fait ;
son premier maître, le vieux Quintana, connu comme auteur très distingué, est complice de cet affreux complot :
aux heures où il est censé devoir donner sa leçon à la
reine, s'il la trouve occupée de quelque joujou, il remet
cette leçon à un autre jour, sous le prétexte qu'il fait
chaud ou froid, et ainsi la leçon est toujours remise et les
dispositions naturelles d'Isabelle ne sont point dévelop-
pées.

Pour donner un exemple de ce que je viens de vous dire,
l'on me cite ceci : le chargé d'affaires du Brésil devait,
au nom de son Empereur, remettre à la reine une lettre
autographe et une décoration en diamants. Il demanda
une audience qu'il obtint. La reine, instruite à l'avance
par son ministre des Affaires étrangères de ce qu'elle
avait à dire, commença le discours ainsi : « Je remercie
beaucoup Sa Majesté le roi d'Angleterre... » Elle fut interrompue par ce ministre.

Il résulte de tout ceci que la reine Isabelle n'aime que
le régent et son tuteur, et qu'elle se fait détester de tout le
monde par l'excès de ses caprices, de son obstination
et de sa méchanceté. On la voit souvent monter dans sa
voiture, attelée de huit chevaux, pour en descendre une
seconde après, alléguant que les chevaux ne lui conviennent pas et qu'elle veut en avoir d'autres. La marquise
Belgida, une vieille amie politique d'Arguelles qui l'a
protégé et secouru pendant son émigration, a été nommée
par lui à la place de caméréra mayor. L'emploi de gouvernante, qui était également rempli par la marquise de
Santa Cruz, a été donné à la veuve du général Mina,

femme au physique repoussant, qui, à ce que l'on prétend, professe des opinions aussi exagérées que Mina et, de plus, sa cruauté. C'est sur cette femme que repose toute la confiance d'Arguelles, qui s'en sert pour organiser une police secrète du palais s'étendant sur toutes les personnes, même sur la marquise Belgida, ce qui a eu pour résultat la destitution de cette dernière. On s'attend maintenant à voir le régent donner la grandesse à la veuve Mina, pour pouvoir la nommer caméréra mayor de la reine.

Le chargé d'affaires de Prusse vient de me dire avoir reçu une lettre lamentable de Lichnowsky (1) qui a débarqué, avec un Espagnol, sur le territoire espagnol; ils y ont été pris et reconnus. L'Espagnol a été, à la suite d'un jugement militaire, pendu le lendemain; la même condamnation pèse sur la tête de Lichnowsky : il a donc une peur affreuse d'être pendu et réclame l'intervention des agents de Prusse pour le sauver; pourvu que cette intervention protectrice n'arrive pas trop tard !

6 octobre.

La pauvre princesse d'Arenberg est morte; je l'ai enterrée il y a six semaines. Son mari veut s'établir chez nous, vendre ses terres de France et en acheter en Autriche. La fin de la princesse a été très touchante : elle a eu une espèce de vision peu de minutes avant d'expirer et, jusqu'à ce moment, elle ne se doutait pas du moindre danger.

(1) Polonais, sujet prussien qui s'était engagé tardivement au service de Don Carlos.

La cour est revenue à Saint-Cloud. La reine a commencé de nouveau à recevoir ; elle a été pour tout le monde gracieuse et affable, comme à l'ordinaire, mais elle est dans un état de profonde tristesse dont elle aura de la peine à se relever. La princesse Clémentine est une personne anéantie par le chagrin ; elle a maigri à ne plus être reconnaissable et ne dit pas un mot. Le duc de Nemours a changé de coiffure et sa femme reste la même qu'avant la mort du prince. Mme la duchesse d'Orléans ne paraît pas.

Mon vieil ami le marquis de Bartillat vient de mourir. Sa mort a été aussi originale que sa vie entière ; il est mort à Bourges, aux côtés de Don Carlos, dont il a si souvent défendu la cause, contre ses amis moins exagérés que lui dans leurs opinions. Le marquis avait beaucoup de défauts, sans doute, mais il avait aussi d'excellentes qualités qui me le font bien regretter. Ses enfants le pleurent beaucoup, surtout son excellent fils Henri, qui m'a écrit, à ce sujet, une lettre bien touchante.

15 octobre.

La princesse du Brésil, troisième fille de Dom Pedro, épouse le prince de Joinville ; elle est charmante, dit-on, et le prince s'est pris d'une belle passion pour elle pendant son voyage au Brésil. Madame Adélaïde, sa tante, lui a fait cadeau d'une terre qu'elle vient d'acheter un million et demi.

La duchesse d'Orléans est toujours en retraite. C'est chez elle que la famille royale passe en partie ses soirées, de telle sorte que lorsqu'on arrive au château de Saint-Cloud avant dix heures, on ne trouve ni le roi, ni la reine, ni les princes dans les salons de réception, et il faut les attendre.

Le duc de Nemours fait d'inutiles efforts pour cacher le déplaisir que lui cause sa nouvelle dignité.

26 novembre.

Mercredi dernier, il y a eu un dîner chez nous, en l'honneur des noces d'argent du comte de Benkendorff. Les convives étaient la princesse de Lieven et son fils Paul, Mme Tolstoï, sa nièce, avec son mari, la comtesse Rasoumowski, à titre d'amie de la comtesse et du comte de Benkendorff, et M. de Kisseleff, chargé d'affaires de Russie, comme représentant de cette puissance.

A dîner, on a bu d'abord à la santé du comte et de la comtesse de Benkendorff, puis à celle de M. et de Mme Tolstoï qui célébraient aussi leur anniversaire de mariage, mais non pas de vingt-cinq ans. Mme Tolstoï a été élevée dans la maison de Benkendorff, elle est fille du frère du comte de Benkendorff et de la princesse de Lieven, à qui elle ressemble beaucoup. Le dernier toast fut porté à la santé du prince de Metternich, car c'était le jour de la Saint-Clément.

Mme de Lieven, à côté de qui j'étais assis à table, m'a paru peu jouir de cette fête de famille, probablement parce que l'on n'avait pas invité M. Guizot et parce qu'elle avait quelques préoccupations au sujet de son fils Paul qui n'a pas pu refuser de dîner chez nous, mais qui, cependant, comme il déteste le monde, n'avait pas trop l'air content d'en être. Il semblait, quelque spirituel qu'il soit, tout embarrassé de sa personne, à force d'avoir perdu l'habitude de se trouver dans le monde.

Après dîner, sont arrivés Mme de Krüdener et Guizot. Annette a chanté quelques petites romances italiennes et françaises ; elle était fort en voix et a chanté à ravir. Mme de Lieven en a été tout émerveillée, car elle ne l'avait point entendue depuis qu'elle a tant profité des leçons de sa belle-mère. Mme de Krüdener n'a pu chanter, étant enrouée. La jeunesse avait quitté son deuil, il fallut donc se remettre en noir pour aller chez lady Cowley, où il y avait soirée priée. Cette chère ambassadrice a toutes les peines à se faire au luxe parisien : elle reste à ses habitudes de Londres et de Vienne et tout cela d'autrefois encore, ce qui fait qu'à ses réunions il fait une obscurité effrayante et qu'on y mourrait de faim et de soif, si l'on n'avait pas bien dîné et bu chez soi.

En fait de femmes de la société française, il n'y avait que la duchesse de Poix ; tout le reste était composé d'Anglaises plus ou moins drôlement vêtues. Lady Ailesbury avait plus de crinoline que de coutume ; elle était d'une humeur massacrante, parce qu'elle avait perdu quatre ou cinq robes. On parlait beaucoup des immenses succès des Anglais dans les Indes et en Chine. Mlle Sabine de Noailles souriait un peu plus gracieusement que de coutume. Lady Stanhope n'était pas plus agréable qu'à l'ordinaire ; sa fille, tout au contraire, était gaie et aimable comme elle est toujours : sa bonté ne la quitte pas plus que le petit aigle en pavé de turquoise, avec son bec en rubis et les deux petites perles qu'il tient dans ses griffes, attaché contre un gros nœud de satin blanc qui

repose sur son épaule gauche. C'est une marque de distinction accordée par la reine d'Angleterre aux douze
jeunes personnes qui ont eu l'honneur de porter la queue
du manteau royal le jour du couronnement de Sa Majesté
Britannique.

J'aurais dû dîner, ce jour-là, à l'ambassade d'Angleterre
pour rencontrer lady Ailesbury et milord son époux qui
pourrait être, très commodément, le grand-père de sa
femme. Sa figure me donne l'idée d'un ancêtre plutôt
que d'un personnage qui vit parmi nous.

Mme de Valençay est de retour de son château féodal,
dont elle a si bien fait les honneurs.

12 décembre.

Depuis que nous sommes à Paris, notre porte est ouverte tous les soirs à toutes nos connaissances ; il y a, par
conséquent, tous les jours beaucoup de monde dans notre
salon, c'est ce qui amuse et intéresse l'Ambassadrice. Les
jours où elle doit absolument sortir, elle ferme sa porte à
neuf heures et demie, mais ces jours-là, elle reçoit jusqu'au
moment où elle monte en voiture. Ce n'est que depuis
très peu, depuis le début de ce mois, que lady Cowley
et les Brignole commencent à recevoir : la première le
mercredi et l'ambassadrice de Sardaigne le dimanche.
Le jeudi, chez nous, est consacré aux Italiens, c'est donc
le seul jour où notre porte est entièrement fermée. Nous
autres ne restons pas toujours à la maison, tout au contraire, nous allons très souvent au spectacle et plus
souvent encore dans quelques salons qui sont déjà ouverts,

tels que celui de la vicomtesse de Noailles, de la duchesse
de Poix, de la princesse de Lieven, de la comtesse de
Castellane, de la baronne Delmar, de lady Aldborough,
de lady Ailesbury, des Rothschild, du duc Decazes, etc.

12 décembre.

M. Pasquier a été reçu à l'Institut comme membre de
l'Académie française ; son discours a été long et très
ennuyeux, aussi ne l'a-t-on point applaudi. Mme de
Boigne, attachée à M. Pasquier depuis au moins vingt ans
sans pouvoir l'épouser, parce que Mme Pasquier lui fait
le chagrin de ne savoir ni vivre ni mourir, tâche d'expliquer le morne silence qui a régné à l'Institut pendant le
discours de M. Pasquier alors qu'on applaudissait à tout
rompre la réponse de M. Mignet, en disant que M. Pasquier,
trop accoutumé aux applaudissements pour les rechercher,
a lu sa harangue sans laisser à l'auditoire le temps de
manifester, d'autant que l'intérêt était si soutenu, si
palpitant, qu'on n'eût pas osé interrompre, ni même faire
un signe d'approbation.

« La coquetterie de M. Mignet, continue Mme de
Boigne, y a pourvu, et il vous a laissé le temps d'être
poli ! »

ANNÉE 1843

3 septembre.

La reine d'Angleterre est arrivée hier au château d'Eu, où Louis-Philippe l'attendait.

Lady Cowley, qui y est encore et qui y restera aussi longtemps qu'elle, a écrit à la princesse de Lieven que la souveraine n'était pas du tout à son avantage lorsqu'elle a débarqué ; elle avait une robe d'un brun rougeâtre, un chapeau assez mal séant et le nez et la figure très rouges. Tout en étant enchantée de la manière dont elle a été reçue, elle n'a pas été très aimable ni en faits ni en paroles.

La soirée du dimanche s'est écoulée fort péniblement : on ne savait pas quoi faire, ou plutôt on ne savait pas comment passer le temps sans rien faire, car l'Église anglaise n'admet pas de distractions le dimanche. Ni la reine ni le prince Albert ne sachant parler, c'est-à-dire soutenir une conversation, cette soirée fut véritablement pénible à passer. Hier, cela devait être plus gai, car il y avait concert, et ces jours suivants il y aura comédie ; malgré cela lady Cowley se préoccupe des distractions qu'on pourra offrir à la reine jusqu'à jeudi.

Décidément elle ne viendra pas à Paris ni à Versailles ; Louis-Philippe est au désespoir, il voulait lui donner une fête comme on n'en a jamais vu ; il voulait en particulier faire illuminer tout le parc de Versailles ; cette illumination seule aurait coûté près d'un million. La reine aurait habité Saint-Cloud, elle aurait fait une promenade dans Paris, aurait dîné à Saint-Cloud et aurait passé la soirée à Versailles.

Le petit coup de tête de la reine d'Angleterre, de venir à Eu faire une visite au roi des Français, ne peut avoir pour lui que de bonnes et salutaires conséquences ; il en est ravi au dernier point et, si la reine avait voulu accepter sa fête à Versailles, je suis bien convaincu que depuis Louis XIV on n'aurait rien vu de pareil : je regrette que cela ne se soit pas arrangé !

On dit que Louis-Philippe veut faire à la reine cadeau d'une superbe parure en diamants ; cela me paraîtrait fort singulier, néanmoins il en est question dans le public et l'on prétend que le roi avait choisi ce genre de cadeau, après avoir appris l'existence d'un certain procès que le roi de Hanovre fait à la reine d'Angleterre pour faire valoir ses droits sur les diamants de la couronne. Il est presque certain que la reine perdra ce procès et alors il ne lui resterait pas pour un sou de diamants : dès lors le cadeau du roi Louis-Philippe viendrait fort à propos.

10 novembre.

Ici, le monde politique est occupé de deux choses : de l'affaire grecque et du mariage de la reine d'Espagne. Cette dernière affaire n'avance guère, parce que trop de monde y est intéressé et tous ces intérêts sont si différents les uns des autres, que les partis s'agitent dans tous les sens, sans arriver à aucun résultat.

Le prince de Wallenstein a été enchanté du roi Louis-Philippe et de son audience. Elle a duré deux heures ; le roi a surtout parlé religion de la manière la plus orthodoxe, à telle enseigne que le prince, en sortant du cabinet du roi, embrassa tout ce qu'il trouva sur son chemin : aides de camp, officiers d'ordonnance, valets de chambre, huissiers et le suisse même, toujours en s'extasiant sur le roi Louis-Philippe, sur son règne, sur sa sainteté, sur son adresse, sur le bonheur d'avoir un roi comme lui, plus grand que Napoléon, plus puissant que Louis XIV, plus aimable que Henri IV. Sur tout cela, le prince Wallenstein quitte Paris pour se rendre à Londres, où il dira probablement la même chose de la reine, ce qui lui profitera mieux encore, puisque dans son enthousiasme vrai ou faux, il pourra embrasser les dames de la reine, ce qui vaut mieux que M. Athalin ou M. Gourgaud.

M. de Luxbourg (1) ne parle plus, depuis ce jour, que de l'alliance intime de la Bavière avec la France, seule alliance, selon lui, profitable, utile et raisonnable pour

(1) Ministre de Bavière à Paris.

son pays. Louis-Philippe et M. Guizot, s'ils sont d'accord sur ce point, trouvent cependant que cette politique si indiquée pour la Bavière l'était il y a deux ans autant qu'aujourd'hui et, dans ce temps, on aurait pu cimenter cette alliance par un mariage qui aurait été fort agréable à Sa Majesté ; c'est pourquoi ils la trouvent un peu tardive et en sont beaucoup moins touchés qu'ils ne l'auraient été du temps du comte Jenison, qui a été rappelé d'ici pour s'être trop aventuré dans le projet du roi Louis-Philippe qui voulait marier la princesse Clémentine au prince royal de Bavière.

Ce qui donne beaucoup d'inquiétudes au gouvernement français, c'est le voyage du duc de Bordeaux en Angleterre. On a signé, au ministère des affaires étrangères et à la police, au delà de cent quatre-vingts passeports pour ce pays ; tous les grands noms s'y transportent et cette démonstration, qui paraît maintenant s'étendre jusqu'à une députation des ouvriers mécontents de Paris et des provinces, ces articles de journaux qui entretiennent les masses, en France et en Angleterre, des faits et gestes, des succès et ovations du prétendant, tout cela inquiète le gouvernement au point qu'il commence à regretter de ne pas avoir suivi le conseil du comte Molé, qui prétend que le gouvernement avait le droit, comme mesure de police, de refuser les passeports pour Londres à toutes les personnes qui font profession de carlisme. M. Guizot était d'un avis contraire et n'en a rien fait.

Depuis hier, on sait que la reine Victoria ne recevra pas le duc de Bordeaux, ni aucun des membres de la famille royale, ce qui prouve bien que l'Angleterre est traînée, dans ce moment-ci, à la remorque de la France. Je vois cela au reste dans toutes les affaires, dans celles d'Espagne et de Grèce. Je crois même que M. Guizot est charmé de pouvoir faire état de ce fait devant les puissances du continent.

Le prince de Polignac, que j'ai rencontré hier chez Mme Delmar avec sa femme et ses deux fils, m'a dit que le duc de Bordeaux n'est allé voir en Angleterre que des personnes amies de son père et de son grand-père, et que, ces visites terminées, il quitterait l'Angleterre très prochainement. Je lui ai dit, ce qu'il ne savait point encore, que le duc de Bordeaux ne serait reçu ni par la reine, ni par les autres membres de sa famille.

La duchesse de La Trémoïlle m'a dit que Mme de Pastoret se plaignait, dans ses lettres, de son service fatigant auprès du duc de Bordeaux, d'être obligée de se rendre auprès du prince dès neuf heures du matin, et de ne pouvoir rentrer que très avant dans la nuit. Sur mon observation que j'étais étonné qu'un homme eût une dame d'honneur à son service, elle m'a répondu qu'il en avait même deux, puisque la duchesse de Lévis faisait le même service que Mme de Pastoret.

Le prince de Polignac m'a dit devoir rester à Paris jusqu'à la première communion de sa fille aînée qu'il a mise, dans ce but, au Sacré-Cœur; qu'après cela, il retournerait en sa chère Bavière, où il a un château près de Passau.

« Vous ne vous faites aucune idée des braves gens qu'il y a dans ce pays, me dit-il. Quelle excellente population, si tranquille, si contente de tout, si facile à gouverner ! Quelle différence avec ce qui se passe ici, avec ce mouvement éternel, cette inquiétude et cette turbulence qui se communiquent des petits aux grands, des places publiques aux salons et jusqu'au palais du roi !

M. le vicomte de Chateaubriand est allé aussi rendre
hommage au duc de Bordeaux, c'est le seul que le prince
compte loger dans sa maison à Londres, distinction qu'il
doit à son dévouement. Le pauvre prince ne sera pas
médiocrement surpris, lorsqu'il entendra, de la bouche de
ce grand homme, une proposition qui ne tend à rien moins
qu'à faire renoncer à ses droits l'héritier de la couronne
de France, et à motiver cette renonciation par l'amour
qu'il professe pour sa patrie et par sa conviction intime
qu'il n'y a de bonheur et de repos pour la France que
sous le régime de Louis-Philippe et de ses descendants.
En voilà une bonne, elle est digne du cerveau contourné
du noble vicomte; il faut être poète et homme de lettres
pour enfanter une idée aussi saugrenue. Quel avantage
y aurait-il pour le duc de Bordeaux à s'avouer incapable
de gouverner, lui qui n'a jamais essayé du pouvoir?

27 novembre.

Depuis que la révolution en Grèce est faite, Louis-Philippe et Guizot font tout au monde pour la maintenir
dans les bornes qui leur conviennent. Leurs instructions
à M. Piscatory sont donc rédigées dans le sens le plus
monarchique possible, autant qu'une constitution faite par
le peuple peut en être susceptible. Il y aura donc, d'après
le canevas consitutionnel envoyé d'ici en Grèce, deux
Chambres, et ces deux Chambres se réuniraient tous les
quatre ans, pour avoir le temps de se reposer du verbiage
constitutionnel inévitable dans ce genre de gouvernement
et qui augmente en proportion directe, chaque fois qu'on

applique ce déplorable système aux nations placées sous une zone plus méridionale que l'Angleterre.

Pour le moment, Guizot fait taire, car il y est parvenu, le parti français, celui qui est le plus remuant en Grèce. M. Guizot dit très bien qu'il n'y a pour lui d'autre parti français que les instructions qu'il donne à M. Piscatory, énergumène lui-même à la vérité, mais qui est retenu dans ses penchants révolutionnaires par Guizot, auquel il doit toute son existence. car sans la protection de ce ministre, le roi ne lui accorderait aucune place, précisément à cause de ses opinions républicaines que le roi déteste. M. Piscatory sera donc toujours l'instrument servile de M. Guizot, et le parti français en Grèce, s'il ose remuer, sera complètement désavoué par le gouvernement du roi des Français.

Le prince Wallenstein, qui a fait ici toutes sortes de choses absurdes, a continué ce rôle à Londres ; il est dans une illusion complète, il croit avoir persuadé tout le monde et il est, en conséquence, ravi de tout le monde ; il arrive chargé de projets de chartes plus ou moins élaborées en Angleterre et dont il veut accabler cette pauvre Grèce, en attendant la France, sans attendre les projets d'Angleterre et encore beaucoup moins ceux du prince Wallenstein qui est complètement jugé ici ; aussi ne veut-on pas qu'il aille en Grèce pour y débiter des absurdités comme il l'a fait à Paris en disant que la révolution en Grèce avait été faite par la Russie. Guizot a bien profité de ce propos pour le répandre partout, mais comme venant du prince Wallenstein. Guizot en riait avec ses intimes, mais il en profita, comme il dit, en se soumettant à l'autorité du prince Wallenstein.

On est mécontent, ici, de ce que M. de Sainte-Aulaire

n'ait pas voulu signer le protocole de la conférence de Londres, relativement à la Grèce, et qu'il ait donné pour motif qu'il ne le faisait pas parce que Brunoff s'y est refusé. En effet, il est étonnant que M. de Sainte-Aulaire ait si mal jugé sa position qui, certes, n'avait dans cette occasion aucun rapport avec celle du ministre de Russie, représentant d'un gouvernement absolu et légitime, tandis que celui de Louis-Philippe est greffé sur une révolution complètement analogue à celle de la Grèce.

Ayant exprimé mon étonnement à ce sujet, à une personne attachée au gouvernement de Louis-Philippe, elle me dit :

« M. de Sainte-Aulaire ne nous en fait jamais d'autres, c'est un homme d'esprit, très instruit, mais qui n'a pas le sens commun. Dans tous ses raisonnements, il est toujours à côté du vrai et du pratique. »

Il est vivement question, et la chose paraît tout à fait arrêtée, que la reine d'Angleterre ira l'an prochain à Coblentz, ce qui déplaît au roi Louis-Philippe. Il trouvait déjà très mal que la reine eût fait une visite à son oncle de Belgique ; mais pourquoi cette visite au roi de Prusse, ce roi que Louis-Philippe n'aime pas, ce roi avec son système douanier qui ne convient ni à la France, ni à l'Angleterre ?

« Cette femme finira par aller en Russie, disait le roi, l'autre jour à ses intimes ; et moi qui ai fait tant de cas de sa visite à Eu ! »

Mais ce qui cause le plus de déplaisir au gouvernement français et au roi, c'est le voyage du duc de Bordeaux à Londres. Ils avaient d'abord espéré effrayer le pauvre duc en lui faisant insinuer qu'il serait mal reçu. Puis ils ont fait tout au monde pour que la reine ne le reçût pas ;

le duc de Nemours lui fut envoyé, pour montrer au public de France la différence qu'il y aurait entre la réception de ce prince et celle du malheureux déchu. Mais lorsqu'on vit que le duc de Bordeaux restait ferme, malgré et en dépit de tout le monde, qu'il venait en Angleterre et qu'il y fut admirablement reçu dans les châteaux ; quand les carlistes eurent appris que la reine Victoria voulait humilier un prince malheureux, on résolut de lui préparer à Londres une ovation qui ferait honte à la reine d'Angleterre et à Louis-Philippe. Il en est résulté que deux mille carlistes ont entrepris le voyage de Londres pour rendre hommage à une aussi grande et aussi innocente victime.

Mme de Lieven, qui a complètement embrassé la cause de ce gouvernement, crie et jette feu et flamme. Sa fureur va jusqu'à nous reprocher d'avoir permis au duc de Bordeaux de quitter l'Autriche et de voyager en Angleterre.

— Si M. Guizot, me disait-elle, avait été à la place du prince de Metternich, certainement le duc de Bordeaux n'aurait pu franchir la frontière d'Autriche.

— Je n'en doute pas, repris-je, il aurait fait comme avec Don Carlos ; mais nous autres, continuai-je, nous n'avons pas l'habitude de garder prisonniers les princes qui nous demandent l'hospitalité. Au reste, le duc de Bordeaux, en quittant sa résidence d'Autriche, ne parlait que d'un voyage à Berlin, voyage que, dans aucune circonstance, on n'aurait pu empêcher.

L'on est en train de se fâcher contre nous dans ce moment-ci ; l'on prétend que la correspondance de notre archiduchesse Sophie avec la princesse de Salerme avait pour but d'empêcher le mariage de cette princesse avec le duc d'Aumale, et que de semblables lettres et influences, venant toujours de la même source, empêcheraient certainement aussi un autre mariage, qu'on a en vue ici pour le duc d'Aumale, avec la dernière princesse de Bavière, non mariée encore. Le duc d'Aumale est un charmant prince sous tous les rapports, rempli d'esprit et d'instruction, bon, franc, joli garçon et, avec tout cela, il a deux millions de rentes.

Le roi parlait l'autre jour du triste état de santé de M. de Benkendorff, et, à propos de cela, du grand dérangement de fortune de ce ministre.

« Il est fort à craindre, dit Sa Majesté à la personne qui me redit ce propos, qu'après la mort du comte, la comtesse Annette, mariée au comte Rodolphe Apponyi, ne reçoive plus rien de la Russie, ce qui, avec son extrême penchant pour l'élégance et le luxe, deviendra un nouveau poids assez lourd pour le comte Apponyi. »

3 décembre.

C'est aujourd'hui le grand jour où la destinée de Jules va être fixée et qu'il sera déclaré fiancé à Mlle Sophie Ztaray. Sa bonne et excellente mère passe, pour cette raison, toute sa journée à l'église. Elle y a été d'abord à neuf heures pour faire ses dévotions et entendre une messe, puis elle y est restée pour la grand'messe, ce qui fait qu'elle est revenue de la paroisse à onze heures et demie ; elle est repartie à trois heures après-midi et elle y restera jusqu'à cinq heures. Si Jules n'est pas heureux, ce ne sera certainement pas faute d'avoir tourmenté le bon Dieu pour lui. Nous commençons déjà à en parler à nos intimes, aux messieurs de l'ambassade, aux Konneritz, à la princesse Lieven, Cowley, etc., mais toujours sous le sceau du secret, qui bientôt sera celui de Polichinelle.

La reine me dit l'autre jour, lorsque j'ai été à Saint-Cloud, qu'elle avait rapporté un glaçon du jardin à la princesse de Joinville qui en fut peu satisfaite, en disant qu'elle avait cru et qu'on lui avait toujours dit que la glace ressemblait au diamant; elle trouve les fruits excellents, excepté les bananes et les ananas qu'elle trouve horribles, comparativement à ce que ce fruit devrait être.

Le prince de Joinville s'est trouvé mal, dit-on, à l'Opéra, à la représentation de *Dom Sébastian*. L'enterrement qui y est reproduit lui a tellement rappelé le convoi du duc d'Orléans, qu'il n'a pu tenir à une semblable émotion. Le roi et la reine, ainsi que toute la cour, resteront jusqu'à la fin du mois à Saint-Cloud. Lady Cowley aura bien des difficultés à vaincre pendant cet hiver, si la reine d'Angleterre s'obstine à ne pas recevoir le duc de Bordeaux. Les dames du faubourg Saint-Germain n'iront pas la voir, ce sera une démonstration de plus contre l'Angleterre et contre le gouvernement français qui est si lié avec la Grande-Bretagne.

Le roi dit que la liste civile est tellement endettée qu'il ne sait comment faire pour vivre. Le fait est que les petits bons bleus et rouges de l'invention de Sa Majesté ne s'escomptent plus ; il faudrait donc faire un emprunt, c'est ce que le roi ne veut pas ; il propose bien plutôt de vendre Versailles à l'État pour quarante millions et puis de faire voter une dot au duc de Nemours qui, à ce que

l'on dit, fera cette année les honneurs des Tuileries, absolument comme s'il était déjà régent.

Le roi ajoute que les hautes fonctions que son fils
devra remplir un jour le forcent dès aujourd'hui à s'entourer de cette magnificence toute royale, que c'est donc
à lui maintenant à donner des bals, de grandes réceptions ;
mais pour cela il faut de l'argent, beaucoup d'argent et
cet argent doit venir du pays, parce qu'il sera dépensé
pour le pays. Tout ceci est parfaitement juste, mais
malheureusement, les députés qui doivent voter ces
grandes sommes ne les voteront probablement pas.

A côté de tout cela, le roi dit à ses intimes qu'il se
sentait assez fort, assez robuste pour survivre à la régence
et qu'il ne mourra certainement pas avant que le comte
de Paris ait atteint l'âge de la majorité.

4 décembre.

Le roi Louis-Philippe avait le projet de faire épouser
à la reine d'Espagne le comte de Trapani, dernier fils de
feu le roi de Naples et frère, par conséquent, du roi actuel.
Par son influence à Naples et par les promesses de réaliser
cette alliance, le roi des Français est parvenu à faire
consentir le roi de Naples à reconnaître la reine d'Espagne. Le prince Carini attend ses instructions à Bayonne,
où il est dans ce moment. La Sardaigne aussi devrait
reconnaître ce malheureux gouvernement espagnol, et
le marquis de Brignole, que nous attendons vers la fin
de ce mois, devrait apporter cette nouvelle au roi des
Français. Je crois cependant que le renvoi d'Olozaga de

la présidence changera tous ces beaux projets de reconnaissance et de mariage.

Cette pauvre Espagne est, pour l'instant, en un danger imminent : les troubles, les émeutes qui ont eu lieu dernièrement sont provoqués par un parti pas nombreux à la vérité, mais audacieux, remuant, turbulent. C'est le parti subversif républicain, composé de gens qui n'ont rien à perdre et tout à gagner.

L'intrigue qui a fait destituer de toutes ses charges Olozaga, qui, à ce que l'on dit, est en prison, est encore un mystère, on n'y comprend rien. Olozaga était le grand favori de la reine, au point que, tout dernièrement, en lui donnant la Toison d'or, elle lui a remis les insignes que son père, le roi Ferdinand VII, a portés de son vivant. Cela inquiète le gouvernement français.

FIN

TABLE DES MATIÈRES

DU TOME TROISIÈME

ANNÉE 1835

ANNÉE 1836

ANNÉE 1837

ANNÉE 1838

PARIS

TYPOGRAPHIE PLON-NOURRIT ET Cie

8, rue Garancière.

12716238R00292

Printed in Great Britain
by Amazon.co.uk, Ltd.,
Marston Gate.